日本政治学会 編

「移動」という思考

年報政治学2024−Ⅱ

筑摩書房

「移動」は政治学・国際政治学に何を問うのか

2024年度Ⅱ号年報編集委員長
関西大学政策創造学部教授　柄谷利惠子

1.　問題提起

本特集は「移動」に焦点をあてることで、政治学および国際政治学が従来から扱ってきたテーマ——安全保障、主権の役割、国境管理など——を問い直す。またこの作業を通して、従来の議論では見過ごされがちだった課題を指摘し、今後に向けた問題提起を目指す。もちろん精緻な研究が政治学・国際政治学分野で積み重ねられており、それらに対して軽々に課題や問題提起を掲げることには危うさがある。一方で、後で述べるように、政治学・国際政治学を含めた社会科学一般において、国民国家を自明視して研究を進める方法論的ナショナリズム[1]への批判はもはや新しいものではない（Wimmer and Schiller 2003）。さらには、境界に基づく区分や境界の引き方を静的に捉えた上で、「留まる」を秩序を維持するための「正常」で「安定」のためのものであり、「動く」を秩序を脅かす「例外」で「不安定」なものとみる二分法的認識論についても問題視されてきた（たとえば、MacMillan and Linklater 1995）。

日本国際政治学会が編集する『国際政治』は、1988年第87号に「国際社会における人間の移動」と題する特集を組んでいる。いまから40年近く前にすでに、「ヒトの国際的な移動をどのように扱っているか。今日の国際社会においては、これが国際関係の理論を識別する尺度の一つになるように思われる」（平野 1988: 1）と編者は述べていた。編者曰く、ヒトの国際的な移動は、国際関係理論に対して、「眼前の事実にのみ呼応するものではなく、おそらくはもっと深い、本質的なレベルでの理論的変革」（平野 1988: 5）を要請している。ヒトの国際的な移動を扱う理論形成を通じ

て、「国際関係論本来の基本問題であったはずの『国家と人間』、『国家と社会』の検討に新たな視点」(平野 1988: 12) が提供できると結んでいる。次に『国際政治』がヒトの国際的な移動を特集したのは30年後の2018年だった。「移民・難民をめぐるグローバル・ポリティクス」と題した第190号では、2000年代以降の移民・難民をめぐるグローバルな政治・政策への研究関心の高まりが、海外の研究動向と共鳴する形で日本において進展していると論じた (石井 2018: 5)。移民・難民のグローバル・ガバナンスに注目しつつ、「排斥される側の不安と同時に排斥する側の不安をとらえ、バランスを取りうる現実的な方策」の必要性が指摘された (石井 2018: 12)。日本比較政治学会が編集する『日本比較政治学会年報』では2009年第11号の「国際移動の比較政治学」(唐渡 2009) が、日本政治学会が編集する『年報政治学』では2007年第Ⅱ号の「排除と包摂の政治学——越境、アイデンティティ、そして希望」が、それぞれ刊行されている。2007年第Ⅱ号『年報政治学』の中では、「領域的／機能的／原基的に領属される〈排除／包摂〉の編成の政治力学」を把握するために、「人の移動(離脱と越境)」の理論と実態をさぐる必要性が述べられた (河田 2007: 3)。

　上記のように、日本における政治学関連の複数の学会誌において、「移動」に関する特集がすでに組まれている。確かに、2009年刊行の『日本比較政治学会年報』が指摘するように、「人の国際移動という現象には、政治学固有のテーマも数多く関係している」にもかかわらず、「社会学や経済学の分野において研究対象」とみなされることが一般的だった (唐渡 2009: i)。しかし、いまや政治学分野においても「移動」に関わる研究は少なくない。先述の『国際政治』第87号の刊行時には、「まずはヒトの国際移動を……ありのままに考察する」(平野 1988: 12) 段階だったかもしれない。およそ40年が経ち、政治学・国際政治学において「移動」を正面からとらえる時期にきているだろう。

　本特集の題は「『移動』という思考」である。この題に違和感を感じる方がいるかもしれない。「移動」は政治学・国際政治学が取り扱う対象・現象(イシュー)の一つなのか。それとも視点(レンズ)なのか。なにを、どこまで問うているのか。現在の政治学・国際政治学において、「移動」の扱いについては様々な立場がある。それらをふまえ、今後に向けた議論の扉を広く開ける一歩として、本特集ではあえて「思考」という表現

を使った。その意図は、「移動」を分析道具と扱うという意味での視点だけでなく、「移動」を現在の政治学・国際政治学のあり方への問いかけとみなす立場も含めるためである。もちろん、本特集はなんらかの結論を提示するものではないし、そのようなことを目指してもいない。本特集を経て、政治学・国際政治学においても「移動」に関する本格的な議論が継続されていくことを希望する。

2. 「移動」をめぐる研究の現状

2.1. 「移動」と移動研究

　人類の歴史は移動の歴史である。アフリカで誕生した人類は、やがて世界中に移動していった。このような地理的移動だけが、私たちが経験している「移動」ではない。「時として世界のすべてが常に動き続けているように思えてしまう」（アーリ 2015: 11）といわれる今日、たとえ私たちが地理上の一地点に留まっていたとしても、モノ、カネ、情報の移動なしで生活することは不可能である。コロナ禍を経て、私たちは動く「リスク」とも絶えず関わらざるをえないことを学んだ。また私たち自身、書籍や絵画などを通した空想上の移動やインターネットを使った仮想上の移動を頻繁に行っている。移動の流れも一方向だけではなく、往復や交錯、循環など複雑化している。このように多様化する「移動」の主体、場、形態を考慮すれば、動くと留まるの線引きが困難なのは明らかである。なにをもって動くとか留まるとかは定義されうるのか。「境界」や「定住（もしくは、静止）」を自明のものとし、それを前提とした国家や安全や権利といった議論については検討しなおす必要があるだろう。もはや多様な形態の「移動」は私たちの日常の一部であり、今後もますます活発になると想定される。

　人類にとって移動は新しいものではなく、私たちはみな「動き続けている（on the move）」（Elliott and Urry 2010: ix）とすれば、連日私たちが目にする「移民」や「難民」に関する記事や映像はなにを意味するのか。2024年版『世界移住報告書』によれば、2020年には世界の総人口の3.6％にあ

たる2億8100万人が「国際移民」に該当した（IOM 2024: 4–5）。くわえて2022年末には強制移動の対象者は1億1700万人にのぼり、同年の国際送金額は8310億ドルにまで増加した。今日、「移動」は数値化され、「移動」をめぐる論議はますます活発化（時に、過激化）し、「移動」に関する法律が各国で制定されている。

　このような状況をふまえ、私たちは「移動研究の時代」を生きていると指摘する識者もいる（Anderson 2019: 2）。というのも、「移動」は数えられ、データ化されることで、公の場での議論の対象となる。さらにそのような過程を通じて、政策を立案し法制化を進める国家が私たちの目の前に立ち現れてくる。逆説的ではあるが、「移動」に注目が集まり「移動」についての関心が高まれば高まるほど、「移動」を管理（しようと）する国家や、その国家が前提とする「境界」の存在が重視されるようになる。

　確かに、1990年代以降の移動研究は、一方ではグローバルで越境的な関係に着目することで国民国家の限界や衰退を指摘し、国民国家批判を展開してきた。しかしもう一方では、越境的繋がりや枠組みを強調するあまり、歴史的構築物としての国民国家をあたかも国家・国民・社会が一体となった均質で自然な政治的単位とみなすという過ちを犯してきた（Amelina et al. 2012; Wimmer and Schiller 2003）。くわえて、「移動」は当然のことながら境界を越えることで変容や流動性をもたらす。そうである以上、「移動」は国家が取り締まらないといけないもの、つまり解決されるべき「問題（a problem）」とみなす傾向が強いという指摘もある（Anderson 2019; 柄谷 2016）。結果として、「移動」の重要性には疑いがないものの、移動研究は現状において、国家中心主義的思考（いわゆる、方法論的ナショナリズム）の受容および移動の脅威化（いわゆる、移動の安全保障化[2]）認識の創造・強化といった課題を抱えている。

2.2. 移動研究の展開

　以上の課題を前に、近年、移動研究にみられる二つの流れを紹介したい。第一が、動く（mobility）と留まる（immobility）を明確に区分可能で対立するものと扱ってきた従来の議論を疑問視し、両者の関係性に着目することで動くと留まるの決定に関わる多様な要因や、動くと留まるの連続性や相互連関を分析しようとする流れである。このような議論では、能力

（capability）や願望（aspiration）を分析過程に取り込むことで、動かないで留まり続ける者であっても、留まると選択する者と選択せざるをえない者がいること、また、動く者についても同様に、動くことを選択する者だけでなく選択せざるをえない者がいることが明らかになる（Schewel 2020）。これまで、「動く」に力点が置かれすぎていた結果、たとえば行ったり来たりという循環や、私は留まるが子は動くことで形成される越境する家族のネットワーク、さらには地理的には留まっている私が仮想上では移動するといった、多種多様な「移動」の分析が困難になっていた。さらに、動くという選択肢を持つ者の特権的立場や、留まることが強制される状況についても見過ごされることが多かった。事実、現状では、入国管理政策の強化を各国が主張し、留まる者の方が動く者よりも圧倒的に多い。この点に着目し、現在は「移動の時代（Age of Migration）」（Castles, De Haas and Miller 2020）ではなく、「強制的定住の時代（Age of Involuntary Immobility）」（Carling 2002）であるという指摘もある。

第二に、これまでの移動研究において、大西洋奴隷貿易や植民地支配といった歴史的事例分析が軽視されてきたという反省がある（Mayblin and Turner 2021）。先述の通り、従来の移動研究の前提には、境界の存在とその境界を管理する国家があり、その国家の管理（の権限）が正当であるという認識の共有がある。トーピー（Torpey）の言葉を借りれば、「近代国家と、近代国家をその要素とする国際的な国家システムは、個人や私的な団体から合法的な『移動手段』を収奪」し、「国家と国家システムの与える移動の許可」に基づいて合法／非合法の移動が分類され、管理されるようになった（トーピー 2008: 7-8）。この前提を受け入れた上で、移動研究は「国家と国家システムの与える移動の許可」の方法や対象、さらには「移動の許可」に基づく分類を分析対象としてきた。つまりこれまで、そのような国家のあり方やそのような国家が実施する管理の正当性自体を検討しないままで受け入れてきた。しかしたとえば、トーピーが事例としてあげているフランスもドイツもともに、海外植民地を有する植民地帝国であった。にもかかわらず、西欧諸国間および西欧諸国への移動については射程に入れつつも、宗主国と自らの植民地の間や植民地と植民地の間の移動が「移動の許可」の制度（たとえば、パスポートや入国管理体制）の形成に与えた影響や役割については十分に言及されていない（Mongia 2018;

山岡 2024）。今日においても、先に述べた「移動」における能力や願望という指標に大きな影響を及ぼしているのが帝国－植民地体制である（Mau et al. 2015）。実際、現在のヒトの国際的な移動において特に厳しく移動を管理・規制されるのは、一般的には旧植民地地域の出身者である。また、現在実施されている「移動の許可」の根拠や「移動の許可」に基づく分類や手法の系譜を辿れば、植民地統治時代に連なるものも多い。もちろん植民地統治（もしくは、支配）の歴史だけが動くおよび留まるに関わる能力や願望を決めるわけではない。とはいえ、従来の移動研究が西欧中心主義的であったという批判は免れられないだろう。

　以上のように、移動研究において、分析対象やその形態が多様化しただけでなく、「移動」に関する二分法的認識（たとえば、移動と留まるや西欧と非西欧）を乗り越えるために、概念的にも時空間的にも再検討が続けられている。では、政治学・国際政治学が移動研究と交差する中で、「移動」はどのように扱われ、政治学・国際政治学になにを（もしくは、なにかを）もたらしているのか。

3. 政治学・国際政治学と「移動」

3.1.「移動」の扱われ方

　政治学・国際政治学において「移動」を扱う研究は増えている。実際に、近年出版される政治学・国際政治学関連の教科書のほとんどに「移動」に関する章が含まれている。しかしそこで扱われる「移動」は、先述の移動研究の現状と課題をどれほど反映しているのだろうか。ここでは、編者の専門分野である国際政治学における「移動」の扱いに注目してみたい。

　よく知られているように、国際政治学の究極の目的は「主として国家と国家から構成される国際社会における平和の達成と維持」である。平和の定義に関する論争に終わりはないが、著名な国際政治学者であるウォルツ（K. Waltz）によれば、私たちは平穏な時期には正義と自由を望むが、切迫した危険が伴う時期には「安全の条件を構築し、維持するに足りる権力」

（ウォルツ 2013: 22）を切望する。ある意味、国際政治学では「対立」の存在を前提とした上で、それをいかに武力紛争に発展しないように収めるのか、いかに平穏な時期を長続きさせるのかを問うてきた。その際、なによりも重視されてきたのが秩序であり、それなしには自由を享受することなどできないとまで考えられた（ウォルツ 2013: 22）。その観点からすれば、国際政治学において「移動」とは秩序を揺るがすおそれがあるもので、国家によって管理もしくは規制されるべきものとなる。確かに「移動」は、それまで目にしなかった、気づかなかったものとの接触を可能にし、いろいろな意味での豊かさや学びをもたらす。しかし実際にそれを豊かさと結びつけられるのは少数であり、異質性との出会いは大多数にとっては不穏さの根源にみえる。現在の国際政治学では、先述のウォルツの著作が注目を集めていた1960年代には扱われていなかったジェンダー、情報テクノロジー、科学物質といった多種多様な対象が取りあげられている。「移動」も含めて、国際政治学が扱う対象の拡大は1970年代から80年代にかけて急速に進んでいった。

　ベルリンの壁が崩壊した後、1990年代には国際政治学において、いわゆる国境を越えるグローバル問題群に注目が集まり、従来の国家のあり方や国家間関係への挑戦が盛んに論じられた。この頃、国家間関係を意味する国際政治ではなく、そのような国際政治のあり方への問いかけ（もしくは、再考）を目的として、世界政治やトランスナショナル政治を分析枠組みとした研究が増加していった[3]。しかし、「主として国家と国家から構成される国際社会」が国際政治学の王道であることに変わりはなく、多くの研究の主眼は国家（もしくは国家から構成される組織）によって「移動」を管理するための最適な方法の探求であった。この時期、「秩序だった国際移動枠組み」（Ghosh 2000）の構築を目指し、国際レジームおよびガバナンスに関する研究が蓄積されていった。21世紀に入ると、2001年の9.11米国同時多発テロ事件を契機に、研究関心は「移動」（特に、ヒトの地理的移動）を安全保障上の脅威と扱う事例に集まっていくことになる。

　いまや、多くの国が入国管理政策をこれまで以上に厳格化させており、その実態に呼応して、国際政治学では移民・難民の安全保障化分析が進められている。一方で、同じく重要であるにもかかわらず、安全保障化研究

の背後で十分に目が向けられていない問題がある（大山 2022; Floyd 2019）。どうしてヒトの移動が通常の政治的手続きではなく、安全保障上の事象として扱われるようになったのか。また、仮に現状においては安全保障上の事象として対応せざるをえないとしても、いつ、どのようにすれば通常の政治手続き上の扱いに戻るのか。今後も「移動」が安全保障上の事象であり続けるとするならば、そこにはなんらかの（もしくは、だれかの）政治戦略が関わってはいないか。先述の通り1980年代頃までは、「移動」は国際政治学においてはあくまで国内向けの政策分野で主に扱われる事象であり、安全保障とは関係のない、いわゆるロー・ポリティクスの事象と理解されていた。その後、グローバル化の高まりとともに、「移動」を「秩序ある」ものにするための国際的枠組み探しに関心が移っていったが、それでもなお、安全保障政策の対象とはみなされていなかった。それが今日、「移動」は脅威と認識され、安全保障上の事象へと「格上げ」されている。そうしないといけないならば、どうやったら再び脅威ではなくなるのか、さらには、だれの脅威なのかといった問いの答え探しも同時並行的に進める必要があるだろう。

　繰り返しになるが、本来、国際政治学において、国際社会の主要アクターは国家であり、私たちはどこか一つの国家の成員として安全な日常を保障されるというのが前提である。成員の安全な日常の確保という理由から、国家は「移動」を管理する権限を持ち、その管理の方法を多様化させてきた。しかしこの点が強調されることによって、国家と国民の繋がりや、国民であることと安全であることの繋がりが、あたかも自然で当然なこととして無自覚なまま受け入れられてはいないだろうか（柄谷 2016）。現実には、国家の領土を決める境界、成員を決める境界、さらには安全と安全でないを決める境界はどれも流動的であり、これら三つの境界が必ずしも合致するとは限らない。そういう意味において、「移動」は「国家」や「国家から構成される国際社会」のあり方への継続的な問いかけであり、国際政治学はこの問いに対して真摯に取り組む必要がある。にもかかわらず「移動」には「解決されるべき」とか「脅威として」というようなレッテルが付けられ、否定的な事象として一方的に認識されてきた。

3.2.「移動」からの問いかけ

　現在では、「国家と人間」や「国家と社会」といった国際政治学および政治学の基本問題について、「移動」を通じた検討に本格的に着手することが可能である。これらの仕事は、研究蓄積の不足を理由に、先述の『国際政治』第87号では今後の課題とされていた。その後、政治学・国際政治学における研究関心は着実に高まっていった。今日まで、「国家と人間」や「国家と社会」との関わりにおいて、「移動」は管理すべき、脅威となりうるものとみなす傾向は強い。この点は、安全保障化研究の隆盛とそこからこぼれ落ちる議論の現状からもみてとれる。一方、移動研究との交差を積極的に評価し、政治学・国際政治学では当たり前とされてきた「国家と人間」や「国家と社会」に関する理解を問いなおそうとする試みは依然として少ない。本特集で掲載されている論文には、スタイルや程度に違いはあるが、以下のような問題意識が共有されている。

　第一に、静的で浸透性のない「固い」境界の存在を前提とした思考および分析方法と、それを支える認識に対する問い直しである。政治学・国際政治学が扱う国家とは、領域・共同体であり、成員・共同体であり、また主権・共同体でもある。このうちのどれにおいても、国家を形成する境界は歴史性を有しており可変的である。国家と社会、国家と人間（特に成員）の繋がり方は単線的で一方向的なものでもないし、私たちの安全の提供者が国家だけであるわけではない。ましてや、その成員資格の保有が安全な日常の唯一の方法であるわけではない。

　このことは、第二に、境界の形態や境界をめぐる価値や意義についての問題意識と関連する。「移動」が国家にとって脅威とみなされるのは境界が静的で固いからだけではない。境界が単線であり、かつ、それによって内と外、さらには安全と不安全の領域の分断が想定されているからである。しかし実際には、「移動」はA地点からB地点への線形的動きだけではなく、循環することも交錯することもある。またいうまでもなく、ヒトやモノやカネや情報の「移動」は密接に絡み合わさることで多元的で複層的な様相を有している。そういう観点からみれば、静止＝管理＝安全とか、移動＝非成員＝不安全といったような単純な区分を無批判に受け入れることはできない。

「移動」は、政治学・国際政治学において見過ごされてきた事象なのか、従来とは異なる視点を持ち込もうとしているのか、それともなんらかの根本的な変革を促しているのか。これらの問いに対する答えを本特集は持ち合わせていない。本特集の掲載論文を通じてわかるのは、自明と思われていたものに光をあて、常識として不問にされていたものを問い直す作業の重要性である。そのような作業の目的は、従来の研究蓄積を破棄し、より優れた（と思われる）知見を提供することではない。そうではなく、政治学・国際政治学の中心とされていた議論（たとえば、「国家と人間」や「国家と社会」に関する認識）を再検討し、必要とあれば王道とされてきた解釈を「ずらす」作業である。そうすることで、これまで端にあったもの、見えづらかったもの、価値がないと判断されていたものが中心的な分析の対象となる。

「移動」は政治学・国際政治学になにを問うているのか。その具体的な答えは各研究の射程や問題設定によって異なるだろう。では、その問いへの応答作業は、政治学・国際政治学にどのような意義があるのか。かつて、ジェンダー研究のインパクトになぞらえて、社会学における移動研究の意義を問うた識者がいた（伊豫谷 2001: ii）。曰く、ジェンダー研究はたんに男性社会に女性をつけ加えるのではない。同様に、移動研究を政治学・国際政治学に持ち込むことは、たんに「移動」を「主として国家と国家から構成される国際社会」につけ加えるだけではないだろう。「混ぜ合わせる」（つまり、再検討する）こと、もしくは、「混ぜ合わせる」に加えて「ひっくり返す」（つまり、批判的に再構築する）というところまで議論を進める研究も必要なのかもしれない。未だ、「移動」に関する研究で用いられる概念や分析方法、さらには議論の進め方は、政治学・国際政治学の研究においては馴染みの薄いものだろう。しかし「移動」に関する研究を、「その他」という分類で掲載して終わるという段階は過ぎた。その意義や重要性について、各論文の著者とともに考えていただければ幸いである。

4. 本特集の構成

上記の意図から、本特集には6本の論文が収録されている。以下、掲載順に各論文の概要を簡単に紹介する。

湯浅論文は、ソ連解体後のロシアにおける人の移動や管理について、周辺地域の住民への国籍付与（パスポート化）や、労働移民の受け入れ制度の変遷を検討し、その変化や課題について考察している。ソ連時代の国内旅券を端緒とするパスポート化政策にみられるように、ロシアにとっての人の移動をめぐる諸政策が国際環境の変化に対応しながらも継続していることが指摘された。

堀井論文は、今日の渡航管理の政治において、デジタル国境の果たす役割をEUの欧州渡航情報認証制度（ETIAS）を事例に検討した。ETIASはビザ免除国からの渡航者に渡航承認を付与する。なぜETIASが求められ、だれの移動が問題化しているのか。国境と技術、国家と個人の関係性を問い直した。

和田論文は、戦時下のウクライナにおける婚姻の平等を求める請願書を事例に、国民の範囲を画定する境界線の移動により生み出される国際社会の分断がいかにセキュリティとセクシュアリティを結びつけるのか論じている。

友次論文は、放射性物質、あるいは関連する資機材に関わる破壊活動全般が、国際政策の場裏で安全保障課題としての「核テロリズム」と総称されていく経緯を辿る。その上で、「核テロリズム」の意味を変えたのは、「社会」という固定的、静的な存在ではなく、放射性物質というモノと人との相互作用であると主張する。

須田論文の要旨は以下の通りである。仮想空間であるサイバー空間はいずれの国家の領域でもないが、サイバー空間を物理的に構成する装置や設備はいずれかの国家の領域内に存在する。よって、サイバー空間は実質的には国家の主権が及ぶ領域となっている。サイバー空間にある情報（データ）にも国家の主権が及ぶというデータ主権の考え方が台頭していることはサイバー空間の領域化といえる。今後、国家間の競争が激しくなるにつれ、情報（データ）の越境移動の管理は強化されていくと想定される。

清水論文は、量子論と仏教の視点から、国際移動を取り巻く「現実」について分析し、量子論・仏教を前提とした常に変化し続ける現実を主張する。この視点に立った時、アクターは本質を持たず常に様々な関係の中で形成されていく。つまり、観察の前に「難民」「移民」がいるのではなく、観察者と当事者たちとの関係が「難民」「移民」を生み出すのである。清水論文はこの視点を活かしながら「難民」「移民」とセキュリタイゼーションの問題に焦点をあてている。

本号の刊行にあたっては、一般財団法人櫻田會から出版助成をいただいた。心より感謝申し上げる。

---

[1] 方法論的ナショナリズムとは、① 世界は国家を基礎的単位として領域的に分割され、② それぞれの国家は対内的には「国家＝国民＝社会」といった一体化され均質的な単位であり、③ 対外的には同様の構造を持つ他の国家と区別され併存しているという理解であり、この理解が、④ 人文社会科学の分野において方法論的前提として広く共有されている。詳しくは、Wimmer and Schiller（2003）。
[2] 近年、国境を越えるヒトが安全保障上の問題として扱われるようになっている。安全保障上の脅威と認識される過程を分析するのが「安全保障化（securitization）」の議論である。
[3] 日本国際政治学会は設立50周年を記念して、日本における国際政治学の水準を世に問うことを目的とした全四巻（理論・イシュー・地域・歴史）を2008年から出版した。国家を中心とする国際政治観への挑戦は第2巻「国境なき国際政治」にまとめられており、この号の中に「移動」を扱った論文も含められている。同巻の編者である大芝亮によれば、第2巻が扱うのは国際政治学会では「その他」として分類されがちな領域である。くわえて、これらの論文が扱うテーマはアメリカにおいても取り組まれているが、日本における研究の特徴として、「必ずしも理論化志向性が強くはなく、それゆえリアリズムに対するリベラリズムの挑戦、という論争には発展しなかった」（大芝 2009: 2）と説明している。

✣ 参考文献

アーリ、ジョン（2015）『モビリティーズ——移動の社会学』（吉原直樹・伊藤嘉高訳）作品社。
石井由香（2018）「序論　移民・難民をめぐるグローバル・ポリティクス」『国際政治』

第190号、1–16頁。

伊豫谷登士翁（2001）『グローバリゼーションと移民』有信堂高文社。

ウォルツ、ケネス（2013）『人間・国家・戦争 —— 国際政治の3つのイメージ』（渡邊昭夫、岡垣知子訳）勁草書房。

大芝亮（2009）「国境なき国際政治」日本国際政治学会編『日本の国際政治学2 国境なき国際政治』有斐閣、1–16頁。

大山貴稔（2022）「セキュリタイゼーション」南山淳・前田幸男編著『批判的安全保障論 —— アプローチとイシューを理解する』法律文化社、50–65頁。

柄谷利恵子（2016）『移動と生存 —— 国境を越える人々の政治学』岩波書店。

唐渡晃弘（2009）「はじめに」『日本比較政治学会年報』第11号、i–v頁。

河田潤一（2007）「はじめに」『年報政治学』2007–Ⅱ号、3–5頁。

トーピー、ジョン（2008）『パスポートの発明 —— 監視・シティズンシップ・国家』（藤川隆男監訳）法政大学出版局。

平野健一郎（1988）「ヒトの国際的移動と国際関係の理論」『国際政治』第87号、1–13頁。

山岡健次郎（2024）「モダニティの両義性と複数性」吉原直樹・飯笹佐代子・山岡健次郎編著『モビリティーズの社会学』有斐閣、71–89頁。

Amelina, Anna, Thomas Faist, Nina Glick Schiller and Devrimsel D. Nergiz (2012) 'Methodological Predicaments of Cross-Border Studies', in Anna Amelina, Devrimsel D. Nergiz, Thomas Faist, and Nina Glick Schiller eds., *Beyond Methodological Nationalism: Research Methodologies for Cross-Border Studies*, Routledge, pp. 1–19.

Anderson, Bridget (2019) 'New Directions in Migration Studies: Towards Methodological Denationalism', *Comparative Migration Studies*, 7: 36, pp. 1–13.

Carling, J. (2002) 'Migration in the Age of Involuntary Immobility: Theoretical Reflections and Cape Verdean Experiences', *Journal of Ethnic and Migration Studies*, vol. 28, no. 1, pp. 5–42.

Castles, S., Hein De Haas and M. J. Miller (2020) *The Age of Migration: International Population Movements in the Modern World*. 6th edn. Guilford Press.

Elliott, Anthony and John Urry (2010) *Mobile Lives*, Routledge.

Floyd, Rita (2019) *The Morality of Security: A Theory of Just Securitization*, Cambridge University Press.

Ghosh, Bimal ed. (2000) *Managing Migration: Time for a New International Regime?*, Oxford University Press.

IOM (2024) *World Migration Report 2024*.

MacMillan, John and Andrew Linklater (1995) *Boundaries in Question: New Directions in International Relations*, Pinter.

Mau, Steffan, Fabian Gülzau, Lene Laube and Natascha Zaun (2015) 'The Global Mobility Divide: How Visa Policies Have Evolved over Time', *Journal of Ethnic and Migration Studies*, vol. 41, no. 8, pp. 1192–1213.

Mayblin, Lucy and Joe Turner (2021) *Migration Studies and Colonialism*, Polity.

Mongia, Radhika (2018) *Indian Migration and Empire: A Colonial Genealogy of the Modern State*,

Duke University Press.

Schewel, Kerilyn (2020) 'Understanding Immobility: Moving Beyond the Mobility Bias in Migration Studies', *International Migration Review*, vol. 54, issue 2, pp. 328–355.

Wimmer, A. and Nina Glick Schiller (2003) 'Methodological Nationalism, the Social Sciences, and the Study of Migration: An Essay in Historical Epistemology', *International Migration Review*, vol. 37, issue 3, pp. 576–610.

日本政治学会編　年報政治学2024–Ⅱ号

「「移動」という思考」特集号

目　次

「移動」は政治学・国際政治学に何を問うのか

柄谷利恵子 ……… 3

《 特集 》

現代ロシアとシティズンシップ
―― 人の移動をめぐる制度と実態についての考察

湯浅　剛 ……… 23

渡航管理をめぐる政治
―― 欧州渡航情報認証制度（ETIAS）を事例に

堀井里子 ……… 38

セクシュアリティをめぐる
　国民国家の再編と国際社会の分断
　　―― ヘテロナショナリズムに揺れるウクライナ

和田賢治 ……… 58

ユビキタスな放射性物質と
　包括的「核テロリズム」言説の登場

友次晋介 ……… 74

情報の越境移動と主権
　―― サイバー空間の領域化とデータ主権の台頭

須田祐子 ……… 94

量子論、仏教、実在
—— 国際移動における「現実」という概念について

清水耕介 ……… 111

《 公募論文 》

自民党政権の対外政策決定過程　1983〜1986
—— 対台湾チャネルを中心に

三代川夏子 ……… 128

公共施設統廃合の受容
—— ビネット実験による検証

柳　　至 ……… 150

プラットフォーム企業の権力と正統性
—— デジタル立憲デモクラシーの方へ

松尾隆佑 ……… 173

人の概念を笑うな
—— 政治哲学における多元的概念工学の擁護

福島　弦 ……… 195

女性の過少代表とその象徴性
—— 投票率への影響

芦谷圭祐 ……… 218

政治的能力の欠如はなぜ問題なのか
—— 関係的平等説による評価と解決策の提示

小林卓人 ……… 241

青年会議所への参加は善き市民の育成につながるのか？
—— 混合研究法による実証的検討

坂本治也 ……… 263

投票行動におけるシステム正当化の役割
—— 経済的システム正当化への着目

中越みずき
稲増一憲 ……… 286

《 学界展望 》

2023年学界展望　　　　　　　日本政治学会文献委員会 ……… 306

《 学会規約・その他 》

2024 年度　日本政治学会総会・研究大会記録 ………………………… 348
『年報政治学』論文投稿規程 ………………………………………… 364
査読委員会規程 ……………………………………………………… 368
日本政治学会倫理綱領 ……………………………………………… 371
Summary of Articles ………………………………………………… 372

「移動」という思考

現代ロシアとシティズンシップ
—— 人の移動をめぐる制度と実態についての考察

上智大学教授 湯浅 剛

本稿は、ソ連解体後のロシアにおける人の移動や管理について、周辺地域の住民への国籍付与（パスポート化）や、労働移民の受入れ制度の変遷を検討し、その変化や課題について考察することを目的とする。

もともとパスポート化政策は、ソ連国内の居住者の移動や生業を管理する仕組みであった。しかし、社会主義体制崩壊後もこの制度は廃止されることはなく、形を変えて継続しており、ロシアの政権にとって有効な、人の移動の管理政策や国籍付与の一助となっている。当該政策によって、ロシアの立場からすれば準成員である周辺諸国のロシア系住民への国籍付与を促進している側面があり、これは現在のウクライナにおける軍事侵攻では、ロシアによる占領地域の実効支配を正当化する手段ともなっている。また、ソ連解体後の労働移民の受入れ政策は、紆余曲折を経ながらも、より簡易な手続きで移民がロシア国内で就労できる仕組みを打ち立てた。ただし、その運用には問題点も多く、さらなる制度改革を含め今後の推移を見守っていく必要がある。

2022年2月のロシアによるウクライナ侵攻に前後して、外国人の帰化や移民の受入れ状況にも変化が表れている。なかでもタジキスタン出身者の帰化・移民は存在感を高めている。この動向に象徴されるようにロシアにおけるムスリム系の定住者のロシア社会での定着が課題となっている。人の移動をめぐる諸制度とその運用の実態を研究することは、ロシアの国家形成の謎を探るヒントとなるのではないか。

キーワード：ロシア、ポスト・ソ連諸国、移民、パスポート化、シティズンシップ

はじめに

　国際社会全体がそうであるように、ポスト・ソ連諸国もまた、人の移動の自由化という現代国家にとって抗うことのできない現象にさらされている。わけてもロシアの場合、国内の労働人口減少という課題への対策として、主に中央アジアやコーカサスのポスト・ソ連諸国から労働者を受入れ、ロシア政府が「同胞」とするロシア系住民の帰還を推進してきた。このような人の移動の規模は、世界的に見ても大きい[1]。

　人の移動の自由化に対して現代ロシアがどのような政策を示し、またその実践はどのようなものであるのだろうか。本稿ではこの問題について、ロシアにとっての労働移民の受入れ、そして外国人である彼らの一部に対する国籍付与を、一続きに繋がった政策であると捉える。国境を越えた定住型の移民を法的にどう位置づけるか、またその法制を当局はどのように運用しているのか、さらには定住型の移民の帰化を認め、市民権（国籍）を付与するのか。これらの一連の制度を打ち立て、整備することは、国家の成員のあり方という、広い意味で国家安全保障に係る問題である[2]。本稿では、その成員をめぐるロシアの現状と問題点について、粗い素描ではあるが見取り図を示すことを目的としたい。

　ここで重要な理念型として扱いたいのは「シティズンシップ」概念である。その範疇には、もちろん国籍（市民権）が入る。しかし、それは狭義のシティズンシップに過ぎない。ここでは、ある国家において普遍的とされる権利や義務を備えた全ての合法的な成員の地位とシティズンシップをより広く捉え、この概念から実態がどのように乖離しているか、ということからロシアという国のあり方を考えてみたい[3]。本来、シティズンシップは、均質な成員によって構成されるのが近代の国民国家であるという前提のもとに成り立っていた考え方である。ここでのシティズンシップは国民に限りなく近い立場となる。そのような前提で国家形成が進んできた米欧において、とりわけ20世紀以降の人の移動の自由化が進み、このような均質性がまさに崩れつつあり、その文脈でシティズンシップが改めて問われている。現代のロシアもまた同じ国際環境下にある。しかし、同国が

均質的な成員によって国家を構成していたと見なすことができた時代は殆どない。この点から、ロシアでは人の移動の自由化という外発的あるいは所与の要因だけでなく、国家統治のために機能する制度としての、言い換えれば内発的な要因を踏まえたシティズンシップに関する考察が求められている[4]。

ロシアもまた、帝政期で言えばニコライ1世（1796–1855, 在位 1825–65）のもとで文部大臣をつとめたウヴァーロフ（1818–55）による「国民性（народность）」概念の提唱に見られるように、国家の成員の均質化政策は繰り返し示されてきた。それにもかかわらず、国家の成員の均質化、国民国家化は果たされないまま今日に至っている。本稿ではまず、ソ連／ロシアにおける非均質的な成員管理の制度として国内旅券、そしてそれにもとづく「パスポート化」政策について考える。現在のロシアで形を変えながらも残っているこの政策に、ロシアにとってのシティズンシップの今日的課題、また、この国が抱える領域統治をめぐる難題の秘密が隠されていると筆者が考えるからだ。

1. パスポート化とポスト・ソ連圏

(1) ソ連時代以来の制度

現代ロシアにおける人の移動をめぐる制度は、ソ連時代の延長線上にある。ソ連体制のなかで機能していた仕組みを、現代のロシアも継承している。それを端的に示しているのが旅券（パスポート）に係る制度であろう。よく知られているように、ロシアでは外国旅券と別に、国内旅券の制度がある（発券担当の官庁はともに内務省およびその前身機関）。二種類の旅券の歴史はともに帝政期にさかのぼるが、国家によるシティズンシップの管理という点で、より興味深い変遷をたどってきたのは国内旅券制度である。

革命後、身分制の廃止などによって従来の居住権や住民登録の制度が崩壊し、国内旅券制度も実質的に機能しなくなった。ボリシェヴィキ政権は「労働手帳（трудовая книжка）」や「労働証明書（трудовое свидетельство）」

の交付・発給などを通じ、住民登録システムの再構築を図る一方、旧来の国内制度が人々の移動の自由を制約してきたとして、1924年以降、国民による旅券等の提示義務を廃止した（Baiburin 2017: 69–85）。だが、1932年になると、住民の登録・管理のために旅券の交付が再び義務付けられた。これは当局による「パスポート化」政策のはじまりであった（Baiburin 2017: 95–100）。モスクワやレニングラード（現サンクト・ペテルブルク）を皮切りに、ソ連の西部国境に近い都市やその周辺部で国内旅券の交付が順次進められた。復活した国内旅券には居住登録（прописка）のスタンプを押印する頁があり、その記録にもとづいて各地の内務省担当部局が人々の移動を管理した（Baiburin 2017: 109–119; Light 2016: 23–24）。導入当初、この旅券制度に従って国内移動が認められていたのは主要都市やその周辺域の住民に限られており、フルシチョフ期までソ連総人口の過半数を占めていた農村住民の移動は長らく厳しく制限されてきた。農村地域での国内旅券の交付は1960年代から段階的にはじまり、1974年の法令によってようやく16歳以上の全人口に国内旅券が行き渡るようになった。また、ソ連市民の海外への渡航が厳しく制約されていたが、国内の自由な移動も制限されてきた（Chandler 1998）。

　国内旅券には人々の民族籍（национальность）を記入する項目があったこともよく知られている。このことは、ソ連体制にとって重要と考えられた各人の属性を明示化し差別していく、という役割が国内旅券にはあったことを示している。ソ連は民族名を冠した共和国によって構成されていた連邦国家であったが、概してソ連期全体を通じて、各民族の文化・言語の尊重というプラスの面でも、また、体制に反逆する「民族主義者」というレッテルを貼ることで差別され、迫害を受けるというマイナスの面でも、国民の民族籍は重要な意味を持っていた（ムヒナ 2018: 44–45）。

(2)　パスポート化政策の継承とポスト・ソ連圏における人の移動

　ソ連解体後の1997年に民族籍を示す項目は廃止され、ロシア国内旅券の役割は、国民各自の身分証明の役割に、より特化するツールとなった。しかし、ロシア政府は国内旅券の制度的な来歴を完全に断ち切っていない[5]。ロシア国内旅券は、国民の居住地管理の役割をいまだに果たしている。旧体制から続く国内旅券制度にもとづくパスポート化政策は、現代の

ロシアの統治の手段として継承され、現行政権が活用できるように制度化されてきた。

　それだけでなく、ロシア周辺の未承認国家や、クリミアやウクライナ東部のようにウクライナとの戦争によってロシアが一方的に併合した地域に居住する人々に対しても付与される。この場合、国内旅券はロシア国家との関係があいまいな人々をロシアの成員と見なすツールとなる[6]。国内旅券は、ある人にとっては紛争・混乱から逃れ、安住の場に近づくための証となるのかもしれない。しかし、紛争地における避難民のパスポート化は、人々を強制的にロシアに帰属させ、当該地域のロシア実効支配を正当化する根拠として利用されている側面があることを否定できない。ロシア政府はパスポート化によって自国の成員であることを個人に押し付けていることになる。

　未承認国家や紛争地域のような特殊な状態でなければ、ポスト・ソ連圏の住民は、より自由に特定の国や地域への帰属や移動について選択できる余地がある。その選択の幅を決める要因の一つは地理的条件、端的に言って欧州との近さであろう。バルト諸国は2004年にEUに加盟したが、当該諸国の住民のなかには買い物や親族との交流のため、ロシアとの頻繁な往復を希望する者もあり、彼らはロシア国籍や無国籍という立場を選択している。また、モルドヴァ国内の分離主義的地域である沿ドニエストルの住民のなかには、ウクライナやロシアの国籍者だけでなく、シェンゲン域内への自由な往来を可能にするモルドヴァ旅券を求める者もいるという（小森2016）。自由な帰属や移動を許容する程度の高いEU圏に近接している国々の住民であれば、彼らはEUの制度を踏まえた旅券を取得し、また、可能な限り国籍も選択するだろう。そのような判断が政治的な自由度や経済的な利得（例えば、より給料の高い働き口を求めること）のための機会獲得に繋がるからだ。

　これに対し、中央アジア諸国の国籍所有者にとって、欧州は地理的にも心理的にも定住先として遠い。EU圏との間を一定頻度で往復し、さらにはそこを定住地とする機会はモルドヴァやウクライナの国民よりも少ない。もちろん、EU諸国に移民として居住または帰化した中央アジア出身者（あるいは彼らの次世代の子弟）は皆無ではないが、移住先への同化のための言語や文化的ハードルは、相対的に高いと言えるだろう。

ソ連解体後の中央アジア諸国からの移民にとって、より現実的な受入れ先はロシアであった。特に2000年代に入るとロシアの経済成長が顕著となり働き口が見つけやすかったこと、共通言語としてロシア語が通じることなどがその背景にあると考えられる。ソ連解体後しばらくの間、ロシアへの労働移民の最大の供給国はウクライナであったが、2007年にはウズベキスタンやカザフスタンがそれを追い抜いた（雲2022: 35）。また、後述するように、近年の中央アジア諸国出身者とりわけタジキスタン国民へのロシア国籍付与は堅調である。

このようなポスト・ソ連圏内での人の移動をめぐる動向をまとめると、次のようになる。まず1990年代は、在外ロシア系住民が経済的混乱や紛争からの脱出を含めて不安定な生活環境を回避し、安住の地としてロシアに帰還する移民が主流であった。プーチン政権期に入り、安定的な経済成長が見込まれたロシアに非スラヴ系の中央アジア・コーカサス出身者も働き口を求めてロシアに労働移民として流入した。彼らはロシア国内での親族や同一地域出身者どうしなどのネットワークの助けを得ながら、ロシア国内へ定住あるいは出身国と定期的に往来した（堀江編2010; ムヒナ2015; 雲2022）。先行研究の指摘する以上のような移民の動向に、パスポート化政策も適応してきた。良く知られているように、ロシアは二重国籍を容認しているが、これも在外ロシア系住民の帰化による国籍付与に親和的な政策である。以下の節では続いて、労働移民の受入れをめぐる制度整備を概観する。

2. ロシアにおける移民政策の変化

(1) 非合法移民の増加と労働パテント制導入

2000年代、労働移民の継続的受入れと滞在について、ロシア政府は段階的に制度を整備した。しかし、その実践は試行錯誤の連続であった。労働移民を厳格に管理・統制しようとすると、その制度からこぼれ落ちる人々、つまり非合法の労働移民が増えるという状態が続いた。

ここで指摘すべきは2002年7月制定の「ロシア連邦における外国国籍

者の法的地位に関するロシア連邦法」（以下、「外国人地位法」と略記）の改正と運用の実態である。1981年に制定されたソ連時代の旧法を全面改訂し、労働移民受入れのための仕組みを示した同法であるが、出入国時およびロシア国内での移動を管理するための「移民カード」の導入、入国日から3日以内の居住登録義務など、移民側にとって厳しい規定が示された。その結果、居住登録を届け出ない者が増加してしまい、労働移民の管理でロシア政府は大きく躓いた。2007年1月、当該法は改正施行され、労働移民の就労手続きの簡素化、非正規に労働移民を雇用した者に対する処罰の厳格化とともに、連邦構成主体ごとに労働移民の就労許可数を割り当てる「クォータ制」が導入された。しかし、このような措置も非合法移民の排除には至らなかった（湯浅2004; ムヒナ2015: 140–141）。

　2010年、外国人地位法はさらに改正され、従来のクォータ制にもとづく就労許可とは異なる特別な許可である「労働パテント制」が導入された。これは簡素な手続きで認められるものであり、税制面でも労働移民が優遇された。2015年の外国人地位法改正で、ロシア査証免除の国々（中央アジア・コーカサス諸国を含むCIS加盟諸国はこれに該当）の国民は原則労働パテント制によりロシアで仕事を得ることとなった。他方で、労働パテントの取得を希望する外国人には、ロシアの法律やロシア語、ロシア史についての試験が課されることとなった（ムヒナ2015: 143–144; 雲2023: 35–37）。ここに労働パテントを取得するためのハードルを上げるとともに、ロシア社会に順応しやすい労働移民を受入れようとするロシア政府の意図を読み取ることができる。また、2015年のパテント制の改革は、制度に係る末端の部局の官僚主義化を助長させ、結局のところパテントによる国庫の収入増、そしてプーチン政権が主導する国家介入型の経済政策「国家資本主義」への寄与をもたらしたと指摘する研究もある（Schenk 2018: 106–121）。

(2)　制度運用に内在する問題

　数年ごとに制度のエラーを修正するが、その結果また新しい問題が生じるということを繰り返すプーチン政権の労働移民政策に、一貫性を見出すことは難しい。それだけ目まぐるしく新しい問題が生じたということかもしれないが、以下のようなロシア政治に根深く残る、構造的な問題もある

と考えられる。

　第一に、政治指導部の示すプランには不十分な点や矛盾があり、具体的な政策とするための官僚側の態勢が間に合わない、という問題である。プーチン自身は国家統治にとって移民問題を重視しており、政権初期から折に触れてプランを示してきた（湯浅 2004: 14）。非合法移民を可能な限り排除し、高い技能を持つ外国人を受入れていかなければならない、という大まかな方向性は、彼が大統領職に返り咲くことが濃厚であった 2012 年 1 月に『独立新聞』で発表された論文にも示されていたところであったが（Putin 2012）[7]、それが労働パテント制の改革という形に落ち着くまで数年の時間を要した。論文で示されたプランを具体化するために、同年 5 月には複数の大統領令が出され、6 月に公表された『2025 年までのロシア連邦国家移民政策構想』（本稿注 2 参照）ではクォータ制の改善の必要性は謳われていたが、これらの指示は各レベルの行政官にとって「プレッシャーとなる、非現実的な行動方針を打ち出した」ものであった[8]。

　これに関連して、第二に、改革の要点を十分把握できていないまま運用がはじまる、さらには（ポスト・ソ連圏ではよくあることだが）現場レベルの事務官の低いモラル・怠業で政策の徹底が滞る、という問題がある。

　第三に、政策をめぐる官庁間の役割分担ないしは「縄張り争い」という問題も絡んでくる。労働パテント制については、構想段階から当時の連邦移民庁（Федеральная миграционная служба: ФМС/FMS）と労働・社会保障省（Минтруд/Mintrud）[9]との間で対立があったことが指摘されている。FMS はもともと 1992 年 6 月 14 日、Mintrud の前身である労働・人口雇用省の外局として設立されたが（Schenk 2018: 3）、移民政策が重要政策課題として重視され、また複雑化するなかで、位置づけを変えていった。まず、2004 年の改組で移民に対する旅券・査証発給業務は内務省に移管されるが（Ukaz Prezidenta RF 2004a; Ukaz Prezidenta RF 2004b）、2012 年には FMS 自体が連邦政府直轄という位置づけに変更された。前述のプーチンによる移民政策の青写真はこの段階で示されたわけだが、クォータ制が Mindrud の管轄事項であるのに対して、労働パテント制は FMS が担当していたことから、両者の方針が十分かみ合わなかったという組織編成上の問題があったと考えられる。また、シェンクによれば、労働パテント制は FMS による初期の構想段階ではクォータ制度の廃止を織り込んだうえでの仕組み

となっていた、つまりはMintrudが移民行政に関与する余地を減らそうとしていたものの（Schenk 2018: 103）、最終的には両官庁の縄張りを維持することで決着がついたことになる。

3. 移民の参入と同化をめぐる諸問題

2016年4月5日、FMSは内務省の内局である「移民問題総局」として改めて同省に編入された。移民行政は現在、国内治安を旨とする内務省と労働行政を所管するMintrudとの間で役割分担されている構図となっている。労働パテント制の活用が労働移民政策のなかで相対的に高まっている背景には、このような行政府の改編も作用しているのかもしれない。また前述の通り、内務省は旅券発給ひいては国籍管理も所管しているが、同省が本格的に移民政策に係るようになったことは連邦政府の組織編成の点で注目すべき変化であると言えよう。

以上のような内務省の管轄事項の変遷は、移民対処と帰化・国籍付与が繋がっており、移民問題がロシアを構成する成員、本稿冒頭で指摘したシティズンシップのあり方にも係ってくることを示唆している。国籍付与政策は、前節で触れた外国人地位法の変遷ならびにそれにもとづく移民政策の変化と連動して、各時期の政策課題に対応していった。ソ連崩壊期から1990年代を通じ、国籍付与の要件を緩やかにし、在外ロシア系住民を受入れていったが、2002年以降順次進められた国籍法改正により、国籍付与のハードルは次第に厳しくなった。また、並行して、ロシア周辺の未承認国家や紛争地におけるロシア系住民への国籍付与の制度も整えられていった（溝口・長島2023: 148–152）。

近年とりわけウクライナへのロシア軍事侵攻がはじまった前後の時期に、ポスト・ソ連諸国出身者によるロシア国籍取得はどのように推移しているのであろうか。難民・移民を支援するロシアの慈善団体「市民援助」が示した2021〜23年上半期までの統計資料[10]から以下の特徴が指摘できる。

まず、当然のことかもしれないが、ウクライナ人に対するロシア国籍の付与は375,989件（2021年）→303,786件（2022年）→39,045件（2023年上半期：以下の数字も同じ時期のもの）と減少傾向にある。2023年の数

値は上半期のものであるが、2022年の同時期と比べてもマイナス63％と激減した。前述のように、ウクライナ東部の占領地域には強制力の強いパスポート化、居住登録の措置がとられたが、その効果はここでの数値には表れていない。

　これに対し、中央アジア出身者とりわけタジキスタン人へのロシア国籍付与は103,681件→173,634件→86,964件と堅調に推移している。2023年は年間を通じて20万件に迫るものと考えられる。タジキスタンは1990年代の紛争後は年率2％を超える人口増加を維持する、分厚い労働人口を抱えた国である。2024年、タジキスタンの総人口は1千万人を突破したが（1,030万人：国連人口基金の統計による。以下も同じ）、2021～23年の間に、単純計算で同国の全人口の4％強がロシア国籍を得ることになる。明確な統計は管見の限り知らないが、その大半は労働移民としてロシアに出国するか定期的に出身国タジキスタンと往復する若年・壮年の世代であり、ロシアが認めている二重国籍となっているものと推測される。人口増に見合う働き口がタジキスタン国内では限られていること、またロシアのほうが経済規模が大きく、雇用機会にも恵まれていることがロシアへ移民

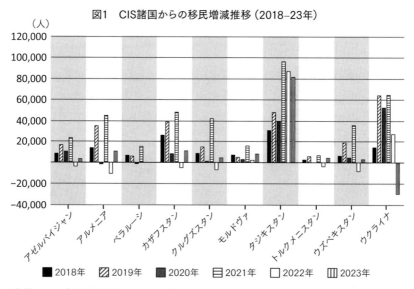

図1　CIS諸国からの移民増減推移（2018–23年）

（出典）ロシア連邦統計局統計をもとに筆者作成。

として移り住み、ロシア国籍を取得する呼び水となっていると考えられる。

　以上のような国籍付与の動向は、移民の量的推移とも連動していると考えられる（図1参照）。2018〜23年の6年間にわたるCIS諸国とロシアとの移民の出入数（ロシアへ入国する移民から出国する移民を差し引いた数）を国別に見ると、中央アジア諸国とりわけタジキスタンから流入する移民は量的にも圧倒している。同国の総人口は中央アジアでウズベキスタン（3,570万人）、カザフスタン（1,980万人）に次ぐ規模であるが、ロシアへの移民送出し数でこれら2カ国を凌いでいる。また、ウクライナ（3,790万人）は長らく最大のロシアへの移民送出し国であったが2019年を頂点に次第に移民数は減少し、2022年にはタジキスタンが筆頭の送出し国となった。2023年、ウクライナは50,929人の移民をロシアに送出したが、受入れた移民数（80,547人）がそれを相殺し、3万人近い入超となった。2022年以降、タジキスタンとモルドヴァを除くCIS諸国が年間でのロシアからの移民入超を経験しており、ロシアへの移民の送出し、そして彼らのロシアでの定着は低調になりつつある。

　以上の動向から、ロシア国内でのタジキスタン移民の存在感の高まり、彼らに対するロシア国籍の付与の恒常的増加という趨勢が予想される。

　ここから問題となるのは、大半がムスリムであるタジキスタンをはじめとする中央アジア出身者のロシアでの定着であろう。本稿冒頭で示したシティズンシップの議論に照らして見たとき、ロシア社会のなかで文化的に異質な存在である彼らは、ロシアの成員として根付くことができるのだろうか。ロシア国民は、たとえ国籍を取得したとしても文化的に異質な存在である彼らを同等のシティズンシップを持っているものとして歓迎してくれるのだろうか。

　実際には、新たに（とりわけ非合法的に）参入する移民を警戒し、彼らを脅威と見なす意識は、従来からのロシア国民に根強い。2024年3月22日、モスクワ郊外のコンサートホールで発生したタジキスタン出身者の犯行とされるテロ事件は140名以上の犠牲者を出し、イスラーム国（IS）も犯行声明を出した。その後も同年4月4日のサンクト・ペテルブルク地下鉄での自爆テロ事件（クルグズスタン出身者が犯行容疑者とされている）、6月23日はダゲスタン共和国でのロシア正教会やシナゴーグへの襲撃事件など、ロシア国内での文化的亀裂やムスリムによる社会的不満が背景にあ

ると考えられる騒擾が相次いでいる。これらの事件は、移民やムスリム系住民に対する警戒感をますます高めていると考えられる。プーチン政権が提唱する複数のネイションの共存を前提とする単一のアイデンティティの形成、またそれに裏付けられたシティズンシップの確立に向けた見通しは暗いと言わざるを得ない。

結びにかえて

ソ連の崩壊によって、そこで確立しようとしていたシティズンシップの構想も崩壊した。しかし、人の移動の管理のための従来からの政策であるパスポート化や、新生ロシアで容認された二重国籍の規定を改良しながら活用することで、現在のプーチン政権は新しいロシアのシティズンシップの確立を追求しようとしている。ここには労働移民としてロシアに定住する者、さらにはロシア国籍を新たに取得した者も含まれるだろうが、本来のロシア国民との文化的・社会的な差異から、ロシアに居住する者どうしの間での格差、差別意識も根強く残っている。

また、プーチン政権の進めてきた移民／国籍政策の改革は、現代国際社会における移動性とシティズンシップをめぐる属性の複雑化を反映したものであると言える。この文脈で、本稿では充分な議論ができなかった問題として、ポスト・ソ連諸国とりわけロシアに多数の移民を送出している中央アジア諸国の法制的な対応やその運用がある。ロシアが各種法制で外国人の地位や国籍取得のルールを制度化しているのと同様、ポスト・ソ連諸国もそれぞれこれらの政策課題の制度化を進めてきている。この点についての研究は別稿に譲りたい。

---

[1] 例えば、国際移住機関（IOM）の統計によれば、ロシアはインド、メキシコに次ぐ世界第3位の移民送出国であるとともに、受入れ国としても米国、ドイツ、サウジアラビアに次ぐ世界第4位の移民受入れ国となっている（IOM 2024）。また、移民在留数の点でロシアは米国に次ぐ世界第2位の移民大国である（堀江 2010: 10）。

[2] 国際的な人の移動を国家安全保障の課題と捉えるロシア政府文書として、例えば『2025年までのロシア連邦国家移民政策構想』(2012年6月13日大統領承認)(Kontseptsia gosudarstvennoi migratsionnoi politiki RF 2012)。

[3] この定義は、帝政期以来のロシアの国籍制度を研究したローアの議論を参考にしている (Lohr 2012: 3)。

[4] ここでの人の移動の自由化とシティズンシップのあり方に関する議論は柄谷 (2016: 4–6) での議論に呼応している。ソ連を構成していた諸国の国籍のあり方からこの問題を扱った議論として (塩川2007) が、また、ソ連解体後のロシア二重国籍を他の二重国籍制採用諸国と比較検討した論考として (長島2023) がある。本稿は断片的で、粗い素描的な議論になってしまったが、ポスト・ソ連諸国の国籍制度をめぐるより精緻な議論を行うための準備的作業としてお許しいただきたい。

[5] 国籍(nationality)に相当するロシア語は гражданство である。ロシア以外のポスト・ソ連諸国の旅券も、世界各地の一般的な旅券と同じく国籍記載はあっても、民族籍の表記は原則廃止されていると考えられる。これは、14歳以上に義務的に付与されるなどソ連国内旅券の制度を部分的に継承している特徴を持つベラルーシの旅券にも当てはまる。また、ロシア以外のポスト・ソ連諸国の国民もソ連国内旅券を保持していたが、1997年のエストニアにはじまり2014年のモルドヴァを最後として (ただし、同国内の未承認国家・沿ドニエストル・モルドヴァ共和国では2019年まで) 全てのポスト・ソ連諸国は順次このソ連国内旅券を無効化した。ポスト・ソ連各国の旅券制度を総覧し比較することは今後の研究課題としたいが、ソ連国内旅券の制度的特質を積極的に維持しているポスト・ソ連諸国はロシア以外には存在しないと言ってよいのではないだろうか。

[6] 長島徹の指摘によれば、ウクライナ国民に対するロシア国籍付与の根拠法令は2019年4月24日付ロシア大統領令であり、ロシア軍による軍事侵攻以降に改正され、全ウクライナ国民がロシア国籍付与の対象となった (長島2023: 62)。さらに、2023年4月27日付ロシア連邦大統領令 (Ukaz Prezidenta RF 2023) では、ロシアの占拠するドネック人民共和国、ルガンスク人民共和国、ザポロジェ州、ヘルソン州にてロシア国籍を持たない住民は2024年7月以降に追放・行政的立ち退きといった措置がとられるとされた (ただし、この措置がとられる期限は後に2024年12月末まで延長された由)。これらの措置はウクライナ側住民に対する「パスポート化」政策と捉えられ、また、占領地におけるその実効性を段階的に高めようとしているロシアの姿勢が窺える。

[7] 当該論文で移民政策の前提として示された、ロシアとは複数のエスニック集団からなる国でも米国のような「(人種の)るつぼ」でもなく、多民族(多ネイション)国家 (многонациональное государство) として発展してきた国家であるという認識は、その後のプーチン政権のアイデンティティ政策の展開を考えると興味深い。思うに、その後のプーチン政権は (多) ネイションを鍵的概念としてアイデンティティ政策を構築しており、それは米欧的なシヴィック／エス

ニック・ナショナリズムの区分ではなく、それらの融合として理論化されているように窺える。今後の研究課題としたい。

[8] シェンクの指摘による（Schenk 2018: 103）。彼女自身はレミントンの議論（Remington 2014）を論拠としている。

[9] 2012年5月の連邦政府改革で、労働・人口雇用省と保健・社会発展省が統合・再編されて設置された。

[10] 当該団体のウェブサイト（https://refugee.ru/）を参照のこと。同団体は2015年、ロシア政府から「外国の代理人」に指定された。

❖ 参考文献

柄谷利恵子．2016．『移動と生存 —— 国境を越える人々の政治学』岩波書店．

雲和広．2022．「ロシアの人口減少と外国人労働の受容 —— ロシアからみた移民政策」『国際問題』（日本国際問題研究所）708: 31–41.

小森宏美．2016．「旧ソ連のパスポート」陳天璽・大西広之・小森宏美・佐々木てる編著『パスポート学』北海道大学出版会：21–26.

塩川伸明．2007．「国家の統合・分裂とシティズンシップ —— ソ連解体前後における国籍法論争を中心に」塩川伸明・中谷和弘編著『法の再構築［Ⅱ］国際化と法』東京大学出版会：83–124.

長島徹．2023．「ロシアの二重国籍推進政策の再検討」『境界研究』（北海道大学スラブ・ユーラシア研究センター境界研究ユニット）13: 33–62.

堀江典生．2010．「移民大国ロシアの軌跡 —— 中国と中央アジアからの労働移動に着目して」『ロシア・東欧研究』（ロシア・東欧学会）39: 13–25.

堀江典生編著．2010．『現代中央アジア・ロシア移民論』ミネルヴァ書房．

ムヒナ，ヴァルヴァラ．2015．「ロシアにおける移民政策の変容 —— 近年の移民政策改正の位置づけ」『移民政策研究』（移民政策学会）7: 133–150.

ムヒナ，ヴァルヴァラ．2018．「ソビエト連邦解体以降のロシアにおける民族政策と帰属意識について —— 「我々」と「他者」の境界線を巡って」『上智大学外国語学部紀要』52: 41–65.

溝口修平・長島徹．2023．「ナショナリズムと国民／国家の範囲」油本真理・溝口修平編著『現代ロシア政治』法律文化社：138–152.

湯浅剛．2004．「ソ連解体後の境界構築の諸相 —— ロシアの制度改編と中央アジア諸国との関係を中心に」『国際政治』（日本国際政治学会）138: 9–26.

Baiburin (Байбурин, Альберт). 2017. Советский паспорт: история-структура-практики. СПб: Издательство Европейское университета в Санкт-Петербурге.

Chandler, Andrea. 1998. *Institutions of Isolation: Border Controls in the Soviet Union and Its Successor States, 1917–1993*. McGill-Queen's University Press.

IOM (International Organization for Migration). 2024. *World Migration Report 2024*. [https://worldmigrationreport.iom.int/msite/wmr-2024-interactive/]

Kontseptsia gosudarstvennoi migratsionnoi politiki RF. 2012. Концепция государственной миграционной политики Российской Федерации на период до 2025 года. [http://kremlin.ru/events/president/news/15635]

Light, Matthew. 2016. *Fragile Migration Rights: Freedom of Movement in Post-Soviet Russia*. Routledge.

Lohr, Eric. 2012. *Russian Citizenship: From Empire to Soviet Union*. Harvard University Press.

Putin (Путин, Владимир). 2012. Россия: национальный вопрос. «Независимая газета» 23 января 2012 года. [https://www.ng.ru/politics/2012-01-23/1_national.html]

Remington, Thomas F. 2014. *Presidential Decrees in Russia: A Comparative Perspective*, Cambridge University Press.

Schenk, Caress. 2018. *Why Control Immigration? Strategic Uses of Migration Management in Russia*, University of Toronto Press.

Ukaz Prezidenta RF (Указ Президента Российской Федерации). 2004a. «О системе и структуре федеральных органов исполнительной власти» от 09.03.2004, № 314.

Ukaz Prezidenta RF. 2004b. «Вопросы Федеральной миграционной службы» от 19.07.2004, № 928.

Ukaz Prezidenta RF. 2023. «Об особенностях правового положения отдельных категорий иностранных граждан и лиц без гражданства в Российской Федерации» от 27.04.2023, № 307.

渡航管理をめぐる政治
―― 欧州渡航情報認証制度（ETIAS）を事例に

国際教養大学准教授　堀井里子

　諸国家は、人の移動を事前に把握し、「安全な渡航者」と「懸念すべき渡航者」に選別し、その移動を管理・規制することに大きな関心を寄せてきた。国境のデジタル化は、こうした渡航管理の政治においていまや不可欠な要素となっている。本稿は、欧州連合（EU）による「欧州渡航情報認証制度（ETIAS）」を事例に、渡航管理の政治の現在地を明らかにすることを試みる。ETIASは、ビザ免除国の国民が、自由移動の空間であるシェンゲン圏に短期滞在目的で渡航する際に、事前に渡航承認を得る制度である。本稿では、グローバルな渡航管理の政治の展開に関する先行研究を整理し、次にETIASの法的根拠であるETIAS規則が成立した歴史的な流れを追った。これによって、誰の移動が問題化されてきたのかについて明らかにするとともに、EUにおける渡航管理体制の発展のなかでのETIASの位置づけと、安全保障との連結だけでない複合的な要素が国境のデジタル化に影響したことを指摘した。また、本稿は、技術と国家と個人の関係性と、国家の統治と個人の移動の自由について問い直す必要性を提起した。

キーワード：渡航管理、国境、欧州渡航情報認証制度（ETIAS）、
　　　　　　　デジタル化、欧州連合（EU）

1. はじめに —— EUは誰の渡航を問題化しているのか

　渡航管理をめぐる政治は、今日の私たちの日常に深く、広く浸透している。日本国籍をもつ者がフランスに数日の予定で出かけるとしよう。日本国内の自宅から空港に移動する国内移動に関して、その者は基本的に移動制限を受けない。しかし、日本からフランスへの国際移動に際しては、パスポートを携帯し、到着したフランスの空港で入国審査を受けなければならない。もし日本が査証（ビザ）が免除される対象国でなければ、数日の滞在であっても渡航前にフランス大使館をたずね、短期滞在用のビザ（「シェンゲン・ビザ」）を申請し、取得しなくてはならない。申請時には、指紋などの生体情報を含む個人情報を提供する必要もある。類似の手続きは世界各国で採用されているが、私たちはこれを当たり前のこととして受け入れ、そのグローバルな渡航管理の政治に自らを組み込んでいる。

　パスポート制度やビザ制度を始めとした様々な制度を開発してきた近代国家は、今日、国境を完全に閉じるのでも開けるのでもなく、渡航者を「歓迎される人」と「歓迎されない人」に選別することに力点を置いている。国境のデジタル化は、こうした選別志向の強い渡航管理の政治においてきわめて重要な役割を果たしている。欧州諸国は、自由移動の空間であるシェンゲン圏[1] の安全のため「欧州要塞（Fortress Europe）」とも揶揄される厚い壁を築いてきたが、デジタル化を通して、ますます国境の機能は様々な時間と空間に遍在するようになっている。

　本稿はこうした渡航管理の政治の現在地を、欧州連合（EU）が新たにスタートさせる欧州渡航情報認証制度（European Travel Information and Authorisation System, ETIAS（エティアス））を事例に分析するものである。ETIASとは、ビザ免除国の国民が短期滞在目的でシェンゲン圏に渡航する際に、事前に個人情報を提供し、渡航承認を得る制度である。類似の制度は既に米国やカナダ、オーストラリアなどで導入されているが、欧州にとっては、年間14億人ともいわれるビザ免除国からの渡航者を対象とした、初めての規制的国境管理制度となる。渡航予定者は、名前や生年月日などのほか、学歴や職業、紛争地域での滞在歴など様々な個人情報を提供す

る。提供された個人情報は自動化されたメカニズムのなかで「処理」されることになる。

ETIASはいまだ稼働していない[2]。したがって、本稿の主眼は運用上の課題ではなく、法的根拠であるETIAS規則がどのような過程を経て成立したのかを探り、ETIASの制度的特徴を明らかにすることである。国境管理の厳格化やデジタル化は、それ自体は安全保障上のイシューではない移民や難民をめぐる課題が、ホスト社会の安全保障に対する脅威として認識されるようになるという、「移民の安全保障化」の観点からしばしば説明される。だが、ブローダースとハンプシャー（Broeders and Hampshire）が指摘するように、「安全保障の枠組みは、デジタル化の非安全保障的な推進要因や、デジタル化が『テロとの戦い』以前から先行していることを曖昧にする」（Broeders and Hampshire 2013: 1202）。本稿では、ETIAS案がEUレベルで発展した歴史的変遷に視野を広げることで、当時欧州で発生したテロ事件や「欧州難民危機」を契機とした安全保障の論理との連結という観点からだけではなく、それ以前からEITAS規則を作る下地が作られていたことを指摘したい。

本稿を通して問いかけたいのは、国家主権と個人の移動の自由の緊張関係である。本来、移動は日常に存在するものであり例外的な現象でも、問題でもない。移動を例外にするのは、誰のどのような移動を問題化するかについての国家の見方である。その国家の見方は固定的ではなく、政治的、経済的、また社会的な文脈や国際関係によって変わりうる。人の移動を管理する国家の能力と、個人の自由な移動の権利との関係性はどのように変遷しているのか、また技術は国家と個人の行動にどのような影響をおよぼすのか。本稿は移動と国境、個人と国家の関係を理解する一助としたい。

次節では、グローバル渡航管理の政治の展開について先行研究を整理し検討する。第3節では、EUの渡航管理について歴史的に振り返る。第4節はETIAS規則案が出された背景と成立したETIAS規則の主な特徴を明らかにする。そして、EUにおける国境のデジタル化と問題化される渡航者について検討する。最後に、本稿での議論を振り返り、グローバルな渡航管理の政治にもたらす示唆を提示したい。

2. グローバルな渡航管理の政治の進展

　国境を越える人の移動の管理は、国民国家体制の成立と密接に関わってきた（Torpey 2000 = 2008; Zolberg 1999）。『パスポートの発明』の著作で知られるトーピー（Torpey）は、国家が合法的な移動手段を独占してきた背景として、自国の人口成長や人口構成の管理、兵役や税、労働力の徴収、そして「好ましくない」と国家がみなす人びとの排除・監視といった「保護的であると同時に権力的であるという、近代国家の両義的な性質を反映するさまざまな理由」があったと論じている（Torpey 2000 = 2008: 11–12）。国家による合法的な移動手段の独占を示す制度の一つは、パスポート制度である。パスポートは、政府が外国政府に対しパスポート所持者を自国国民であることを証明し、外国で安全に旅行できるよう保護扶助の供与を要請する公文書とされる。パスポート制度が国際的に普及し世界標準となり、いまやパスポートがなければ合法的な出国も他国への入国もままならない。例外は特定の国家間で国境管理機能を撤廃した欧州のような少数の地域のみである。

　だが、パスポート制度だけでは渡航者の身元が分かっても、歓迎される人と歓迎されない人を選別することは難しい。選別に関する代表的な手法は査証（ビザ）制度である。ビザは、そのパスポートが申請・効力をもつことを証明し、当該外国人の入国を許可する公文書である。渡航目的国は、渡航予定者がビザ申請時に提供する個人情報を基に、条件に見合わない者であれば申請を却下し、許可した人には国境において円滑な入国手続きをすることが可能となる。ビザは、「ふるい」の機能を果たしている。

　ビザ制度以外にも、諸国家は、航空会社などに乗客の渡航書類の確認を義務付けるキャリア・サンクションや、移民・難民の経由国に資金援助・技術支援を行い、その国の国境管理当局を通じての移動規制など様々な事前の選別・規制対策を講じている。外国籍者であっても、居住や実質的な滞在を通じて一定の権利が生じる。そのため、「国家にとっては、領土への侵入を制限することが、国民以外の人びとに対する一連の潜在的に高値な負担を避けるための最善の方法」なのである（Torpey 2000 = 2008: 259）。こうしたロジックと先進諸国による移民・難民排除の実践は「遠隔管理

（remote control）」や「脱領域的国境管理（extraterritorial border controls）」、「国境管理の外部化（externalisation of border controls）」などともいわれ、先行研究で論じられている（Guild and Bigo 2010; Guiraudon and Lahav 2000; Zolberg 2006）。同様に、国際難民法学者であるHathawayも、ノン・ルフールマン原則による難民受け入れの規範は退けられ「入国阻止の政治が到来」（Hathaway 1992: 40）したと批判している。

このように批判的に論じられる渡航管理の過程で、国境のデジタル化は不可欠な要素となっている（Broeders and Hampshire 2013; Trauttmansdorff 2017）。国境のデジタル化とは、国境管理において情報通信技術を導入、利用することである（Broeders and Hampshire 2013; Trauttmansdorff 2017）。生体認証や監視技術、アルゴリズムなどを活用し、出入国手続きの自動化やオンラインでの手続きが可能となっている。また渡航者のリスクレベルもより精緻な評価ができる。国家が人の移動手段を合法的に独占できたのも、それを可能とする「官僚機構と技術」があったからである（Torpey 2000 = 2008: 13）。とりわけ、本稿で取り上げるEUのように、複数の国家が協力して国境管理を担うようなケースでは、デジタル技術がなければ関係当局それぞれが収集したデータの保管や共有も実現しない。また、渡航者の立場からすると、インターネットへの接続環境があれば基本的に時間を問わず、どこにいても手続きを行える。そして、手続きの過程で提出した個人情報はすぐに審査され、問題がなければ数分で結果が届く[3]。国境がいかに柔軟で遍在的であるかは既に先行研究で指摘されているが、「国境の可変性」はデジタル化によって飛躍的に高まっている。

3. EUの渡航管理体制
——「懸念される渡航者」とは誰か

欧州ではどのような渡航管理が展開してきたのか。欧州諸国は、地域統合の歴史とともに、様々な出入国管理の制度やメカニズムを網の目のように張りめぐらせてきた。EUはシェンゲン情報システム（SIS）、ビザ情報システム（VIS）、ユーロダック（Eurodac）などの大規模データベースや、監視・規制・排除を可能とする制度を構築しており、それがEUの渡航管

理体制の特徴の一つとなっている。たとえば、シェンゲン情報システムは1995年から稼働する欧州最大規模の情報共有システムである。逮捕状が出されている人物や失踪者、盗難物などに関する情報が記録されており、シェンゲン加盟国の警察・出入国管理当局間で共有されている[4]。ビザ情報システムは主にシェンゲン・ビザの申請者の情報に関するデータベースであり、2011年から稼働している。シェンゲン・ビザはシェンゲン圏加盟国が発行する共通のビザであり、特定の国からの短期滞在目的の渡航者に事前取得を義務付けている。収集される情報は、ビザを申請した者の指紋や顔画像を含む個人情報、ビザ申請に関する決定内容などである。これによってビザの不正使用の取り締まりや申請プロセスの合理化に役立てているという。ユーロダックは、庇護申請者および非正規移民の指紋データベースであり、2003年から稼働している。EUは、庇護申請者は最初に入国したEU加盟国でしか難民認定審査を受けられないという、ダブリン規則[5]と呼ばれるルールをもっている。ユーロダックは責任をもつべき加盟国を確定させ、庇護申請者が複数の加盟国で難民申請することを防ぐために役立つとされている。

　上述した「三大データベース」のほか、司法協力分野における加盟国共通のデータベース、e-CODEX[6]、それに非EU加盟国の国民の犯罪記録に関する欧州犯罪記録情報システム（第三国国籍者）(ECRIS-TCN) も今後稼働予定である[7]。加えて2013年以降、EU域外国境の非正規越境の試みをドローンや衛星、船舶などから届く情報によって監視・追跡する欧州国境監視システム（Eurosur）も稼働している。これらの制度は、渡航管理の実務を担う職員によって日々利用されており、加盟国間の実務レベルでの協力を具現化し、いまやEU最大の専門機関となった欧州国境沿岸警備隊、通称フロンテクスもそれをサポートしている。

　これら幾重にも連なる渡航管理は、誰を規制や監視の対象としてきたのか。その実質的なターゲットは誰か。これを知るための手がかりの一つはシェンゲン・ビザの取得国／免除国の区分である。シェンゲン・ビザに関する規則[8]によれば、EUは、非正規移民のリスク、公共政策および安全保障への影響、観光や対外貿易を含めた経済的な利益、人権と基本的自由に配慮した外交関係、そして地域的結束と互恵性などの基準を複合的に考慮し、どの国の渡航者にビザの取得を求めるかを決めている。2024年現

在、ビザ取得が求められる国は104か国である。それらの国々は、アフリカ地域の全ての国々、イスラエルとアラブ首長国連邦を除く中東諸国、日本、韓国、台湾、マレーシア、オーストラリア、ニュージーランドなどを除く多くのアジア太平洋諸国、そしてボリビアなどの中南米カリブ諸国であり、「グローバル・サウス」の国々に偏っている（European Union 2024）。例外はバルカン半島や東欧諸国など、ビザ円滑化協定やビザ自由化対話などを通して戦略的にビザ免除国になる場合である。後述するように、非正規移民や安全保障の面での懸念が残っており、欧州委員会がETIASの法案化を進める理由となった。

　EUの渡航管理体制を包括的に網羅するものではないが、本稿で取り上げた制度が誰をターゲットにしているか分類したものが表1である。表1をみると、多くの制度がシェンゲン・ビザ取得国の人びとを実質的なターゲットにしていることが分かる。ビザ情報システムはシェンゲン・ビザ申請者のデータベースであり、ビザ免除国からの渡航者には妥当性がない。難民申請をした者の指紋情報を収集するユーロダックについては、大多数の難民の出身国はシェンゲン・ビザ取得国であるが、念のため照らし合わされる。欧州国境監視システムが監視するのはEU域外国境上の非正規越境の試みであり、ビザ免除国の渡航者は非正規移民と同じルートを通らない限り対象にならない。フロンテクスが展開する共同作戦ももっぱらアフリカや中東、東欧・中央アジアから流入する非正規入国者がターゲットである。出身国に関わらず非EU／シェンゲン加盟国からの渡航者を対象とするのはシェンゲン情報システムのみである。これらに鑑みると、「安全な渡航者」への監視や規制、排除体制はそれ程築かれていない。ビザ免除

表1　EUの渡航管理体制とそのターゲット（現行）

実質的な ターゲット	ビザ取得国 「懸念すべき渡航者」	両者を対象	ビザ免除国 「安全な渡航者」
主な制度	• ビザ情報システム • ユーロダック • 欧州国境監視システム • フロンテクス	• シェンゲン情報システム	

筆者作成。

国からの渡航者は、「欧州要塞」の厚さではなく、むしろ薄さを享受してきたといえるだろう。次節からは、こうした状況のなかでどのように「安全な渡航者」を対象としたETIASが提起され、成立に至ったのか、その制度的特徴は何かについて論じる。

4. 欧州渡航情報認証制度（ETIAS）成立の背景とその特徴

① 成立の背景

　シェンゲン圏を訪れるシェンゲン・ビザ免除国からの短期渡航者の情報を事前に入手し、そのリスクを把握できないか、そして場合によってはその渡航を阻止できないか。こうした考えが公的文書に初めて表されたのは2008年である（European Commission 2008）。「EU国境管理の次のステップに向けて」と題したコミュニケーション文書で、EUの行政執行機関である欧州委員会は、二つの国境管理の弱点を指摘した。一つは、ビザ免除国からの渡航者は「EU国境に到着する前に国境管理上の目的で組織的な審査を受けない」ため、入国管理官にとって、入国の可否を判断するための情報が不足していると感じられていたことだった。もう一つは非EU加盟国国民のシェンゲン圏の出入りについて、電子的に記録し各国で共有する制度が欠如していることだった（European Commission 2008: 4–5）。

　一つ目について、欧州委員会がビザ免除国からの渡航者の到着前審査の不在を弱点とみなした理由は、正当な旅行者（*bona fide* travellers）に対して円滑かつ迅速な入国手続きを提供できないためでもあった。また、当時、バルカン諸国や東欧の旧ソビエト連邦諸国とビザ円滑化協定が締結され、これらの国々からビザ無し渡航が可能となることが想定されていたことも背景にある。空路や海路であれば運輸業者によって搭乗者の書類が一度確認される。だが、上述の地域はEU加盟国と陸続きである。事前審査の仕組みがなければ車で直接検問に到着してしまうため、入国管理官にとっては事前に渡航情報を得ることのインセンティブが高かったと考えられる。

　二つ目の、非EU加盟国からの渡航者の出入り記録がないことも課題だ

った。EUで非正規移民の最大の事由は超過滞在であり、超過滞在者の摘発に当局は強い関心をもっていた。しかしパスポートに入国・出国の日付が入ったスタンプをマニュアルで押すことが標準であり、出入国の記録をデジタル化し、EU全体で共有する制度はなかった。入国管理官は出入国の際に目視でパスポートのスタンプを確認するが、スタンプが判別しづらい場合もあるうえに、空港などパスポートを審査する空間に来ない限り、当局が超過滞在者を見つけることは難しかった。

　そこで、欧州委員会が提案したのが以下の三つである（European Commission 2008: 5）。

- 　正当な旅行者の入国の円滑化と、これを可能とする自動化ゲートの導入および低リスク渡航者の登録システム
- 　短期滞在目的の第三国国籍者の出入国を記録する出入域システムの導入
- 　電子渡航認証システム（EU版ESTA）の導入の検討

　EU版ESTAを含め、これら一連の国境のデジタル化の動きは1990年代から米国が進めていたESTAを含むスマート国境の動向に沿ったものであった（Jeandesboz et al. 2013: 14）。

　当初、加盟国の閣僚で構成されるEU理事会は歓迎したが、関係機関間での交渉の過程で、甚大なコストや不明確な付加価値などが問題となりどのアイディアも難航した。とくに、EU版ESTAはとん挫した（Jeandesboz et al. 2013）。交渉の過程で意見を求められた欧州データ保護監督官も、データ保護の観点から、出入域システムが真に必要なのか示すよう欧州委員会に要求している（European Commission 2011: 2）。また、EU版ESTAの実現可能性調査を実施したプライスウォーターハウス・クーパース（PricewaterhouseCoopers, PwC）は、ビザ免除国からの渡航者全てに事前審査を実施することについて、安全保障上の効果が不明瞭な一方で、開発・設置コストとビザ免除国との外交関係に対するリスクや、個人情報にかかる権利侵害の可能性を考えると導入は正当化できない、と結論づけた（PricewaterhouseCoopers 2011）。欧州議会も、プライバシー保護と基本的人権の尊重の観点から、ビザ免除国の渡航者の情報を収集することに反対

したとされる[9]。さらに外的な要因として、民主化運動「アラブの春」による周辺諸国の社会情勢の不安定化が挙げられる。当時、シリアを含めアラブの春をきっかけに母国を離れ欧州に向かう人々が増加していた。2011年6月の欧州理事会において、各国の首脳は国境のデジタル化をさらに進めるよう欧州委員会に要請している（European Council 2011: 9）。だが、そこで念頭にあったのは中東やアフリカ地域からの渡航者に対する規制的取り組みであった。ビザ免除国からの渡航者は念頭になく、EU版ESTAへの関心も低かった。総じてEU版ESTAはその必要性が優先されず、欧州委員会は法案として提出することを断念した（European Commission 2011: 7）。

　欧州委員会が、EU版ESTAをETIASに名称を変えて法案として提出するきっかけが2016年に訪れる。当時、EUはいわゆる「欧州難民危機」への対応に追われていたが、その最中にフランス・パリ（2015年11月）とベルギー・ブリュッセル（2016年3月）で同時多発テロ事件が発生したのである。テロ事件は以前にもあったが、EU政治の中枢都市で発生したため、政治への影響が大きかった。ブリュッセルでの同時多発テロ事件の二日後には、EUの司法内務大臣が「安全保障、渡航そして移民分野におけるデータベースの相互運用性を高め、利用していく必要がある」との共同声明を発出している（Council of the EU 2016）。共同声明は安全保障と移動、移民を一つのカテゴリーとして連結させ、データベースを相互に参照できるようなシステムの構築を訴えており、ETIASを含めそれまで進展がみられなかったアイディアや法案化のきっかけを作った。同年（2016年）9月の一般教書演説において、欧州委員会委員長ユンカー（当時）はETIASおよび出入域システムの導入を正式に表明した（European Commission 2016a）。スロバキアで開催されたEUサミットにおいてEU首脳陣はユンカーの提案に賛同した（European Council 2016）。これらの流れのなかで、ETIASや出入域システムによって、当初もたらされるとされた正当な渡航者への「円滑な入国手続きの提供」はほとんど言及されず、テロリズムを防ぐことが強調された。

　その一方で、EU版ESTAの頃から継続して欧州委員会が強調したのは、陸路で到着するビザ免除国の渡航者であった。欧州委員会によれば、2014年、28万6000人の非EU加盟国の国民がEU域外国境で入国を拒否された

が、うち81％の事例が陸路からの渡航者であり、次点の空路による渡航者の入国拒否事例数（16％）を引き離していた。また、入国拒否事由の約5分の1は、有効なビザの不足であったが、それ以外のほとんどのケースは、非正規入国・滞在および安全保障上のリスクがあると評価されたためであったという（European Commission 2016b: 3）。陸路でEU／シェンゲン加盟国に入国できるエリアはバルカン諸国か東欧に限られており、2016年当時、コソボ以外の全てのバルカン諸国（セルビア、マセドニア、モンテネグロ、アルバニア、ボスニア・ヘルツェゴビナ）および東欧のモルドバがビザ免除国となっており、ウクライナとジョージアも翌2017年にはビザが免除される予定となっていた。検問で入国審査にあたる職員にとって、直接自分の車で到着する渡航者が、事前審査で「ふるい」にかけられる必要があるという指摘であった。

欧州委員会はETIAS規則案を11月に、EUの立法府である欧州議会とEU理事会に提出した。法案は約1年半にわたる交渉で様々な修正が施され（内容は次項で後述）、2018年7月に欧州議会において賛成494票、反対115票、棄権30票で可決（European Parliament 2018）、同年9月に行われたEU理事会でも賛成25か国、反対ゼロ、棄権3か国（デンマーク、アイルランド、英国）で可決した（Council of the EU 2018）。ETIAS規則は、2018年9月12日に成立した（European Union 2018）。

② ETIAS規則の特徴

成立したETIAS規則はどのような特徴をもつのだろうか。その目的は何か。どのような個人情報が収集され、どのように審査されるのか。法案の交渉過程で表明された関係機関の意見も含め、明らかにしていく。

まず、ETIASは「第三国（非EU加盟国）からの渡航者が安全保障、非正規移民、あるいは深刻な感染症（security, illegal immigration or high epidemic）のリスクをもっているか検討できるようにし、渡航認証を発行あるいは拒否する場合の条件と手続きを導入する」制度であることが最初に示された（ETIAS規則1条）。法案の段階では、非正規移民が安全保障よりも先に記載されていたが、交渉の過程で順番が変わり、安全保障が最初に挙げられることになった。これは、当時の安全保障という文脈のなかでETIASを捉えたいという意向が関係者のなかにあったことを示してい

る。

　次に、法案では安全保障、非正規移民、伝染病のリスクが何かについてはとくに言及がなかった。この点について、欧州データ保護監督官が「これらの用語の明確な定義なしに、当局はいかに非正規移動・移民または安全保障上のリスクをもたらすかを評価できるのか」と指摘した（European Data Protection Supervisor 2017: 9）。こうした意見を受けて、成立したETIAS規則3条にはこれらの三要素の定義が規定されている。安全保障については「加盟国の公共政策、国内の安全と各加盟国の国際関係を脅かすリスク」、非正規移民は、「第三国国籍者がシェンゲン国境規則が定める入国と滞在条件を満たさないリスク」、そして深刻な感染症のリスクとは「世界保健機関（WHO）または欧州疾病予防管理センター（ECDC）の国際保健規則で定義される感染の可能性のある疾病、およびそのほかの感染症または寄生虫感染症であって加盟国の国民に適用される保護規定の対象であるもの」である。

　また、申請者が提供する情報は以下の通りとなった（EITAS規則17条2項および4項）。

(a)　姓名、出生時の姓、生年月日、出生地、出生国、性別、現在の国籍、申請者の両親の名前（ファースト・ネーム）
(b)　他の氏名（別名、芸名、通称）（もしあれば）
(c)　他の国籍（もしあれば）
(d)　旅券の種類、番号、発行国
(e)　旅券の発行日および有効期限
(f)　申請者の自宅住所、利用できない場合は居住している都市と国
(g)　電子メールアドレスと可能であれば電話番号
(h)　学歴（初等、中等、高等、あるいは無しから選択）
(i)　現在の職業（職業グループから選択）
(j)　最初に渡航予定の加盟国

　さらに、申請者は以下の質問に答えなければならない、とされた。

(a)　過去10年間、テロ犯罪の場合は過去20年間に付属書に記載されて

いる犯罪[10]で有罪判決を受けたことがあるか。有罪判決を受けたことがある場合はいつ、どの国で受けたか。

(b) 過去10年間に特定の戦争・紛争地域に滞在したことがあるか、またその理由は何か。

(c) 過去10年間に加盟国またはシェンゲン・ビザ免除国の領域から退去を要請する決定の対象となったことがあるか。または、過去10年間に帰国決定の対象となったことがあるか。

どのような個人情報を収集するかについては、交渉の過程で意見が出され、修正・変更が加えられている。その一つは、教育と職業である。法案では学歴と分野、現在の職業と役職をリストアップされたカテゴリーから選択するとされた。だが、欧州議会はそもそも教育・職業に関する情報は不要だとの立場をとったが、EU理事会との交渉を通じて学歴と職業情報は必要であることで合意し、その代わりにより限定的な情報を提供するということで落ち着いた。また、当初の法案では「感染症の罹患歴」も要求されていたが、プライバシーの観点から欧州データ保護監督官および欧州基本権機関（FRA）をはじめとする複数の関係当局から反対意見が表明され全面的に削除された。なお紛争地域への渡航歴はそれがいかなる形でリスク判定に影響するかが明確に示されておらず、不安感を申請者に残すものである。

さて、収集された個人情報はどのように審査されるのか。図1は、申請者が提出した個人情報がどのような過程を経て決定されるかについて、流れを示したものである。

提出された個人情報は、フロンテクス内に設置されるETIAS中央システムにおいて自動処理されるが、その過程には大きく三つの段階がある。一つ目はデータベースとの照合である（ETIAS規則20条(2)）。照合するデータベースの数は実に多く、本稿で示したシェンゲン情報システム、ビザ情報システム、ユーロダック、出入域システム（EES）、欧州犯罪記録情報システム（第三国国籍者）に加え、欧州警察機関（Europol）や国際刑事警察機構（Interpol）のデータベースも含まれる。ここで、欧州・国際レベルで逮捕状が出された人物や失踪者、過去の庇護申請者ではないかがチェックされる。

図1　ETIASの決定過程

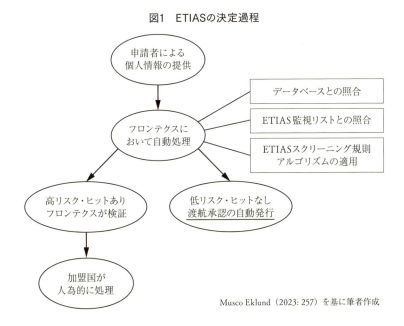

Musco Eklund（2023: 257）を基に筆者作成

　第二段階がETIAS監視リストとの照合である（ETIAS規則20条(4)、34条）。ETIAS監視リストは、テロ犯罪もしくはその他の重大な犯罪を犯した、またはそれに関与した疑いのある人物、またはテロ犯罪もしくはその他の重大な犯罪を犯すと信じるに足る事実上の兆候もしくは合理的な理由がある人物に関するデータで構成される。ここでは、テロを含む重大な犯罪と申請者の関連性が確認される。

　最後の段階がスクリーニング規則アルゴリズムの適用である（ETIAS規則20条(5)、33条）。ETIASは、今後稼働していくなかで多数の個人情報を蓄積していくため、これによって統計データが構築されていく。各加盟国から共有される国レベルの統計も含めると複数の統計データへのアクセスが可能となり、それらの情報に基づいて、高リスクをもつ集団の特徴（プロファイル）が分かり、リスク指標とすることができるという。そして、リスク指標は、以下の四つで表されるとされる（ETIAS規則33条4項）。

(a)　年齢、性別、国籍

(b)　居住国および居住都市
(c)　教育レベル（初等、中等、高等、または無し）
(d)　現在の職業（職業分類）

　ETIASは、アルゴリズムを使ってこのリスク指標を申請者のプロファイルと照らし合わせることになる。その際、性別また年齢のみに基づいてプロファイリングしてはならず、また、人の肌の色や人種、民族的または社会的出自や遺伝的特徴、言語、政治的意見、宗教的哲学的信条、労働組合への加入、少数民族の一員であること、財産、出生、障がい、性的指向を明らかにするような情報を使ってはならないと明記されている。

　だが、こうした制度設計から分かるのは、どのような情報を集め、どのようなリスクを判断するかは社会的な文脈や過去の事例（統計）から影響を受けているということである。実際にデジタル国境が公平に渡航者を審査できるのかは、今後問われなければならないだろう。

　ここまで述べてきた三段階のチェックを経て、申請者のリスクが評価される。低リスクとみなされた申請者にはすぐに承認通知メールが届き、以降3年間有効となる。なお、ETIASによる渡航承認があったからといって、入国が確実になるわけではない。最終的な入国決定権限は到着時に国境（空港など）で審査する入国管理官である。問題は渡航承認が下りなかった場合である。米国のESTAと異なり、代わりに申請できるビザも用意されておらず、渡航ができない。例外は人道的な理由など、渡航すべき必要性を有した渡航者のみである。渡航承認が下りなかった申請者は、渡航予定だった加盟国に不服申し立てをする権利がある。だが、これで解決する保障はなく、むしろ国家と個人という圧倒的な非対称な関係性が浮き彫りとなっている。

　最後に、欧州議会とEU理事会を含む多くの関係者にとって、ETIAS法案を可決する際の争点の一つは予算の確保であった。EU版ESTAは予算が確保できなかったことがその構想がとん挫する大きな理由であった。ETIASについては、欧州委員会は設置に2億1200万ユーロ、毎年の運用コストとして8500万ユーロを見積もっていたが、申請料5ユーロを徴収することでETIASの年間運用コストがまかなえるため、財政的に自立したシステムになると主張した（European Commission 2016b: 15）。成立した

ETIAS規則では申請料は7ユーロに上がっており、より潤沢な資金の確保を見込むことで関係者が合意したと考えられる。

5. おわりに

本稿では、ETIAS成立の背景およびその特徴を概観してきた。その成立の背景については、少なくとも以下の2点が指摘できるだろう。一つは、安全保障の要因である。同時多発テロ事件は「政治の風向きを変え[11]」、ETIASを含む国境のデジタル化の推進力となったことは否定できない。EU版ESTAが議論されていた2011年の時点では、解決すべき「リアルな問題」（European Commission 2011: 3）は超過滞在者への対応であった。しかし、ETIAS規則法案の頃には後景に退き、テロリズムとの関係性の検証が強調されている。また、成立したETIAS規則がどのように情報と申請者の個人情報を照らし合わせるかという点からみても、安全保障上の懸念が強く反映されている。

その一方で、国境のデジタル化は、シェンゲン圏の構築とともに進展しており、必ずしも「テロとの戦い」が直接の契機となっていないことを示した。とくにETIASに関しては、EUの渡航管理体制における非対称性——すなわち、ビザ免除国からの渡航者に対する管理メカニズムの欠如——を問題視した欧州委員会が継続してその必要性を唱えていたことが成立につながったともいえるだろう。

本稿を通して理解されたのは、EUが、全方位的な渡航管理体制づくりを着々と進めていることである。表2は、2024年9月1日時点でまだ稼働していないETIAS、出入国システム、欧州犯罪記録情報システム（第三国国籍者）を含めた今後のEUの渡航管理体制である。ビザ免除国・取得国に関わらず移動に規制を受けることが分かる。

ETIASはユーロダックや国際刑事警察機構、欧州警察機関それぞれのデータベースなど様々なデータベースにアクセスすることになる。したがって、表2のビザ免除国に対する規制については「ETIAS」しか記載されていないが、実際にはETIASを通して多くのデータベースが渡航承認目的でつながったといえる。欧州データ保護監督官は、こうしたメカニズムに

表2　EUの渡航管理体制とそのターゲット（今後）

実質的な ターゲット	ビザ取得国 「懸念すべき渡航者」	両者を対象	ビザ免除国 「安全な渡航者」
主な制度	• ビザ情報システム • ユーロダック • 欧州国境監視システム • フロンテクス	• シェンゲン情報システム ※出入域システム ※欧州犯罪記録情報システム（第三国国籍者）	※ ETIAS

「※」は2024年9月1日時点で未稼働の制度を意味する。
筆者作成。

ついて「当初はまったく異なる目的で収集された様々な種類のデータに、（ETIASというメカニズムを通して）移民局や国境警備隊、法執行機関など様々な公的機関がアクセスできるようになる。ETIASの設置は個人データ保護の権利に重大な影響を及ぼす」と、そのあり方に警鐘を鳴らしている。

　全方位的な渡航管理のなかで、ビザ取得国とビザ免除国からの渡航者はともに規制を受ける。「安全な渡航者」と「懸念される渡航者」という区分は既に揺らいでいる。「懸念されない」ために、私たちは、自力で正当な渡航者であることを証明することが試されるようになっている。

　人の移動の日常性は変わらない。これを逸脱行為として規制の対象に変えるのは、何を／誰を問題として捉えるかという国家の視点と、国家の要請に応じて柔軟に動く国境である。グローバルな渡航管理の政治において、渡航者は国家の管理と選別の対象となる一方で、移動する主体でもある。両者の適切なバランスについてはさらなる研究が必要とされている。

［謝辞］
　本稿は、JSPS科学研究費助成事業19H00607の助成を受けたものである。

---

［1］　2024年9月1日現在、シェンゲン圏は、アイルランドとキプロスを除くEU加盟25か国およびアイスランド、リヒテンシュタイン、ノルウェー、スイスによっ

て構成されている。

[2] EUの報道によれば、2025年度上半期に稼働予定である。

[3] ただし何らかの理由で申請情報にアラートが付いた場合は、原則として人の手で情報が確認され、審査される。

[4] SISは2013年に第二世代SIS IIに代替され、2023年に再度アップデートを重ねている。

[5] ダブリン規則によって、最初に入国したEU加盟国が庇護申請者の難民認定審査を担当しなければならないと定められた。2003年（Dublin II）と2013年（Dublin III）に改正されたが、2024年5月に欧州議会とEU理事会で採択された「庇護・移民管理規則（AMMR）」によって代替された。ただしAMMRが効力をもつのは2026年7月からである。

[6] e-CODEXは加盟国と法曹界関係者の間で運用され、刑事事件における委任状の交換や国境を越えた民事訴訟などを支えてきたとされる。だがEUレベルで統一された法的根拠が不在であったため、2022年にe-CODEX規則を採択し、運用管理を司法・内務政策のITデータベースに関するEU専門機関、eu-LISAに委託した。

[7] 第三国国籍者とは、非EU加盟国の国籍者を意味する。

[8] Art.1 of the Regulation (EU) 2018/1806 of the European Parliament and of the Council of 14 November 2018 listing the third countries whose nationals must be in possession of visas when crossing the external borders and those whose nationals are exempt from that requirement.

[9] 欧州議会職員および欧州委員会職員へのインタビュー（2023年6月29日）。

[10] 付属書に記載されている犯罪は、テロ犯罪や人身売買への関わり、組織犯罪への参加、人種差別や排外主義など29項目である。

[11] 欧州委員会職員へのインタビュー（2023年6月29日）。

❖ 参考文献

Broeders, Dennis, and James Hampshire (2013) "Dreaming of Seamless Borders: ICTs and the Pre-Emptive Governance of Mobility in Europe", *Journal of Ethnic and Migration Studies*, vol. 39, no. 8, pp. 1201–1218.

Council of the EU (2016) "Joint Statement of EU Ministers for Justice and Home Affairs and representatives of EU institutions on the terrorist attacks in Brussels on 22 March 2016", *Statements and remarks*, 158/16, 24 March.

Council of the EU (2018) *Voting result*, 2016/0357A (COD), 10 December.

European Commission (2008) *Preparing the next steps in border management in the European Union*, COM (2008) 69 final.

European Commission (2011) *Smart borders — options and the way ahead*, COM (2011) 680 final, Brussels, 25 October.

European Commission (2016a) *State of the Union 2016*, 14 September.

European Commission (2016b) *Proposal for a regulation of the European Parliament and of the Council establishing a European Travel Information and Authorisation System (ETIAS) and amending Regulations (EU) No 515/2014, (EU) 2016/399, (EU) 2016/794 and (EU) 2016/1624*, COM (2016) 731 final, 16 November.

European Council (2011) *European Council 23/24 June 2011 Conclusions*, EUCO 23/11, 24 June.

European Council (2016) *The Bratislava Roadmap*, 16 September.

European Data Protection Supervisor (2017) *Opinion 3/2017 EDPS Opinion on the Proposal for a European Travel Information and Authorisation System (ETIAS)*, 6 March.

European Parliament (2018) "Reinforcing EU border security: visa-exempt travellers will be pre-screened", 5 July, *Press room*.

European Union (2017) *European Data Protection Supervisor: Summary of the Opinion of the European Data Protection Supervisor on the Proposal for a European Travel Information and Authorisation System (ETIAS)*, 2017/C162/06.

European Union (2018) *Regulation (EU) 2018/1240 of the European Parliament and of the Council of 12 September 2018 establishing a European Travel Information and Authorisation System (ETIAS) and amending Regulations (EU) No 1077/2011, (EU) No 515/2014, (EU) 2016/399, (EU) 2016/1624 and (EU) 2017/2226*.

European Union (2024) *Applying for a Schengen visa*, 29 May. Available from: <https://home-affairs.ec.europa.eu/policies/schengen-borders-and-visa/visa-policy/applying-schengen-visa_en#who-needs-to-apply-for-a-schengen-visa> (accessed 30 August 2024).

Guild, Elspeth, and Didier Bigo (2010) "The Transformation of European Border Controls", in Bernard Ryan and Valsamis Mitsilegas eds., *Extraterritorial Immigration Control*, Brill, pp. 252–275.

Guiraudon, Virginie, and Gallya Lahav (2000) "A Reappraisal of the State Sovereignty Debate: The Case of Migration Control", *Comparative Political Studies*, vol. 33, issue 2, pp. 163–195.

Hathaway, James C. (1992) "The emerging politics of non-entrée", *Refugees*, 91, pp. 40–41.

Jeandesboz, Julien, Didier Bigo, Ben Hayes, and Stephanie Simon (2013) "The Commission's legislative proposals on Smart Borders: their feasibility and costs", *European Parliament*.

Musco Eklund, Amanda (2023) "Rule of Law Challenges of 'Algorithmic Discretion' & Automation in EU Border Control", *European Journal of Migration and Law*, 25, pp.249–274.

PricewaterhouseCoopers (2011) *Policy study on an EU Electronic System for travel Authorisation (EU ESTA): Final Report*, February.

Torpey, John (2000) *The Invention of the Passport: Surveillance, Citizenship and the State*, Cambridge University Press〔トーピー，ジョン・C（2008）『パスポートの発明——監視・シティズンシップ・国家』法政大学出版局〕.

Trauttmansdorff, Paul (2017) "The Politics of Digital Borders", Cengiz Günay and Nina Witjes eds., *Border Politics: Defining Spaces of Governance and Forms of Transgressions*, Springer International Publishing, pp.107–126.

Zolberg, Aristide R. (1999) "Matters of State: Theorizing Immigration Policy", Charles Hirschman, Philip Kasinitz and Josh DeWind eds., *The Handbook of International Migration: The American Experience*, Russell Sage Foundation, pp. 71–93.

Zolberg, Aristide R. (2006) "Managing a World on the Move", *Population and Development Review*, vol. 32, The Political Economy of Global Population Change, 1950–2050, pp. 222–253.

セクシュアリティをめぐる
国民国家の再編と国際社会の分断
—— ヘテロナショナリズムに揺れるウクライナ

武蔵野学院大学教授　和田賢治

　本稿は戦時下のウクライナにおけるシビル・パートナーシップを事例に
セクシュアリティと安全保障の関係を考察する。同性婚の合法化は異性愛
を規範とする国民の範囲を画定する境界線を移動させる。しかし、国内社
会の性的寛容性の高まりは国際社会に新たな分断を生じさせる。アメリカ
によるホモナショナリズムはゲイの権利を近代化の基準とし、それを満た
せない側を人種的に劣った「他者」とみなす。他方、ロシアによるヘテロ
ナショナリズムは異性愛を「伝統的な家族の価値観」とし、同性婚などゲ
イの権利を推進する側を道徳的に劣った「他者」とみなす。ウクライナ政
府は「伝統的な家族の価値観」を共有するロシアと戦争する最中、同性パー
トナーにも婚姻の平等を要求する請願書への対応を求められる。ロシアか
同性愛者か、ウクライナの将来にとってよりリスクの少ない「他者」の選
択である点で、政府からのシビル・パートナーシップの提案は自由主義的
価値観の受容やホモフォビアの根絶によるものではなく、セクシュアリ
ティを友／敵の判定基準とする安全保障によるものと考えられる。

キーワード：ホモナショナリズム、ヘテロナショナリズム、
　　　　　　　ロシア・ウクライナ戦争、シビル・パートナーシップ

はじめに

　LGBTQの人々は異性愛やシスジェンダーではないことを理由に国民としての権利を制限されてきた[1]。しかし、20世紀後半から同性愛行為の違法化を撤廃し、同性婚を合法化する国が増えつつある。ホモフォビックな政策からの転換は異性愛を規範としてきた国民の範囲を画定する境界線を移動させる。その影響は、開発援助の条件（Rao 2020）、難民認定の基準（工藤 2022）、国連安全保障理事会の議論（上野 2023）にも及ぶ一方、競合する二つの性的ナショナリズムが国際社会を分断する火種となっている。本稿はその狭間にある戦時下のウクライナでの婚姻の平等を求める動きを事例に、セクシュアリティと安全保障の関係を考察する。

　プアが論じるホモナショナリズムによれば、2001年アメリカ同時多発テロ後、性的寛容性はアメリカの帝国主義を推進する新たな近代化の指標となる。それを満たせないムスリムは同性愛者を国民として包摂する社会の脅威とされ、アメリカの人種的優位性が誇示される（Puar 2007）。注目すべきは、その帝国の眼差しがかつてのように欧米からの一方的なものではない点である。EUへの加盟申請の動きが東方に広がるにつれ、ヘテロナショナリズムがロシアで喚起される（Suchland 2018）。プーチン政権は異性愛を「伝統的な家族の価値観」とし、その変容を迫る側を道徳的な退廃であると非難する。その価値観から逸脱するものは異性愛者を国民とみなす社会の脅威とされ、ロシアの道徳的優位性が誇示される。かつての帝国主義が「野蛮人」からの女性の保護を名目に正当化されたように、現代の軍事力行使がLGBTQの保護（Hagen 2016）や「伝統的な家族の価値観」の保護により正当化されることへの懸念が生じる[2]。

　これら二つの性的ナショナリズムの共通点は国民の境界線の画定にホモフォビアを利用することである。政治的ホモフォビアという概念を提唱するウェイスとボシアによれば、LGBTQの問題は、宗教、伝統、社会運動などのテーマとみなされ、主流の政治学から距離を置かれてきた（Weiss and Bosia 2013: 6–7）。そのため、ホモフォビアへの国の関与やその世界的拡散を把握する概念は十分に発展してこなかった。だが、その政治的レト

リックや政策は様々な国に看取でき、国民という集合的アイデンティティの形成にも影響を及ぼしてきた（Weiss and Bosia 2013: 3–5）。ホモフォビアとは政治的なものであり、性的な正常／異常の境界線は国民の範囲を画定する境界線とも不可分である。これらの移動が国際社会の分断を生む今日、国民とは誰かという問いはその分断のいずれの側に属するかという問いを引き出す。「伝統的な家族の価値観」をロシアと共有するウクライナはそのロシアとの戦争により、これらの問いの前に立たされる。以下ではセクシュアリティを友／敵の判定基準とする安全保障の展開を試論する。

1 国民国家に埋め込まれたヘテロセクシズム

　ジェンダーとセクシュアリティがいかに国民という集団とその帰属意識の形成に関係するのか。この問いは、女性やLGBTQなど女性らしさと結びつけられる集団を従属的な地位に置く構造を明らかにするため、フェミニスト理論、ジェンダー研究、クィア理論、それらに影響を受けた国際関係論により解明が試みられてきた。

　その分析の焦点はそれまで政治的とみなされてこなかったものに向けられる。その一つは国民の境界線の画定に果たす女性の役割である（Yuval-Davis 1997: 23, Goldstein 2001: 369–371）。ユヴァル＝デイヴィスはナショナリズムと国民を「生物学的、文化的、象徴的に国民を再生産する女性」という観点から考察する（Yuval-Davis 1997: 2）。その役割を女性に割り当てる「ナショナリストのプロジェクト」は多層的であり、国民の起源や系譜を血統や遺伝に求めるものは、婚姻、セクシュアリティ、生殖をナショナリストの関心事へと変え、国民の本質を文化や伝統に求めるものは女性を国民の象徴へと変えてきた（Yuval-Davis 1997: 21–23）。とくに「母親」は様々な文化でその象徴として用いられるが（Yuval-Davis 1997: 45）、単なるメタファーではない。たとえば、「母国」は肥沃な国土を表象するため子どもを産み育てる母親のイメージを用いる。それは男性にとって国土と同様に女性の身体を敵の男性から守るべき対象にもする。言い換えれば、ナショナリストの戦いは国民の再生産の要となる女性を性暴力による攻撃の標的とする（Peterson 1999: 48）。

このように「産む性」として本質化される女性の役割は国民とそうでないものとを区分する境界線を自然化してきたが、別の観点からみれば、同性愛者もその境界線の外へと締め出されてきた。ナショナリストは国の生存に関わる出産への貢献を国民に奨励し、婚姻を異性愛者に限定してきた。ピーターソンが論じるように、その達成の妨げとされる人々は家族を作る権利から疎外され、生殖を目的としない性行為を犯罪化される一方、異性愛の家父長制は女性らしさと対極にある男性たちに特権的地位を与えてきた。一言で表せば、それはヘテロセクシズムである。「ヘテロセクシズムは、（表面的には生物学的特徴の二分法に基づく）二極化され、階層化された男性／男性らしさと女性／女性らしさというアイデンティティの二元コードを前提とし、性的な愛情行為、家族生活、集団の再生産の基礎として異性間の結合以外を否定する」(Peterson 1999: 39)。それはナショナリストの政策によってだけでなく、この二元コードを所与とする西洋の政治思想や宗教的教義などを通じても「自然」なものとされてきたことから (Peterson 1999: 40)、そのイデオロギーは広範かつ長期にわたり世界を覆ってきた。

2 競合する二つの性的ナショナリズム

2-1 国民の境界線の移動に伴うセクシュアリティの歴史の修正

ナショナリズムの礎であったヘテロセクシズムは2000年代に入り一部の国で変化を遂げる。ドゥガンによると、ネオリベラリズムに適応する同性愛者がLGBTQコミュニティでの発言力を高めるようになり、その平等への要求は婚姻や軍への入隊など家族と国防という保守的領域に限定したものとなる（Duggan 2003: 43-46）。同性愛者はアメリカの伝統や国民性に背く存在ではなく、異性愛者とともに国民の再生産と国土の防衛に責任を果たせる存在であると主張される[3]。

対テロ戦争は異性愛社会に同化する同性愛者とムスリムを敵視するナショナリストとの共闘する足場を整える。前述のホモナショナリズムは「合衆国の性的例外主義」という二つの例外のナラティブにより支えられると

プアは論じる。一つは例外的な国民国家としてのアメリカ、もう一つはアガンベンの例外状態である。前者は同性愛者を国民として承認することにより、異性愛規範に基づく想像の共同体を一時的に中断する。後者は緊急事態を理由に法を一時的に停止し、非民主的手段の行使も可能となる。アブグレイブ刑務所での収容者への性的拷問は二つの例外の相互作用から生じるが、アメリカはその性的寛容性ゆえに進歩的であり、「白人性の優位」をグローバルに主張する（Puar 2007, 2-5）。

　オバマ政権期、国民としての平等を求めるゲイの要求は前進する。2011年に軍で同性愛者であることを公表することを禁じた Don't Ask, Don't Tell が撤回され、2015年に同性婚禁止を違憲とする判決が連邦最高裁判所で下される。さらにゲイの人権保護が外交の優先課題に掲げられる。2011年の世界人権デーに向けた演説でヒラリー・クリントン国務長官は、「ゲイの権利は人権問題である」ことを訴えた（Clinton 2011）。「生まれながらに自由であり、平等と尊厳を与えられた人間であり、それを要求する権利を持つ人間である」以上、宗教的また文化的理由による迫害は許されるものではなく、どの政府もその保護に取り組むべきであると述べる。

　ウェーバーによると、この演説に現れる「ゲイの権利保有者」は、人種、宗教、国籍、ジェンダー、障害、階級から切り離され、特定の故郷を持たない「普遍化可能な人物」である（Weber 2016: 137）。だが、それはアメリカの歴史観や価値観を反映するという（Weber 2016: 127-129）。たとえば、その人権を保障すべき理由に、同性愛者が起業家や兵士として国に貢献する存在であり、その取り締まりが国の損失となることがあげられる（Clinton 2011）。別言すれば、ネオリベラリズムとナショナリズムに適応する同性愛者は国民の権利と人権を享受できるロール・モデルである。また、クリントン国務長官は LGBTQ の国民が差別に苦しめられてきた過去を反省しつつ、これまで様々な不寛容や不平等と闘ってきたアメリカが「歴史の正しい側」にあると主張する（Clinton 2011）。この演説は次のような序列を生成する。同性愛者を弾圧する政府は「病的な国」として「歴史の誤りのある側」に置かれ、「正常な国」アメリカによる監視や干渉の対象となる（Weber 2016: 125-127, 138-139）。

2-2 「真のヨーロッパ」の証としてのホモフォビア

ムスリムを性的「他者」とみなすのはEUも同じである。ファッサンは、欧州へのムスリムの流入を抑制するフィルターとして女性とゲイの権利を利用する政治を「性的民主主義」と呼ぶ（Fassin 2010: 512–513）。たとえば、永住権の試験や移民の入国試験に性的な自由と平等に関する問いが含まれるようになる（Fassin 2010: 516–518）。その性的寛容性を踏み絵とする人種的排除はホモナショナリズムに似ているが違いもある。アメリカが「他者」の文明化を使命に掲げる攻撃的な帝国であるとすれば、EUはその侵入に防衛的な要塞である（Fassin 2010: 510, 519）。とはいえ、加盟を目指す国にもLGBTQの保護が求められると、その敷地はロシアの近隣にまで達するようになる。

これに対して2012年から再び大統領となるウラジーミル・プーチンは「伝統的な家族の価値観」を保護するため、翌年6月に未成年者に対して「非伝統的な性的関係」に関する情報提供を禁ずる「ゲイ・プロパガンダ禁止法」（小泉 2013）を制定するなどEUとの立場の違いを鮮明にする。2012年の国家教書演説では、将来的な労働人口減少と過激思想や宗教的不寛容を煽る活動がロシアを内側から崩壊させると訴えた（President of Russia 2012）。人口と道徳の危機が叫ばれるなか、フェミニズムと同性愛が「母なるロシア」の脅威として取り締まりの標的となる。女性の伝統的なジェンダー役割を政治化するフェミニズムとともに、同性愛は、人口減少、子どもへの悪影響、道徳的退廃を招き、国の未来を閉ざすとされる（Wilkinson 2018: 107–108, 114–119）。これらの脅威から国民を守る強い政府のイメージはEUの脱男性化によっても強調される。ロシアメディアはLGBTQの権利をヨーロッパの価値観とするEUを「ゲイロッパ」と呼び、西側諸国の国防大臣への女性の就任を「自衛能力の喪失」と評する（Stoeckl and Uzlaner 2022）。その視聴者へのメッセージは男性らしさを失ったEUの弱々しさであり、それと対照的なロシアの力強さである（Shevtsova 2020）。別言すれば、異性愛家族を伝統として堅持するロシアは道徳的に健全であり、欧米の悪影響から国民を守る要塞となる（Riabov and Riabova 2014: 28–29）。

こうしたロシアによる政治的ホモフォビアをヘテロナショナリズムと呼

ぶ議論がある。その一つは、その発端が2007年のミュンヘン安全保障会議以降の欧米との関係悪化にあり、自由主義的価値観を拒み、伝統的価値観と異性愛規範に基づく国民の一体感を作り出すことで政権への支持を高めることが狙いにあると分析する（Sleptcov 2018）。この見方に対して、サッチランドはヘテロナショナリズムを反自由主義や西側への反発としてだけではなく、「ソ連崩壊後の帝国的プロジェクトの兆候」として分析する（Suchland 2018: 1075）。それはホモナショナリズムと同じく例外主義と人種主義を特徴とする。プーチン政権はプライド・パレードの禁止や宗教的、道徳的信条に基づく育児の権利の擁護などヨーロッパでの例外的立場を打ち出す一方、国内のムスリム増加と中央アジアからの移民増加を「白人」ロシア人の脅威とみなす（Suchland 2018: 1079–1083）[4]。これらは個別の問題ではなく、その底流にはロシア正教など伝統や文化の維持においてロシアこそが「真のヨーロッパ」であるという認識があるとサッチランドは指摘する（Suchland 2018: 1076–1079）。

　ヘテロナショナリズムはホモフォビアをムスリムと共有するが、「野蛮人」の範疇にロシア人をとどめない。エデンボルグの議論を踏まえるなら、それはホモフォビアを文明の後進性を示す概念から、「伝統的な家族の価値観」という別の呼び名を与えることによりキリスト教にルーツを持つヨーロッパの歴史と伝統を引き継ぐ概念へと変換する（Edenborg 2023: 42–44）。その継承を放棄し、「ゲイロッパ」へと変えようとするEUはヨーロッパを名乗る資格を失い、代わりにロシアがその普遍的とされる価値観を体現する資格を得ようとする。

3　セクシュアリティの要塞の狭間にあるウクライナ

3–1　EUへの接近とヘテロセクシズムの延命

　欧米の自由主義的価値観が普遍的なものとして普及されてきたように、「伝統的な家族の価値観」もロシア固有の文化以上のものとして世界に向け発信される[5]。それはウクライナ東部4州の併合を宣言する2022年9月30日の大統領演説でも言及される。LGBTQに関する学校教育や異性愛夫

婦でない家族などの問題点を挙げ、プーチン大統領はその批判の矛先を欧米へと向ける。「繰り返すが西側エリートの独裁は西側諸国の国民を含むすべての社会を標的とする。これはすべての人への挑戦である。人間が意味するものの完全な否定、信仰と伝統的な価値観の転覆、自由の抑圧は、『宗教をひっくり返した』完全な悪魔崇拝に似ている」(President of Russia 2022)。LGBTQの権利の保障は非民主的に押しつけられるものとされ、多数派は権利を侵害される被害者と見立てられる[6]。その賛同を世界に求める演説は、ロシアを「歴史の誤りのある側」へと追いやる前述のクリントン演説への反論ともいえる。つまり、ロシアも性的寛容性と性的規制のいずれを支持するか各国に迫る。

この選択はウクライナにとって、その存続に関わる問題へと変わりうる。LGBTQの権利の保障は隣国との軍事的対立を前に国の脅威ではなく、むしろ安全保障を達成する手段となるからである (Shevtsova 2020: 508)。ただし、その選択は容易ではない。ウクライナの政治はロシアとEUとの間で揺れてきたが、LGBTQの権利に関していえば、ロシア寄りの立場で一貫する。2012年、ヤヌコーヴィチ政権はロシアのゲイ・プロパガンダ禁止法に類する法案を審議しており (Stern 2012)、2014年2月のマイダン革命後、西側との関係強化を目指すポロシェンコ政権もその権利の承認に慎重であった。2015年11月12日にウクライナ最高議会は性的指向などを理由とする職場の差別を禁止する法案を可決した。その法改正はEU域内のビザ免除に必要とされていたものの、一度の採決では過半数の賛成に達しなかった。その議長はその法案への支持を次のように呼びかけた。「ウクライナで同性婚が認められるかもしれないという偽情報を耳にする。神は禁じており、これは起こらない。私たちはこれを決して支持しない」(BBC 2015)。また、その法律についてペトロ・ポロシェンコ大統領は次の見解を示した。「ウクライナはソビエト時代の差別の足かせから自由になる。一方、家族の価値観は侵害されないままである」(BBC 2015)。

この背景には与野党に影響力を持つウクライナ正教会の存在があると指摘される (Shevtsova 2023)。ウクライナ政府は2015年に策定した国家人権戦略のなかで同性パートナーに婚姻に近い権利を認めるシビル・パートナーシップの法整備を公約に含めていたものの、その期限までの実現には至らなかった。それは対外的には国際人権基準を満たす姿勢を示しつつ、同

性婚に反対するウクライナ正教会に配慮を示した結果であった。また、国内世論もその変化に否定的であった。2019年のアメリカのシンクタンクの調査によれば、「同性愛が社会に受け入れられるべき」との回答はウクライナではロシアと同じ14％であり、40％を超えるチェコ、ハンガリー、ポーランドと比較してもかなり低いものであった（Poushter and Kent 2020）。

3-2　戦時下における婚姻の不平等の政治化

　ところが2022年2月24日のロシアによる軍事侵攻後の複数の調査はLGBTQの権利を支持する世論の高まりを示す（Kravchuk, Zinchenkov and Lyashchenko 2022: 14–16）[7]。戦時に国民の団結が求められるなか、平時の分断は後景に退くものだが、婚姻の平等が戦時中の争点に浮上することは稀であろう。その問題への世論の関心の高まりは、EUとロシアとの対立点であることに加え、LGBTQの従軍者の貢献にもよるものと指摘される（Serhan 2023, Kyiv International Institute of Sociology 2024）。

　2022年6月、戦時下のキーウに代わりワルシャワで開催されたプライド・パレードに用意された横断幕の一つには、「武装したウクライナのクィアがモスクワの帝国主義を打ち破る」というメッセージが記される（Bearak 2022）。実際、自らのセクシュアリティを公表するウクライナ兵の存在は海外のメディアでも注目される。その発信元の一つであるLGBT Militaryという組織は、従軍する当事者のプロフィールや活動を広く知ってもらうためのキャンペーンをホームページなどで展開する[8]。ユニコーンはそのシンボルとして用いられ、そのワッペンを軍服に付け、戦地に赴くものもいる。その一人はユニコーンである理由を2014年ロシアによるクリミア併合の当時、「軍にはゲイの人々がいないと多くの人がいっていた」と振り返り、「だから、彼ら（LGBTQコミュニティ）は空想的で『実在しない』生き物であるユニコーンを選んだ」と説明する（Garcia 2022）。

　兵士のセクシュアリティの公表は当事者にとって安全な選択でないことは明らかだが、そのリスクを上回る目的がある。LGBT Militaryは、緊急時の医療処置の決定権、合法的なパートナーシップ、相続や埋葬などの権利を同性カップルに与えるよう政府に求めている。戦場での負傷や戦死は家族や親族にのみ伝えられ、同性パートナーがその事実を知ることができても、手術や入院、葬儀や相続に関われる法的立場にないからである。

2022年6月、25,000以上の署名による婚姻の平等の合法化を求める請願書が政府に提出される。その発起人アナスタシア・ソヴェントは、戦地へ赴く前に結婚する兵士たちの記事を読み、その選択肢を持てない兵士について複雑な感情が込み上げてきたという。「何か起こっても、彼らは病院にいるソウルメートを訪問できないであろう。彼らに子どもがいても、産みの母親でなければ、生きているパートナーから子どもは取り上げられる。法律上、彼らは親類ではない。二人はただの他人である。だから、これ［請願書］は、まさに彼らの人生において結婚する最後の機会になりうる」（Javaid and Bilefsky 2022［　］内筆者追記）。

　2022年8月、同性婚の合法化に必要な憲法改正が戒厳令下に実施できないことを理由に、シビル・パートナーシップが提案される（Levenson 2022）。ウォロディミル・ゼレンスキー大統領はその意義を次のように訴える。「現代世界での社会の民主主義の水準は、すべての国民のための平等な権利保障を目的とした国の政策により測られる」（Pietsch 2022）。また、シビル・パートナーシップ合法化の法案を提出したインナ・ソブスン議員は、LGBTQ兵の権利への支持の広がりについて、ホモフォビアがウクライナ人にプーチン大統領を連想させる限り、「私たちが彼と違うのであれば、その点でも異なるべきである」と説明する（Serhan 2023）。同法案を審議する委員会のメンバーであるアンドリー・コジェミアーキン議員は、「ゲイのロシア人はいない」というプーチン大統領の言葉を引用し、次のように自らの立場を述べる。「それがロシアに存在しないというなら、私たちが多様であることを示すために、それがここに存在し、支援されるべきである。この法律はヨーロッパに微笑み、ロシアに中指を立てるようなものだ。そうであるから、私はそれを支持する」（Graham-Harrison and Mazhulin 2023）。

　これらの発言に通底するものは、LGBTQの権利を守るためのホモフォビア根絶への決意であるよりも主権を守るためのプーチン大統領との差別化への意識であろう。ロシアがEUを「ゲイロッパ」と蔑むなか、欧米の支援を受けながら領土の奪還を目指すウクライナ政府にとって、シビル・パートナーシップの先送りは難しい政治判断となる。むしろ、前述の請願書への前向きな回答はウクライナの主権だけでなくヨーロッパの価値観を守るという戦争の大義を追加する。同性愛者を国民として包摂することが

国の脅威ではなくむしろ安全保障につながるなら、政府がLGBTQフレンドリーであることを対外的にアピールする動機はより高まる[9]。

LGBTQ兵の存在を可視化する取り組みも、そのような自国の置かれた地政学的状況を踏まえて行われているものと思われる。2018年にウクライナ軍で初めて自らのセクシュアリティを公表したヴィクトル・ペリピンコはロシアとの戦争を次のように位置付ける。「これは価値観の戦いであり、私たちがヨーロッパへの統合を続け、EUに加盟し、NATOに加盟したいのであれば、自由主義的価値観を受け入れるべきであると人々は理解している」（Mackenzie 2024）。EU加盟はLGBTQの安全にとっても切実な目標であり[10]、それなくして戦争が終結すれば、戦前の世論へと逆戻りすることになりかねない。政治家と当事者双方の暫定的な合意点は、戦争という非常事態が国境線の回復と国民の境界線の移動を秤にかけさせているということであろう[11]。

おわりに

国民に犠牲を強いる戦争は、その国民とは誰かを問い直す契機ともなる。21世紀に大国が起こした対テロ戦争とロシア・ウクライナ戦争は「正常」なセクシュアリティとは何かという観点から国民の境界線を再検討させる。近代のナショナリズムが国民とそうでないものとを区分する役割を女性に課してきたとすれば、現代のそれは「歴史の正しい側」とそうでない側とを区分する役割を同性愛者に課しているともいえる。

そのいずれの側に立つのかという選択は、ロシアと交戦するウクライナにとって安全保障に関わる問いとして突きつけられる。それまでの政府は国際人権基準を満たすことを求める西側とLGBTQの権利拡大を抑制することを求めるウクライナ正教会および世論の間に立たされ、その意見の対立ができるだけ顕在化しないよう問題を先送りにしてきた。しかし、国土防衛に貢献するLGBTQ兵を家族に関する法の外に置き続けることは、平時以上に欧米との同質性を強調したい政府にとって無視し続けることを困難にさせる。ロシアと同じ価値観の側に留まり続けることはプーチン大統領を嫌悪する国民の多くにとって望ましいことではなく、欧米の支援を必

要とするゼレンスキー政権にとっても合理的とはいえない。したがって、シビル・パートナーシップの提案はホモフォビアを過去のものにするためであるよりも、ロシアか同性愛者か、ウクライナの将来にとってよりリスクの少ない「他者」の選択であるともいえる。

セクシュアリティが友／敵の判断基準となる世界は一部のLGBTQの人々に国民に包摂される機会をもたらすかもしれない。しかし、二つの性的ナショナリズムはホモフォビアを利用する点、異性愛規範を放棄しない点では同じである（Slootmaeckers 2019: 256–259）。「他者」との序列を生む限り、ホモフォビアと同様、性的多様性を称揚するレトリックや政策も政治的である。家族、国防、市場に貢献できないものは国民と人権の境界線の外側に立たされるのか。その境界線の移動は特定の集団を非人間化する人種主義、排外主義、帝国主義に絡め取られていないか。その移動に反発する「伝統的な家族の価値観」は誰に沈黙を強い、いかに他国に伝播していくのか。これらの問いの探究は、現代の戦争と分断の進む世界を考察するうえで重要なテーマであるように思われる。

---

[1] LGBTQのLはレズビアン（女性同性愛者）、Gはゲイ（男性同性愛者）、Bはバイセクシュアル（両性愛者）、Tはトランスジェンダー（心と体の性が一致しない状態にある人）、Qはクエスチョニング（既存の性的指向や性自認のカテゴリーに疑問を持つ人やいずれにも自らを当てはめたくない人）、またはクィア（性的少数者の総称）である。クィアは性的少数者への侮蔑語であり、当事者自らがそれを名乗ることでポジティブな意味へと転換する試みがなされてきた。なお本文中で「ゲイ」と記述する場合、性別に関係なく同性愛者を意味する。

[2] 本稿の執筆中、その懸念が現実に近づく。2023年10月からのガザでの軍事作戦中、イスラエル兵により自身のインスタグラムに投稿されたレインボー・フラッグを掲げる写真は、2023年11月23日、イスラエル政府のX（旧Twitter）に次のメッセージとともに転載された。「ガザで初めてプライド・フラッグが掲げられた。LGBTQ＋コミュニティのメンバー、ヨアヴ・アズモニはハマスの残虐行為の下に暮らすガザの人々に希望のメッセージを送りたかった。彼の意図は平和と自由の要求としてガザで初めてプライド・フラッグを掲げることにあった」（https://x.com/Israel/status/1723971340825186754）［最終閲覧日2024年8月30日］。同政府はプライド・パレード開催などLGBTQフレンドリーを対外的にアピールすることによりガザの人権侵害から目を逸らさせる「ピンクウォッシング」と批判される（保井 2019）。また、ロシア正教会キリル総主教はプライド・パレードなど

西側の価値観を拒否するウクライナ東部住民を支援するためであるとロシア軍
のウクライナ侵攻を支持する（Moscow Times 2022, Stoeckl and Uzlaner 2022）。

[3] 異性愛規範が支配的な社会を支持するゲイのネオリベラルな性的政治を「新し
いホモノーマティヴィティ」とドゥガンは呼ぶ（Duggan 2003: 50）。

[4] ゲイ・プロパガンダ禁止法はチェチェン共和国のムスリムから性的少数者を保
護するためであるとの主張も当初ロシア側から発せられている（Edenborg 2023:
47）。

[5] ロシアメディア、ロシア正教会、オリガルヒ、学術機関も「伝統的な家族の価
値観」の普及に関与し、欧米も含め国外にその賛同者を募る（Moss 2017）。また、
ロシア政府は国連人権委員会で「伝統的価値観」に関する決議の採択を推進す
る（Wilkinson 2014: 363–364）。

[6] 西側の影響から多数派の国民を守るというプーチン政権の論理をウィルキンソ
ンは「道徳的主権」と呼び、次のように定義する。「国が社会の道徳規範、すな
わち伝統的価値観を決定し、積極的に施行する権利を持ち、この権利が国際的
な規範と義務より優先されるという思想」（Wilkinson 2014: 368）。

[7] The Kyiv International Institute of Sociology (KIIS) の世論調査によれば、「LGBTの人々
が他のウクライナ国民と同じ権利を持つべきであると考えるウクライナ人の数
は確実に増加しており、2024年にはその数は70.4%、2023年より3.1%、2022年
より6.7%増加した」。シビル・パートナーシップについても半数以上が否定して
おらず、全体として若者と女性の支持が高い（Kyiv International Institute of
Sociology 2024）。

[8] LGBT Militaryのウェブサイト（https://lgbtmilitary.org.ua/eng）［最終閲覧日2024
年8月30日］。

[9] たとえば、アメリカ人であり、トランスジェンダーの女性であるサラ・アシュ
トンシリロは2023年からウクライナ領土防衛隊の英語のスポークスマンとして
起用される。

[10] ウクライナのLGBT人権団体NASH SVIT CENTERの報告書は、「ヨーロッパ統
合プロセスの一環」としてLGBTQ兵に婚姻の権利を認める必要性を訴える
（Kravchuk, Zinchenkov and Lyashchenko 2022: 16）。また、2022年9月にロシア軍か
ら奪還した東部のハルキウで同月22日プライド・パレードが開催される。これ
を企画したフェミニスト・レズビアングループShpereは、2022年9月18日に横
断幕の写真とそのメッセージの意味を当時のTwitterに投稿した。「『ハルキウ・
プライドはユーロ・プライドを支援する』そして『ウクライナはヨーロッパで
ある』という横断幕は、ユーロ・プライドとの私たちの連帯とともに平等と民
主主義というヨーロッパの価値観を象徴する」。彼女たちにとってハルキウはウ
クライナであると同時にEUの東端でもなければならない（https://x.com/
KharkivPride/status/1571439366823710721［最終閲覧日2024年8月30日］）。

[11] 2024年8月時点でシビル・パートナーシップはウクライナ最高会議の四つの議員
委員会から支持を得られているが採決にかけられていない（Kyiv Independent

2024)。教会指導者からの議員への圧力がその審議を停滞させており、当事者には失望が広がっているという（Mackenzie 2024）。

❖ 参考文献

＊オンライン資料の最終閲覧日 2024年8月30日

上野友也 2023「戦場のLGBT ── 戦時性暴力の被害と国連安全保障理事会における対立」『平和研究』59巻、1–21。

工藤晴子 2022『難民とセクシュアリティ ── アメリカにおける性的マイノリティの包摂と排除』明石書店。

小泉悠 2013「【ロシア】ゲイ・プロパガンダ禁止法の成立」『外国の立法』2013年8月、256–2号、https://dl.ndl.go.jp/view/download/digidepo_8262622_po_02560207.pdf?contentNo=1

保井啓志 2019「『中東で最もゲイ・フレンドリーな街』── イスラエルの性的少数者に関する広報宣伝の言説分析」『日本中東学会年報』34巻、2号、35–70。

BBC. 2015 "Ukraine Passes Anti-Discrimination Law," 12 November, 2015, https://www.bbc.com/news/world-europe-34796835

Bearak, Max. 2022 "Ukraine's LGBTQ Rights Movement Contends with War's Mixed Impact," Washington Post, 10 June, 2022, https://www.washingtonpost.com/world/2022/06/10/ukraine-lgbt-rights-war-european-union/

Clinton, Hillary. 2011 "Secretary of State Clinton Human Rights Day Speech: Free and Equal in Dignity and Rights," Remarks by Secretary of State Hillary Rodham Clinton, U.S. Mission in-in to International Organizations in Geneva, December 6, 2011, https://geneva.usmission.gov/2011/12/06/free-and-equal/

Duggan, Lisa. 2003 *The Twilight of Equality? : Neoliberalism, Cultural Politics, and the Attack on Democracy*, Beacon Press.

Edenborg, Emil. 2023 "'Traditional Values' and the Narrative of Gay Rights as Modernity: Sexual Politics beyond Polarization," *Sexualities*, 26(1–2), 37–53.

Fassin, Èric. 2010 "National Identities and Transnational Intimacies: Sexual Democracy and the Politics of Immigration in Europe," *Public Culture*, 22(3), 507–529.

Garcia, Horaci. 2022 "Ukraine's 'Unicorn' LGBTQ Soldiers Head for War," *Reuters*, 1 June, 2022, https://www.reuters.com/world/europe/ukraines-unicorn-lgbtq-soldiers-head-war-2022-05-31/

Goldstein, Joshua S. 2001 *War and Gender: How Gender Shapes the War System and Vice Versa*, Cambridge University Press.

Graham-Harrison, Emma and Artem Mazhulin. 2023 "War Brings Urgency to Fight for LGBT Rights in Ukraine," *Guardian*, 5 June, 2023. https://www.theguardian.com/world/2023/

jun/05/war-brings-urgency-to-fight-for-lgbt-rights-in-ukraine

Hagen, Jamie J. 2016 "Queering Women, Peace and Security," *International Affairs*, 92(2), 313–332.

Javaid, Maham and Dan Bilefsky. 2022 "War Spurs Ukrainian Efforts to Legalize Same-Sex Marriage," *New York Times*, 2 August, 2022, https://www.nytimes.com/2022/08/02/world/europe/ukraine-gay-marriage.html

Kravchuk, Andrii, Oleksandr Zinchenkov and Oleh Lyashchenko. 2022 *LGBTQ and War: A Report on the Specific Problems of the Ukrainian LGBTQ Community since the Beginning of the Russian Invasion's New Phase*, Nash Svit Center, https://gay.org.ua/en/blog/2022/11/22/lgbtq-and-war/

Kyiv Independent. 2024 "Verkhovna Rada Committee Supports Draft Bill on Civil Partnerships for Same-Sex Couples," 10 August, 2024, https://kyivindependent.com/verkhovna-rada-committee-supports-draft-bill-on-civil-partnerships-for-same-sex-couples/

Kyiv International Institute of Sociology. 2024 "Perception of LGBT People and Their Rights in Ukraine: Results of a Telephones Survey Conducted on May 26 – June 1, 2024," Press Releases and Reports https://www.kiis.com.ua/?lang=eng&cat=reports&id=1417&page=1

Levenson, Michael. 2022 "Zelensky Says Ukraine's Government May Allow Civil Partnerships for Same-sex Couples," *New York Times*, 2 August, 2022, https://www.nytimes.com/2022/08/02/world/europe/zelensky-same-sex-marriage.html

Mackenzie, Jean. 2024 "LGBT Troops on Ukraine's Front Line Fight Homophobia at Home," *BBC*, 25 June, 2024, https://www.bbc.com/news/articles/cd1140yv03po

Moscow Times. 2022 "Russian Church Leader Appears to Blame Gay Pride Parades for Ukraine War," 7 March, 2022, https://www.themoscowtimes.com/2022/03/07/russian-church-leader-appears-to-blame-gay-pride-parades-for-ukraine-war-a76803

Moss, Kevin. 2017 "Russia as the Saviour of European Civilization: Gender and the Geopolitics of Traditional Values," in Roman Kuhar and David Paternotte eds., *Anti-Gender Campaigns in Europe: Mobilizing against Equality*, Rowman & Littlefield, 195–214.

Peterson, V. Spike. 1999 "Sexing Political Identities/nationalism as Heterosexism," *International Feminist Journal of Politics*, 1(1), 34–65.

Pietsch, Bryan. 2022 "Zelensky Floats Civil Unions Amid Gay Marriage Push in Ukraine," *Washington Post*, 4 August, 2022, https://www.washingtonpost.com/world/2022/08/04/ukraine-zelensky-gay-marriage/

Poushter, Jacob and Nicholas Kent. 2020 "The Global Divide on Homosexuality Persists," Pew Research Center, 25 June, 2020, https://www.pewresearch.org/global/2020/06/25/global-divide-on-homosexuality-persists/

President of Russia. 2012 "Address to the Federal Assembly," The Kremlin, Moscow, 12 December, 2012, http://en.kremlin.ru/events/president/transcripts/messages/17118

————. 2022 "Signing of Treaties on Accession of Donetsk and Lugansk People's Republics and Zaporozhye and Kherson Regions to Russia," The Kremlin, Moscow, 30 September,

2022, http://en.kremlin.ru/events/president/transcripts/69465

Puar, Jasbir K. 2007 *Terrorist Assemblages: Homonationalism in Queer Times*, Duke University Press.

Rao, Rahul. 2020 *Out of Time: The Queer Politics of Postcoloniality*, Oxford University Press.

Riabov, Oleg and Tatiana Riabova. 2014 "The Remasculinization of Russia? Gender, Nationalism, and the Legitimation of Power under Vladimir Putin," *Problems of Post-Communism*, 61(2), 23–35.

Serhan, Yasmeen. 2023 "How Putin Inadvertently Boosted Support for LGBT Rights in Ukraine," *Time*, 21 April, 2023, https://time.com/6273445/putin-lgbt-rights-ukraine-russia/

Shevtsova, Maryna. 2020 "Fighting 'Gayropa': Europeanization and Instrumentalization of LGBTI Rights in Ukrainian Public Debate," *Problems of Post-Communism*, 67(6), 500–510.

—————. 2023 "Religion, Nation, State, and Anti-Gender Politics in Georgia and Ukraine," *Problems of Post-Communism*, 70(2), 163–174.

Sleptcov, Nikita. 2018 "Political Homophobia as a State Strategy in Russia," *Journal of Global Initiatives*, 12(1), 140–161.

Slootmaeckers, Koen. 2019 "Nationalism as Competing Masculinities: Homophobia as a Technology of Othering for Hetero- and Homonationalism," *Theory and Society*, 48(2), 239–265.

Stern, David. 2012 "Ukraine Takes Aim against 'Gay Propaganda'," *BBC*, 11 October, 2012, https://www.bbc.com/news/magazine-19881905

Stoeckl, Kristina and Dmitry Uzlaner. 2022 "Russia Believed the West was Weak and Decadent. So It Invaded," *Washington Post*, 15 April, 2022, https://www.washingtonpost.com/politics/2022/04/15/putin-patriarch-ukraine-culture-power-decline/

Suchland, Jennifer. 2018 "The LGBT Specter in Russia: Refusing Queerness Claiming 'Whiteness'," *Gender, Place & Culture*, 25(7), 1073–1088.

Weber, Cynthia. 2016 *Queer International Relations: Sovereignty, Sexuality and the Will to Knowledge*, Oxford University Press.

Weiss, Meredith L. and Michael J. Bosia. 2013 *Global Homophobia: States, Movements, and the Politics of Oppression*, University of Illinois Press.

Wilkinson, Cai. 2014 "Putting 'Traditional Values' into Practice: The Rise and Contestation. of Anti-Homopropaganda Laws in Russia," *Journal of Human Rights*, 13(3), 363–379.

—————. 2018 "Mother Russia in Queer Peril: The Gender Logic of the Hypermasculine State," in Swati Parashar, J. Ann Tickner and Jacqui True eds., *Revisiting Gendered States: Feminist Imaginings of the State in International Relations*, Oxford University Press, 105–121.

Yuval-Davis, Nira. 1997 *Gender & Nation*, Sage Publications.

ユビキタスな放射性物質と
包括的「核テロリズム」言説の登場

大阪経済大学国際共創学部准教授 友次晋介

　放射性物質、あるいは関連する資機材に関わる破壊活動全般が、国際政策の場裏で安全保障課題としての「核テロリズム」と総称されていく行程は、モノや人が流動するグルーバル社会における、幾つかの可視的で記念碑的な出来事と並行して進行した。民生用途の放射性物質が地球規模で広がり、どこにでもある、という状態が出現したことが前提としてあり、スリーマイル・アイランド原子力発電所の事故、チェルノブイリ原子力発電所の事故、ソ連の崩壊、ブラジルのゴイアニアにおける大規模な被ばく事故、及び9/11同時多発テロの発生を経て、包括的な概念としての「核テロリズム」は生まれた。原子力施設への攻撃、原子力発電に利用可能で核兵器の原料となる核物質の国際輸送中の盗取を含意した当初の「核テロリズム」は、非国家主体による核施設への攻撃、ウランやプルトニウム以外の放射性物質を用いた「汚い爆弾」の使用、原子力施設の損壊を含む、包括的「核テロリズム」言説へと変わった。「核テロリズム」の意味は、「社会」という固定的、静的な存在が変えたのではなく、放射性物質というモノと人との相互作用が変えたのである。

キーワード：テロリズム

1. はじめに

「核」「原子力」の意味は移ろってきた[1]。その意味するところの変遷を考えるうえでの鍵は、モノと人の相互作用、移動を伴う動的、複雑な関係性の歴史的生成である。放射性物質は、人が移動や行動の制約を破ることができるという意味で権力の源となり、健康影響ゆえにリスクにもなりえ、このリスクの配分や管理権限の所在そのものが権力の分布を示してもいる。モノは場所を様々に動き、その場所の帰属と記憶の再構成に関わる。為政者や専門家の言論空間、国際公共政策の場裏において、放射性物質と関連する資機材に関わる破壊活動が安全保障課題としての「核テロリズム」という包括的言説へと集約されていく過程は、人やモノが流動するグルーバル社会における、幾つかの可視的で記念碑的な事件と並行して段階的に進行した。

国際原子力機関（IAEA）が想定する核テロリズムは今日(1)原子爆弾、核ミサイルなど核兵器そのものを盗む、(2)高濃縮ウランやプルトニウムなど核物質を盗んで核爆発装置を製造、(3)盗んだ放射性物質を発散させる装置（「汚い爆弾」の製造）、(4)原子力施設や放射性物質の輸送船などに対する妨害破壊行為である。これらの項目が個別的にではなく、「核テロリズム」として、ひとまとめにして議論されるようになったのは1990年代に入ってからである。この《総称》としての核テロリズム論の登場の経緯を辿り、移動との連関を探るのが本稿の目的である[2]。

長い前史はあるが、《総称》としての「核テロリズム」という用語が国連で用いられ、初めて本格議論されたのは、後述する通り1998年、ロシアが「核によるテロリズムの行為の防止に関する国際条約」（核テロ防止条約）の草案を提出したときであった。その後、オバマ大統領の呼びかけで2010年4月にワシントン特別区で開催された第1回核セキュリティ・サミットを契機に国際社会では、核テロリズムが理論上起こり得るのか否かといった論争を超え、より差し迫った問題として認識されるようになった。

例えば日本では、2002年『防衛白書』の用語解説において初めて、米

国土安全保障省のミッションに「化学・生物・放射能・核テロへの対策」
(ママ)が含まれていることが言及された。これは、Chemical、Biological、
Radiological、及びNuclearそれぞれの頭文字をとった「CBRNテロ」[3]を
直訳しようとしたものである。後者の二つ（放射性物質、核物質）はひと
くくりではなく別々に言及されているが、防衛白書が「核テロ」という言
葉を使ったのはこれが初めてであった（核物質は一般に原子力発電や核兵
器生産に用いられるウランやプルトニウムを指す。換言すれば放射性物質
の部分集合、N⊂Rの関係にある）。その後、防衛白書は2010年〜2019
年まで、核セキュリティ・サミットと関連付け核テロリズムについて記述
し続けたが、その間、物質的な範囲は広義の放射性物質に拡大された。

　核物質の盗取やこれに基づく脅迫行為、原子力施設への攻撃の可能性は
1970年代より安全保障コミュニティでは議論されてはいた。だが、より
広義の、RとNの両方に関連した「核テロリズム」の懸念に対応するため、
多国間の実務上の連携が模索されはじめたのは、後述の通り21世紀には
いってからである。「核テロリズム」という言葉のうちに、核兵器の原料
になりうるウラン235やプルトニウム239だけでなく、やがて非破壊検査
やがん治療用の密封線源として用いられるイリジウム192等、工業用、医
療用放射性核種の悪用までもが編入されるようになった。

　総称「核テロリズム」論の勃興とそのための対処が国際社会で検討され
たのは、放射性物質の持つ物としての固有の性質と、その《移動》との関
係性ゆえである。第一に放射性物質の中でも核兵器や原子力発電所の核燃
料などの原料となる「核物質」と分類されるところのものの、関連する資
機材や知識の地理的な移転が大きくなればなるほど、当然、核兵器の潜在
的生産能力の地理的拡散のリスクも増大する。また、たとえ民生用であっ
たとしても原子力施設は破壊活動の対象となりえる。加えて、核の取引の
ネットワークの秘匿性、複雑性が高まれば、そこに不法な取引の機会の窓
が開く蓋然性も拡がる。これは国を中心とした核のリスクの一面である。

　第二に、広く放射性物質の移転、拡散は、たとえその動機が民生利用で
あったとしても、非国家主体による悪用の盗取やこれによる政府や市民社
会への恐喝の可能性を理論的に増大させる。他の要素とも相互密接に関わ
りあっているが、とくに二番目の特徴は、人為的に引かれ、歴史的に操作
されてきた国境の意味を小さくしうる。

第三に、放射性物質は、原子力艦船や人工衛星など移動手段の動力源となり、軍事的な作戦範囲を拡大しうる。

第四に、放射性物質とそこから発せられる放射線はともに無味無臭であり、種類によっては人体を含め様々な物質を透過する。健康被害のリスクのある放射性物質の拡散は、人や社会を不安に陥れ、人に移動を強いることもある。

本稿ではまず、放射性物質が僻地を含む地球上のあらゆる場所に拡大してきた経緯について振り返る。核テロが問題となるのは、その物が存在していなければならないからである。次に1970年代以降、非国家主体による核施設への破壊活動、あるいは放射性物質を用いたテロの可能性についての議論と、これを促したであろう歴史的な事件、そして政策的展開について振り返りつつ、その後の政策の質的変容を観察する。最後にこれらを踏まえ、何が人や社会をして安全保障上の課題と認識させるのかを検討する。

2. 黎明期「原子力平和利用」とその拡散
──地理・環境的制約の打破への期待

周知の通り放射性物質の民生利用を提唱し、その後の原子力利用への世界的な期待を高めたのは、アイゼンハワー米大統領による1953年12月国連総会での「平和のための原子」演説であった。彼は核兵器を念頭に「現在いくつかの国家によって所有されている知識は、最終的に他の国々、恐らくはすべての国々に共有される」と述べ、そうであるならばせめて原子力平和利用の国際主義を推進することが重要だと訴えたのである。そこでアイゼンハワーは、備蓄されたウランを国際機関に供出する構想を提唱し、また「農業や医療や、その他の平和的活動のニーズ」のために「核エネルギー」を応用することにも言及した。多様な用途を示唆していることから窺える通り、彼は利用する放射性物質に関し、幅のある表現をしていた。1942年のフェルミのパイル炉の建設から最初の商業用原子炉の完成までの間、原子炉の唯一の非軍事的用途の筆頭は、産業用、医療用、研究用の放射性同位体の生産であり、アイゼンハワー演説の時点では商用発電

は世界のどこでも実現していなかった。

　限定的であるとはいえ、1947年9月5日〜1949年6月30日に米国は、ヨウ素141、放射性リン、炭素14など21カ国に573件の輸出を行った[4]。科学史家のアンジェラ・クリーガー（Angela N H Creager）が明らかにした通り、放射性同位体をめぐっては、国際協力から海外への頒布を認める立場と、原子力の覇権的な地位を死守すべきことから輸出を制限すべきとの主張との間に米国内では政治論争があったものの[5]、英国が輸出計画を推進する構えを見せたので、米国が放射性同位体の輸出を控えることには意味がなくなった。やがてアイゼンハワー政権下で放射性同位体の輸出は本格化した。放射性同位体の海外頒布をめぐる米国内の一連の論争では、この国の覇権的地位を護れるか、国際協調を推進するかが争点であって、非国家主体による破壊活動の可能性はもとより議論されていなかった。

　アイゼンハワー演説の後「平和のための原子」と称された米国の広報外交が展開されたのは周知の通りだが、そこでも発電用途のみならず、放射性同位体の利用なども含めた、機微な資機材[6]の幅広い民生利用が射程に入れられていた。日本各地を巡回した原子力平和利用博覧会では、原子炉CP-5とともに、放射性同位元素の農業利用、工業利用、医療利用のブース、放射性同位体の米国の輸出先の国々の展示がなされた[7]。ジュネーブで1955年8月に開催された原子力平和利用国際会議では、総会のほか物理・原子炉部会、冶金・化学工業部会、生物学・医学部会、放射性同位元素部会の4部会により構成された[8]。ここで重要なのは1950年代〜60年代、広い意味での放射性物質の民生利用が、人間の行動を制約する距離や地理的・環境的制約を取り払うものとして理解されていた点である。

　米国は、構造が単純で持ち運び容易な放射性同位体熱電気転換器（RTG）を、電源供給が困難な遠隔地で使用することを構想した。RTGとは、核分裂反応ではなく、放射性同位体の崩壊熱を利用した発電装置である。米原子力委員会（AEC）は1955年、宇宙利用も念頭に2系統の原子力補助電源システム（SNAP）計画に着手し、そのうち1系統をRTGの開発にあて、別の1系統については可動式小型原子炉の開発にあてた。米国はプルトニウム238を動力源とするSNAP-3Aと呼ばれるRTGを開発、1961年6月に打ち上げられた米海軍の測位衛星Transit-4Aに搭載した[9]。米国はまた1965年、宇宙原子炉SNAP-10Aを搭載した人工衛星SNAPSHOTを打ち

上げた。

米国は軍の世界展開の中で、地理的制約を破る力の源泉として核エネルギーを位置づけた。米上下院合同原子力委員会は1960年4月、米軍海外基地のあるグリーンランド、南極、沖縄、グァムの4カ所に発電炉を設置する計画を公表した。これに伴い、米海軍はグリーンランドのキャンプ・センチュリーに熱供給・発電炉PM-2Aを同年10月に運転開始させ（1962年まで）、南極マクマード基地にもPM-3Aを1962年3月に運転開始させた（沖縄、グァムでは実現しなかった）。1961年8月には、ストロンチウム90を線源とするRTGが、北極圏カナダのアクセルハイバーグ島の気象観測所の動力源として設置された[10]。1962年2月には、同じくストロンチウム90を線源とするSNAP-7Cと呼ばれるRTGが、米海軍の無人の南極気象観測所に設置された[11]。さらに1964年10月には、世界初の「原子力灯台」としてSNAP-7Bが米ボルチモア港において運用を開始した。米国のパナマ運河会社は1967年、電力不足の運河地帯に原子炉MH-IAを搭載したリバティ船を係留し、1968年～1975年頃まで、駐留米軍に浄水と電力を供給した[12]。

同時期、場所に制限されない《帝国》性を支える科学技術を、ソ連も保有しはじめた。むしろRTGは、北極圏、シベリアに広大な領土を有するソ連、ロシアにおいてより広く展開された。ロシアでは、陸上用電源として、様々なタイプのRTGが合計1007基製造された[13]。問題はソ連が崩壊したことであった。これらの多くは耐用年数が切れているが撤去されておらず、残る内蔵の放射性熱源が、セキュリティ上のリスクになっていく。

1958年には米国のブルックヘブン国立研究所の化学者ウォルト・タッカー（Walt Tucker）とマーガレット・グリーン（Margarett Green）が、モリブデン99を原料として、検査、診断用のテクネチウム99mを獲得するという、Mo99 - Tc99mジェネレーターを開発、1960年には同研究所で初めて医療用トレーサーとして使用された[14]。付言するとテクネチウム99m自体は半減期が6時間と短く「汚い爆弾」としての使用には不向きであるが、原料たるモリブデン99を生産するために、核物質の中でとりわけ機微な高濃縮ウランを原子炉で照射する。そのため、資機材の盗取や原子炉自体の破壊を含む「核テロリズム」の懸念と完全に無関係ではない[15]。

人体に埋め込む医療用器具にプルトニウム238を用いるアイデアも試された。一つが人工心臓の開発で、もう一つは心臓ペースメーカーであった。人工心臓は人体の拒絶反応という医学的困難もあり導入が進まなかったが、ペースメーカーにRTGを用いるアイデアはそれなりに進展した。1970年4月にフランスで初めて、プルトニウム238利用のRTGを内蔵する製品が人体に植え込まれ、その後世界で流通した。正確な数については定かではないが、相当数のRTGペースメーカーが実際、かつては多くの患者に使用された[16]。

放射性物質を用いた破壊工作が行われたり、あるいはそれを可能とする装置が登場したりする可能性に関しては、冷戦初期において政策担当者の内部では議論がないわけではなかった。例えば、米国の在スウェーデン大使館の科学アタッシェは1949年5月、スウェーデン軍が放射性物質を散布することを考慮している可能性について指摘していた[17]。とはいえ、これは軍による兵器利用の可能性について言及したものであり非国家主体による後年の「核テロリズム」とは性質が異なるものであった。

3. 核テロ対策の誕生
——原子力発電の世界的拡大と核兵器不拡散のはざま

発電であれ、それ以外の産業・医療用であれ、1970年代には放射性物質の利用が一層進んだ。発電目的の原子炉の着工件数は1950年代に46件だったが、1960年代には143基、1970年代には265基と増加した。送電系統に新規に接続した原子炉の数も1950年代には11基、1960年代には77基、1970年代には164基と増加、運転可能な現役の原子炉の累積基数も増えた[18]。放射性同位体の産業、医療、農業利用も拡大した。放射性物質の流通が進むにつれ、悪用、誤用の蓋然性は高まった。原子力利用は、期待先行の研究室の「高尚な」雰囲気から抜け出し、通常の先端科学になった。これにつれて、市井の人々の技術の安全性そのものへの認識、関心、懸念も増大した。

1972年のオリンピックでのイスラエル選手殺害事件が世界に衝撃を与えたように、先進工業国では1970年代、テロが脅威として認識されるに

至った。米国原子力委員会、そしてその廃止後の米国原子力規制委員会（NRC）は、核物質の輸送と原子力発電所のセキュリティに関する規制要件を大幅に強化した。NRCはまた、海外への核物質の輸出上のリスクをより注意するようになった。1974年5月、核爆発装置の存在をほのめかして脅迫し現金を要求するという事件がボストンで発生したことを受け、非国家主体による核テロの発生の可能性に関し、米国を拠点に置く安全保障研究者や政治家の間で取り沙汰されるようになった。同年12月開催の第29回国連総会において米国は、核兵器生産にも転用可能な核物質の盗取を防止する国際条約を提案した。翌1975年には、国際原子力機関（IAEA）総会でも核物質防護に関する国際協力の必要性が指摘された。その後、核物質防護条約の条約案は1979年10月、数回にわたる政府間協議を通じて採択された（ただ、この条約が発効したのは1987年である）。この条約は、原子力発電をめぐる所謂「核燃料サイクル」の世界的拡大により、機微な核物質が国際輸送されるようになったことを念頭に、その間の盗取や妨害工作への脆弱性を弱めることを企図したものだった。

　1970年代中頃までに本格化した世界の原子力発電には、燃料の供給体制に大きな変化があった。西側諸国の濃縮役務を一手に担っていた米国の覇権的体制は崩れ、原子力供給は多極化していた。URENCO（英、蘭、西独による多国籍事業体）は1972 ～ 1973年に英国、及びオランダにおいて濃縮施設を、またEURODIF（ベルギー、仏、王政期イラン、イタリア、スペインによる多国籍事業体）は1979年にフランスに濃縮施設をそれぞれ稼働させた。ソ連も冷戦期東西陣営の壁を越えて1971年春、フランスからウラン濃縮役務を受注、1973年には、西独から濃縮契約を受注した。これは受注が急増していた核燃料を米国だけでは賄えなくなることが予測されためである。原子力供給体制はこうして地理的に拡散した。濃縮能力不足への不安により、使用済核燃料を再処理して再び軽水炉あるいは高速増殖炉などで燃料として用いるという発想も高まった。しかし使用済核燃料から得られたプルトニウム239は、発電用に再利用できるとはいえ、核兵器の生産にも用いることも理論上可能で、再処理をめぐる資機材や技術、ノウハウの、とりわけ開発途上国への拡散が1970年代には米国では問題視された。

　1979年3月28日のスリーマイルアイランド（TMI）原子力発電所2号機

の事故は、テレビ中継され、大惨事として広く記憶された。同時にこの象徴的な事件で、原発への打撃が社会を動揺させることに人々は想像力をめぐらせ続けることになった。1993年2月26日の世界貿易センタービル爆破事件ではTMI事故が想起された。ある市民団体は、世界貿易センターを爆破したテロリストが、スリーマイル島から遠くない場所で、150人の自爆テロリストを米国の原子力発電所を送り込むと脅したと主張した。このエピソードは、2001年に同時多発テロ事件で「社会的責任を果たすための医師団」の理事マット・ベヴィンス（Matt Bivens）医師によって『ネーション』誌の意見論文において再び引用されることになる[19]。TMI原発をめぐっては、1993年精神疾患の既往歴を持つ部外者が車で守衛門を突破し、敷地内を走行した事件もあった。TMIの事故と突入事件、世界貿易センター爆破事件をそれぞれ結び付けて考えることは自然であった。当時ランド研究所にいたテロ専門家ブルース・ホフマン（Bruce Hoffman）が1993年3月19日、米国上院環境公共事業委員会の公聴会に呼ばれ、原子力発電所へのテロ攻撃の脆弱性について証言したことはその証左であった。証言は『世界貿易センタービル爆破事件、TMI原発侵入事件、及び米国の原子力発電所への潜在的脅威』として刊行された[20]。

4. 核テロの越境的影響の認識と多国間対処

　前述の核物質防護条約は1987年に発効した。核テロリズムを射程に入れた世界初の国際条約であった。この条約は、その対象を原子力発電や核兵器生産に用いられる「核物質」とした。すなわち、プルトニウム（プルトニウム238の同位体濃度が80％を超えるものを除く）、ウラン233、ウラン235、あるいはウラン238の濃縮ウラン（鉱石または鉱石の残滓の状態のものを除く）、及びこれらの物質の1または2以上を含有している物質、と限定した。広義の原子力平和利用が包含するその他の放射性同位体、とくに汚い爆弾の筆頭候補になるようなストロンチウム90やセシウム137については、条約の対象ではなかった。さらに、その対象範囲は輸送中の核物質の防護に限定された。

　条約成立に際しカーター大統領は、国際輸送中の核物質防護を改善し、

盗まれてしまった核物質の回復及び核物質に関わる攻撃への対処を巡る国際協力を推進する旨、期待を表明してはいた。しかしながら、もしかすると既に窃取されてしまったかもしれない核物質の回復を目的とした多国間協力への努力は払われることはなかった。「テロリズム」という文言も、当初の条約の中に明示されなかった。

　1980年代の前半、各国の政策において核物質に関わる非国家主体による破壊活動への懸念が喧しくされることはなかったが、同時期、国際テロ事件が顕著に増加するにつれ、米国においては議員たちの中に核テロリズムへの懸念を持つものが現れた。サミュエル・ナン（Samuel Augustus Nunn）上院議員とワーナー（John Warner）上院議員が世話役を務めた「核リスク低減に関する作業部会」が1983年11月に刊行した報告（ナン・ワーナー報告）では、核リスク低減センターの創設が提言されていた。その対象には、米ソの偶発的な衝突、弾道ミサイルの発射、原子力事故、海難事故に関する情報交換が含まれていたが、実は核テロの脅威もかなりの比重で盛り込まれていた。1985年〜1986年には国際フォーラム「核テロリズム防止のための国際作業部会」が開催され、そこでも米ソ間で、核テロを防ぐ「核リスク低減センター」をつくるべきとの提案を含む最終報告書がまとめられた[21]。

　この提案は、米国のジョージ・シュルツ（George Pratt Shultz）国務長官、ソ連のシュワルナゼ（Eduard Shevardnadze）外相との間で取り交わされた1987年9月15日の「核リスク低減センター」の設置につながる。1986年6月の西独ヴェルト紙でのインタビューでもシュルツは「核テロリズム対策」としての同センターの議論をしたことを認めた[22]。ところが、センター設立の合意文書には、核テロのことは表向き触れられず、核兵器をめぐる米ソ両国の偶発的衝突を回避するための情報交換がその設立の目的として示された。設立目的をめぐる一連の経緯は、ナンとワーナー両議員が、同センターの任務として想定する核の脅威の範囲が、実は縮小も拡大も可能なものであることを示唆した。

　その後、人類は1980年代には二つの深刻な核災害を経験した。一つは言うまでもなく、ソ連のチェルノブイリ原子力発電所事故であった。同原発から1100キロメートル離れたスウェーデンのフォルスマルク原子力発電所で、放射線モニターが反応し世界の知るところになったこの事故は、

汚い爆弾の組成として想定されるセシウム137やストロンチウム90を含む放射性同位体を大量放出し、約11万6000人の移動を強いた[23]。破壊された原子炉建屋、無人となったプリピャチのまち、応急的に被せられた「石棺」といった数々の衝撃的映像は、破壊工作が原子力施設に対して行われたならば、チェルノブイリの再来があるだろうか、という問いを国際社会に投げかけ続ける効果を持った。

もう一つは、ブラジルのゴイアニアで1987年9月に発生した大規模な被ばく事故であった。廃院になっていた施設跡に放置されていた治療用照射装置を盗んだ犯人が線源を不用意に抜き出したことから、セシウム137が溶解、広範囲を放射性物質で汚染したもので、4名が亡くなったほか、249名を汚染した。この事故においては、10万人を超える人々が検査に列を並び、ブラジル全土にもパニックを引き起こした[24]。放射性物質によるテロが引き起こす心理的影響が大きいことが示された。

5. ユビキタスな放射性物質と
　　包括的「核テロリズム」言説の登場
　　　──距離の意味の消失

1990年代及び2000年代は、ウランやプルトニウムのみならず、より広範な種類の放射性物質の誤用、悪用への懸念が国際社会で増大した。最初の契機は、ソ連政府が1991年12月26日に解散宣言を出したことであった。旧ソ連圏の経済的混乱と各国政府の統治能力に疑義が呈せられ、杜撰な放射性物質管理が心配された。世界に先駆け米国では、政治学者のグラハム・アリソン（Graham Allison）が1996年4月、「緩い核」という言葉を使ってこの問題を告発した。彼がとくに問題視したのは、「旧ソ連の兵器庫からの、兵器に使用可能な核物質や核兵器そのものが紛失、盗難、売却」されていることであった[25]。しかし、ウランやプルトニウムではないものの、より広く放射性物質の管理体制に疑問を呈さざるを得ないような事件も旧ソ連圏では発生していた。1995年11月、チェチェン独立運動組織がモスクワの公園にセシウム137を埋めた事件があり、また同月には、放射性物質の入った爆発物付き容器が鉄道の線路沿いで発見されたとの報道

もあった。ただし、「緩い核」を懸念する言説は、1990年代を通じて、国際社会ではそれほど広がらず、ましてウランやプルトニウム以外の放射性同位体への警戒感はすぐには共有されなかった。

その後、アリソンは2004年にも『フォーリンアフェアーズ』誌に寄稿[26]したがここでも、核兵器の製造に必要な核分裂性物質を入手する危険性に焦点を当てていたがために、核テロ（Nuclear Terror）がそれのみに限定された現象であるという誤解を招く印象を与えかねないとの批判を、ウィリアム・ポッター（William C Potter）、チャールス・ファガーソン（Charles Ferguson）、レオナード・スペクター（Leonard Spector）らから受けた[27]。核爆弾の製造を目的として核分裂性物質を盗むか購入するということのみならず、汚い爆弾またはその他の手段で放射性物質を散布する、原子力施設を攻撃または破壊する、無傷の核兵器を奪取する、という行為もあるのではないか、というのである。実はこの時点までに、核テロリズムはより包括的、多面的な概念に変容していた。

2001年には米国で9/11同時多発テロ事件が発生していた。世界最大の金融市場を持ち、世界経済を左右する力を持つ「グローバルシティ」たるニューヨークで象徴的存在であった世界貿易センタービルが2棟とも倒壊させられ、ワシントン特別区近郊の米国防総省の本部が攻撃を受けたことは、非国家主体が、国家の生存と市民社会の存立基盤を脅かしかねないことを国際社会に印象付けた。この事件は、同時に人とモノと情報が大量に動く《グローバル化時代》の世界がもたらしたものであった。サスキア・サッセン（Saskia Sassen）は9/11事件を指して、明らかに新しい種類の多地点戦争の一部である、と論じた。彼女は互いに独立して行動する地元の武装グループによる局所的行動でさえ、地球規模で意味を持つようになったとして、この組み合わせがさらなるテロ行為を誘発することを警告した[28]。9/11事件で特筆すべきは、少数の集団が、かくも容易に国境を越えて共感しあい、つながったばかりでなく、法執行の網を逃れて訓練、動員され、破壊工作を完遂させた点であった。越境テロリズムの興隆には、交通手段の発展が大きく寄与しているが、アルカイーダが頼ったのはとくに情報技術であった。彼らがインターネットを駆使してテロ計画を立案をしたことには十分な証拠がある[29]。

9/11事件ではハイジャックされた4機目の航空機の標的が原子力発電所

であったとの説が事件直後に指摘されたことも手伝い、航空機が衝突した場合の想定を含む「設計基礎脅威」(DBT)[30]の見直しが世界中の原子力施設で進められた。同時多発テロは原子力民生利用を行っている国々における為政者やエンジニア、電力会社の「緩い核」への関心を増大させたと言えよう。2002年6月10日には、米国司法省が、アルカイーダに関連した人物を、米国内で「汚い爆弾」の製造と爆発の計画を模索していたかどで逮捕したことを発表した[31]。この事件も、総称としての「核テロリズム」の形成に役立ったことは間違いない。

2004年2月に明るみに出た(テレビで自ら告白した)パキスタンのA・Q・カーン(Abdul Qadeer Khan)が秘密裡に構築した核関連資機材の闇取引のネットワーク、いわゆるカーン・ネットワークはソ連の「緩い核」言説の価値を再発見させ、かつ核分裂性物質に特化しない非国家主体の活動への懸念を呼んだ。もともとパキスタンは、原子炉物理学者のムニル・アフマド・カーン(Munir Ahmad Khan、前述のA・Q・カーンとは異なる)が、海外に散在する自国の科学者に国民的、文化的、または宗教的アイデンティティの感情に訴え(「科学的ディアスポラ」の育成)、彼らを動員して核開発を進めていた[32]。同国は1970年代、プルトニウムを獲得することを企図し、表向き民生目的を建前に、フランスから再処理プラントを導入することを目論んだが、この取引の裏の意図を懸念した米国がフランスに輸出しないよう説得したり、パキスタンでムハンマド・ジアウル・ハク(Muhammad Zia-ul-Haq)将軍によるクーデターが発生したりして、結局フランスが商取引から手を引いたため頓挫した。そのためムニル・アフマド・カーンの悲願を受け継いだA・Q・カーンは非正規的な方法を取った。彼はまず自身が就職していたオランダのURENCOのウラン濃縮施設から遠心分離機の設計図と、関連部品と材料の供給業者約100社のリストを盗み、この情報を基にアラブ首長国連邦を拠点とするフロント会社を利用、さらに英国、フランス、台湾、スイスの個人や代理店を複雑に介在させ、マレーシアを含む世界中から機微な部品を非合法的に購入した[33]。こうした非公式なネットワークの存在はしかし、テロリストが核施設への物理的攻撃や移送中の襲撃、窃取に頼らず非合法的に核物質・資機材を獲得しうる可能性を示唆した。

見渡せば、今やロシアにはシベリアや北極圏を中心に多量の放射性同位

体熱電気転換器（RTG）が放置されていた。2001年1月、ロシアのムムンスクにおける「原子力灯台」で放射性同位体が盗取され、犯人に健康被害が生じたことや、同年11月には旧ソ連ジョージアでRTGをめぐり同様の事件が生じていたことが問題視された。このことは、警戒する放射性同位体の種類を拡大させた。2002年には少量ではあったが、兵器級核物質が窃盗されたとの報道もあった。ソ連というかつての《帝国》が行っていた広義の核管理は、機能していないのではないか、という懸念が米国のみならず、国際社会にも共有されはじめた。

6. 核テロの範囲の拡大と多国間対処の胎動

　2005年7月、その対象範囲を国内における核物質の使用や貯蔵、輸送、核施設へと拡大し、また核物質および原子力施設に対する妨害破壊行為も犯罪化された改正核物質防護条約が採択され、2016年5月に発効した。1998年にロシアにより提案されていた核テロ防止条約も、草案が2005年4月に国連で採択され[34]、2007年7月に発効した。同条約は死又は身体の重大な傷害、財産の著しい損害等を引き起こす意図をもって、1）放射性物質又は核爆発装置等を所持、使用等する行為、かつ2）放射性物質の放出を引き起こすような方法で原子力施設を使用し又は損壊する行為等を犯罪と定め、犯人又は容疑者が刑事手続を免れることがないよう、締約国に対し、裁判権を設定すること、犯人を関係国に引き渡すか訴追のため事件を自国の当局に付託するかのいずれかを行うことを義務付けた。ここでいう放射性物質とは単に「核物質その他の放射線を放出する物質で、自発的な壊変（アルファ粒子、ベータ粒子、中性子、ガンマ線等の1又は2以上の種類の電離放射線の放出を伴う作用をいう）が起こる核種を含み、かつ、その放射線の特性又は核分裂の特性により死、身体の重大な傷害又は財産若しくは環境に対する著しい損害を引き起こしえるもの」とされた。すなわち同条約では、産業用、医療用の放射性同位体であるセシウム137やコバルト60も対象となりえる。こうして改正条約は不法とする破壊行為としても、関連する物質の種類としても拡大した。

　21世紀には、グローバル課題としての「核テロリズム」への国家間の

共同対処が模索されるに至った。米国は2002年1月、「コンテナ・セキュリティ・イニシアチブ」を開始した。これは米国と外国の税関当局が二国間協定を締結し、米国本土の港湾ではなく、出発国の港で事前検査を行い、リスクの高い貨物を出荷前に特定するものである。IAEAは2002年3月、『IAEA事務局長報告書　核セキュリティ──核テロリズムに対する防御措置』を承認、核・放射性物質並びにその関連施設と輸送に関わる不法行為の防止、発見、対応のため、既存、及び新規の方途を統合するよう勧告した[35]。ここでは、核テロリズムは原子力発電所や核兵器に関連するウラン235やプルトニウム239だけではなくなった。

　欧州理事会は2009年12月、放射線源と核物質の検知、特定、ならびにそれらの過去の物理的移転に関する電子的トレース、核鑑識の開発、法執行能力の強化や核・放射性物質の登録制度の整備・充実を盛り込んだ『EU CBRN 行動計画』を採択した。これに沿い欧州委員会の研究施設である共同研究センター（JRC）は、医療や産業用途での放射性物質の盗難のリスクと、犯罪やテロ行為に対処するための訓練を行うための施設として、欧州セキュリティ訓練センターを2012年10月に発足させた。

7. おわりに ── 核テロリズム論のゆくえ

　原子力施設への攻撃、原子力発電に利用可能で核兵器の原料となる核物質の国際輸送中の盗取に限られていた当初の「核テロリズム」は、やがて放射性物質をめぐる非国家主体による違法な活動、破壊活動の総称としての「核テロリズム」となった。こうした意味の変化はいかに起きたのであろうか。放射性物質の民生利用は、地理的な制約、人間の行動の限界を超えるものとして地球の隅々にまで受容された。「平和のための原子」演説とその後に続く米国の原子力広報外交は、このプロセスを促進した。米ソは小型炉やRTGを僻地、遠隔地に展開した。しかし覇権的原子力供給者の時代はやがて終焉し、多極化された時代へと移行した。新たな供給者の誕生はさらに、核物質、放射性物質が、世界のどこにでもある状況に拍車をかけた。

　最初に非国家主体による原子力施設への破壊活動、核兵器の盗取のリス

クが理解されたのは1970年代の米国においてであった。原子力発電量が世界的に急拡大し、そのための核燃料のサプライチェーンの中で枢要な濃縮施設が多極化した時期にあたる。次に核テロリズム論の二つ目の波が到来したのは、核セキュリティと呼ばれる問題群が言説として地球規模で「安全保障化」した2000年代初めであった。この頃までに流通する核物質、放射性物質の絶対量は地球規模で増大してしまっていた。今日の世界では、毎年約1500万体の放射性物質荷物が公道、鉄道、船舶で輸送されている[36]。管理外に漏れてしまった非合法の核物質の存在が理論上、否定できない以上、リスクは極小化しなければならない。原子力発電に利用可能で核兵器の原料となる核物質の国際輸送中の盗取を含意した当初の「核テロリズム」は、核施設への攻撃、ウランやプルトニウム以外の放射性物質を用いた「汚い爆弾」の使用、原子力施設の損壊を含む、放射性物質をめぐる非国家主体による違法な活動を含意する「核テロリズム」となった。他方、核テロリズムの範囲拡大の証左でもあるが、医療用の短寿命放射性同位体の供給体制が阻害されているとする議論もある。ナイジェリアは厳格な核セキュリティ体制を実施するために過度の監視を受けており、そのため放射性同位体のタイムリーな提供を妨げられているのだという[37]。同国に限らない。核施設の防護への生体認証の取入れや、衛星情報、核鑑識技術、遠隔地からの核物質の監視の世界的な拡がりは、ジョン・アーリ（John Urry）がデジタル・パノプティコンと呼ぶ状況を招来するかもしれない[38]。

　ところで2022年に始まったロシアによるウクライナへの軍事侵攻ではザポリージャ原子力発電所が武力制圧され、上空にはドローンが高速で動き回っている。新たな事態である。同原発をめぐっては、ツインシティ、デンバー、ボストン、フィラデルフィア、ワシントン特別区、そして南アフリカを活動拠点とする非営利組織がインターネット上でライブ配信している[39]。包括的な核テロリズム言説は、「社会」という固定的で静的な所与の存在ゆえに登場したわけではない。モノ自体が意味を持ち社会を形作るのか、あるいはモノが社会から意味を付与されるのか、恐らくそのどちらも正しいのであろう。新たな技術やモノ、記憶は放射性物質をめぐる安全保障認識を再構成するかもしれない。

[1] Gabrielle Hecht, "The Power of Nuclear Things" *Technology and Culture* 51(1)(January 2009): pp. 1–30. を参照。著者のヘクトによればニジェールのイエローケーキの存在は、米国によりイラク戦争の正当化に用いられたが、ニジェールが核関連活動をしている問題国とされたことは実はなく、むしろ視界の外にあった。近隣国ガボン、ナミビアも加えれば、これらの国々のウラン生産量は世界の約4分の1を占めていたにもかかわらず、これらの国はいずれにも「核活動」はなかったとさえされていた。

[2] 本稿は拙稿「核の脅威の質的変容と国際社会の対応 —— アーキテクチャ概念の発展と日本の貢献に関する一考察」『国際安全保障』38(4)（2011年3月）：90–105頁に着想を得ているが、原子力民生利用の歴史的展開と核テロリズム概念の変容に焦点をあて、事実関係の描写も含め全面的に書き起こしたものである。

[3] 「CBRNテロリズム」とは、化学物質、生物学的物質、放射線物質、核物質を、危害を加える意図をもって、テロリストが兵器として使用する、またはその恐れがあることを表す用語。

[4] United States Atomic Energy Commission, *Isotopes: A Three-Year Summary of U. S. Distribution*, August 1949, p. 59.

[5] Angela N. H. Creager, "Radioisotopes as Political Instruments, 1946–1953" *Dynamis* 29 (January 2009): pp. 219–239.

[6] ここで用いる「機微な」という言葉は、軍事転用が可能である民生用のもの、とりわけ大量破壊兵器として利用されたり、またはその生産に利用されるおそれが高いものを指す。

[7] 井川充雄「原子力平和利用博覧会と新聞社」津金澤聰廣編『戦後日本のメディア・イベント』世界思想社、2002年を参照。

[8] 安芸皎一「原子力平和利用国際会議に出席して」『土木学会誌』41(1)（1956年）：1 – 7頁。

[9] Leonard David, "50 Years of Nuclear-Powered Spacecraft: It All Started with Satellite Transit 4A," *Space com*, June 30, 2011, https://www.space.com/12118-space-nuclear-power-50-years-transit-4a.html［2024年8月31日閲覧］

[10] 佐藤乙丸「放射性同位元素装備機器（Ⅷ）アイソトープ電池」『RADIOISOTOPES』22(8)（1973年）：476–483頁。

[11] Robert L. Mead and William R. Corliss, *Power from Radioisotopes*, Oak Ridge, Tenn.: Div. of Technical Information, Atomic Energy Commission, 1971, p. 23.

[12] Rod Adams, "First Nuclear Power Barge: Pioneer Barge Built in America," *Atomic Insights*, August 1, 1996, https://atomicinsights.com/first-nuclear-power-barge-pioneer-barge-built-america/［2024年8月31日閲覧］

[13] Alexander S. Grigoriev, *Russian RTG Disposal Program Completion Prospects Agenda item 27* (Presentation in Russian). Working Material of the Workshop on International Programmes for disused sealed radioactive sources (DSRS) management in Russia and Countries of the

Former Soviet Union Materials Presented to the Workshop, IAEA, 2013, p. v.

[14] Daisy Yuhas, "Sharing the Story of Technetium-99m: The most commonly used isotope in medical imaging got its start at BNL," Brookhaven National Laboratory, Newsroom, October 21, 2011, https://www.bnl.gov/newsroom/news.php?a=24796

[15] Cristina Hansel, "Nuclear Medicine's Double Hazard: Imperiled Treatment and the Risk of Terrorism," *Nonproliferation Review* 15(2) (July 2008): 185-208.

[16] オーストリアのジャーナリスト、作家であるロベルト・ユンク（Robert Jungk）は、複数言語で翻訳された世界的な著書『原子力帝国（*Der Atom-Staat*）』（原著1977年）の「原子力テロリスト（Atomterroristen）」の章において、米国でプルトニウム238駆動のペースメーカーが月産20個を超えたこと、テロリストに使用される懸念からこの生産は将来禁止されるであろうことを述べている。Robert Jungk, *Der Atom-Staat: vom Fortschritt in die Unmenschlichkeit*, München: Kindler, 1977, p. 195、及びその翻訳、ロベルト・ユンク『原子力帝国』（山口祐弘訳）社会思想社、1989年、199-200頁を参照。実際のところはテロ対策が直接的な理由ではないにしても、「原子力ペースメーカー」はやがてリチウム電池利用のものにとってかわられた。なお、日本では核燃料規制法、放射線障害防止法によって、このタイプのペースメーカーは導入されなかった（伊藤要「医学と電池」『電気化学および工業物理化学』48(12)（1980年）：659-664頁）。

[17] "Memorandum of Conversation, by Mr. David H. McKillop of the Office of the Undersecretary of the State (Webb)" May 3, 1949, *FRUS, 1949. National security affairs, foreign economic policy*, Volume 1: p. 466.

[18] N. L. Char and B. J. Csik, "Nuclear power development: History and outlook, Events have changed the global prospects for nuclear power," *IAEA BULLETIN*, 29(3)(September 1987), pp. 19-25., Kristina Bikit, Jovana Knezevic, Dusan Mrdja, Natasa Todorovic, Predrag Kuzmanovic, Sofija Forkapic, Jovana Nikolov, Istvan Bikit, "Application of ^{90}Sr for industrial purposes and dose assessment," *Radiation Physics and Chemistry* 179 (February 2021): Article 109260 [online].

[19] Matt Bivens, "Nuclear Power & Terrorism," *The Nation*, October 24, 2001, https://www.thenation.com/article/archive/nuclear-power-terrorism/ [2024年8月31日閲覧]

[20] Bruce Hoffman, *The World Trade Center Bombing, The Three Mile Island Intrusion, and the Potential Threat to U.S. Nuclear Power Plants*, Santa Monica, California: Rand Corporation, 1993.

[21] Nuclear Control Institute, *Report of the International Task Force on Prevention of Nuclear Terrorism* June 1986, pp. 16-17.

[22] "USA sprechen mit Moskau uber Abwehr von Atom-Terroristen," *Die Welt*, 23 June, 1986.

[23] United Nations Scientific Committee on the Effects of Atomic Radiation, *Sources and Effects of Ionizing Radiation: UNSCEAR 2000 Report to the General Assembly, with Scientific Annexes UNITED NATIONS Vol. II: Effects*, New York: UNSCEAR, 2000, p.453.

[24] "Radiation Fears Infect Brazil After Accident," *New York Times*, December 2, 1987.

［25］ Graham Allison, "Russia's Loose Nukes a Serious Threat to US," *The Houston Chronicle*, April 1, 1996.

［26］ Graham Allison, "How to Stop Nuclear Terror," *Foreign Affairs* 84(1)(January/February 2004): pp. 64–74.

［27］ William C. Potter, et al., "The Four Faces of Nuclear Terror: And the Need for a Prioritized Response," *Foreign Affairs*, May/June 2004, https://www.foreignaffairs.com/world/four-faces-nuclear-terror-and-need-prioritized-response［2024年8月31日閲覧］なお、アリソンは、汚い爆弾の脅威に気づいていなかったわけではない。彼は汚い爆弾に関する脅威を「放射性テロ」と呼んで区別していただけである。

［28］ Saskia Sassen, "Ten Years Later: The Pursuit of National Security Is Now the Source of Urban Insecurity", *Items*, September 5, 2011, https://items.ssrc.org/10-years-after-september-11/ten-years-later-the-pursuit-of-national-security-is-now-the-source-of-urban-insecurity/［2024年7月1日閲覧］

［29］ Timothy L. Thomas, "Al Qaeda and the Internet: The Danger of "Cyberplanning" *Parameters*, 33(1) (Spring 2003): pp. 112–123.

［30］ 防護の基礎となる期待される性能を決定し、設計時点で対処すべきシナリオを特定するうえで、敵対者に想定される能力、戦術、特性のこと。

［31］ "Transcript of the Attorney General John Ashcroft Regarding the transfer of Abdullah Al Muhajir (Born Jose Padilla) To the Department of Defense as an Enemy Combatant," 10 June, 2002, https://www.justice.gov/archive/ag/speeches/2002/061002agtranscripts.htm［2024年8月31日閲覧］

［32］ Or Rabinowitz and Yehonatan Abramson, "Imagining a 'Jewish atom bomb', constructing a scientific diaspora," *Social Studies of Science*, 52(2) (2022): pp. 253–276.

［33］ Feroz Khan, *Eating Grass: The Making of the Pakistani Bomb*, Stanford, California: Stanford University Press, 2012, p.173.

［34］ United Nations, Press Release, "Ad Hoc Committee Adopts Draft Nuclear Terrorism Convention, Culmination of Negotiations Begun In 1998 Strengthens International Legal Framework against One of World's Most Urgent Threats, Says Secretary-General," Apr.4, 2005, https://unis.unvienna.org/unis/en/pressrels/2005/l3085.html［2024年8月31日閲覧］

［35］ *Protection Against Nuclear Terrorism: Specific Proposals*, Report by the Director General, GOV/2002/10, Vienna: IAEA, 2002.

［36］ World Nuclear Association, "Transport of Radioactive Material," August 23, 2024 update, https://world-nuclear.org/information-library/nuclear-fuel-cycle/transport-of-nuclear-materials/transport-of-radioactive-materials［2024年8月31日閲覧］

［37］ T. Akintunde Orunmuyi, et al., "Ensuring effective and sustainable radionuclide delivery and its impact on the development of nuclear medicine in the developing world with special reference to Nigeria," *World Journal of Nuclear Medicine* 18(1)(January–March 2019): pp. 2–7.

［38］ ジョン・アーリ『モビリティーズ――移動の社会学』（吉原直樹、伊藤嘉高訳）

作品社、2015年、422–424頁。

[39] Library of Congress, Web Archive "Unicorn Riot," https://www.loc.gov/item/lcwaN0032925/, Unicorn Riot, Live Feed - Armed Battle at Zaporizhia Nuclear Power Plant, Ukraine, https://www.youtube.com/watch?v=TRNUK1r_-tE［2024年8月31日閲覧］

情報の越境移動と主権
―― サイバー空間の領域化とデータ主権の台頭

東京外国語大学非常勤講師 須田祐子

　本論はサイバー空間を通じた情報の越境移動と主権の問題状況を明らかにしようとする試みである。主権国家は領域内で生じる事象をコントロールする正当な権力を持つ存在であり、さらに国内に影響を及ぼす越境フローをコントロールする存在であるが、仮想空間であるサイバー空間はいずれの国家の領域でもない。そこでインターネットが急速に普及し始めた当初は、サイバー空間は国家の支配が及ばない新しいフロンティアであるとされた。しかしサイバー空間を物理的に構成するコンピューターやネットワーク設備はいずれかの国家の領域内に存在するのであり、サイバー空間は実質的には国家の主権が及ぶ領域となっている。サイバー空間にある情報（データ）にも国家の主権が及ぶというデータ主権の台頭はサイバー空間の領域化の現れである。国家は、情報の越境移動のベネフィットとリスクを天秤にかけ、ベネフィットがリスクを上回ると判断すれば情報の自由な移動を促進し（アメリカやEU諸国など）、リスクがベネフィットを上回ると判断すれば情報の移動を制限する（中国やロシアなど）。今後、国家間の競争が激しくなるにつれ、情報の越境移動の管理は強化されていくであろう。

キーワード：主権、領土性、サイバー空間、情報化、データ

はじめに

　グローバル化と情報技術（IT）の発展に伴い、今日の世界では、膨大な量の情報（正確に言えば、情報を電磁的に加工したデータ）が国境を越えて移動する[1]。実際、越境データのフローは2005年から2014年までの9年間に約45倍増大した[2]。世界で生成されるデータは2018年から2025年までの7年間に5倍以上増大すると予想されているが[3]、そのうちのかなり大きな部分が国境を越えて利用されることは想像に難くない。国境を越えるデータの移転と利用は現代の社会と経済の不可欠な一部といっても過言ではないであろう[4]。

　こうした情報の越境移動は、コンピューターとそのネットワークから構成される仮想の空間、すなわちサイバー空間を経由するが、バーチャルな空間であるがゆえに、どの国家もサイバー空間（の一部）を領有することができない。換言すれば、サイバー空間はどの国家の領域（territory）でもない。

　近代国家は、至高の権威、すなわち主権を有する存在として領域内を排他的に支配する一方、領域外からの人、モノ、カネ、および情報の流入をコントロールしてきた（Agnew 2018; Simmons and Goemans 2021; Thomson 1995）。しかしサイバー空間は主権国家が伝統的に支配してきた地理的空間とは異質な空間である。サイバー空間を通じた情報の越境移動の飛躍的増大は、主権という国家（と国家間の政治としての国際政治）の基本的要素の再考を迫っているのであろうか[5]。

　本論はサイバー空間を通じた情報（データ）の移動と主権の問題状況を明らかにしようとする試みである。以下では、まず新しいフロンティアとして出現したサイバー空間の領域化（territorialization）について検討する。次に、サイバー空間にあるデータにも主権が及ぶという主張、すなわち「データ主権（data sovereignty）」の台頭に留意しつつ、中国、欧州連合（EU）、およびアメリカのデータの越境移動に関する政策動向を分析し、さらにサイバー空間と情報（データ）の移動をめぐる国家間の対立と協調の見取り図を提示する。最後にサイバー空間の実質的領域化とデータ主権

の台頭の政治的含意を考察して論文の結びに代える。

1. サイバー空間と主権国家

(1) 新しいフロンティアとしてのサイバー空間

　主権は、対外的には、領域外からの不干渉を意味する一方、対内的には、領域内における至高の権威を意味する。この対内的側面に注目すると、主権国家は領域内（国内）で生じる事象をコントロールする正当な権力を持つ存在であり、さらには国内に影響を及ぼす国境を越える移動をコントロールする存在として捉えることができる（Krasner 1999; 2009）[6]。

　この捉え方にあるように、伝統的に、主権は一定の地理的空間である領域と関連づけられてきた（Agnew 2018）。実際、歴史的に見て、主権国家は領域を基盤として発展し、今日に至っている（Simmons and Goemans 2021; Sassen 2006）。

　ところがグローバルなコンピューター・ネットワークの出現は、主権と領域性の結びつきを破壊し、領域に根ざす国家の主権を揺さぶることになった（Johnson and Post 1997）。サイバー空間は国家の管轄権が及ばない新しいフロンティアであるという理解は、サイバーリバタリアン[7]の代表格であるジョン・バーロー（John Perry Barlow）が1996年に発表した「サイバー空間独立宣言」によく示されている。

　　工業世界の政府たちよ、肉と鋼鉄のくたびれた巨人たちよ、我は、サイバー空間、新たな精神の故郷から来たれり。未来のため、我は言う、過去のものとなりし汝らは我らを放っておけと。汝らは歓迎されない。我らが集うところ、汝らの主権はない[8]。

(2) サイバー空間、グローバリゼーション、主権

　サイバー空間には地理的ないし物理的空間の制約がない（Johnson and Post 1997）。1990年代半ばから急速に普及したインターネットは、地理的距離にかかわりなく瞬時に情報をやりとりすることを可能にし、グローバ

ルなコミュニケーションの様相を一変させた[9]。

　サイバー空間の出現は、社会、経済から安全保障まで、さまざまな分野で変化をもたらしている[10]。とりわけ経済分野では、モノ、サービス、カネの越境移動を容易にすることでグローバリゼーションが進展する環境をつくり出した。サイバー空間を通じた情報の移動は、貿易を円滑化しただけでなく、遠く離れた複数の事業拠点を効率的に結ぶことで、生産の多国籍化とグローバルなサプライチェーンの構築を可能にした。またグローバルに統合された金融市場はトランスナショナルな金融データのやりとりによって支えられている（Deibert 1997）。

　前述したように、主権国家は、国内の事象だけでなく、国内に影響を及ぼす越境フローをコントロールする存在として捉えられるが、グローバル化した世界では、国家は国境を越える人、モノ、カネ、情報のフローを効果的にコントロールできない。この意味でグローバリゼーションによって国家の主権は侵食されている（Krasner 1999）。

　特に、情報の移動については、分権的なインターネットが急速に普及し始めた当初は、サイバー空間を通じた情報の移動を国家がコントロールすることはできないと言われた。しかし情報革命によって国家の主権が消滅することはなかった（Sassen 2006）。

　サイバーリバタリアンの主張に反して、国家はサイバー空間に一定の影響力を行使することができる。サイバー空間はいずれの国家の領域でもないが、サイバー空間を現実世界で構成するコンピューター、ルーター、光ファイバーケーブルなどの装置や設備はいずれかの国家の領域内に物理的に存在する。つまりサイバー空間の構成要素は、国家の管轄権とコントロールが及ぶところに存在する。

　またサイバー空間を通じた情報のやりとりを媒介する事業者（プロバイダーやプラットフォーム企業）、さらに国境を越えるネットワークの基幹である海底ケーブルや通信衛星を所有する企業もいずれかの国家の領域内で設立されている（Singer and Friedman 2014）。国家は、そうした事業者を規制することによってサイバー空間を利用した経済的、社会的、政治的な活動に影響を及ぼすことができる[11]。

　実質的には、サイバー空間は、国家の主権が及ぶ領域となっているのであり、その意味で領域化されていると言える。

2. データの越境移動の管理と自由
──データ主権の台頭

　サイバー空間の領域化はデータ主権の台頭と相まって進展している。

　データ主権は、フィルタリング技術[12] を使ったインターネットのコンテンツ規制、データの国内保存（データローカライゼーション）の義務化、国境を越えるデータ移転の制限などの形で行使されるが、ネットワークを通じて情報（データ）のやりとりを仲介する事業者を規制するところに特徴がある（Chander and Sun 2023）。

　しかしデータ主権の台頭は、すべての国や地域で一律に起きているのではなく、サイバー空間を通じた情報（データ）の移動に関わる政策は、国や地域によって大きく異なる。

(1)　中国 ── 国家による情報のコントロール

　中国は「世界で最も広範で洗練されたコンテンツ・フィルタリングと情報統制の体制」（Deibert et al. eds. 2012: 271）を擁し、国内における情報の流通だけでなく、国外からの情報の流入および国外への情報の流出もコントロールしている。中国政府は、そうした情報の移動の広範なコントロールを「中国の主権」の行使として正当化してきた。

　よく知られているように、中国のインターネットは「グレート・ファイアウォール」で囲まれ、中国のユーザーは中国政府が好ましくないと考えるコンテンツを含むウェブサイトにアクセスできない。中国政府が2010年6月に公表した『中国におけるインターネット』と題する白書にある言葉で言えば、「国家の安全を危険にさらす、国家の秘密を漏洩する、国家権力を転覆させる、国家の統一を危険に陥れる」[13] コンテンツへのアクセスは遮断されている。同白書によれば、「中国の領域内ではインターネットは中国の主権の管轄下にあり、中国のインターネット主権は尊重され守られなければならない」[14]。

　さらに中国では、個人データや重要データの国内での保存（データローカライゼーション）が要求され、かつ、そうしたデータの越境移転が実質

的に禁止されている[15]。2017年6月に施行された中国サイバーセキュリティ法（中華人民共和国网络安全法）は、「ネットワーク空間の主権ならびに国家の安全および社会の公共の利益を保つ」[16]ことを目的として、「重要情報インフラストラクチャ」を運営する事業者に対し、中国国内で収集、発生させた個人情報および重要データを国内で保存することを義務づけた上で、個人データないし重要データを「国外に提供する必要のある場合」には、政府機関が行う安全評価をクリアしなければならないと規定する。しかし評価の基準は明らかでなく、中国国外への個人データと重要データの移転は実質的に禁止されているものと考えられる（Greenleaf and Livingston 2016）。また2021年11月に施行された中国個人情報保護法（中華人民共和国个人信息保护法）は、重要情報インフラストラクチャの運営事業者と取り扱う個人情報が国家インターネット情報機関の定める数量に達した個人情報取り扱い事業者に対して、収集および発生した個人情報を中国国内に保管することを求め、さらに個人情報を国外に提供する必要がある場合には、国家インターネット情報機関による安全評価に合格しなければならないとしている[17]。

　データの越境移動の制限は、主権国家は国内で生じたデータの移動をコントロールする権限を持つというデータ主権の具体的現れであるが、中国のデータ主権ないしサイバー主権が理念においても実践においても領域性と結びついていることは重要である。中国政府が事業者（海外の事業者の現地法人を含む）にデータローカライゼーションを強制できるのは事業者が中国国内に事業拠点を持つからである。また海外のウェブサイトへのアクセスを中国政府が遮断できるのは、グローバルなインターネットと中国のインターネットが接続するゲートウェイが中国政府の管理下に置かれているからである。つまり国内の事業者や設備を管理することによって「中国は、ボーダーレスなインターネットは国家のパワーを損なうという神話に対する最大の反例」（Lindsay 2015: 15）となっているのである。

(2) EU —— データプライバシーと個人データの越境移転の規制

　EUは「デジタル時代に適応したヨーロッパ」[18]を目指し、その中で「デジタル主権（digital sovereignty）」、すなわち「デジタル世界で独立して行動する能力」[19]の強化を打ち出している。EUのデジタル戦略において、

データはデジタル技術やインフラストラクチャと共にデジタル主権の焦点であり、したがってデジタル主権はデータ主権を包摂する概念として理解することができる[20]。

EUが強化しようとするデジタル主権の本質は自律性にある[21]。そもそもEUが相互接続した世界でデジタル主権を有することを政策目標とするのは、アメリカに本拠を置く巨大IT企業がユーザーに関する膨大な量のデータを保有し、デジタル空間で非常に大きな影響力を持つようになっているからである[22]。ウルズラ・フォンデアライエン（Ursula von der Leyen）欧州委員会委員長によれば、「今、ヨーロッパはデジタルで先鞭をつけなければならない、さもなければ我々の代わりに基準を設定する他のところのやり方に従わなければならなくなるだろう」[23]。

デジタル主権は、反競争行為の規制から先端技術の研究開発まで、さまざまな分野で行使され得るが、EUが「ヨーロッパの価値が埋め込まれた強力なルール」[24] に則り「デジタル・ヨーロッパ」を建設しようとしていることは、データ保護（プライバシー）分野において最もよく現れている（Chander and Sun 2023）。

現在、EUのデータ保護法制の基礎となっているのは、2016年4月に採択され、2018年5月に施行された一般データ保護規則（General Data Protection Regulation, GDPR）である。GDPRは、EU域内における個人データの取り扱いを包括的に規定するが、EU域外への個人データの移転についても詳細な規定を設けている。特に重要なのは、移転先で「十分なレベルの保護」[25] が確保されている場合、EU域内からEU域外に個人データを移転することができるという規定である[26]。つまり「十分なレベルの保護」を保障しない第三国には（追加的措置を取らない限り）個人データを移転できない。

GDPRはEUの法規であるが、航空旅客データや金融取引データの移転をめぐる米EU摩擦が示すように、EUのデータ保護法の影響はEUの領域外にも及ぶ（須田 2021）。第三国の事業者にしてみれば、デジタル化した経済活動に不可欠な個人データをEU域内から移転できないことはEUでの事業活動を制限されるのに等しい。つまりEUは、領域内に拠点を構える事業者からのデータの移転を規制することで、EUスタンダードを受け入れるよう域外の事業者や政府に圧力をかけている。この意味で領域性

は、「ブリュッセル効果」（Bradford 2020）あるいはEUの「規制力」（遠藤・鈴木編 2012）と呼ばれるものの基礎であると言えよう。

なおEUの個人データ移転規制は、一種のデータローカライゼーション要求と見なすこともできるが、中国のデータローカライゼーション要求が越境データ移転の実質的禁止と組み合わされているのに対し、EUの規制では一定の条件を満たせば個人データの越境移転が認められる。EUはむしろプライバシー保護と両立するデータの利活用を推進しているのであり、EUのデジタル主権の主張はデータに対する国家政府のコントロールを強化することを目的としているのではない（福田 2024）。

(3) アメリカ —— 情報（データ）の自由な移動

インターネット発祥の地であるアメリカは、ことさらにデータ主権を唱える必要がない。多くのグローバルなIT企業がアメリカに本拠を構える、すなわちアメリカ政府の管轄権が及ぶところに存在するからである（Chander and Sun 2023）。データ主権は、典型的には、データのやりとりを仲介する事業者を規制する形で行使されるが、アメリカは国内に設立されたIT企業に国内法を適用するだけで越境データの流通に影響を与えることができる。

さらにアメリカは、サイバー空間を物理的に支えるネットワーク設備（光ファイバーケーブルなど）の多くを管理下に置き、それらを他国に影響力を行使するための梃子として利用できる点でも特殊である（Farrell and Newman 2023）。

デジタル経済においてアメリカ企業が優越した地位にあることと自由なデータの流通がデジタル経済の前提であることを考えれば驚くにあたらないが、アメリカはデータの自由な越境移動を政策目標として追求してきた。その手段として利用されてきたのが自由貿易協定（FTA）である。2004年1月に発効した米シンガポールFTAと米チリFTA以降、アメリカが締結したすべてのFTAに電子商取引章が設けられ、データローカライゼーション要求の禁止やデータの自由な越境移動が明文化されている[27]。アメリカと日本を含むその他11カ国が2016年2月に署名した環太平洋経済連携（TPP）協定や2019年10月に締結された日米デジタル貿易協定も例外ではない。

しかしアメリカのデジタル戦略は常に成功を収めてきたのではない。アメリカとEUのFTAである大西洋横断貿易投資（TTIP）協定の交渉が頓挫した一因は、データプライバシーとデータの流通について合意できなかったことであった。EUの規制機関は、アメリカに本拠を置く巨大IT企業、とりわけGAFA[28]と総称されるプラットフォーム企業に照準を定めており、デジタル分野の規制をめぐる米EU摩擦の火種は絶えない。

また最近では、アメリカがデジタル貿易のルールづくりで従来の主導的立場から一歩退いた状況となっている（寺田 2024）。2023年10月、アメリカ通商代表部（USTR）は、電子商取引のルールに関する議論に「十分な政策空間を提供するため」データやソフトウェアの設計図にあたるソースコードに関する提案への支持を撤回することを発表した[29]。その背景には、アメリカ議会で巨大IT企業のビジネス慣行が俎上に載せられていることがあるが、ジョー・バイデン（Joe Biden）大統領の肝煎りで2022年10月に立ち上げられたインド太平洋経済枠組み（IPEF）においてデジタル貿易ルールづくりが停滞する結果となっている。

3. サイバー空間をめぐる国際政治
——サイバー主権の言説と信頼性のある自由なデータ流通

越境データを律するルールをめぐる争いが顕在化している。これは直接的には、データが国境を超えて移動するにもかかわらず、越境データに関連するルールには国や地域によるバラツキが存在するからであるが、根底には、サイバー空間を律する原則をめぐる国家間の対立がある。

(1) サイバー主権

データ主権の急先鋒である中国は、主権国家にはサイバー空間を利用した領域内の活動をコントロールする正当な権利があると主張し、さらにサイバー空間を通じた情報（データ）の流れについても国家の主権は行使され得るという「サイバー主権（cybersovereignty）」を主張している（Creemers 2020）。中国の見方では「インターネットの自由や『情報の自由な流れ』

というアメリカのドクトリンは、覇権的なアメリカが自らの世界観や価値の浸透により他の国家を転覆させるのに用いる道具に過ぎない」(Mueller 2012: 182)[30]。またロシアもデジタル化を危険視しサイバー空間における主権を主張している（Kurowska 2020）。

2011年9月、中国とロシアは他の上海協力機構（SCO）加盟国（タジキスタン、およびウズベキスタン）と共に、「テロリズム、分離主義、ないし過激主義を煽動する情報の配布を抑制するために協力すること」を盛り込んだ「情報セキュリティのための国際行動規範」を国連総会に提案した[31]。これは国家が国内に影響を及ぼす情報（データ）の流れをコントロールすることを正当化する提案である。

さらに中国は、ロシアや一部の途上国の賛同を得て、インターネット・ガバナンスについて協議する場をICANNなどのマルチステークホルダーのフォーラムから政府間国際機関である国際電気通信連合（ITU）に移管することを試みている。ITUの前身は1865年に設立された万国電気通信連合であり、ITUは現在でも伝統的な主権概念から派生した「電気通信を規律する主権」[32]（通信主権）を十分に承認することを原則とする。そうした国家の権利には情報の伝送を停止する権利が含まれる[33]。

インターネット・ガバナンスの場をITUに移そうとする試みは、これまでのところ成功していないが[34]、習近平国家主席は2017年12月に行った演説の中で「我々は国際データガバナンスの政策とルールの研究を強化し、中国の提案を出すべきである」(Liu 2020: 94) と述べており、中国はサイバー主権の考えを取り入れたデータの国際ルールの形成と途上国の取り込みに動いている。例えば、2020年9月に中国が提案した「データセキュリティに関するグローバルイニシアティブ（全球数据安全倡议）」には、「他国の主権、司法管轄権およびデータ管理権を尊重し、直接的に企業あるいは個人に他国のデータを調査・収集させてはならない」という項目が含まれている[35]。

(2) 信頼性のある自由なデータ流通

中国がさまざまな機会をとらえてサイバー主権や国家による情報（データ）の移動の管理を国際規範として広めようとする一方、日欧米は「信頼性のある自由なデータ流通（Data Free Flow with Trust）」をデジタル分野

の規範として打ち出している。信頼性のある自由なデータ流通は、2019年1月にダボスで開催された世界経済フォーラム年次総会（ダボス会議）で安倍晋三首相が提唱した政策理念であり、同年6月に大阪で開催された20カ国・地域首脳会議（G20サミット）および同年8月にビアリッツ（フランス）で開催された主要7カ国首脳会議（G7サミット）で参加国の支持を得た[36]。

　信頼性のある自由なデータ流通は、信頼性があるところではデータは自由に流れることができるべきであるという考え方である。つまりデータの安全やプライバシーや知的財産権が保護されるところではデータの流通は自由であるべきとする。

　ところが、この考え方を徹底すると、データは、信頼できる国とのあいだでは自由に移動するが、信頼できない国とのあいだでは自由に移動できないことになる。その結果、シームレスな情報ネットワークで覆われた世界ではなく、複数のデータ流通圏が並立する世界となる可能性は否定できない。サイバー空間はリアルな世界の鏡像なのである。

おわりに

　サイバー空間を通じた情報の移動の増大は過去5世紀にわたって国家と国際社会を構成する原理となってきた主権を揺るがしているようにも見える。しかし主権の終焉を語るのは時期尚早であることが次第に明らかになっている。かつてサイバー空間は領域に根ざした国家の主権に制約されないフロンティアとも言われたが、主権国家には情報（データ）の流れをコントロールする意思と能力があり、今やサイバー空間に「領域的に定義され、固定され、相互排他的な正統的支配の領域」（Ruggie 1993: 151）が確立されようとしている。国家の意思と能力が衰えない限り、サイバー空間の領域化とデータ主権（とそれを包摂するデジタル主権、さらにその上位概念であるサイバー主権）の台頭という趨勢は続くであろう。それは「サイバーウェストファリア時代」（Demchak and Dombrowski 2011）の到来を告げるものであるかもしれない。

　データ主権の台頭は、制度としての主権がいかに強靭であるかを示す。

情報の越境移動と主権　　105

国家の浸透性は高まっているが、中国のインターネット・コントロールが示すように、主権国家は技術進歩にかなりの程度、適応している。ソフトな殻に包まれた国家は、国外からの情報の流入を完全に遮断することはできなくとも、その影響を抑制することに一定の成功を収めているのである。

　逆説的であるが、データ主権が主張されるようになったのは、情報（データ）が国境を越えて移動しやすくなっているからである。越境フローをコントロールする存在である主権国家は、情報（データ）の越境移動のベネフィットとリスクを天秤にかけ、ベネフィットがリスクを上回ると判断すれば情報の自由な移動を促進し、リスクがベネフィットを上回ると判断すれば情報の移動を制限する。後者の代表的な例は中国とロシアであり、前者の例としてはアメリカとヨーロッパ諸国が挙げられる。しかし情報の越境移動が自由であるからこそ起きる安全保障上の問題——偽情報の拡散による国外からの選挙への干渉など[37]——が顕在化する中、欧米諸国は信頼できない情報を排除する方向で従来の情報の越境フローに関する政策を見直し始めている[38]。今後、国家間の政治的、経済的競争が激しくなるにつれ、情報の越境移動の管理は強化されていくだろう。

[1]　すなわち、ある国にあるサーバーから他国にあるサーバーにデータが移転される。

[2]　McKinsey Global Institute, *Digital Globalization: The New Era of Global Flows*, 2016: 4 and 30, http://www.mckinsey.com/business-functions/digital-mckinsey/our-insights/digital-globalization-the-new-era-of-global-flows［2019年6月1日アクセス］

[3]　David Reinsel, John Gantz, and John Rydning, *The Digitization of the World from Edge to Core — An IDC White Paper*, November 2018: 6, https://www.seagate.com/files/www-content/our-story/trends/files/idc-seagate-dataage-whitepaper.pdf［2019年3月18日アクセス］

[4]　例えば、海外で事業を展開する企業は業務に関連したデータを日常的に越境移転、利用する。グローバルなバリューチェーンを通じた生産も越境データによって支えられている。国境を越えるデジタル・プロダクト（デジタル化された音楽や映像など）の取引（配信サービスなど）やデジタル・ネットワークを通じた商取引（電子商取引）では、データを円滑に越境移転し、利用できることが事業の前提条件となる。

[5] 越境フローが国境や領域の持つ国際政治学的な常識を変えていることについては鈴木 2010 を参照せよ。

[6] スティーブン・クラズナー（Stephen Krasner）によれば、主権には、領域内の公的権威とコントロールに関連する国内主権（domestic sovereignty）、越境移動をコントロールする権威である相互依存主権（interdependence sovereignty）、国家の相互承認による国際法的主権（international legal sovereignty）、および排他的権威であるウェストファリア的主権（Westphalian sovereignty）の4つの意味がある（Krasner 1999）。このうち国内主権と相互依存主権は、主権の対内的側面に関わり、国際法的主権とウェストファリア的主権は、主権の対外的側面に関わる。なお、クラズナーは、その後、相互主義主権を国内主権の中に取り込んで主権の意味を3つに整理している（Krasner 2009）。

[7] 一般に、サイバーリバタリアンとは、インターネットが個人の自由、特に政府に干渉されない自由を保障する空間をつくり出すことができると主張する人々を指す（Dahlberg 2019）。

[8] John Perry Barlow, "A Declaration of the Independence of Cyberspace," February 8, 1996, https://www.eff.org/cyberspace-independence ［2023年8月17日アクセス］

[9] この意味で、サイバー空間を通じた情報の移動の増大は、脱領域化（deterritorialization）としてのグローバリゼーションの一つの側面であると考えることができる。Scholte 2005 を参照せよ。

[10] 例えば、インターネットを通じた情報の交換や共有は国家の枠を越えた市民社会の台頭を促進した。地雷禁止国際キャンペーン（ICBL）が主導したオタワ・プロセスは、トランスナショナルな市民社会がインターネットを利用して国際条約を成立させた顕著な例である（Price 1998）。

[11] 事業者の規制については、企業がサイバー空間に独自の領域をつくり出して脱領域化（deterritorialize）したところを国家が再領域化（reterritorialize）したと解釈することもできる（Lambach 2020）。

[12] フィルタリングとは、特定のコンテンツへのアクセスを遮断（ブロック）する行為を指す。例えば、特定の言葉を含むコンテンツや特定のURLのウェブサイトをユーザーが閲覧できないようにする（Zittrain and Palfrey 2008）。

[13] Information Office of the State Council of the People's Republic of China, *The Internet in China*, http://iq.china-embassy.gov.cn/ara/zt/zgzfbps/201206/t20120621_2518854.htm ［2024年9月26日アクセス］

[14] Ibid.

[15] 中国のサイバー政策は不透明であり、データローカライゼーション要求やデータ移転禁止の真意は不明であるが、デジタル産業の育成および技術開発の促進という経済的動機、さらに国外の敵対的勢力にデータを利用させないという政治的動機があると推測できる（Liu 2020）。

[16] 中華人民共和国网络安全法第1条。

[17] 日本貿易振興機構（ジェトロ）「個人情報の越境に関する規則制定（中国）」ビ

ジネス短信 2021 年 8 月 27 日記事、https://www.jetro.go.jp/biznews/2021/08/c1f2eee
763058b4a.html〔2021 年 12 月 30 日アクセス〕

[18] European Commission, "A Europe fit for the digital age," https://commission.europa.eu/
strategy-and-policy/priorities-2019-2024/europe-fit-digital-age_en〔2024 年 6 月 27 日アク
セス〕

[19] European Parliamentary Research Service (EPRS), "Digital sovereignty for Europe," July
2020, https://www.europarl.europa.eu/RegData/etudes/BRIE/2020/651992/EPRS_
BRI(2020)651992_EN.pdf〔2024 年 6 月 27 日アクセス〕

[20] 一般的な用法においても、デジタル主権とは、国内のデジタル・インフラスト
ラクチャ、デジタル技術、デジタル・データに対する国家のコントロールを意
味する（Kokas 2023）。

[21] この点でデジタル主権は、排他的権威であるウェストファリア的主権の性格を
持つ。自律性としての主権については鈴木 2019 を参照せよ。

[22] World Economic Forum, "What is digital sovereignty and why is Europe so interested in it?"
Mar 15, 2021, https://www.weforum.org/agenda/2021/03/europe-digital-sovereignty/〔2024
年 6 月 27 日アクセス〕

[23] "State of the Union Address by President von der Leyen at the European Parliament
Plenary," 16 September 2020, https://ec.europa.eu/commission/presscorner/detail/en/
SPEECH_20_1655〔2024 年 3 月 12 日アクセス〕

[24] 欧州委員会によれば、「ヨーロッパの価値が埋め込まれた強力なルール」は、デ
ジタル単一市場、国際貿易のプレーヤーであること、堅固な産業基盤、高度人
材と並ぶ、ヨーロッパの強みである。Communication from the Commission to the
European Parliament, the Council, the European Economic and Social Committee and the
Committee of the Regions, *2030 Digital Compass: the European way for the Digital Decade*,
COM(2021) 118 final, 9 March, 2021.

[25] 欧州司法裁判所の判例により、「十分なレベルの保護」とは、EU で保障される
のと「本質的に同等のレベルの保護」であると解釈されている。

[26] Regulation (EU) 2016/679 of the European Parliament and of the Council of 27 April 2016
on the protection of natural persons with regard to the processing of personal data and on the
free movement of such data, and repealing Directive 95/46/EC (GDPR), Article 45.1.

[27] 日本貿易振興機構『ジェトロ世界貿易投資報告 2018 年版』: 112。

[28] グーグル、アップル、フェイスブック（現メタ）、およびアマゾン。

[29] Office of the United States Trade Representative (USTR), USTR Statement on WTO
E-Commerce Negotiations, October 24, 2023, https://ustr.gov/about-us/policy-offices/press-
office/press-releases/2023/october/ustr-statement-wto-e-commerce-negotiations〔2024 年 7
月 6 日アクセス〕

[30] 『中国におけるインターネット』の公表は、2010 年 1 月にヒラリー・クリントン
（Hillary Clinton）米国務長官が中国のインターネット・コントロールをインター
ネットの自由に反すると批判したことへの反応だったとされる（Tai and Zhu

2022)．

［31］2015年9月、中国、ロシア、カザフスタン、キルギスタン、タジキスタン、およびウズベキスタンが、ほぼ同じ内容の国際行動規範を提案した。

［32］ITU憲章、前文。

［33］ITU憲章第34条は「加盟国は、国内法令に従って、国の安全を害すると認められる私報又はその法令、公の秩序若しくは善良の風俗に反すると認められる私報の伝送を停止する権利を留保する」と規定する。またITU憲章の付属文書である国際電気通信規則（ITR）第7条は加盟国が「国際電気通信業務を部分的又は全面的に停止する権利を行使する」ことを認める。

［34］2012年12月にドバイで開催された世界国際電気通信会議（WCIT-12）で、中国とロシアは、ITRの適用範囲にインターネットを含めることを提案し、アラブ諸国や一部のアフリカ諸国から支持を得たが、アメリカ、EU諸国、日本、オーストラリアは反対し、結局、後者の国々は改正ITRを承認しなかった（Singer and Friedman 2014）。

［35］日本貿易振興機構（ジェトロ）「米中摩擦の中、中国外相がデータ安全のイニシアチブを提唱」ビジネス短信2020年9月25日記事、https://www.jetro.go.jp/biznews/2020/09/1eb5671d96c323b8.html［2021年12月27日アクセス］

［36］"G20 Osaka Leaders' Declaration," https://www.mofa.go.jp/policy/economy/g20_summit/osaka19/en/documents/final_g20_osaka_leaders_declaration.html; "Biarritz Strategy for an Open, Free and Secure Digital Transformation," https://www.mofa.go.jp/files/000512682.pdf［2024年3月20日アクセス］

［37］2016年のアメリカ大統領選挙や同年6月にイギリスで実施されたEU離脱の是非を問う国民投票に際して、アクセスが容易なソーシャル・ネットワーキング・サービス（SNS）で偽情報が拡散されたが、いずれもロシアのトロール（情報工作員）の関与が疑われている。

［38］情報の自由な越境移動はリベラル国際情報秩序（liberal international information order）の中核であるが、中国やロシアがオルタナティブな国際情報秩序を提唱する一方、アメリカやヨーロッパ諸国が従来の政策を見直さざるを得なくなっていることがリベラル国際情報秩序の動揺を招いている（Farrell and Newman 2021）。

❖ 参考文献

遠藤乾・鈴木一人編．2012.『EUの規制力』日本経済評論社．

鈴木一人．2010.「『ボーダーフル』な世界で生まれる『ボーダーレス』な現象——欧州統合における『実態としての国境』と『制度としての国境』」『国際政治』162: 9–23.

───────. 2019. 「主権と資本──グローバル市場で国家はどこまで自律性を維持出来るのか」『年報政治学』70 (1): 56–75.

須田祐子. 2021. 『データプライバシーの国際政治──越境データをめぐる対立と協調』勁草書房.

寺田貴. 2024. 「インド太平洋地経学──ソフトとハード、近接性と近似性の2つの視点から読み解く」『国際問題』719: 39–49.

福田耕治. 2024. 「ウクライナ戦争とEUのデジタル主権」中村登志哉・小尾美千代・首藤もと子・山本直・中村長史編『ウクライナ戦争とグローバル・ガバナンス』所収、芦書房：81–89.

Agnew, John. 2018. *Globalization and Sovereignty: Beyond the Territorial Trap*, 2nd ed., Lanham: Rowman & Littlefield.

Bradford, Anu. 2020. *The Brussels Effect: How the European Union Rules the World*, Oxford: Oxford University Press.

Chander, Anupam, and Haochen Sun. 2023. "Introduction: Sovereignty 2.0," in Anupam Chander and Haochen Sun, eds., *Data Sovereignty: From the Digital Silk Road to the Return of the State*, Oxford: Oxford University Press: 1–31.

Creemers, Rogier. 2020. "China's Conception of Cyber Sovereignty,"in Dennis Broeders and Bibi van den Berg, eds., *Governing Cyberspace: Behavior, Power, and Diplomacy*, Lanham: Rowman & Littlefield: 107–142.

Dahlberg, Lincoln. 2019. "Cyberlibertarianism," in Dana L. Cloud ed., *The Oxford Encyclopedia of Communication and Critical Cultural Studies*, Oxford: Oxford University Press.

Deibert, Ronald J. 1997. *Parchment, Printing, and Hypermedia: Communication and World Order Transformation*, New York: Columbia University Press.

Deibert, Ronald, John Palfrey, Rafal Rohozinski, and Jonathan Zittrain, eds., 2012. *Access Contested: Security, Identity, and Resistance in Asian Cyberspace*, Cambridge, MA: MIT Press.

Demchak, Chris C. and Peter Dombrowski. 2011. "Rise of a Cybered Westphalian Age," *Strategic Studies Quarterly* 5 (1): 32–61.

Farrell, Henry and Abraham L. Newman. 2021. "The Janus Face of the Liberal International Information Order: When Global Institutions Are Self-Undermining," *International Organization*, 75 (Special Issue 2): 333–358.

───────. *Underground Empire: How America Weaponized the World Economy*, New York: Henry Holt and Company.

Greenleaf, Graham and Scott Livingston. 2016. "China's New Cybersecurity Law — Also a Data Privacy Law?" *Privacy Laws & Business International Report*, 144: 1–7.

Johnson, David R. and David G. Post. 1997. "The Rise of Law on the Global Network," in Brian Kahin and Charles Nesson, eds., *Borders in Cyberspace: Information Policy and the Global Information Infrastructure*, Cambridge, MA: MIT Press: 3–47.

Kokas, Aynne. 2023. *Trafficking Data: How China Is Winning the Battle for Digital Sovereignty*, Oxford: Oxford University Press.

Krasner, Stephen D. 1999. *Sovereignty: Organized Hypocrisy*, Princeton: Princeton University Press.

——————. 2009. *Power, the State, and Sovereignty: Essays on International Relations*, London and New York: Routledge.

Kurowska, Xymena. 2020. "What Does Russia Want in Cyber Diplomacy?" in Dennis Broeders and Bibi van den Berg, eds., *Governing Cyberspace: Behavior, Power, and Diplomacy*, Lanham: Rowman & Littlefield: 85–105.

Lambach, Daniel. 2020. "The Territorialization of Cyberspace," *International Studies Review*, 22 (3): 482–506.

Lindsay, Jon R. 2015. "The Impact of China on Cybersecurity: Fiction and Friction," *International Security*, 39 (3): 7–47

Liu, Jinhe. 2020. "China's data localization," *Chinese Journal of Communication*, 13 (1): 84–103.

Mueller, Milton L. 2012. "China and Global Internet Governance: A Tiger by the Tail," in Ronald Deibert, John Palfrey, Rafal Rohozinski, and Jonathan Zittrain, eds., 2012. *Access Contested: Security, Identity, and Resistance in Asian Cyberspace*, Cambridge, MA: MIT Press: 177–194.

Price, Richard. 1998. "Reversing the Gun Sights: Transnational Civil Society Targets Land Mines," *International Organization*, 52 (3): 613–644.

Ruggie, John Gerard. 1993. "Territoriality and Beyond: Problematizing Modernity in International Relations," *International Organization*, 47 (1): 139–174.

Sassen, Saskia. 2006. *Territory, Authority, Rights: From Medieval to Global Assemblages*. Princeton: Princeton University Press.

Scholte, Jan Aart. 2005. *Globalization: A Critical Introduction*, 2nd ed., New York: Palgrave MacMillan.

Simmons, Beth A. and Hein E. Goemans. 2021. "Built on Borders: Tensions with the Institution Liberalism (Thought It) Left Behind," *International Organization*, 75 (Special Issue 2): 387–410.

Singer, P. W. and Allan Friedman. 2014. *Cybersecurity and Cyberwar: What Everyone Needs to Know*, Oxford: Oxford University Press.

Tai, Katharin, and Yuan Yi Zhu. 2022. "A Historical Explanation of Chinese cybersovereignty," *International Relations of the Asia-Pacific*, 22 (3): 469–499.

Thomson, Janice E. 1995. "State Sovereignty in International Relations: Bridging the Gap between Theory and Empirical Research," *International Studies Quarterly*, 39 (2): 213–233.

Zittrain, Jonathan and John Palfrey. 2008. "Internet Filtering: The Politics and Mechanisms of Control," in Ronald Deibert, John Palfrey, Rafal Rohozinski and Jonathan Zittrain, eds., *Access Denied: The Practice and Policy of Global Internet Filtering*, Cambridge, MA: MIT Press: 29–56.

量子論、仏教、実在
―― 国際移動における「現実」という概念について

龍谷大学教授　清水耕介

　本論文は、量子論と仏教を通して得られる実在の視点から、国際移動を取り巻く「現実」という概念について分析する。そこではニュートン物理学が前提とするような強固で確立された世界ではなく、量子論・仏教が前提とするような常に変化し続ける世界を前提とする。この視点に立った時、アクターは本質を持たず常に様々な関係の中で形成されていく。そしてこの形成過程も必ずしも一直線ではなく、アクターのアイデンティティは蛇行・円環を繰り返しながら変化していく。つまり、ここでの実在とは変化そのものなのである。この現実を国際移動という文脈に落とし込んだ時、「難民」「移民」という言葉が当事者を決定していることが見えてくる。つまり、観察者の前に「難民」「移民」がいるのではなく、観察者と彼・彼女たちとの関係が「難民」「移民」を生み出すのである。本稿ではこの視点を活かしながら「難民」「移民」とセキュリタイゼーションの問題に焦点を当てる。

キーワード：実在、量子論、仏教、名付け、国際移動

近年、国際関係理論の展開は関係性へと向かっている。この流れは、2015年あたりから急激に加速した理論展開であり、実際2024年4月にサンフランシスコで開催されたISA（International Studies Association）の年次総会は「Putting relationality at the center of international relations」というテーマを掲げ、関係性を初めて国際関係学の中心に据えた。関係性についての議論は、これまで当たり前に国際関係学の中で前提されてきた独立し自律的な主体像に見直しを迫っている。この考え方によれば、人々は関係の中においてのみ存在するのであり、人々の間に関係が存在するわけではない。その中でも特にラディカルな考え方は、アクターを生み出す関係性自体安定したものではなく、常に変化していくものとして措定される。本稿では、こうした考え方を前提とした場合、人の移動はどのように描けるのか、国際関係学という文脈で、それは何を意味しているのか、という点について議論を進める。

ここで重要なのは、移民、難民は所与の形で存在するのではなく、観察者によって生み出されるという点である。つまり、移民、難民は本質的に存在するのではなく、国際関係学も含めた様々な関係性によって生み出され、問題化され、私たちの前に立ち現れてくるのだ。そして、さらに重要なのは、こうした移民、難民の構築プロセスに一定の権力関係が埋め込まれており、その権力をアクターの平等性を措定する既存のウエストファリア的な世界観が包み隠してしまっているという点である。この権力構造の隠蔽は、様々な形をとり得るが、その最たるものは柄谷（2022）が指摘する呼び名の創出、すなわち言語の問題である。

そこで本稿では、この権力関係を顕在化させるために、以下のような形で議論を進める。第一に、仏教学・量子力学の視点とニュートン物理学的な視点との差異について言及する。第二に、この視点から見た時の世界のありよう、すなわち「現実」が何を意味するのか、という点について議論を進める。第三に、その視点から国際移動という概念を考察する。そして最後に、私たち国際関係学を学ぶ者における「私たち」という問題に言及する。

1. 仏教学・量子論とニュートン的物理学

　先に述べたように、ディストピア化していると言われるサンフランシスコで2024年に開催されたISAのテーマは関係性であった。その背景にあるのは、主流派国際関係学が「危機」に直面していることにある。米国の同時多発テロ以降、国際関係学の研究者たちにとっての世界は不確実性と予測不可能性によって特徴づけられるものへと変容した（Katzenstein, 2022; Katzenstein & Seybert, 2018）。そこでは、同時多発テロはもちろん、2008年のリーマンショック、ISISの台頭、シリアでの内戦、ロシアによるウクライナ侵攻、そして最近のガザでの惨状が取り上げられ、これらがまさに不確実性と予測不可能性を体現する出来事であり、それらは少なからず国際秩序に影響を与えているとされる。主流派の国際関係学研究者にとって、これらは解決の糸口が見えない問題として理解されるのだ。

　このことは2016年の世界経済フォーラム（ダボス会議）で取り上げられたVUCAという概念と呼応する。VUCAとはVolatility（流動性）、Uncertainty（不確実性）、Complexity（複雑性）、Ambiguity（曖昧さ）という四つの単語から成る言葉であり、こうした特徴が大きくなっている現代の世界政治経済においては、リーダーシップをとることがより難しくなってきていることが主張された（World Economic Forum, 2020）。

　しかし、この不確実性・予測不可能性の問題は必ずしも新しい問題ではない。1989年から始まる東欧諸国の急激な変革と冷戦の終結は、まさに予測不可能性という言葉に値する出来事であった。これに対して、1990年代にはいわゆる批判理論やポスト構造主義が登場し、国際関係学という学問の枠組み自体が厳しく批判されることとなった（Cox, 1997; George, 1994; MacMillan & Linklater, 1995; S. Smith, Booth, & Zalewski, 1996; Walker, 1993）。そこで問題になったのは、どのように研究を行っていくのかという方法論ではなく、私たちはどのように世界を認識しているのか、という認識論であった（Neumann & Waever, 1997）。つまり、そこで問われたのは、果たして私たちは現実を正確に理解できているのか、この「認識する」というプロセスが本当にニュートン的物理学が前提とするような形で客観的な理解を可能とするのか、という問題であった。この、科学的な立場を

前提とする主流派とその客観性・中立性を疑問視する批判論的な研究者との論争は、国際関係第三の論争と呼ばれる（論者によっては第四、第五と呼ぶ場合もある）(Kavalski, 2016)。

第三の論争に関しては、アレキサンダー・ウェントを代表とする構築主義 (Constructivism) の登場によって一旦解決したかのように見えた (Kubalkova, Onuf, & Kowert, 1998; Pettman, 2000; Wendt, 1999)。しかし、先に述べたように現在においても不確実性・予測不可能性の問題は依然として続いている。構築主義がもたらしたはずの新しい国際秩序は必ずしも成功したとは言えない。この問題意識から登場したのが、いわゆる非西洋理論と呼ばれる新しい試みである (Acharya & Buzan, 2010; Arlene Tickner & Blaney, 2012; Tickner & Waever, 2009)。そしてこの流れから、いわゆるグローバルIRというアプローチも近年登場してきた (Acharya, 2014; Acharya & Buzan, 2019)。

これらの研究は、西洋中心に展開してきた国際関係学に新しい視点をもたらすものとしては評価できる。西洋的・先進国的な視点が当然視されてきた国際関係学に非西洋的・ポストコロニアルな視点が欠けていたのは明らかであった。しかし一部の論者からは、このように単に非西洋的な視点を持ち込むことによって現行の国際関係学を相対化する研究では、構築主義がそうであったように、必ずしも不確実性・予測不可能性の問題を解決することはできない、という議論も出てきている。その典型的な例が、上述した関係性に焦点を当てる論者たちである (Nordin et al., 2019; Qin, 2018; Shih et al., 2019; Trownsell, Behera, & Shani, 2023; Tamara Trownsell et al., 2019; Trownsell et al., 2021)。そこではこれまで国際関係学とかかわりがなかった様々な理論的なリソースが援用される形で議論が展開されている。例えば中国学派と言われる一派からは儒教における関係性を使った議論が出てきており (Qin, 2011)、南アメリカの研究者たちからはアンデスの先住民のコスモロジーを使った議論が登場している (Querejazu, 2022)。南アジアからはヒンドゥの関係性に焦点を当てた理論展開がなされており (Behera & Shani, 2021)、南アフリカでは土着の思想であるUbuntuを使った議論が提示されている (K. Smith, 2012)。

これらの議論に共通するのは自律的で独立した主体像から関係的な主体像へのシフトであり、それに応じて認識論から存在論へと批判的な国際関

係理論の焦点が移されていった。その結果登場したのがPluriversalityと呼ばれる概念であり、それはこれまでの認識論的な多文化主義から存在論的な多世界主義への移行を意味する（Blaser & Cadena, 2018; Escobar, 2020; Hutchings, 2019; Trownsell, Behera, & Shani, 2023）。つまり、私たちが研究している世界というものは必ずしも一つではなく、多くの世界が重層的に存在しているのであり、私たちは同じ世界という言葉を使いながらも全く異なった世界を見ていた可能性があるのだ。これは一つの世界の多様な解釈に基づく多文化主義という認識論上の問題ではなく、そもそも多様な異なる世界が同時に存在しているという存在論の問題となる。そして東アジアからの一つの試案として登場しているのが、量子論と仏教とを組み合わせた関係性論である（Fierke, 2022; Shimizu, 2024）。この考え方はまだ発展途上であるが、最先端科学を援用しながら関係性論を語るという意味において、科学に偏重して展開してきた国際関係学を大きく変える可能性を秘めている。

　量子論を国際関係学に取り込もうとした議論は仏教とのコラボレーションの前からあった。そこでは構築主義からのアプローチが中心であり、すでに多くの著作が出版されている（Katzenstein, 2022; Pan, 2020; Wendt, 2006, 2015）。他方、周知のように量子物理学側から東アジア思想への接近はこれまでも頻繁になされてきた（Bohm, 1976; Capra, 2021; Rovelli, 2021）。しかし量子論と仏教とを結びつけた上で、この視点を国際関係学に適用する研究は近年になってスタートしたばかりである。

2.　「現実」の現実性について

　量子論の発展は20世紀初頭まで遡る。量子論は非常に複雑であり本稿でそのすべてを説明することはできないが、ここでは仏教との関係と国際関係学への適用可能性を前提としながら重要なポイントのみに絞って説明しよう。その意味で、非常に重要なのは量子論のコペンハーゲン解釈と呼ばれるものであり、そこでは観察者と世界とを峻別することが不可能であることが証明されている。そこでは、分析対象である素粒子とそれを観察する機器とが影響しあっていることが明らかにされ、この相互関係は世界

全体へと拡大して考えることが可能であることが証明されている（Capra, 2021, p. 54）。この文脈でしばしば登場するのが、波動関数の議論である。これはよく知られているように、物体は波としての性格を持つが、私たちの前には粒子として現れ、それがいつどこに現れるかは確定できないことを意味する。これは不確定性原理とも呼ばれ、物体は波として常に動いていること、もし粒子として確定されたとしてもそれがどこに現れるかは近似的にしか知ることができないという、ある意味あやふやな状況を物理学にもたらすこととなった（Capra, 2021, p. 55）。

　不確定性原理は観察者も自然の一部であり、量子論はある自然の一部が他の一部に対してどのように現れるかを記述する学問として定義されることとなる。簡単に言えば、科学者も測定機器と同様に自然の一部であるのだ（Rovelli, 2021, p. 74）。こうして、量子論は関係性論として再解釈することが可能となる。これがいわゆる量子論の関係論的展開である。関係論的量子論は物理的な世界を確固たる属性を持つ対象物の集まりと考えるニュートン物理学的視点から関係の網と捉える視点へのシフトへと繋がっていく。量子は関係の中でしか確定することはできず、それ自身は本質的に不確定なのである。こうして関係論的量子論は私たちの常識的な現実についての認識に修正を迫る。現実とは私たちが常識的に理解している「現実」ではない。それは関係性の網の目によって生み出された幻想でしかない。では、現実とは何なのか。関係論的量子論から言えば、それは観察者を含めた関係性によって私たちが考える「現実」が生み出されているということであり、それは具体的な存在を意味するものではない。そこでは、私たちは一瞬ごとに様々な関係を通して生み出されているのであり、いずれの存在も永続性を持たない（Rovelli 2021）。

　私は他者との関係においてのみ一定の性格を帯びることになる。大学の教壇に立てば大学生との関係において教員となる。この論文を書けば読者との関係において執筆者となる。極論すれば、私には本質なるものはそもそも存在しない。この関係性論的な視点からの非本質性は個人の性格・アイデンティティに限った話ではない。例えば南極点に建てられたビルの中にあるエレベーターが上階に上がっているとして、搭乗者との関係で言えば確かに上昇しているが、月面にいる宇宙飛行士のとの関係で言えば下降していることになる。つまりエレベーターが上がっているのか、下がって

いるのか、そもそも上なのか下なのかと言うことでさえ、リファレンスポイントが必要となり、そのリファレンスポイントとの関係によってのみ決定されるのである。

さらに重要なのは、こうした関係性は固定不可能だということである。私は職務が終われば帰宅し、論文の執筆が終わればプロ野球の試合に興ずる。エレベーターに乗っている人も宇宙飛行士も永遠にそこにいる訳ではない。ミッションが終わればさっさと帰宅し、やはりプロ野球の試合に興ずるかも知れない。関係性は偶発的で永続不可能なのである。

この刹那的にも見える現実についてのパースペクティブが仏教と近似的であるとされるのは自然な流れであるように思われる。この刹那的な世界観は、仏教全般に近似性を持つと言えるが、その中でも大乗仏教は特に近似性が強いと言えるであろう。量子論者たちが頻繁に大乗仏教の祖と言われる龍樹に言及するのはそのためである（Rovelli 2021）。では、大乗仏教が提示する世界観とはどのようなものなのだろうか。まず私たちが理解しなければならないのは、大乗仏教と言っても様々な宗派があり、キリスト教のバイブルやイスラムのコーランのような絶対的な経典があるわけではないということである。そこでは数千とも言われる経典があり、どの経典を中心に置くかによって様々な宗派に分かれる。日本においても、代表的なものだけで南都六宗、天台宗、真言宗、臨済宗、曹洞宗、浄土宗、浄土真宗、日蓮宗など様々な宗派が存在する。そのため大乗仏教という名でまとめることは、かなり無理があることは前提として理解しておく必要がある。その上で、もしそこに通底するものがあるとすれば、それはいずれも「空」の概念を前提として世界を見ていること、私たちが存在として認識しているものは永続性を持つものではなく常に移ろいゆくものであること、というところにある。この「空」の概念が龍樹の展開した世界観の中心を成すものであり、ほとんどの大乗仏教の宗派が前提とするものである。

また、それと関連して縁起思想も重要な役割を果たしている。縁起とは関係を意味し、その関係は私たちがコントロールできるものではない。それは偶然に浮かび上がるものであり、次の瞬間には消えていくものである。それは自発的であり刹那的である。そのため私たち自身も含めて、大乗仏教ではいかなる存在もスナップショットの連続として理解される。こ

れが大乗仏教の強い影響下で展開された京都学派の哲学、特に西田幾多郎の哲学の中で「非連続の連続」として提示された概念であり、その生み出され消滅していく瞬間が「永遠の今」と名付けられている（西田，1948）。

これだけを見ても量子論と大乗仏教との近似性は明らかであるが、さらにもう一つ付け加えなければならない点がある。それが近年IRで注目を集めている量子ホログラム論である。これは、すべての存在が全体的な関係によって生み出されるという主張から必然的に演繹できる考え方である（Pan, 2020）。そこで主張されるのは、量子論の関係性概念が様々な関係性を前提とすることから、それぞれの個はいずれも関係性全体をその中に内包しているというものである。量子ホログラム論は非常に複雑な議論なので例を使いながら説明しよう。例えば、和食や洋食といった食べ物を考えた時、それぞれの定義は非常にあやふやなものになる。例えば天ぷらは和食の代表的なものであるが、歴史的な事実から言えば戦国時代にポルトガルから伝来したものである。徳川家康の死因が天ぷらによる食中毒であったという話は、それが庶民の手の届かない高級料理であったことを示している。同様に最近和食としての地位を確立しつつあるトンカツは数十年前までは洋食屋で提供された典型的なメニューであり、ヨーロッパのレストランで普通に提供される料理である（Pork Cutlet）。さらに、日本における洋食の代表格であるハンバーグは逆に日本でしか提供されていないこともよく知られた事実である。このように考えた時、天ぷらという「和食」は日本料理としての地位を確立しているもののその一部にはヨーロッパの伝統が埋め込まれていることが明らかとなる。トンカツも同様にヨーロッパに起源を持ちながら徐々に和食化された料理と言える。逆にハンバーグはハンバーガーのパテとして日本に輸入され、日本で独自の進化を遂げた洋食と言える。その意味でハンバーグは和の要素が深く埋め込まれた洋食である。さらには、近年日本でも食されるようになったサラダ巻きやアボカド巻きは共に海外で発展した巻き寿司であり、その中にアメリカやアフリカの文化が染み込んでいる。こうして考えるとあたかも独立して存在しているように思われる様々な洋食、和食という存在が、実際には様々な地球全体に広がる関係性を通して成立しており、その存在の中にそれらの関係性が埋め込まれていることが明らかとなる。つまり全体が一つの個に凝縮され、その個が全体を映し出していると言える（周知のように中華料理

に関してはさらにその度合いは激しい)。

この量子ホログラム論を前提にすることによって私たちはこれまでのニュートン物理学的な個々の存在がバラバラになっている状態を前提としたIRから、すべてが関係性の網によって繋がっておりその網の目がこれまで私たちがアクターとして理解してきたものであるという新しい解釈に到達することができる。さらに重要なのは、この関係性が現れては消える刹那的なものであるという点である。この視点はポストコロニアリズムの中から出てきたいわゆるポストハイブリディティの議論と重なる (Shih & Ikeda, 2016)。そこではいわゆるハイブリッドなアクターは常に変化し続け、それが固定化されない状態で国際関係が生み出されていくことが示唆されている。

そしてこの文脈で何よりも重要なのは、このような網の目として生み出される存在に観察者もまた含まれるという事実である。こうして柄谷 (2022) が主張した「名付け」の問題の所在が明らかになる。「難民・移民問題」は何かとの関係、すなわちここではこの問題の語り手との関係によって構築される。「難民・移民問題」は観察者がかかわる以前から存在するのではなく、観察者がかかわるまさにその瞬間に生み出されることとなる。私たちは観察者ではく当事者なのだ。では、当事者として、「難民・移民問題」を作り出している張本人として、私たちは何をすべきなのであろうか。

3. 量子論・仏教論的世界観と徳論

この現実についての新しい理論展開を前提とした時、もう一つ重要なポイントがある。それは、このすべての存在が関係性によって作り出されることが、ある特定の行為の責任の所在を不明確にするという点である。なぜなら、ニュートン物理学的な視点から提示される独立して確立した非関係的主体は、同時にその行為についての責任を負うということが明確化されている。ある罪を犯したものは、それがどのような関係性のもとで行われたにしろ、その責任を負うことが当然視されている。ジェノサイドの首謀者はいかなる理由があろうともその責任を負うことになるのである。

「仕方なかった」は許されない（Arendt, 1963）。しかし、関係性によって主体が作られると措定した時、ある犯罪の責任を関係性に追わせることは非常に難しい。なぜなら関係性は刹那的であり法的な責任を負う主体として措定することは不可能だからである。

そのため、量子論・仏教的な関係性を議論する時には、倫理的な議論を同時並行的に行う必要が出てくる。キンバリー・ハッチングスはその著書『Global Ethics』で私たちの考え得るグローバルなエシックスを七つのカテゴリーで提示している。すなわち、功利主義（Utilitarianism）、社会契約主義（Contracturalism）、義務論（Deontology）、討議倫理（Discursive Ethics）、フェミニズム、ポストモダン、そして徳論（Virtue Ethics）の七つである。このうち徳論を除くすべての倫理的議論はニュートン物理学的な前提を持っている。そのため、そこでの倫理についての議論は基本的には個人が基本となって成り立ち、明確な倫理基準を提示することが可能であるという前提がある。これに対して、徳論は関係性を前提としており、明確な倫理基準の提示ができない。そこでは人々の成長と修養が前提となり、そうした研鑽を積んだ人々が提示する判断こそが倫理的であるとされる（Hutchings, 2018）。

この関係的な世界観に基づく倫理観についてハッチングスは、アリストテレスの中庸の議論を援用することで説明している。二項対立のどちらか一方を正しいとするのではなく、第三の道を取ることが倫理的であるという説明である（Hutchings, 2018, Chap. 3）。しかし、この説明には議論の余地がある。なぜなら、研鑽を積んだ哲人が中庸を取るのはあくまでも結果であって、それ自体が目的というわけではないからである。第三の道を取るのが徳論であるのではなく、徳を得た哲人は往々にして中庸の判断を行うのである。この議論の特徴は、人間を離れた客観的な倫理基準の存在を否定したところにある。具体的な倫理判断は文脈によって変化するのであり、前もって普遍的に存在するわけではない。そのため独立した非関係的な主体を前提にした世界観を持つ私たちにとっては非常にわかりにくいものとして現れてくる。

多様で不確定で関係的な世界を前提とした時の倫理としてハッチングス自身が提示するのも徳論である（Hutchings, 2019）。そこでは、論理的な一貫性ではなくより実践的な倫理観が展開される。ハッチングスの議論は

Decolonisationが前提となっていることから、多様で不確定で関係的な世界（彼女はPluriversalityを前提としてる）から客観的な倫理基準を引き出すよりは、Decolonisationという文脈への存在論の適用を進めるべきであるという議論を展開する。すなわち、世界は根本的に不確実であり予測不可能であるという存在論である。私たちの住む世界は確実で予測可能なものなのではなく、確実で予測可能になるように構築しているということ、その陰で私たちの構築プロセスによって他の世界が影響を受けていること、さらには確実で予測可能な世界があたかも普遍性を持ったものであるかのように措定することによってこの分断は再生産されてきたことを私たち自身が認識することが必要となる。つまり、不確実性や予測不可能性、そしてVUCAを近年になって主張しだした人々は、それらの人々が享受してきたそれまでの確実性・予測可能性が、他の地域の不確実性・予測不可能性によって担保されてきたことを見逃している。世界のいくつかの恵まれた地域以外に住む人々にとって不確実性・予測不可能性は当たり前のことであり、恵まれた地域の人々はそうでない地域との関係を否定し、そうした地域から押し寄せる人々を拒絶することによって、自分たちの確実性・予測可能性を担保してきたのである。例えば、シリアの内戦では、ロシアと西側諸国とがローカルなアクターを支援することで戦況の悪化を招き、戦禍から逃れようとする人々を今度はEUがその域内への避難を制限するような状況が起きた。戦禍を逃れるために国境を越えようとする人々にとって日常はまさに不確実で予測不可能であったのに対して、EU域内の人々の生活は確実であり予測可能であった。こうしてある地域の確実性と予測可能性は他の地域の不確実性と予測不可能性によって成り立っているのだ。そして今、これまでの比較的有利な立場にいた人々にも不確実性と予測不可能性の影は伸びてきている。こうした世界における倫理は、確実性や予測可能性を前提とした世界観を基礎とした西洋哲学的・ニュートン物理学的な考え方からは生まれ得ない。ハッチングスが徳論、すなわち経験に基づく人間的な成長に注目する理由はまさにここにある。

　この議論は仏教の無明の議論と重なる。無明とは真理を知らないことを意味し、最も根本的な煩悩として位置付けられる。

　　人間は「無常」で「無我」であるにもかかわらず、「自己」として常に同一であると錯覚している。還暦の「自分」と三歳の「自分」は、

「見かけ」は違っても「同じ自分」だと認識している。…その同一性に根拠があると思っている。この根源的な妄想が「無明」と言われるものである（南，2018, loc.525/3103）。

仏教においては、人々の苦しみが根源的にはこの無明と呼ばれる煩悩によって生み出されること、関係的にしか存在できない常に変化する自己を本質的なものとして確保したいという煩悩が、移ろいゆく世界とのギャップに直面することによって苦しみの原因となっていること、が説かれる。逆に言えば、仏教における倫理とは、この無常な世界を理解するところに存在する。それはベンサムの功利主義やカントの義務論が措定するような確立として存在するのではなく、人々がこの世界を学ぶこと、つまり徳を積むところにその倫理は存在するのである。

4. 国際移動と観察者

量子論・仏教に基づく関係性論が最も顕著に現れるのが国際移動の問題であると言える。特に最近の難民・移民の問題で指摘されているセキュリタイゼーションの問題は非常に端的にその問題性を表している。これまでのIRがそうであったように、国際移動についての議論もまたニュートン物理学的な視点から理論構築されてきた。そこでは無明の状態が措定するような実体化された世界が前提となっている。しかしこの実体化の幻想はとてつもなくパワフルで持続的で感染的なものである。なぜならこの実体化のプロセスはニュートン物理学が現代のヘゲモニックな知の体制を持っており、小学校から大学、そして企業や家庭の中で繰り返し私たちに受容を強制してくるからである。そして無明の状態である私たちに、この無明の状態こそが「現実」であると思わせるからである。

しかし、上述したようにある「現実」は非常に限られた領域にのみ適用可能であり、それ以外の地域においては同様の状態は許容されていない。そのため、柄谷が指摘するように無明の人々は、なんとかその「現実」を守ろうとする（柄谷，2022）。移民や難民がセキュリタイズされ、安全保障の問題として位置付けられだしたことはこの状態を明示的に表している。「よそ者」は私たちの「現実」を脅かす者たちであることから排除さ

れなければならないという論理は、こうしてまさに煩悩の問題として理解できる。

　では、私たちが無明から抜け出るためには何が必要なのだろうか。これまでの議論で明らかにしてきたように、私たちの問題はシンプルに現実を理解していないというところにある。それが現実主義であろうが理想主義であろうが構築主義であろうが、現実が実体として存在するという前提は、量子論的にも仏教的にも観念論として位置付けられることになる。量子論・仏教の視点から言えば、私たちが実体だと思っているのは関係の結び目であり、それは生まれては消えて行く刹那的な存在なのである。上述したように、私は今この原稿を書いているという意味において著者であり、この論文を読んでいる人はその意味において読者となる。しかし私は本質的に著者であるわけではないし、読者もまた本質的に読者であるわけではない。私はこの論文という媒介を経て著者となり、読者は読者となるのである。すべての存在は関係によって成り立つのであり、それ以上でもそれ以下でもない。

　同様に難民はその地域の紛争等によって当該地域を離れ、他の地域の境界線を越えることによって、観察者との関係において難民となる。それでもそうした人々は家族の一員でもあり、クラブのメンバーでもある。つまり、国際関係や国際政治という文脈においてそうした人々は難民と「なる」のであり、そのためには量子論における波動関数の崩壊のように、第三者が介入することが必要となる。逆に言えば、国際関係・国際政治の研究者が、難民が難民と「なる」ための一つの関係性を形作るのである。さらには、もしこの当該地域の紛争が、私たちの生活を維持するための資源争いによって引き起こされているとすれば、また別の意味において私たちもその関係の網の一部であると言える。このように、難民と呼ばれる人々は私たちと無関係に実体として存在するのではなく、私たちもその一部である複雑に絡み合った関係性の中で生み出されることになる。京都学派風の言い方（華厳教の一即多的な言い方）をすれば私たちは難民であり難民は私たちである。

　難民を難民と名付ける行為は言語行為に他ならず、パフォーマティブなものである。オースチンはその『言語と行為』で、私たちの発話行為は同時にパフォーマティブなものであると述べている。すなわちそれは、単に

真偽を表すものではなく、語るという行為自体が現実を構成していくのである。この言語のパフォーマティブな性格は、私たち自身が世界を構築していることを意味する（Austin, 1962）。ジェンダーがそうであるように（Butler, 1990）、名付ける行為自体、すなわちその表現自体が難民という存在を構成するのである。

　その意味で、移民・難民「問題」が私たちを離れて客観的に存在しているという視点は、この「問題」を考える上で有益ではない。私たちが考えなければならないのは、この「問題」はこの世界を構成するすべての人々の問題であり、私たちは当事者である、という視点である。事実この「問題」が生み出される契機となっているウエストファリア的な関係性は私たち自身のアイデンティティを作っているものであり、その関係性は私たちの日々の言語行為によって補強され続けている。「日本」の外交や政治経済、文化関係や移民政策について語ることは、まさにこうして一定の関係性を維持していく言語行為である。

　私たちが学び、研鑽を積み重ねていく上で重要なのは、この言語行為に気づくことであり、それがウエストファリア的な世界をその瞬間ごとに生み出していること、その意味で私たちが学ぶべきことはどこか遠いところの話ではなく、まさに今ここで私たちがどう行動すべきであるかという倫理的な問いなのである。

結論

　本稿では量子論・仏教の視点から難民にまつわる現実について議論を進めてきた。そこでは量子論及び仏教の考え方を援用することによって、私たちが「現実」であると考えてきたものが、実は関係性の網の目の一つであり、それが刹那的な関係性によって生み出されては消えて行くものであることを提示した。そして、そうした世界を前提とした時の倫理がその世界について智慧を持つこと、無明の状態から抜け出すことを意味することも不十分ながら触れた。

　その上で、最後に研究者としての倫理について一言触れておきたい。上述したように、研究者もまたこの関係性の一部であり、その意味で言えば

私たちは「難民問題」の当事者である、もしくは非常に小さな影響力しか
持っていないかもしれないが、少なくともこの「問題」を生み出す網の一
部である。そして、この網が生み出しているのは「難民問題」だけではな
い。それは沖縄の「基地問題」であり、東アジア国際関係の「不安定化」
であり、戦後補償「問題」であり、地球温暖化であり、持続可能性問題で
ある。関係性に基づく世界観は、私たちに存在論的な認識の変更を要請す
る。私たちがこの要請にどのように応えるのかはまだ明確ではないが、こ
れから国際関係学における高い優先順位に位置付けられることは間違いな
いであろう。

✣ 参考文献

Acharya, A. (2014). Global International Relations (IR) and Regional Worlds: A New Agenda for International Studies. *International studies quarterly*, 58(4), 647–659.

Acharya, A., & Buzan, B. (2010). *Non-western international relations theory: Perspectives on and beyond Asia*. London: Routledge.

Acharya, A., & Buzan, B. (2019). *The Making of Global International Relations: Origins and Evolution of IR at its Centenary*. Cambridge: Cambridge University Press.

Arendt, H. (1963). *Eichmann in Jerusalem: A Report on the Banality of Evil*. New York: Penguin.

Austin, J. L. (1962). *How to Do Things with Words*. Oxford: Oxford University Press.

Behera, N., & Shani, G. (2021). Provincialising International Relations through a reading of dharma. *Review of International Studies*, 48(5), 837–856. doi:10.1017/S026021052100053X

Blaser, M. & Cadena, M. de la (2018). Pluriverse: Proposals for a world of may worlds. In M. de la Cadena & M. Blaser (Eds.), *A World of Many Worlds*. Durham: Duke University Press.

Bohm, D. (1976). *Fragmentation and Wholeness*. Van Leer Jurusalem Foundation.

Butler, J. (1990). *Gender Trouble: Feminism and the subversion of identity*. New York: Routledge.

Capra, F. (2021). *Patterns of Connection: Essential essays from five decades*. Albuquequer: High Road Books.

Cox, R. W. (1997). An alternative approach to multilateralism for the twenty-first century. *Global Governance*, 3(1), 103–116. doi:10.1163/19426720-00301006

Escobar, A. (2020). *Pluriversal Politics: The real and the possible*. Durham: Duke University Press.

Fierke, K. M. (2022). *Snapshots from Home: Mind, action, and strategy in an uncertain world*. Bristol: Bristol University Press.

George, J. (1994). Discourses of Global Politics: A Critical Re Introduction to International Relations. Retrieved from https://www.rienner.com/title/Discourses_of_Global_Politics_A_

Critical_Re_Introduction_to_International_Relations

Hutchings, K. (2018). *Global Ethics*, 2nd Edition. Cambridge: Polity.

Hutchings, K. (2019). Decolonizing Global Ethics: Thinking with the Pluriverse. *Ethics & International Affairs*, *33*(2), 115–125. doi: 10.1017/s0892679419000169

柄谷利恵子（2022）、「グローバルな移民／難民問題と安全保障 —— 移民／難民の境界線の画定と名付け」、南山淳・前田幸男編、『批判的安全保障論 —— アプローチとイシューを理解する』、法律文化社、京都。

Katzenstein, P. J. (Ed.). (2022). *Uncertainty and Its Discontents: Worldviews in World Politics*. New York: Cambridge University Press.

Katzenstein, P. J., & Seybert, L. A. (Eds.). (2018). *Protean Power: Exploring the Uncertain and Unexpected in World Politics*. Cambridge: Cambridge University Press.

Kavalski, E. (Ed.). (2016). *Encounters with World Affairs: An introduction to international relations*. Abingdon: Routledge.

Kubalkova, V., Onuf, N., & Kowert, P. (Eds.). (1998). *International Relations in a Constructed World*. Armonk: M. E. Sharp.

MacMillan, J., & Linklater, A. (1995). *Boundaries in question : new directions in international relations*, London: Pinter.

南直哉（2018）、『超越と実存 ——「無常」をめぐる仏教史』、新潮社、東京。

Neumann, I. B., & Waever, O. (Ed.). (1997). *The Future of International Relations: Masters in the Making?* Abingdon: Routledge.

西田幾多郎（1948）、「私と汝」、『西田幾多郎全集 第6巻』、岩波書店、東京。

Nordin, A. H. M., Smith, G. M., Bunskoek, R., Huang, C. C., Hwang, Y. J., Jackson, P. T., ... Zalewski, M. (2019). Towards global relational theorizing: a dialogue between Sinophone and Anglophone scholarship on relationalism. *Cambridge Review of International Affairs*, *32*(5), 570–581. doi:10.1080/09557571.2019.1643978

Pan, C. (2020). Enfolding wholes in parts: quantum holography and International Relations. *European Journal of International Relations, 26*(1_suppl), 14–38. doi.org/10.1177/1354066120938844

Pettman, R. (2000). *Commonsense constructivism, or, the making of world affairs*. Armonk: M. E. Sharp.

Qin, Y. (2011). Rule, Rules, and Relations: Towards a Synthetic Approach to Governance. *The Chinese Journal of International Politics*, *4*(2), 117–145.

Qin, Y. (2018). *A Relational Theory of World Politics*. Cambridge: Cambridge University Press.

Querejazu, A. (2022). Cosmopraxis: Relational methods for a pluriversal IR. *Review of International Studies, 48*(5), 875–890. doi: 10.1017/S0260210521000450

Rovelli, C. (2021). *Helgoland: Making sense of the quantum revolution* (E. Segre & S. Carnell, Trans.). New York: Riverhead Books.

Shih, C. Y. et al. (2019). *China and International Theory: The balance of relationships*. Abingdon: Routledge.

Shih, C. Y., & Ikeda, J. (2016). International Relations of Post-Hybridity: Dangers and Potentials in Non-Synthetic Cycles. *Globalizations, 13*(4), 454–468. doi:10.1080/14747731.2016.114

量子論、仏教、実在　　127

3729

Shimizu, K. (2024). Buddhism, quantum theory and international relations: On the strength of the subject, the discontinuous relationality, and the world of contingency. *Journal of International Political Theory*, 20(1), 91–95. doi:10.1177/17550882231214894

Smith, K. (2012). Contrived Boundaries, Kinship and *Ubuntu*: A (South) African View of "The International". In A. Tickner & D. Blaney (Eds.), *Thinking International Relations Differently*. Routledge, pp. 301–321.

Smith, S., Booth, K., & Zalewski, M. (1996). *International Theory: Positivism and Beyond*. Cambridge: Cambridge University Press.

Tickner, A. B., & Blaney, D. L. (Eds.). (2012). *Thinking International Relations Differently*. New York: Routledge.

Tickner, A. B., & Waever, O. (2009). *International relations scholarship around the world*. London: Routledge.

Trownsell, T., Behera, N. C., & Shani, G. (2022). Introduction to the Special Issue: Pluriversal relationality. *Review of International Studies*, 48(5), 787–800. doi:10.1017/S0260210522000389

Trownsell, T. A., Querejazu, A. E., Shani, G., Behera, N. C., Reddekop, J., & Tickner, A. (2019). Recrafting International Relations through Relationality. Retrieved from https://www.e-ir. info/2019/01/08/recrafting-international-relations-through-relationality/

Trownsell, T. A. et al. (2021). Differing about Difference: Relational IR from around the World. *International Studies Perspectives*, 22(1), 25–64. doi:10.1093/isp/ekaa008

Walker, R. B. J. (1993). *Inside/Outside: international relations as political theory*. Cambridge: Cambridge University Press.

Wendt, A. (1999). *Social Theory of International Politics*. Cambridge: Cambridge University Press.

Wendt, A. (2006). *Social Theory* as Cartesian Science: and Auto-Critique from a Quantum Perspective. In S. Guzzini & A. Leander (Eds.), *Constructivism and International Relations: Alexander Wendt and His Critics* (pp. 178–216). London: Routledge.

Wendt, A. (2015). *Quantum Mind and Social Science: Unifying Physical and Social Ontology*. Cambridge: Cambridge University Press.

World Economic Forum (2020). 6 ways to thrive in an out-of-control world. Retrieved from https://www.weforum.org/agenda/2020/03/6-ways-to-thrive-in-an-out-of-control-world/

自民党政権の対外政策決定過程　1983～1986
—— 対台湾チャネルを中心に

東京大学大学院法学政治学研究科附属ビジネスロー・
比較法政研究センター特任講師　三代川夏子

　本稿は、1983年から1986年における中曽根内閣期の自民党政権と対外政策との関係を、「二つの中国」問題、とりわけ当時既に外交関係を断絶していた台湾とのチャネルに焦点を当てて検証するものである。本稿では、対外政策決定過程におけるアクターの役割として、外務省のほか、当時の自民党政権で要職に就いていた「親台湾派」政治家に着目し、日本や台湾で新たに公開された政府史料、関係者の個人史料や回想録、インタビュー調査などを用いながら、台湾との間で生じた問題の処理過程を実証した。

　日中平和友好条約締結後、外務省は中国との関係を重視する方針を取った。一方で、中曽根政権期においては「親台湾派」政治家が要職に就いたことで、彼らが直接、各省の方針に影響を及ぼし得た。国交断絶後に、日本と台湾との間には「準公式チャネル」が設置されていたが、日台間問題の処理にあたっては、「準公式チャネル」を超えた解決方法が多用されたのである。

　この時期、外交面においても包括政党化した自民党では、台湾側の意向を踏まえつつ、中国にも配慮した措置を取ることが可能な構造、すなわち「二つの中国」間でバランスをとることのできる体制が築かれていた。こうした事実は、外務省で対処が困難な外交上の問題を、政治家が担い得ることを示唆するものである。

キーワード：中曽根政権、日台関係、「二つの中国」、藤尾正行、
　　　　　　外交チャネル

はじめに

　本稿は、自民党政権下の対外政策決定過程において、日本の各アクターがいかに関与したのか、政治家の役割に注目しつつ、中曽根政権期における「二つの中国」[1]への対応を中心に検証するものである。

　戦後日本の外交史研究は、とりわけ情報公開制度の開始以降、外務省をメインアクターとした対外政策決定過程の実証が進んでいる。これらの研究においては、外務省が外交上のチャネルを「公式チャネル」に集約する「外交一元化」を追求してきたことが注目されている[2]。一方で、戦後日本では、戦前期と比較すると、政党が外交に対して影響力を増大させたことも指摘されてきた[3]。日本国憲法によって外交が内閣の専管事項となり、議院内閣制ゆえに国会の多数を占める与党が外交政策決定過程における要因の一つとなったのである[4]。

　対外政策における政治家の役割については、議員組織などが対外政策決定に及ぼす影響力には限界があるものの、特定の政治家が大臣などの要職に就くことによって、官僚とは異なる立場から、他国との関係に影響を及ぼす力を得られるという見方が存在する[5]。これまで蓄積されてきた外務省を中心とした外交史研究に加え、戦後、長期安定与党となった自民党やその政治家の役割に焦点を当てた視座を取り入れることで、対外政策決定過程を新たな視点から論じ得るのではないか。

　そこで、本稿では、外務省が対外政策決定において大きな影響力を有するアクターであるという前提を踏まえつつも、外交上の「公式チャネル」を通さない決定過程を浮かび上がらせるために、当時既に外交関係を断絶していた「台湾」[6]とのチャネルに敢えて焦点を当てる。

　1978年の日中平和友好条約締結後、とりわけ中曽根康弘政権期において、日中関係は蜜月期にあったことが知られている[7]。中曽根はアジア外交の中でも対中関係を重視し[8]、胡耀邦総書記との信頼関係を築いた[9]。この基盤により、歴史認識問題で揺らぎが生じても、それを乗り越えられるほどの安定した関係が、日中間に構築されたと言われている[10]。一方で、台湾問題は日本国内で党派間や政官間対立の焦点から外れ、日本における

「台湾」は存在感を失った。1980年代は、今でも日台関係史研究の蓄積が最も少ない時期であり[11]、当該時期の日台関係や日本の対台湾政策は、後世の研究者をしても掴み難いものとなっている。

中国と国交正常化を実現させた日本外務省の、「一つの中国」を主張する中国に配慮した対台湾姿勢は、1987年の戒厳令解除を機に台湾が民主化されるまで続いたという外交官による証言がある[12]。一方で、台湾政府にとっては、日本との対話や協力を模索する過程で、場面によっては台湾とコネクションを維持していた日本の自民党政治家（親台湾派）を外務省よりも信頼したという台湾側外交官の証言がある[13]。実際、親台湾派政治家は、外務省の方針とは対照的に、台湾の民主化以前・以後にかかわらず、台湾とは一貫して友好関係を維持する土壌があったと認識していたという[14]。

中曽根政権期、とりわけ1983年～1986年においては、「親台湾派」と称された政治家が自民党三役や大臣などの要職を務め、台湾に関わる問題について密接な調整を行っていた。与党議員が台湾に関わる問題について調整を行い、政府が対応することは、議院内閣制の日本では公式チャネルの一部であると解釈することが可能かもしれない。しかし、日台間では国交断絶により、首脳会談、閣僚級会談および高級事務レベル会談に向けての事務調整といった、本来存在するべきメカニズムが失われたため、対台湾関係については、外交関係を有する場合には果たし得ないような役割までも、政治家が担う余地が存在したと考えられる。

こうした点を踏まえ、本稿では、対外政策決定過程におけるアクターの役割として、外務省に加え、当時の自民党政権で要職に就いていた「親台湾派」政治家に焦点を当てることで、今なお解明が進んでいない当該時期の日本の対台湾政策の実態に迫りたい。本稿では、日本や台湾で新たに公開された政府史料、関係者の個人史料や回想録、インタビュー調査などを用いながら、中曽根内閣期に台湾との間で生じた問題の処理過程を実証する。

なお、1972年の国交断絶後、日本と台湾との間では、民間レベルの交流を維持するため、財団法人交流協会と社団法人亜東関係協会が設置された。両協会は、表向きは民間組織でも、事実上、共に両政府の支援のもと、前者は外務省、後者は外交部の下に置かれた[15]。両協会の主たる業

務内容は、渉外関係、貿易経済関係、文化関係などで[16]、外交上の「公式チャネル」で処理していた事案を担当するようなチャネルが両協会の設置によって想定された。したがって、本稿では、両協会によるチャネルを、「非公式チャネル」ではなく、「公式チャネル」に準ずる「準公式チャネル」とみなす。

1，外務省と「二つの中国」問題

まず、当該時期において、外務省が、中国・台湾に対していかなる姿勢を取っていたかを明らかにし、外務省の「二つの中国」に対する政策志向が日台間チャネルに与えた影響を考察する。

(1) 「二つの中国」に対する外務省の姿勢

中国との関わり方については、外務省内でも様々な議論が行われた。対中経済協力については、援助の量が対ASEAN以上に多いことへの批判も出ていたが、鹿取泰衛中国大使は、中国は現行の対外開放政策からの「逆戻り」の心配はなく、日本として対中経済協力は積極的に行うべきだと主張した[17]。対中国を政策の中心に置くべきという雰囲気が、実際に当時の外務省内には存在したという[18]。対中ODAに関しても、外務省内で慎重論は存在し、親台湾派政治家からの反対もあった[19]。しかし、当時の日本においては、中国に対する贖罪意識が依然として残っており、「利益を度外視してもやらなきゃ」と考える人が多かったという[20]。このような雰囲気が一変し、外務省でも納税者を意識した援助についての見直し論が出てくるのは、天安門事件が発生した1989年以降となる[21]。

一方で、中国のアジア開発銀行加盟にあたって、「台湾の関係で躊躇しているのは日米のみで大勢は決定している」との批判が出るほど、当時の外務省内で「台湾」は中国以上に重視すべき存在ではなかった。後述するように、台湾側は、外務省事務レベルを通じずに、親台湾派や安倍外相・竹下蔵相に直接繋がるチャネルを模索し、アジア開発銀行における自身の地位を保持すべく奮闘するようになる[22]。

鹿取中国大使は、台湾問題に日本が言及する複雑さを認識していた

が[23]、外務省内には、日本として、あくまで台湾問題に積極的に発言をしないことで中国との関係を進展させるべきだという考えが存在した。とりわけ中国課は、中国に対する楽観的観察を省内で共有した。中国課によると、「各種の日中間の接触を通じ、痛切に感じることは、中国の対日期待が極めて強く、我が国に対しこの期待に積極的に応えてほしいと強く望んでいること」であり、「中国の対日重視の姿勢はますます強まっており、今や、両国関係を単に一般的な二国間関係としてのみならず、国際関係全般にも影響をもたらしうる重要な関係として把えている」とのことだった。その中国課の期待は、「中国の現在の政策、就中対日重視の路線は、新中国成立以来の日中関係史においてもっとも評価しうる」と感じるほどのものであった。

新冷戦下の中ソ対立を前提に、分析課も「中国にとって西側との協力関係の維持は近代化推進のため不可欠である」と主張し、中ソ関係改善の度合いは歩止まると予測した[24]。日本は中国ととりわけ深い関係にあった英国に対して、日中間の接触の具体的な内容を報告するなど[25]、「西側の一員」としての立場を維持しながらも、中国との関係を安定させ、バランスを取ることができるように努めた。外務省内で数少ない懸念として考えられていたのは、日本の軍事大国化と日台関係強化に対して、中国が警戒を向けることであった[26]。

外務省としては、対中平和友好条約の締結を実現させた日本にとって、米中国交正常化を経て、改革開放政策を実施していた中国政府との良好関係を維持させることは、台湾との関係以上に重視すべきことであった。更に言えば、日中・中台関係が比較的安定していた1980年代において、中国や台湾に関するトピック自体、外務省内において基本的な問題とはならなくなっていた。外務省は、台湾に関するイシューは政治的事件が生じた場合に即時的に対応し、基本的には台湾とのコンタクトを抑制するという方針をとった[27]。外務省の中国に配慮した対台湾姿勢は、台湾が民主化されるまで続くこととなる[28]。一方で、台湾の今後については、1983年の時点で、藤井宏昭在香港総領事が「台湾としては、自らの存在意義を確認し、中国と対抗しつつ存立を維持してゆくには、何らかの形での『正統性』の維持が必すであり、国民党当局は、ここ数年のうちにも、かなりの方策を打ち出す必要に迫られよう」と発言していた[29]。数年後の台湾の

民主化の流れはまだ予想するべくもなかった。

(2) 外務省の対中配慮

抑制された台湾との関係の背景には、外務省による中台関係への観察があった。すなわち、外務省は、「中国の台湾問題に対する異常な敏感さ」を踏まえ[30]、「一つの中国」を主張する中国への配慮を優先していた。

例えば、文部省が台湾人の劉介宙に紺綬褒章を授与するつもりだったところ、外務省は、劉が国民党員であることを踏まえ、「日台関係は非政府間関係であることに鑑み、当省としては公的職務をもつ同人に国家の表彰たる褒章を与えることは不適切である」旨強調し、文部省の動きを止めさせた[31]。外務省は、民間によるものであっても、中国を刺激する可能性のある措置をとらないよう、神経をとがらせた。「中華民国」の標記を用いて「台湾ニューシネマ」のイベントを開催しようとした西武は、外務省からの注意に対し、「本件催しは台湾側の協力なくして開催できるものではなく、『中華民国』の文字は亜東からの強い要請があったもので、西武側の立場上これを呑まざるを得なかった」と理由を述べつつ、「『中華民国』の標記につき問題が生じた際は外務省には一切迷惑はかけない」と外務省側に伝えた。しかし、外務省にとっては、「中国は現在、台湾問題にきわめて敏感であり、本件が日中間の深刻な問題になることはまことに迷惑」なことであった[32]。

こうした外務省の考えが典型的に現れたのが、太平洋経済協力会議（PECC）において、中国、および台湾をいかに取り扱うかについての議論においてであった。外務省の方針は、あくまで中国の参加を最優先させることであった。外務省にとって、中国の参加は、長期的観点から、アジア・太平洋地域の安定と発展にとって望ましいものであった。それに付随して、台湾の存在は中国の障害となる可能性があり、台湾のPECCへの参加は慎重に、あるいは必要な制約の下に置くことが望ましいと考えていた。PECCは「民間レベル」であるものの、外務省にとっては政府からも個人資格で参加している政府関与がある組織であり、財政的にも政府からの援助があるため、台湾の正式参加により中国の参加の途が事実上閉ざされることは好ましくないものであった。実際、外務省は、台湾に対して、PECC参加について「舞台裏で強い留保」を示すことで、その正式な参加

を止めていた[33]。米国が台湾の参加を積極的に支持していたのと対照的である。

これに対して、PECCへの参加を希望する台湾から日本への働きかけは、藤尾正行自民党政調会長を通すことで、安倍外相に正式参加への協力要請が行われていた[34]。最終的に、1986年、中国と台湾のPECC同時加入が実現した[35]。

日本の「二つの中国」への措置に対する、中国の警戒具合はどれほどだったのか。年々増加する日台間貿易については、中国もその不信感を顕にしていた。日中閣僚会議では、中国外交部長の呉学謙が、「日本と台湾の関係の『自然な成長』には限界があるはずだ」と日本に対して批判を行い、安倍外相は、「日台貿易の自然増は（日中間の）協定に違反しない」と反論した[36]。宇都宮徳馬が会長の日本中国友好協会は、台湾の紹興酒を日本が輸入していることに対する批判として、「日本国内において『中華民国』と称する国名を使用したり、あるいは公然とその国名を冠した商品を流通させたりすることは、あきらかに日中の『共同声明』と『友好条約』を無視するものである」と中曽根首相宛に意見書を提出するなど[37]、国内親中国派の厳しい目も存在していた。

しかし、政治レベルでの外務省の中国に対する配慮は、当時の雰囲気からすると過大であった可能性がある。例として、中国が日本警察と台湾警察との協力を認めた件がある。日本側は中国側に対し、「日本警察は『台湾が中国の領土の不可分の一部であるとの中国政府の立場を十分理解し、そん重する。中華人民共和国政府は中国のゆー（原文ママ）の合法政府』との認識に立って、犯罪の取締り、捜査の必要から台湾警察と必要な協力を行っているが、現在の犯罪状況からみて、今後ともそう査員を相互に派遣するなどして、犯罪の取締り・そう査につき協力関係を進展せざるを得ないところであり、将来、こうした関係に対して、日本警察が2つの中国を作り出そうとしているなどとの誤解が生じないように願いたい」と、中国側に注意深く、台湾との協力に対する理解を求めた。それに対して、中国公安部国際合作局は、「中国は一つであるとの大原則を遵守して、日本警察が台湾警察と犯罪の取締り・捜査につき協力することは全く問題ではなく、協力の方法は日本と台湾の間で決められて良いもの」だと、意外にあっさりと日本側の要求を認めたのである[38]。対中国交正常化過程での

「二つの中国」問題をめぐる困難を経験して以来、「一つの中国」を主張する中国への配慮を優先させ、慎重な姿勢をとっていた外務省にとって、平和統一攻勢と改革開放を掲げていた当時の中国の方針や態度は読み難いものであった。

「準公式チャネル」の強化は試みられたが、外務省としては波風が立たないように、1970年代後半から1980年代にかけて、交流協会と亜東関係協会の格上げを徐々に進めた[39]。しかし、台湾に冷淡な外務省と、それに通ずる「準公式チャネル」は、台湾にとって都合の良いカウンターパートおよびチャネルとはなり難かった。

「台湾」に決して重きを置かない外務省に対して、台湾側にとって唯一かつ最善の日本へのアプローチが、「準公式チャネル」ではなく、大臣や自民党幹部に直接コンタクトを取ることとなったのは自然な成り行きであった。台湾の対日担当者達は、自民党政権下で出世した親台湾派を介して、外務省の頭越しに日本政府高官と繋がるべく、動いていくようになっていく。

2，自民党政権と対台湾チャネル
——対外交渉における政治家の役割を中心に

本小節では、実際に日台間で解決が必要となった交渉事例を取り上げ、政治家に着目した対外政策決定過程・日台チャネル形成の過程を検証する。

ここでは、中曽根政権期、とりわけ「親台湾派」と称された藤尾正行が、自民党政調会長を務めた1983年から1986年の時期（1986年7月からは文部大臣）の日台交渉チャネルに焦点を当てる。当該時期は、同様に「親台湾派」とみなされた金丸信が自民党幹事長（1983年から1984年は自民党総務会長）に就き、彼らの意向が自民党政治を大きく左右し得た状況にあった。また、同時期には、藤尾と同派閥である清和会の安倍晋太郎が外務大臣、金丸と同派閥の田中派で「盟友」の竹下登が大蔵大臣を務めた。こうした布陣が自民党政治における要職に就いたことで、日台チャネルにどのような影響を与えたか。

まず、当時の自民党派閥（清和会・田中派）と台湾とのチャネルとの関

係を概観する。その後、この時期の対台湾関係において重要な政策決定が行われた事例を取り上げる。具体的には、断交下における日台事務交渉の例として亜東関係協会への国有地払い下げ問題、中台ゼロサム問題の調整例としてアジア開発銀行中国加盟問題を取り上げ、日台間交渉チャネルの動きを検証する。さらに、「蔣介石の遺徳を顕彰する会」開催に関わる交渉過程を取り上げ、中国から批判を受ける「親台湾派」の活動に自民党政権がいかに対応したかを検証する。なお、これらの事例において、日本がいかなる対応したか、その交渉過程の詳細については、一次史料を用いた実証がなされていない[40]。本稿ではこうした作業を通じて、1980年代の自民党政権下の対外政策決定過程を「二つの中国」への対応を通じて明らかにすることを目指す。

(1) 自民党派閥と台湾

既に安定与党となっていた自民党は、派閥闘争期を脱し、挙党態勢の傾向を有した[41]。中曽根首相は、ポスト佐藤栄作と称された「三角大福中（三木武夫・田中角栄・大平正芳・福田赳夫・中曽根康弘）」のラストランナーであり、後の首相である竹下登は、日本政治におけるそれまでの首相達とは異なる次世代・ニューリーダー「安竹宮（安倍晋太郎・竹下登・宮澤喜一）」の一人とされた。実質上、反主流派が消滅した自民党において、1980年代は冷戦イデオロギーの影響を強く受けた世代に代わって新たな世代が政策決定を担うようになった時代でもあった。

田中派、およびその後継とされる竹下派は、1972年に日中国交正常化を果たした田中角栄首相時代からの中国との太いパイプを維持したと言われる。中国からの「目白詣で」に見られるように、田中角栄は1980年代においても中国との関係を維持していた。田中派に属した竹下登は、鄧小平指導部から日本工作の指令を受けていた、駐日中国大使の楊振亜が頼った相手とされる。また、1992年の天皇の訪中が実現する際にも、竹下派の貢献があったと言われている[42]。

しかし、竹下は、この時期の台湾にとっても、日本側の重要なカウンターパートとされていた。1980年代、東京弁事処で華僑組組長などを歴任した陳鵬仁は、当時、特に交流を深めた日本人として、竹下を挙げている[43]。のちに、平成を迎える頃には、竹下派議員が親中派議員連盟の日

中友好議員連盟と親台湾派議員連盟の日華関係議員懇談会（以下、日華懇）の双方に属する例も増え、経世会は「お得、（中国と台湾）どっちにも歓迎される」状態となっていったという[44]。

　なお、竹下登の「盟友」で知られ、田中派の会長も務めていた金丸信は、断交前から親台湾派として知られていた。台湾側の金丸への評価は高く、金丸を「断交・航空路線断絶の前後、極めて（台湾政府の）力になった」親台湾派とみなしていた[45]。金丸は、同じ佐藤派の当選同期として竹下と懇意になり、その後も田中派および竹下派の結成などにあたって、竹下と進退を共にした。東京弁事処は、金丸と頻繁に接触し交流を深め[46]、金丸自身も頻繁に台湾を訪れ台湾側の要人と会見した[47]。

　伝統的に親台湾派が多く所属した清和会（福田派−安倍派）の安倍晋太郎は、訪台経験はあるものの、個人的な関係を用いて台湾側と積極的な接触を行っていたわけではなかった。しかし、1983年に田中派の二階堂進幹事長が中曽根首相特使として訪中したのには、外務大臣の安倍が、自派閥と台湾との関係も考慮してか、外務省の要請にもかかわらず訪中を遠慮した背景があったようだ[48]。安倍は、福田赳夫や藤尾正行など清和会の人物を通じて、外相の立場にありながら台湾側の対日責任者と接触しつつ、このチャネルの存在を、外務省や交流協会には絶対機密とした[49]。

　イデオロギーや派閥の枠組みを超えて、自民党政治家が台湾側と関係を構築できる時代に突入しつつあった一方で、「派閥」は一つのチャネルとして、日本と台湾を繋げる機能を果たし得たのである。

(2)　日台事務交渉に関わるアクターとチャネル
──国有地払下げ問題

　「親台湾派」と称された藤尾正行は、1970年代より亜東関係協会東京弁事処代表の馬樹礼と頻繁な接触を有していた。両者の関係は、1983年に藤尾が自民党政調会長になった後も維持されたばかりか、馬は藤尾との面会にあたって議員会館やホテルではなく、自民党本部を訪れるようになっていた[50]。藤尾は政調会長でありながら、台湾を訪れ、台北にて蔣経国総統との会談も実現させた[51]。日台間の交渉過程で影響力を行使した藤尾正行の、政調会長就任期間の具体的な働きについて、まず、例として1985年の台湾への国有地払下げ問題を挙げる。

1984年、日華懇の局長が外務省アジア局中国課に対し、亜東関係協会東京弁事処に国有地の払下げができないか打診を行った。中国課は「大蔵省が動かないであろうし、不可能であろう」と回答したのみであったが[52]、1985年に入ると、外務省事務レベルのみでは埒が明かないと感じた藤尾政調会長が、大蔵省に対し、亜東関係協会東京弁事処の用地として国有地を斡旋するよう要請した[53]。藤尾は、随意契約による亜東関係協会への売却を考えていたが、随意契約は、国を除けば極めて制限的な対象にしか行い得ない手段とみなされていた。国有地の処分に関しては、売却先が、国、地方公共団体、財団法人のいずれかによって扱いが異なる一方、大蔵省は、日本政府が亜東関係協会に補助金や特別な支援を行っているかも了承しておらず、その法人格をどのように認識するべきか、外務省に対して照会を行った[54]。

中国課はこれに対し、「亜東関係協会を大使館又はこれに類似する人格と認識することは困難」であり、「中国の台湾問題に対する我が国内の最近の動向への神経質なまでの反応ぶり、表面化した場合に自民党のみならず広く野党もまき込んだ政治問題化する可能性の高さ等を指摘し、慎重の上にも慎重な対応が必要」だと大蔵省に回答した。「台湾側が交流協会に対して種々の『外交特権』を与えている以上、日本側としてもこれに見合う措置をとる必要あり」とする藤尾の考えに対して、中国課は「台湾側としては、対日関係重視の故にそのような措置をとっているのであって、当方が要求しているものではない」、「台湾側が本件と交流協会への『厚遇』とをひっかけて考えるとするのであれば、我々としては、その『厚遇』をとり止めてもらう以外にない」と、極めて冷ややかに対応した[55]。

藤尾は、自身が直接、安倍外相と竹下蔵相に話をするので、再度検討するよう大蔵省に要請し、外務省アジア局長に対しても、大蔵省と協力して実現できるよう依頼した。アジア局長は藤尾に対し、「検討すべしと取り敢えず応答」したものの、安倍外相に対しては「本件を随契で処理することはむずかしい旨」を説明した。しかし、藤尾との会談を経た安倍は、「何か工夫の仕方によっては、可能ではないか」と、払下げに向けた検討を外務当局に促した。藤尾は大蔵省に対しても、「問題は、競争入札でもよいから、亜東が土地を手に入れ得るような方法を講じることであり、その点何とかしてほしい」と、急ぎ解決に向けた措置をとるよう要求した。

大蔵省は竹下蔵相にも諮った上で、「競争入札に亜東関係協会も参加し、正規の手続を経て土地を入手できるような工夫がないかを考えたい」と、検討する旨答えた[56]。

しかし、解決への進展は滞った。5月、藤尾政調会長は外務省に対し、亜東関係協会の法的性格を大使館並みにみなすなどの工夫ができないか、改めて問い合わせた。中国課長はその難しさを藤尾の秘書に説明するも、藤尾側は「外務省としても、随契が無理としてどこか出口がないかにつき、会計法との関連で研究し、大蔵省とも協議することは考えてほしい」と外務省に要請した[57]。

解決への「出口」が見出せない中、藤尾は6月末に台湾を訪れた。藤尾は、2月に国民党秘書長となっていた馬樹礼と会談し、白金の林野庁所有地が亜東関係協会の手に渡るよう尽力する旨宣言した。藤尾は帰国後、安倍外相に再度、「亜東関係協会を準外交使節団と看做して、随契ができるようにしてほしい」旨要望したほか、大蔵省と外務省に加えて、農水省に対しても、払下げの促進について働きかけを行うようになる[58]。

亜東関係協会を「外交使節団に準ずるもの」とみなす考えは、協会がビザを発給していたことなどを根拠にしたが、外務省にとっては、「日中国交正常化により日台関係は地域的・実務的な関係のものとなり、その後の日中関係の発展は、我が国が、この原則を堅持してきたことにその基礎を有する」のであり、「中国側の反発はきわめて激しいものとなろうことは言うまでもない」ことで、亜東関係協会を準外交使節団とみなすことはあり得ないとの認識であった。同時に、「大蔵省側が、会計法の弾力的運用の可能性について十分に検討も加えないまま『亜東関係協会の法的ステータスについて外交使節団又は準外交使節団とみなすという考え方を外務省が示すこと以外に出口なし』というが如き立場を維持して一歩も動こうとしないのは、我々にとってまったく理解し難い」と、この問題における大蔵省の「対応の悪さ」に苛立ちを見せた[59]。

大蔵省は打開策として、「公益事業を行う事業者」を相手とする随契を検討し、外務省に対し、亜東関係協会の「公益性」を説明するよう要求した。これに対し、外務省は次のような要因から大蔵省への対応を決定することとなった。まず、外務省は、藤尾政調会長が台湾への払下げを「あきらめる可能性はきわめて乏しい」と認識していた。さらに、「藤尾会長と

しては、本件に限らず広く日台実務関係について外務省の姿勢は一貫して『冷たい』との印象を抱いている」と認識していた外務省は、「外務省が知恵を出した」という状況を作る意義を見出した。加えて、外務省は、大蔵省が「外務省にとって不都合なあるいは受け入れられない筋書きを練り上げないとも限らない」ことを懸念した。そのため、「本来大蔵自身で処理すべき問題」ではあるが、大蔵省が亜東関係協会の随契適格性を判断する上で説得材料となる中国課限りの非公式ペーパーを、外務省中国課から大蔵省理財局に提供することとした[60]。

　こうして、中国課は、亜東関係協会の業務の公益性について大蔵省側に説明し、「亜東関係協会は、日台外交関係が維持できなくなった状況の下で、日台間の地域的な民間交流全般に対する便宜供与を行うというきわめて特異なかつ公益性の強い業務を、財団法人・交流協会とともに営むことが期待されている特殊な団体である」と示した[61]。大蔵省は、8月2日、亜東関係協会を「公益事業を行う団体」とみなして随契を行うことに決め、竹下蔵相の了承をとった上で、藤尾に申し入れることとなった[62]。

　本件は、藤尾政調会長と台湾側との間で話し合われた事項が、交流協会、すなわち「準公式チャネル」を通さずに[63]、藤尾が直接、外務省・大蔵省・農水省など各省に働きかけ、安倍外相・竹下蔵相にアプローチをとることで、解決を見た事例である。藤尾政調会長の外務省への不信を軽減し、外務省が大蔵省に主導権を譲らせるために不利な条件を受け入れることを防ぐという目的が、外務省がこの問題に取り組む際に大蔵省と協力する動機となった。藤尾が政調会長として具体的な交渉過程に影響力を行使できる立場にあったことが、「公式チャネル」を通さずに、台湾側の意向を踏まえた解決ができた所以になったとも言える。

(3)　中台ゼロサム問題の調整
──アジア開発銀行（ADB）参加問題

　同時期に、中台間のゼロサム問題[64]として日本側の対処が求められたのが、アジア開発銀行（以下、ADB）における参加権問題であった。ADBの歴代総裁は全て日本人が就任しており、1981～1989年は、元大蔵官僚の藤岡眞佐夫が務めた。

　ADBと中国との加盟交渉は1982年になると本格的に開始された。11月、

中国は日本に対し、中国参加への支持要請を求めた[65]。1983年2月には、呉学謙外交部長が藤岡総裁に対し、「中国はADBに入りたい、ただし、その前に台湾の加盟国としての地位は不法かつ無効であるから台湾はADBを出ていかなければならない」と求めた[66]。

他方で、中国がADBにコンタクトした情報が流れると、米国のジョージ・シュルツ（George Shultz）国務長官、ドナルド・リーガン（Donald Regan）財務長官が相次いで議会証言の場で、「ADBが台湾を追い出すならADBへの資金供与について米国の態度を再検討しなければならない」と発言した。藤岡は、中国問題がADBの増資成立に影響を及ぼすことを危惧し、各国理事への根回しを開始したが、各国理事のほぼ全員が中国の加盟を支持していた[67]。外務省も中国の参加を支持した[68]。

一方で、日本と米国の支持があれば、ADBの台湾籍は保持できると考えた台湾側は[69]、ADBに最も多く出資する日本の影響力に期待をかけ、中国の意向を阻止すべく、働きかけを行うこととなる。1983年5月のADB総会の際には、台湾の兪国華財政部長が、竹下蔵相とかねてから面識のあった東京弁事処の林金莖を仲介にして、竹下との密会を実現させ、総会のスピーチで中国加盟に言及しないよう依頼した。竹下は総会の冒頭スピーチで中国加盟案に触れないことを決め、大蔵省官僚にもその旨を指示し、他国による中国加盟の提案を牽制したという[70]。

その後、中国のADB加盟問題は、台湾が「Taipei, China」という名称にすることで双方の参加が可能な段階にまで、ADB関係者の間での議論が詰められたが、台湾は最後までこの名称に反対した。藤岡は台湾の残留と中国加盟が両立可能な方策を模索した。

他方で、台湾側は、親台湾派として頼れる藤尾と金丸を通じて、藤岡に台湾の立場を配慮するよう働きかけを行った。藤岡は、藤尾と金丸ら政治家を利用した台湾のアプローチに対し不満を抱いていたが、台湾側による「台湾は日本と外交関係がなく政府に話せないからしようがないではないか」との主張に納得もしていた。金丸と藤尾が、台湾の納得するような解決を求めていることを理解していた藤岡は、竹下蔵相に、台湾が反対したまま事態が進む恐れについて相談したところ、竹下は、「政治家として話をしよう。まず安倍外務大臣に相談しよう」と藤岡に提案した。藤岡は安倍外相に事態の理解を求め、その立場への支持を得たのち、外務省の藤

田経済協力局長を通じて金丸と藤尾に中国の加盟問題について理解を求めた。そして、金丸幹事長との会談を経て、最終的に自民党の了承を得た[71]。最終的に、台湾を加盟国として残したまま中国のADB加盟が実現した。

藤岡総裁が金丸幹事長と藤尾政調会長の意向を重視したように、当時の体制において、日台問題の解決にあたっては自民党、すなわち藤尾と金丸を通す必要が生じていた。外務省との調整においても、中国への配慮を優先する当局とのチャネルを通した折衝以上に、安倍外相からの直接的な支持を、台湾側は重視した。

なお、同じ中台ゼロサム問題として対応が必要となったPECC加盟問題への対応についても、前述したように、台湾側は藤尾自民党政調会長を通じ、安倍外相に正式参加への協力要請を行った。外務省は、この問題の措置について藤尾に確認する必要が生じたほか、台湾側代表が訪問する金丸幹事長に対しても、外務省の立場や藤尾政調会長との合意点などについて報告を行った[72]。親台湾派で知られ、台湾と接触のある政調会長・幹事長への配慮と働きかけは、外務省にとっても必要な事項となっていた。

(4) 自民党政権の「親台湾」イベントへの対応 —— 蔣介石の遺徳を顕彰する会

最後に、中国から批判を受けるような「親台湾派」の活動に自民党政権がいかに対応したかを検証する。

「蔣介石の遺徳を顕彰する会」は、1986年10月31日が中華民国（台湾）前総統の蔣介石生誕百周年であることから、日本で記念行事を行うことを目的に、親台湾派長老の岸信介、灘尾弘吉が呼びかけ、議員と財界人らを中心に、1985年10月3日に発足した[73]。しかし、その代表発起人に、幹事長の金丸や政調会長の藤尾ら自民党幹部が名を連ねていたことから、中国政府は「北京政府が中国を代表する唯一正統（ママ）の政府である、とする日中国交回復の原則に背き、二つの中国を認める動きにつながる」として、日本側のあらゆるルートを使って懸念を露わにした[74]。台湾政府による招待を受け、金丸、藤尾は11月に訪台する手はずだったが、中国は「与党である自民党の三役クラスが百年祭のために訪台するとしたら残念なこと」だと、訪中した自民党議員に非公式に伝えることで、こうした

動きの牽制を図った[75]。

　中曽根首相や藤波孝生官房長官にとって、この件は政府が関与している問題ではなかったが、自民党三役クラスの訪台は都合が悪いと判断し、金丸、藤尾に働きかけ訪台を思いとどまらせた。顕彰会のメンバーである佐藤信二が、「みんな個人の資格でやっている。台湾で行われる百年祭とも関係ない。日本の恩人の遺徳をしのぶのが目的で政治的なものは何もない」と主張したように、政府の関与はなく「個人の資格」で行っているというのが親台湾派議員の言い分であった[76]。日本政府としても、中国に対し、「本件活動に政府は一切関与していない、他方民間有志の合法的な活動に政府として容喙しえない」と説明したが[77]、結局、安倍外相から説得された金丸は発起人を退くこととし[78]、1986年9月4日の東京大会には、藤尾を含む現職閣僚および政府関係者は欠席となった[79]。

　他方で、レセプションは日本各地で開催され、藤尾も地方大会には参加・講演することで、親台湾派の大物政治家として存在感を示した[80]。東京大会には各界から6500人以上が集まり、国会議員の参加者は100名以上にのぼる盛況ぶりを見せ[81]、台湾側および親台湾派のプライドを満たした。こうした過程は、中国にも台湾にも配慮した、「二つの中国」へのバランスが取れるような力学が当時の自民党政権に存在していたことを示している。

おわりに

　本稿では、1983〜1986年において既に安定与党となっていた自民党政権と対外政策との関係を、「二つの中国」問題、とりわけ対台湾チャネルに焦点を当てて検証した。

　外務省の「二つの中国」への姿勢は、日中平和友好条約の締結を経て、改革開放政策を掲げる中国との関係をより重視するものであった。したがって、台湾側にとって最善な日本側へのアプローチは、台湾に重きを置かない外務省とそれに通ずる「準公式チャネル」を利用すること以上に、自民党幹部との直接的なコンタクトであった。自民党の政治家・派閥は、台湾側と独自のチャネルを構築していた。日台間の複雑なチャネル形成の過

程からわかるように、外務省による「公式チャネル（準公式チャネル）」
の一本化は極めて困難であった。

　中曽根政権期においては、「親台湾派」政治家が自民党幹部に就いたこ
とで、彼らが直接、政策決定過程における重要な要人、大臣などと緊密に
連絡をとり、各省の方針にも影響を及ぼし得た。日台間問題の処理にあた
っては、「公式チャネル（準公式チャネル）」を超えた解決方法が多用され
たのである。

　自民党政権が、外交上の公式チャネルを通さずに、台湾側の意向を踏ま
えつつ、中国にも配慮した措置を取ることが可能な状況が、中曽根政権期
において形成されていた。すなわち、この時期、外交面においても包括政
党化した自民党では、「二つの中国」双方を配慮し、バランスをとること
のできる体制が築かれていたと言えよう。そして、金丸・藤尾両者が党三
役や閣僚から退いた後も、最大派閥である竹下派の北京・台北双方とのコ
ネクションを軸として、「二つの中国」問題が円滑に処理されたのである。
こうした点は、台湾と断交した後、あくまで中国との関係を重視した外務
省の志向とは対照的であり、外交において、外務省では対処が困難な問題
を、政治家が担い得ることを示している。

謝辞
　本稿は、日本国際政治学会2023年度研究大会における報告を元にして
いる。分科会企画者の中島琢磨先生、有益なコメントをくださった討論者
の若月秀和先生、出席者の方々、そして二名の匿名査読者に深謝申し上げ
る。

[1]　中華人民共和国と中華民国を指す。なお、本論文における「中国」は中華人民
　　共和国を指す。「台湾」については、注6を参照されたい。
[2]　若月秀和『「全方位外交」の時代 —— 冷戦変容期の日本とアジア・1971〜80年』
　　2006年、日本経済評論社、井上正也『日中国交正常化の政治史』2010年、名古
　　屋大学出版会、武田悠『「経済大国」日本の対米協調 —— 安保・経済・原子力
　　をめぐる試行錯誤、1975〜1981年』2015年、ミネルヴァ書房、白鳥潤一郎「『戦
　　後処理』からの脱却を目指して —— 高度経済成長期の外務省機構改革」『北大

法学論集』65(5)、2015年1月、など。

[3] 大畑篤四郎「外交一元化と外務省」『国際法外交雑誌』71(5・6)、1973年3月、235頁。

[4] 福井治弘「自民党の外交政策とその決定過程 —— 中国問題を中心として」『国際問題』(145)、1972年4月、15頁、D. ヘルマン（渡辺昭夫訳）『日本の政治と外交 —— 日ソ平和交渉の分析』1970年、中央公論社、20頁、細谷千博「対外政策決定過程における日米の特質」細谷千博・綿貫譲治編『対外政策決定過程の日米比較』1977年、東京大学出版会、5-7頁、河野康子「外交をめぐる意思決定と自民党 —— 外交調査会を中心に」奥健太郎・河野康子編『自民党政治の源流 —— 事前審査制の史的検証』2015年、吉田書店、251頁。

[5] 元経産（通産）官僚で通商政策局長を務めた豊田正和氏へのインタビュー、2022年12月20日、東京。

[6] 「台湾」とは、1945年に中華民国が接収した台湾地域、および台湾に撤退して以降の中華民国政府が実効支配を続けている全領域を指す。戦後初期から今日に至るまで、多くの第三国は、台湾にある政府を「台湾」と通称していることから、本論文は台湾にある政府、中華民国を「台湾」と総称する。

[7] 田中明彦『日中関係1945-1990』1991年、東京大学出版会、132頁、若月『「全方位外交」の時代』、前掲、90、216頁、陳銘・梁雲祥「中曽根康弘内閣と中日関係」歩平編集代表・高原明生監訳『中日関係史1978-2008』2009年、東京大学出版会、188、191頁、城山英巳『中国共産党「天皇工作」秘録』2009年、文藝春秋、9、134頁、服部龍二「中曽根・胡耀邦関係と歴史問題　1983-86年」高原明生・服部龍二編『日中関係史1973-2012 Ⅰ政治』2012年、東京大学出版会、167、191頁、河合玲佳「一九八〇年代日中関係再考 —— 八六年中曽根康弘訪中を中心に」『国際政治』197号、2019年、90頁。

[8] 長谷川和年（瀬川高央・服部龍二・若月秀和・加藤博章編）『首相秘書官が語る中曽根外交の舞台裏　米・中・韓との相互信頼はいかに構築されたか』2014年、朝日新聞出版、249頁、別枝行夫「日中政治関係の展開Ⅱ〈一九七二～九五年〉」増田弘・波多野澄雄編『アジアのなかの日本と中国』1995年、山川出版社、156頁。

[9] 鄭仲兵主編『胡耀邦年譜資料長編　下巻』2005年、時代國際出版有限公司、1168-1169頁、服部「中曽根・胡耀邦関係と歴史問題」前掲、167頁、山口航「ロン・ヤス関係 —— 個人的信頼関係と日米外交」筒井清忠編『昭和史講義　戦後篇（下）』2020年、筑摩書房、320-321頁。

[10] 横山宏章『日中の障壁』1994年、サイマル出版、27頁、服部「中曽根・胡耀邦関係と歴史問題」前掲、191頁。

[11] 松田康博「日台関係の安定化と変化への胎動 —— 1979-87年」川島真・清水麗・松田康博・楊永明『日台関係史』初版2009年、東京大学出版会、150頁。当該論文は、1980年代の日台関係史について網羅的に論じた貴重な成果であるが、執筆時点の史料環境によって、用いられた一次史料は限定的である。

[12] 元外交官、アジア局北東アジア課長を務めた、小倉和夫氏へのインタビュー、

2022年6月14日、中江要介（若月秀和・神田豊隆・楠綾子・中島琢磨・昇亜美子・服部龍二編）『アジア外交動と静 ── 元中国大使中江要介オーラルヒストリー』2010年、蒼天社出版、157–161頁。

[13] 元外交官で亜東関係協会東京弁事処に勤めた陳鵬仁氏へのインタビュー、2020年3月4日、台北、外交官で亜東関係協会駐日代表処に勤めた郭仲熙氏へのインタビュー、2021年10月26日、台北。

[14] 日華議員懇談会の事務局長を務めた自民党議員、武見敬三氏へのインタビュー、2021年4月20日、東京。

[15]「外務省所管法人に係る昭和53年度予算における補助金及び委託資等調査表」外務省1978年2月『交流協会（設立関係）』2018–1177、外務省外交史料館（以下、外交史料館）。

[16]「財団法人交流協会の概況について」1976年7月、『交流協会（設立関係）』2018–1177、外交史料館。

[17] 同上。

[18] 対中ODA業務などに関わってきた元外交官、小原雅博氏へのインタビュー、2020年8月8日。

[19] 谷野作太郎（服部龍二・若月秀和・昇亜美子編）『外交証言録 アジア外交 ──回顧と考察』2015年、岩波書店、125頁。

[20] 小原氏インタビュー、2020年8月8日、谷野『外交証言録』前掲、126頁。

[21] 小原氏インタビュー、2020年8月8日。

[22]「昭和58年度東アジア・太平洋地域大使会議議事要録」1983年11月、『東アジア・大洋州地域大使会議（昭和58年度）』2014–2706、外交史料館。

[23] 同上。

[24]「主要外交案件説明資料」アジア局1983年10月、『東アジア・大洋州地域大使会議（昭和58年度）』2014–2706、外交史料館。

[25] VISIT TO JAPAN BY HU YAOBANG, 1983年6月20日, FCO 21–2411, British National Archives。

[26]「主要外交案件説明資料」、前掲。

[27] 小原氏インタビュー、2020年8月8日、小倉氏インタビュー、2022年2月22日、6月14日。

[28] 小倉氏インタビュー、2022年6月14日。

[29]「昭和58年度東アジア・太平洋地域大使会議」、前掲。

[30]「周令飛（魯迅の孫）の査証申請に対する対応」中国課長から査証室長宛1987年6月24日、『日台関係』2020–0025、外交史料館。

[31]「『台湾人』劉介宙に対する紺綬褒章の授与について」1987年9月30日、『日台関係』2020–0025、外交史料館。

[32]「『台湾ニューシネマ』の開催」1987年9月19日、『日台関係』2020–0025、外交史料館。

[33]「太平洋経済協力会議（PECC）における中国及び台湾の取り扱いについて」

1986年1月28日企画課、「対処方針」1986年7月25日企画課、中国課長宛1984年7月28日企画課、以上、いずれも『太平洋経済協力／中国、台湾参加問題』2018-0341、外交史料館。

[34] 辜振甫から安倍晋太郎外相宛書簡1984年8月19日、「辜振甫亜東関係協会常務監事よりの安倍大臣宛書簡に関する対処振りについて」1984年9月5日、「太平洋経済協力会議（PECC）における中国及台湾の取り扱いについて」企画課1986年1月28日、『太平洋経済協力／中国、台湾参加問題』2018-0341、外交史料館。

[35] 外務省『外交青書1987年版』、https://www.mofa.go.jp/mofaj/gaiko/bluebook/1987/s62-30107.htm。中国と台湾が同時加入に至る過程については、Lawrence T. Woods, *Asia-Pacific Diplomacy: Nongovernmental Organizations and International Relations*, 1993年, UBC Press, pp.129-136で詳しい。

[36] THE THIRD JAPAN-CHINA MINISTERIAL CONFERENCE, 1983年9月16日, FCO 21-2411, British National Archives。

[37] 「意見書」日本中国友好協会全国本部1986年10月17日、『日台関係』2020-0025、外交史料館。

[38] 「日台関係（警察協力に関する中国側の見方）」中江要介中国大使、第3828号1986年11月14日、『日台関係』2020-0025、外交史料館。

[39] 元外交官で交流協会に勤めた、下荒地修二氏へのインタビュー、2023年1月28日、東京。

[40] アジア開発銀行の中国参加に伴う「二つの中国」同時加盟問題については、以下の論考がある。Peter Kien-Hong Yu, 'On Taipei's Rejoining the Asian Development Bank (ADB) Subsequent to Beijing's Entry: One Country, Two Seats?' *Asian Affairs, An American Review*, Vol. 17, No. 1, 1990, Spring, pp. 3-13。

[41] 井芹浩文『派閥再編成──自民党政治の表と裏』1988年、中央公論社、117頁。

[42] 宮城大蔵「自民党内派閥とアジア外交」宮城大蔵編『歴史のなかの日本政治5』2014年、中央公論新社、73-75頁。

[43] 陳氏インタビュー、2020年3月4日。

[44] 武見氏インタビュー、2021年4月20日。

[45] 東京弁事処から外交部宛電報1974年10月25日、Association of East Asian Relations, Tokyo office — reports and correspondence 1974-1975, Mah Soo-Lay papers, The Hoover Institution, Stanford University。

[46] 黄自進訪問、簡佳慧紀録『林金莖先生訪問記録』2003年、中央研究院近代史研究所、199頁、陳氏インタビュー、2020年3月4日。

[47] 「亜東関係協会東京弁事処大事記」Association of East Asian Relations, Tokyo office — agency events record and notes' 1972-1984, Mah Soo-Lay papers, The Hoover Institution, Stanford University。

[48] 亜東関係協会から外交部宛38 9/12、Association of East Asian Relations, Tokyo office — news clippings 1973-1983, Mah Soo-Lay papers, The Hoover Institution, Stanford University。

148　　年報政治学 2024−Ⅱ号

[49] 同上。
[50] 「亜東関係協会東京弁事処大事記」、前掲。
[51] 台湾研究所『台湾総覧1986年版』1986年、台湾研究所、309頁。
[52] 「中華航空増便」中国課、1984年1月10日、外務省情報公開、開示請求番号2022−00106。
[53] 「亜東関係協会在日事務所に対する国有地の払下げ、斡旋問題（大蔵省の動き）」1985年1月22日、外務省情報公開2022−00111。
[54] 同上。
[55] 「亜東関係協会在日事務所に対する国有地の払下げ、斡旋問題（大蔵省の動き）」、前掲、「亜東関係協会に対する国有地売却（随契）問題」1985年1月23日、「随契による亜東関係協会への国有地払下げ（藤尾政調会長に対する大蔵省回答ぶり）」1985年1月24日、以上、いずれも外務省情報公開2022−00111。
[56] 「亜東関係協会在日事務所に対する国有地の払下げ、斡旋問題（大蔵省の動き）」、前掲、「亜東関係協会に対する国有地売却（随契）問題」1985年1月25日、以上、いずれも外務省情報公開2022−00111。
[57] 「亜東関係協会に対する国有地払下げ問題」1985年5月24日、外務省情報公開2022−00111。
[58] 「亜東関係協会に対する国有地払下げ問題」1985年7月5日、外務省情報公開2022−00111。
[59] 同上。
[60] 「亜東関係協会に対する国有地払下げ（随意契約による処理）」1985年7月18日、外務省情報公開2022−00111。
[61] 同上。
[62] 「亜東関係協会への国有地処分」1985年8月2日、外務省情報公開2022−00111。
[63] 同上。
[64] 松田康博「日台関係の安定化と変化への胎動」、前掲、138頁。
[65] 亜東関係協会から外交部宛38 9/12、前掲。
[66] 藤岡眞佐夫『国際化40年 —— 日本の進む道』1994年、外国為替貿易研究会、217頁。
[67] 藤岡『国際化40年』、前掲、218頁。
[68] 亜東関係協会から外交部宛38 9／12、前掲。
[69] 同上。
[70] 黄自進訪問、簡佳慧紀録『林金莖先生訪問記録』、前掲、132−136頁、本田善彦『日・中・台視えざる絆』2006年、日本経済新聞社、121頁。
[71] 藤岡『国際化40年』、前掲、239−242頁。
[72] 「PECCへの台湾の正式加入問題（渡辺局長の藤尾政調会長往訪）」外務省企画課1985年1月14日、「PECCへの台湾の正式加入問題（渡辺局長の金丸幹事長往訪）」外務省企画課1985年1月16日、「太平洋経済協力会議（PECC）への台湾加盟」中国課1985年8月21日、「太平洋経済協力会議（PECC）における中国及び台湾

の取り扱いについて」企画課1986年1月28日、以上、いずれも『太平洋経済協力／中国、台湾参加問題』2018–0341、外交史料館。

[73] 「発言応答要領」1986年11月、『中曽根総理中国訪問』2017–0640、外交史料館、「政情報告」亜東関係協会東京弁事処、1986年9月、A303000000B/0075/001.2/0006『日本政情』台湾国家档案館。

[74] 『朝日新聞』1985年10月12日、15日、「発言応答要領」、前掲。

[75] 『朝日新聞』1985年10月14日。

[76] 同上。

[77] 「発言応答要領」、前掲。

[78] 『朝日新聞』1985年10月15日。

[79] 「発言応答要領」、前掲、『朝日新聞』1986年9月5日。

[80] 馬紀壯編『仰之彌高 蔣介石先生の遺徳を偲ぶ —— 蔣介石先生の遺徳を顕彰する会重要文献・講話選集』1987年、亜東関係協会東京弁事処、22–29頁。

[81] 「政情報告」、前掲。

公共施設統廃合の受容
── ビネット実験による検証

立命館大学法学部准教授 柳　至

　本稿では、地方自治体がどのような取組を行う場合に、住民が公共施設の統廃合を受容するかを、2022年2月に実施した住民調査の中でビネット実験を行うことにより検証した。ビネット実験では、シナリオ内の計画の基準や、統廃合の過程における手続きといった構成要素を変化させた仮想の公民館統廃合のシナリオを被験者に読ませて、シナリオに対する公正認知や、統廃合を受容できるかといった点を尋ねた。分析の結果、統廃合の検討過程で住民の意見を取り入れるためにワークショップや住民アンケートが行われた場合の方が、職員のみの検討がなされた場合や有識者による審議会が行われた場合よりも、統廃合の過程を公正と認識することがわかった。また、そうした取組の実施は、公正認知を媒介して、統廃合の受容につながっていた。これらの取組は、もともと公民館の統廃合に否定的な層に対して大きな影響を及ぼしていた。

キーワード：公共施設、統廃合、分配的公正、手続き的公正、
　　　　　　　ビネット実験

1. はじめに

　財政難や人口減少を背景として、公共施設の統廃合を検討する地方自治体が現れている。公共施設の統廃合は、住民にとって不利益となる政策課題であり、実現には困難が伴う。日本政策投資銀行と日本経済研究所が2013年12月に実施した住民調査によると、公共施設の総量を見直すことには8割が肯定的だが、個別の公共施設を減らすべきとする回答は1〜4割程度となる（日本政策投資銀行・日本経済研究所 2014）。そもそも住民が望まない政策廃止は議題に上がらない傾向が指摘されている（柳 2018）。住民が当該公共施設の統廃合を受け入れていない限り、具体的な公共施設の統廃合は議題に上がりにくい。住民が統廃合を受容していないにもかかわらず実施された場合には、地方自治体への不信は高まるだろう。それでは、地方自治体がどのような取組を行った場合に、住民は公共施設の統廃合の過程を公正なものと認識して受容するのであろうか。公共施設のマネジメントにおける住民合意の重要性は強調されてきたものの（ex. 礒崎 2020）、その要因については十分に検証されていない。

　社会における公正さや結果の受容に着目してきた研究として、社会的公正研究が存在する。社会的公正研究においては、物事を決定する際に、人々が何をもって公正であったと認識し、そうした公正さに関する認識が、結果の受容にどのように影響するかを検討してきた（Tyler et al. 1997 = 2000: 14–15）。多くは、職場などの組織における公正さに着目する組織的公正研究と呼ばれる研究であったが、近年では政府における政策決定を対象として、実験的手法を用いて公正認知が人々の政策の受容に及ぼす影響を明らかにする研究も増えている[1]。しかし、人々にとって不利益となる政策を対象として、政府が示す政策の判断基準や住民の意見表明の機会が及ぼす効果は十分に検証されていない。

　本研究では、ビネット実験により、地方自治体が政策過程でどのような判断基準を示したり、手続きを行ったりした場合に住民が公民館の統廃合を受容するかを検証する。前述したように、公共施設の統廃合は、総論賛成・各論反対となる傾向があり、公共施設全般を題材とするよりは、個別

の公共施設とする方が、回答者が具体的な統廃合を念頭に置いた回答をすることになる。さらに、公共施設の中でも、誰でも利用できて、住民の利用度が高い公共建築物の方が、回答者がイメージしやすい。住民の利用頻度が比較的高い施設としては、図書館や公民館などの教育・文化施設がある（日本政策投資銀行・日本経済研究所 2014）。その中でも、公民館は地方自治体に複数存在していることが多く、統廃合が現実に生じうる。

　以下、第2節では、社会的公正研究を概観し、政策決定を対象とした分配的公正研究と手続き的公正研究における課題を述べて、課題に対応した仮説を提示する。第3節では、仮説検証の際に用いるデータと手法について説明する。第4節では、仮説を検証した結果を示す。第5節では、本稿の議論をまとめる。

2. 理論的枠組み

2.1 社会的公正研究

　社会的公正研究は、公正さの要素として、主に配分の基準の公正さや、配分の手続きの公正さに着目してきた（Tyler et al. 1997 = 2000）。前者は分配的公正研究と呼ばれ、どのような基準に基づく配分であれば公正であると認識されるかが検討されている。後者は手続き的公正研究と呼ばれ、結果に至るまでの手続きがどのようなものであれば公正であると認識されるかが検討されている。

　分配的公正研究で取り上げられる基準として、衡平性、平等性、必要性、効率性がある。衡平性とは、貢献度と報酬の比率に関する基準である。人は自分の貢献と自らに配分された報酬の比率が、他者の貢献と他者に配分された報酬の比率と同等ではないと認識した時に不公正と考える（Adams 1965: 280）。平等性とは、全ての人が同様の配分を受けるという基準である（Deutsch 1975: 139）。必要性とは、配分を受ける人の必要性に応じた配分がなされるという基準である（Deutsch 1975: 139）。衡平性という基準は、経済的生産性を目標とする協力関係において支配的となり、希少な資源が生産手段である場合には、他の人よりも効率的に利用で

きる人に割り当てることが衡平となる（Deutsch 1975:143–144）。このように、効率性という基準は衡平性と関連する。効率性とは、無駄を最小限に抑えた配分を行うことを意味する（Greenberg 1981: 297）。

　政策決定を対象とした研究で分配的公正に着目することはまれである。先行研究には、質問紙調査を行い、人々がどの政策の判断基準を公正と認識するかや（ex. Gatskova 2013; Hammond Wagner and Niles 2020）、そうした分配的な公正認知が政策の受容に結び付くかを検討する研究がある（ex. 神原・Setiawan・羽鳥 2017）。しかし、政策の判断基準が公正認知に与える効果について実験的な手法を用いた検討を行っておらず、判断基準の選好は明らかではない。分配的公正研究において、人々が公正とみなす政策の判断基準が多様なことが指摘される中で（柳 2022）、人々がどの判断基準を選好するかを検証する必要がある。

　手続き的公正研究の多くは、人々が結果の好みとは独立して、配分に至る手続きが公正さの認識に影響を与えるかを検討するように設計されてきた（Lind and Tyler 1988 = 1995: 1–2）。手続き的公正研究で注目されてきたのが、意見表明の機会という要素である。意思決定過程において、個人の意見を表明する機会があると、公正さの認識を高めることが指摘されている（Jost and Kay 2010: 1140）。

　手続き的な要素が影響を与える理由について、当初の手続き的公正研究では道具的な説明がなされていたが、次第に人と集団の関係性に着目する説明がなされるようになった。道具的な説明では、人が手続きに関与しようとするのは、過程をコントロールして自分の選好に近い結果を求めているためであると述べる。これに対して、多くの反証が示された（Lind and Tyler 1988 = 1995: 237–247）。そして、人にとって集団成員であることは社会生活において重要であり、自分や自分が属する集団が手続きに関与して、集団や社会において尊重されるという感覚を持つことによって公正さを認識するとした関係性に着目する説明がなされるようになった（Tyler et al. 1997 = 2000: 223–227）。

　手続き的な要素は結果の好みと独立して効果を及ぼすことが想定されてきたものの、研究が進むにつれて、手続き的な要素と結果の好みに交互作用があることが指摘されている。BrocknerとWiesenfeldによる組織的公正研究のレビューによると、人々の意思決定や組織に対する支持を従属変数

とした研究では、手続き的な公正認知が高いと、結果の好みの影響が緩和されたという（Brockner and Wiesenfeld 2005: 548）。

　これらの先行研究の多くは、裁判の判決などの場面において、手続き的な要素が個人に対して及ぼす影響を検討している（Leung, Tong, and Lind 2007）。そのため、政策決定のようにその決定が社会における集団全体に及ぼすような対象について手続き的公正の影響を検討した研究は、組織的公正研究と比べると少ない。もっとも、数は多くはないものの、政策決定を対象とした研究も存在する。政策決定を対象とした研究の多くも意見表明の機会に着目してきた。これらの研究では、自分自身に意見を表明する個人的な機会があるかという点ではなく、市民や社会の多様な意見が表明されるという集合的な意見表明の機会に焦点を当てている（大沼 2017; 大友・広瀬・大沼 2019; 前田他 2020; Doherty and Wolak 2012; Esaiasson et al. 2019; de Fine Licht 2011; Martin, Mikołajczak, and Orr 2022; Nakatani 2023; Terwel et al. 2010; Tyler 1994; Ulbig 2008; Van Dijk and Lefevere 2023; Werner and Marien 2022; Wu and Wang 2013）。

　政策決定を対象とした先行研究の多くは、意見表明の機会が公正認知や政策受容にポジティブな効果を与えることを指摘するが、意見表明の機会の効果が結果の好みに応じて異なるかという点は十分に検討されていない。組織的公正研究では手続き的な要素の効果が結果の好みに応じて異なることが指摘されているが（Brockner and Wiesenfeld 2005）、政策決定を対象とした研究では結果の好みの操作化が様々であり、結果が分かれている。例えば、実験の被験者に好ましい結果となるシナリオと好ましくない結果となるシナリオを割り振る研究においては、意見表明の機会の効果がシナリオの好ましさにより異なるという研究もあれば（Wu and Wang 2013）、違いが確認できないという研究も存在する（Nakatani 2023; Werner and Marien 2022）。これらの研究は結果が好ましいかどうかを研究者の側で操作化している。しかし、公共施設の統廃合のように住民にとって不利益な政策であっても、結果の好みと合致する（統廃合に肯定的な）住民もいれば、結果の好みと合致しない（統廃合に否定的な）住民もいる。被験者のもともとの政策選好と意見表明の機会の効果の関係性について取り組む研究が始まっているが（Van Dijk and Lefevere 2023）、公共施設の統廃合のような住民にとって不利益となる政策における効果は検証されていない。行

動経済学の知見によると、人は利得よりも損失を大きく感じることが指摘されており（Kahneman and Tversky 1979）、人々に新たに公共サービスを提供する政策とは異なる効果が生じる可能性もある。人々がこれまで得られていた公共サービスを失うという状況下における結果の好みと意見表明の機会の効果の関係性を検証する必要がある。

2.2 仮説

公共施設の統廃合を対象として提示する最初の仮説は、分配的公正の要素比較に関するものである。取り上げる3つの基準は分配的公正研究でよく取り上げられる平等性、必要性、効率性という基準を参照している。衡平性については、公共施設の統廃合に際して衡平性に基づく統廃合を行うことが想定しにくいため用いなかった。平等性、必要性、効率性という基準は地方自治体が公共施設の再編を計画する際の評価基準として用いられている（西野 2015）[2]。

仮説としては、公共施設の統廃合に際して住民は、平等性に基づく基準よりも、必要性や効率性に基づく基準を公正と認識すると想定する。これは、政策決定を対象とした研究ではないものの、資源が豊富な場合には全ての人に配分することとなる平等性が重視され、資源が不足している場合には特定の人にのみ配分することとなる必要性や効率性が重視される傾向が指摘されているためである（Greenberg 1981; Skitka and Tetlock 1992）。公共施設の統廃合の文脈を考えると、その背景には財政難や人口減少によって資源が制約されていて、削らざるを得ないという状況がある。

> 仮説 1a：統廃合の検討過程において、平等性に基づく基準よりも、必要性や効率性に基づく基準により統廃合が決定される方が、住民は過程を公正なものと認識する。

また、手続き的公正の要素比較に関する仮説を提示する。公正認知にポジティブな効果を与える意見表明の機会として行政と住民によるワークショップと、住民アンケートをあげる。実際に、公共施設の統廃合を検討するに際して、一部の地方自治体では住民参加の手続きとしてワークショップや住民アンケートを実施することがある（柳 2020）。いずれも住民の意

見表明に関する手続きであるものの、ワークショップは双方向的な取組だが参加者が一部に限られる。これに対して、住民アンケートは住民が自治体に対して意見を表明するという一方向の取組だが多くの住民が参加できる手段である。効果の多寡は仮説を示す段階では判断できないものの、異なる効果となる可能性があるので仮説1bの検証においては区別して検証する。これらの手続きの存在により、自分自身の意見では必ずしもなくとも、住民の意見表明の機会があることにより、住民の意見が尊重されているという認識を高めて、公正さを認識すると考える[3]。これに対して住民参加が行われない過程として、専門家による審議会と職員による検討が行われたシナリオを比較する。公共施設マネジメント実施計画を策定するに際して住民参加の取組を実施する地方自治体は数少ない（小泉 2018: 19）。地方自治体では、計画の策定に際して審議会を開催するところもあるが、職員やコンサルによる検討のみ行われることも多い（川嶋 2014: 9）。

> 仮説1b：統廃合の検討過程において、行政と住民によるワークショップや、住民アンケートが行われた場合の方が、専門家による審議会や行政職員による検討がなされた場合よりも、住民は過程を公正なものと認識する。

本研究では、分配的公正要素と手続き的公正要素に対応する公正認知を同じ変数としている。Lind and Tyler（1988 = 1995）では、分配基準に関する要素は結果の公正さに関する認識に影響し、手続き的な要素は手続きの公正さに関する認識に影響すると考えて、異なる結果変数を想定していた。ただし、実証研究が進むにつれて、2つの要素が影響を与える変数の違いを個人が認識することは極めてまれであり、全体的な公正さの認識に着目することの重要性が指摘されている（Ambrose and Arnaud 2005）。そこで、本研究では、仮説1aと1bで結果変数を分けることなく、政策過程でどのような判断基準を示したり、手続きを行ったりしたかという過程全体に対する公正さの認識を結果変数とする。

次に、先行研究では、意見表明の機会等の要素が公正認知を媒介して、結果の受容に結び付くという関係性が指摘されている（Lind et al. 1993; Tyler et al. 1997 = 2000; Van den Bos 2005）。政策過程の公正さに関する認

識は、政策過程に意見表明の機会等の要素が存在するかに影響を受ける。そして、そうした公正認知が政策の受容に影響を与えるのである。そのため、仮説1aや1bで提示した要素が、公正認知を媒介して、統廃合の受容をもたらすという仮説を提示する。

　　仮説2：必要性、効率性やワークショップ、住民アンケートという要
　　　　　素は、公正認知を媒介して、統廃合の受容に正の効果を与える。

　最後に、結果の好みに応じた意見表明の機会の効果を検証する。もともと統廃合に肯定的な人は、手続き的な公正さの有無にかかわらず、統廃合を受容するであろう。しかし、統廃合に否定的な人においては、手続き的に公正な取組が行われることで、政策過程を公正なものと認識して、結果を受容する傾向が現れると想定する。政府が進める政策に反対しているという状況は、政府の信頼性に関する懸念が高まっている時である。そうした時ほど政府の信頼性に関するシグナルとして、手続き的な公正さに関する情報が重要となる（Brockner and Wiesenfeld 2005: 546–548）。

　　仮説3：統廃合に否定的な層においては、ワークショップ、住民アン
　　　　　ケートという要素がある場合に、統廃合を受容する傾向が強まる。

3.　手法

3.1　調査の概要

　調査は、2022年2月18日から25日にかけて楽天インサイトの日本全国の18歳以上の登録モニターを対象として行った。調査の配信に際しては、性別、年齢、居住都道府県の3属性が令和2年国勢調査の分布に沿う形となるように調整し、12,284名を呼び込んだ。調査途中の脱落者や海外居住者を除いた完全回答者は3,505名となる。本調査は、立命館大学における人を対象とする研究倫理審査委員会の承認（衣笠-人-2021-106）を受けて実施した。

3.2 ビネット実験と変数

本研究では、ビネット実験を行った。ビネット実験では、研究者が被験者に仮想のシナリオを提示して、シナリオ内の構成要素を変化させて読ませ、シナリオに対する評価を尋ねる。ビネット実験においては、ある要素が結果に影響を及ぼすかを検証するために、その要素以外の他の要素を全て一定のものとする条件を人為的に作りだしている。この無作為割り当ての手続きにより、原因と結果の間の内生性の問題に適切に対処できるため、ビネット実験も含めた実験的アプローチが政治学分野において盛んに行われるようになっている（Song・秦 2020）。政策決定を対象に手続き的公正の効果を検証してきた多くの先行研究でも用いられている手法である。人々の政策に対する認識が様々な要素に影響される中で、シナリオ内の構成要素の効果を適切に検証することができるため、本研究でもビネット実験による検証を行う。

本調査では、ビネット実験前にアテンションチェックと27の質問をしている。調査の概要を示したものが図1である。まず、調査冒頭でアテンションチェックを行っており、このチェックを通過したもののみがビネット実験の被験者となっている（Online Appendix 1参照）。その後に性別などの人口統計学的属性や、居住自治体への信頼や財政状況への認識等を質問し、公共施設統廃合への賛否についても尋ねている。公共施設統廃合への賛否を尋ねる質問では、以下の問いを示したうえで、公共施設全般のほか、公民館・集会所など個別の施設についての意識を尋ねている。

> あなたは、あなたのお住まいの市区町村の公共施設全般や、個別の公共施設について統廃合を進めることについてどのようにお考えですか。ここで、公共施設とは、市区町村によって設置・運営されている施設を指しており、私立の施設は含めません。

本研究では、結果の好みとして、公民館・集会所の統廃合に対する賛否を用いる。上記の質問の選択肢は、反対（1）〜賛成（5）である。この質問への回答の平均値は3.14、標準偏差は0.93であった。

そして、13のシナリオのうちいずれか1つを無作為に割り当てた（バラ

公共施設統廃合の受容

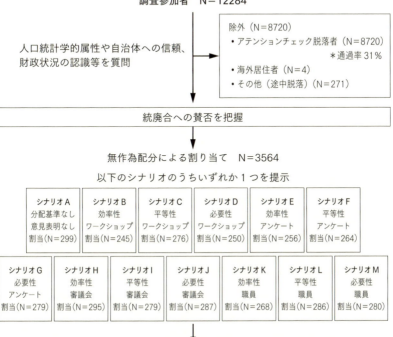

図1　調査の概要

ンスチェックについて Online Appendix 2 を参照）。実験では、被験者が住む自治体において、公民館の統廃合が計画され、被験者が利用する公民館が隣の地区にある公民館に統廃合されるという基本情報を示している。13のシナリオには、この基本情報のみのシナリオA（記述なし）のほか、効率性、平等性、必要性という3つの統廃合の基準に関する文章と、ワークショップ、住民アンケート、審議会、職員という4つの意見表明の機会に関する文章を組み合わせた情報が追加された12のシナリオがある（各シナリオの全文は Online Appendix 3 を参照）。分析に際しては、シナリオにおいて各要素が示されている場合を1としたダミー変数を作成した。

　基準に関する文章とは、統廃合がどのような方針のもとで決められたかに関する情報であり、公共施設の要否を検討する際に用いられている指標を参照した（Online Appendix 3 を参照）。効率性シナリオでは「検討の中で、経済的な効率性という観点から、公共施設利用者一人当たりの利用コストが高い施設から統廃合をする方針」が、平等性シナリオでは「検討の中で、公共施設の整備状況の平等性という観点から、公共施設が充実している地域の施設から統廃合をする方針」が、必要性シナリオでは「検討の中で、公共施設の必要性という観点から、稼働率が低い施設から統廃合をする方針」が決まったことを示している。

　意見表明の機会に関する文章とは、統廃合の過程においてどのように検討がなされたかを示した情報である。ワークショップシナリオでは「検討過程において、計画案に住民の意見を取り入れるために、地域ごとに地域住民と自治体職員によるワークショップが開催」されたことを、住民アンケートシナリオでは「検討過程において、計画案に住民の意見を取り入れるために、住民アンケートが行われ」たことを示した。いずれのシナリオにおいても住民の意見を「取り入れるために」取組が行われたという記述としており、取組により住民の意見が「取り入れられた」という表現とはしていない。先行研究の多くにおいても、住民の意見が反映されたことを示す表現とはなっていない[4]。審議会シナリオでは「検討過程において、大学教授などの有識者の意見を取り入れるために、審議会が開催され」たことを、職員シナリオでは「検討は自治体職員が行って」いたことを示した。

　シナリオ表示後に、シナリオの政策決定過程の進め方に関して、以下の

公共施設統廃合の受容　　161

2つの質問を提示した。選択肢には、1（否定的な選択肢）から7（肯定的な選択肢）以外に「わからない」もある（政策受容に関する質問も同様）。①の平均値は3.96、標準偏差は1.428である。②の平均値は4.07、標準偏差は1.314である。この2変数のCronbachの α 係数は、0.821であり、回答の一貫性の程度は高い。本研究では、主成分分析を行い、析出された1つの主成分（固有値1.699）の得点を算出し、これを過程の公正さに関する認識を示す変数とした。

> ①上の仮のシナリオにおいて、あなたは統廃合の検討過程は、全体として良い進め方だったと思いますか。

> ②上の仮のシナリオにおいて、あなたは統廃合の検討過程は、どれくらい公正な手続きだったと思いますか。

　続いて、政策の受容に関して、以下の2つの質問を提示した。③の平均値は3.84、標準偏差は1.423である。④の平均値は4.12、標準偏差は1.433である。2つの変数のCronbachの α 係数は、0.918であり、回答の一貫性の程度は高い。ここでも、主成分分析を行い、析出された1つの主成分（固有値1.846）の得点を算出し、政策受容を示す変数とした。

> ③上の仮のシナリオにおいて、あなたは統廃合をどれくらい支持しますか。

> ④上の仮のシナリオにおいて、あなたは統廃合をどれくらい受け入れられますか。

　最後に、マニピュレーションチェックを行い、実験の刺激が適切に与えられていることを確認した（Online Appendix 4を参照）。

4. 分析結果

仮説1（基準、意見表明の機会が公正認知に与える効果）の検証

　まず、仮説1aと1bを検証する。公正認知を従属変数として、各シナリオのダミー変数を独立変数として投入した重回帰分析を行った。分析結果を示したものが表1である。表には意見表明の機会のベースラインが異なるモデルを示している。いずれも基準に関するベースラインは平等性だが、モデル1は意見表明の機会のベースラインが職員、モデル2は審議会

表1　公正認知を従属変数とした重回帰分析の結果

ベースライン	モデル1 基準：平等性 意見表明の機会：職員		モデル2 基準：平等性 意見表明の機会：審議会	
基準：必要性	.10 (.04)	*	.10 (.04)	*
基準：効率性	.06 (.05)		.06 (.05)	
意見表明の機会：ワークショップ	.34 (.05)	***	.32 (.05)	***
意見表明の機会：住民アンケート	.29 (.05)	***	.27 (.05)	***
意見表明の機会：審議会	.02 (.05)			
意見表明の機会：職員			−.02 (.05)	
記述なし	−.02 (.08)		−.04 (.08)	
定数	−.19 (.04)	***	−.17 (.04)	***
N	3039		3039	
R²	.027		.027	
Adjusted R²	.025		.025	

注：$^{***}p < .001$, $^{**}p < .01$, $^{*}p < .05$。数値は非標準化係数。（　）内はロバスト標準誤差。

公共施設統廃合の受容　　163

である。

　仮説1aの検証として、平等性よりも必要性や効率性という基準が示された方が公正と認識するかをみる。平等性が示された場合よりも、必要性が示された場合の方が公正認知は高まるが（5％水準で有意）、効率性については大きな違いがない。仮説1aは一部が支持される結果となった。

　次に、仮説1bの検証として、意見表明の機会としてワークショップや住民アンケートが行われた場合の方が、職員による検討がなされた場合や有識者による審議会が行われた場合よりも公正と認識するかをみる。ベースラインが職員と審議会いずれの場合でも、ワークショップや住民アンケートがなされた場合の方が公正と認識されている（0.1％水準で有意）。仮説1bは支持された。なお、本実験では、公民館という公共施設を取り上げたが、公民館の位置づけやイメージは地域によって異なる場合もある。そこで、三大都市圏内と三大都市圏外で効果に違いがあるかについても分析したが、いずれの地域であってもワークショップと住民アンケートという要素には統計的に有意な効果がみられた（Online Appendix 5を参照）。

仮説2（因果媒介効果）の検証

　仮説2の検証として、公正認知を媒介変数として、政策受容を従属変数とした因果媒介分析を行った。分析は、Imaiらが開発したアルゴリズムに基づいたRのmediationパッケージを使用した（Imai, Keele, and Tingley 2010; Imai et al. 2011; Tingley et al. 2014）。分析に際しては、正規近似に基づく準ベイズモンテカルロ法による1,000回のシミュレーションを行った（Tingley et al. 2014）。図2に示すのは、平均因果媒介効果（ACME）、平均直接効果（ADE）、全体効果（Total Effect）である。ACMEとは、処置変数が媒介変数を通して従属変数に間接的にもたらす効果である。◆は処置群（ダミー変数が1）における効果、◇は統制群（ダミー変数が0）における効果を示している。なお、感度分析の結果、推定結果の脆弱性は低いものと考えられる（Online Appendix 6を参照）。

　図2の左上は必要性の結果を、右上は効率性の結果を示している。必要性については、ACMEが5％水準で統計的に有意であり、従属変数に対して正の媒介効果がもたらされていることが示されている。ADEは統計的に有意ではなく、処置変数から従属変数への直接効果はないことも示され

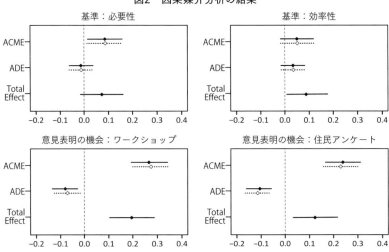

図2　因果媒介分析の結果

注：エラーバーは95％信頼区間（ロバスト標準誤差）

ている。仮説2を支持する結果である。ただし、全体効果は統計的に有意ではない。ACMEの効果がADEの効果と打ち消しあっており、全体としては、必要性が基準となるシナリオを示されたことによる統廃合の受容の効果は確認できない。効率性については、ACME及びADEはともに統計的に有意ではなく、仮説2を支持しない結果となった。ただし、全体効果は5％水準で正に有意である。これは、全体としては、効率性が基準となるシナリオを示されると統廃合を受容する傾向にあることを示している。

図2の左下と右下は、それぞれワークショップと住民アンケートの結果を示している。ACMEはいずれも0.1％水準で統計的に有意であり、従属変数に対して正の媒介効果がもたらされている。ワークショップのADEは1％水準で統計的に有意であり、住民アンケートのADEは0.1％水準で統計的に有意である。いずれも処置変数から従属変数への負の直接効果があることが示されている。仮説2を支持する結果である。また、全体効果はワークショップが0.1％水準で統計的に有意であり、住民アンケートは1％水準で統計的に有意である。いずれも正の全体効果があることが示されている。ワークショップや住民アンケートのシナリオを提示されると、負の直接効果があるものの、公正認知を媒介した正の効果により、全体と

しても統廃合を受容する傾向が示されている。

仮説3（結果の好みに応じた意見表明の機会の効果）の検証

　最後に、仮説3を検証した。実験前に質問をした公民館統廃合への賛否が結果の好みである。住民の意向が表明されたシナリオ（ワークショップ及び住民アンケートシナリオを統合）と職員による検討がなされたシナリオの被験者を対象に、政策受容を従属変数として、結果の好みと意見表明の機会（住民シナリオダミー）、及びその交差項を独立変数とした重回帰分析を行った（結果についてはOnline Appendix 7を参照）。職員シナリオは審議会シナリオと比べて市民や社会からの意見表明の要素が少ないため比較のベースとした[5]。ワークショップと住民アンケートシナリオを統合したのは、同様の傾向を示していたためである（区別して分析した結果についてOnline Appendix 7を参照）。推定結果に基づき、結果の好みが政策受容に与える影響をシナリオ別に示したものが図3である。

　図3をみると、結果の好みに応じて住民の意見が表明されたシナリオの

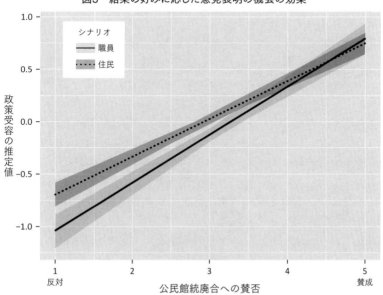

図3　結果の好みに応じた意見表明の機会の効果

注：影は95%信頼区間。

効果は異なる。事前に公民館の統廃合について賛成（5）や、やや賛成（4）と回答した被験者はどのシナリオを割り当てられたにかかわらず統廃合を受容している。他方で、反対（1）や、やや反対（2）、どちらでもない（3）と回答した被験者は、住民シナリオを割り当てられた方が、統廃合を受容している。つまり、もともと統廃合に否定的な層において、ワークショップや住民アンケートという要素がある場合に、統廃合を受容する傾向が強まる。仮説3は支持された。

5. 結論

本研究では、地方自治体が公共施設統廃合においてどのような取組を行う場合に住民が統廃合に合意するかを、ビネット実験により検証した。本研究は社会的公正理論に依拠しており、住民の意見を取り入れるためにワークショップや住民アンケートが行われた場合の方が、職員による検討がなされた場合や有識者による審議会が行われた場合よりも統廃合の過程を公正と認識することがわかった。また、そうした公正認知を媒介して、統廃合の受容につながっている。そして、もともと統廃合に否定的な層に対して、住民による意見表明の機会の効果は現れる。なお、どのような基準により統廃合を計画したかという点については、平等性ではなく必要性という基準を示すと、公正認知を媒介した政策受容をもたらすという傾向もみられた。ただし、その効果は大きくはなく、全体としては必要性という基準を提示されたことにより統廃合を受容する傾向は確認できなかった。他方で、平等性ではなく効率性という基準を示すことは、公正認知を媒介した政策受容はもたらさないが、全体としては統廃合を受容する傾向があった[6]。

本研究では、これまでの政策決定を対象とした社会的公正研究において、十分に明らかにされていなかった点を検証した。1つ目は、意見表明の機会という手続き的な要素だけではなく、政策の判断基準が与える効果についても検証した点である。先行研究では政策の判断基準が公正認知や政策受容に与える効果について検証が十分になされていなかったが、明確な効果は示されないことがわかった。他方で、手続き的な要素については

明確な効果が示された。どのような基準で政策を決定することが公正なのかという点は、文脈によるところがあり判断が難しい。手続き的公正研究では、結果の公平性を判断することが困難な場合には、判断のヒューリスティックとして手続き評価に依存することが指摘されている（Van den Bos and Lind 2002）。政策過程の公正さの判断において、政策の判断基準と比べると、手続き的な要素の効果が明瞭に現れることが明らかとなった。

　2つ目は、住民にとって不利益となる政策決定過程における結果の好みとの交互作用を検証した点である。本研究では、結果の好みに応じた意見表明の機会の効果を検証し、公共施設統廃合のような住民にとって不利益となる政策過程において、結果の好みと合致しないグループに意見表明の機会の効果がみられることを明らかにした。先行研究では、人々にとって不利益となる政策における結果の好みの影響を検討していなかったが、不利益となる政策においても、結果の好みに応じて意見表明の機会の効果が異なることが明らかとなった。手続き的公正研究では、意見表明の機会が結果の好みとは独立して効果を与えることを想定してきた研究が多かったものの（Lind and Tyler 1988 = 1995: 1–2）、結果の好みに応じた意見表明の機会の効果の違いを検討する必要がある。なお、電車のインフラ整備など移動手段に関する政策という住民にとって不利益とはならない新規政策を対象とした先行研究では、結果の好みと合致したグループには、ミニ・パブリックスが政策受容にポジティブな効果を及ぼしていることが指摘されており（Van Dijk and Lefevere 2023）、本研究とは効果が生じる結果の好みのグループが異なる結果となった。ただし、Van Dijk and Lefevere（2023）で取り上げられた政策と、本研究で取り上げた政策が置かれている文脈は異なる。手続き的要素が公正認知に与える影響は文脈依存的であることが指摘されており（Tyler 1988）、異なる国や政策を単純に比較して検討することは適切ではない。住民に不利益を分配する政策であるか否かによって意見表明の機会の効果が現れる結果の好みのグループに違いが現れるかという点は今後に検証すべき課題となる。

　本研究が用いたビネット実験の設定には留意すべき点も存在する。まず、本実験ではビネット実験の対象として公民館を取り上げた。本実験の結果が他の種類の公共施設にも適用できるかについては別の検証を行う必要がある。ただし、様々な公共施設の統廃合に対する態度は、公民館・集

会所や庁舎・支所・出張所などの誰でも利用できる施設と、幼稚園・保育所などの特定の属性の住民が利用する施設という2パターンに分けられることが指摘されている（柳 2023）。このことからすると、本実験の結果は庁舎などでも再現できる可能性が高いものと考える。また、住民の統廃合に対する態度を施設別にみると、公民館より幼稚園・保育園などの特定の属性の住民が利用する施設の統廃合に否定的な人が多い傾向がある（柳 2023）。結果の好みと合致しない場合に意見表明の機会の効果が現れるという本研究の結果からすると、幼稚園・保育園といった施設においては、意見表明の機会の効果が公民館の場合よりも大きい可能性もある。

　このように、本研究はこれからの日本において増加することが想定される不利益を分配する政策過程に対する含意も有する。本研究からは、どのような基準により策定された内容であろうとも、住民の意見表明の取組がなされた場合に、住民は統廃合を受け入れることが示された。とりわけ統廃合に否定的な層に、ワークショップや住民アンケートの取組は大きな影響を及ぼす[7]。現実の公共施設マネジメントの計画策定過程で多く行われている職員のみの検討や審議会を行っても人々が統廃合を受け入れることにはならない。住民の意見を取り入れるためにワークショップや住民アンケートを行うことが統廃合の受容につながるという知見は、今後に公共施設の統廃合を検討する際に重要となるだろう。

付記
　本研究は、科研費（18K12704, 23K01246）と野村財団からの研究助成を受けた成果である。

謝辞
　本研究は、日本行政学会2023年度総会・研究会と関西行政学研究会において報告し、行政学会の討論者の村上裕一先生をはじめとして多くの方々からご助言を頂いた。また、年報政治学への投稿に際しては、匿名の査読者の方々からも貴重なご助言を頂いた。ご助言を頂いた皆様や関係者の皆様に記して感謝申し上げる。

[1] 政策決定と公正さに関するレビューとして、柳（2022）を参照。

[2] 例えば、富山県の高岡市では、公共施設の評価の方針として、必要性や効率性等を列挙するとともに、地域的な視点についても加味することを示している（高岡市・地方自治研究機構 2018）。

[3] この仮説は関係性的な視点から導出されたものである。多くの住民にとって政策決定過程において自分の意見を表明して過程をコントロールすることは想定しにくい（Terwel et al. 2010）。そのため、道具的な説明から政策過程において集合的な意見表明の機会の効果があることを示すことは難しい。

[4] 先行研究には、意見表明の機会があることのみを被験者に示すのではなく、政府が積極的に市民の意見を求めていて市民を尊重していることを示す研究や（de Fine Licht 2011; Martin, Mikołajczak, and Orr 2022; Wu and Wang 2013）、意見表明の機会だけではなく、意見が反映されたことの効果についても検証している研究も存在する（Esaiasson et al. 2019; Van Dijk and Lefevere 2023）。

[5] 審議会シナリオと比較した場合も、図3ほど顕著ではないが同様の傾向を示している（Online Appendix 7 を参照）。

[6] このことは効率性という基準は公正さという観点以外から人々に受け入れられているが、必要性にはそうした傾向が確認できないことを意味している。この解釈と分配原理の好みごとのサブグループ分析について Online Appendix 8 を参照。

[7] なお、本研究の結果は、統廃合の過程で地方自治体がワークショップや住民アンケートをするだけで、住民が審議会や行政職員による検討が行われた場合よりも統廃合を受容することになるということを意味しない。ビネット実験では、住民アンケートやワークショップは住民の意見を取り入れるために行ったというシナリオを提示している。先行研究では、ミニ・パブリックスを行っても、政府がその提言を無視した場合は、提言を採用した場合だけではなく、そもそもミニ・パブリックスが行われない場合と比べても不満が高まることが指摘されている（Van Dijk and Lefevere 2023）。現実には、住民アンケートやワークショップを行ったとしても、それらの取組により住民意見が必ず取り入れられるわけではないし、住民意見の反映を企図せずにワークショップを行う場合もある。実際の政治過程における効果についても今後に検証していく必要がある。

❖ 引用文献

礒崎初仁. 2020. 「自治体の空間管理と合意形成 ── 成長時代から縮減時代へ」『季刊行政管理研究』169号、4–21頁.

大友章司・広瀬幸雄・大沼進. 2019. 「放射性廃棄物の長期管理施設の立地調査受容における感情、手続き的公正、信頼が及ぼす影響」『社会安全学研究』9号、

177–186頁.

大沼進. 2017.「家庭ごみ減量化政策にみる市民参加と手続き的公正 —— 札幌市における計画づくりから実践のプロセスデザイン」宮内泰介編『どうすれば環境保全はうまくいくのか —— 現場から考える「順応的ガバナンス」の進め方』新泉社、30–58頁.

川嶋幸夫. 2014.「施設シートと無作為抽出の住民参加で施設仕分け —— 10月18日、三重県松坂市で『市営住宅のあり方市民討議会』」『地方行政』10511号、8–12頁.

神原明里・Irwan Setiawan・羽鳥剛史. 2017.「公共施設の統廃合計画における施設削減に対する地域住民の受容条件に関する研究」『土木学会論文集D3（土木計画学）』73巻5号、I_433–443頁.

小泉秀樹. 2018.「地域資本の利活用を軸にした少子高齢社会における新しいコミュニティマネジメント」『月刊自治研』60巻通号710号、16–25頁.

Song Jaehyun・秦正樹. 2020.「オンライン・サーベイ実験の方法 —— 理論編」『理論と方法』35巻1号、92–108頁.

高岡市・地方自治研究機構. 2018.「公共施設マネジメントにおける実施基準等の設定に関する調査研究」（http://www.rilg.or.jp/htdocs/img/004/pdf/h29/h29_09.pdf、最終閲覧日2023年10月5日）.

西野辰哉. 2015.「先行自治体による公共施設再編計画の構成と内容に関する考察」『日本建築学会計画系論文集』80巻714号、1775–1785頁.

日本政策投資銀行・日本経済研究所. 2014.『公共施設に関する住民意識調査 —— 住民8割が老朽化に伴う総量見直しに賛成。特に60代が積極的』（https://www.dbj.jp/pdf/investigate/etc/pdf/book1402_01.pdf、最終閲覧日2023年10月5日）.

前田洋枝・広瀬幸雄・大沼進・大友章司. 2020.「革新的エネルギー・環境戦略の社会的受容の規定因 —— 『エネルギー・環境の選択肢に関する討論型世論調査』の手続き的公正に注目して」『環境科学会誌』33巻2号、24–41頁.

柳至. 2018.『不利益分配の政治学 —— 地方自治体における政策廃止』有斐閣.

柳至. 2020.「公共施設等統廃合に関する合意形成の手段 —— 先行研究のレビューによる整理」『政策科学・国際関係論集』20号、109–135頁.

柳至. 2022.「政策と公正さ —— 分配的公正研究と手続き的公正研究のレビュー」『立命館法学』399・400号、979–1003頁.

柳至. 2023.「公共施設統廃合への賛否 —— 住民調査の分析」『立命館法学』409号、649–673頁.

Adams, Stacy J. 1965. "Inequity In Social Exchange" ed. Leonard Berkowitz. *Advances in Experimental Social Psychology* 2: 267–299.

Ambrose, Maureen L., and Anke Arnaud. 2005. "Are Procedural Justice and Distributive Justice Conceptually Distinct?" In *Handbook of Organizational Justice*, edited by Jerald Greenberg and Jason A. Colquitt, 59–84. London: Taylor & Francis.

Brockner, Joel, and Batia Wiesenfeld. 2005. "How, When, and Why Does Outcome Favorability Interact with Procedural Fairness?" *In Handbook of Organizational Justice*, edited by Jerald

Greenberg and Jason A. Colquitt, 525–548. London: Taylor & Francis.

Deutsch, Morton. 1975. "Equity, Equality, and Need: What Determines Which Value Will Be Used as the Basis of Distributive Justice?" *Journal of Social Issues* 31 (3): 137–149.

Doherty, David, and Jennifer Wolak. 2012. "When Do the Ends Justify the Means? Evaluating Procedural Fairness." *Political Behavior* 34 (2): 301–323.

Esaiasson, Peter, Mikael Persson, Mikael Gilljam, and Torun Lindholm. 2019. "Reconsidering the Role of Procedures for Decision Acceptance." *British Journal of Political Science* 49 (1): 291–314.

de Fine Licht, Jenny. 2011. "Do We Really Want to Know? The Potentially Negative Effect of Transparency in Decision Making on Perceived Legitimacy." *Scandinavian Political Studies* 34 (3): 183–201.

Gatskova, Kseniia. 2013. "Distributive Justice Attitudes in Ukraine: Need, Desert or Social Minimum?" *Communist and Post-Communist Studies* 46 (2): 227–241.

Greenberg, Jerald. 1981. "The Justice of Distributing Scarce and Abundant Resources." In *The Justice Motive in Social Behavior: Adapting to Times of Scarcity and Change*, edited by Melvin J. Lerner and Sally C. Lerner, 289–316. Critical Issues in Social Justice. New York: Springer US.

Hammond Wagner, Courtney R., and Meredith T. Niles. 2020. "What Is Fair in Groundwater Allocation? Distributive and Procedural Fairness Perceptions of California's Sustainable Groundwater Management Act." *Society & Natural Resources* 33 (12): 1508–1529.

Imai, Kosuke, Luke Keele, and Dustin Tingley. 2010. "A General Approach to Causal Mediation Analysis." *Psychological Methods* 15 (4): 309–334.

Imai, Kosuke, Luke Keele, Dustin Tingley, and Teppei Yamamoto. 2011. "Unpacking the Black Box of Causality: Learning about Causal Mechanisms from Experimental and Observational Studies." *American Political Science Review* 105 (4): 765–789.

Jost, John T., and Aaron C. Kay. 2010. "Social Justice: History, Theory, and Research." In *Handbook of Social Psychology, Vol. 2, 5th Ed*, 1122–1165. Hoboken: John Wiley & Sons, Inc.

Kahneman, Daniel, and Amos Tversky. 1979. "Prospect Theory: An Analysis of Decision under Risk." *Econometrica* 47 (2): 263–291.

Leung, Kwok, Kwok-Kit Tong, and E. Allan Lind. 2007. "Realpolitik versus Fair Process: Moderating Effects of Group Identification on Acceptance of Political Decisions." *Journal of Personality and Social Psychology* 92 (3): 476–489.

Lind, E. Allan, Carol T. Kulik, Maureen Ambrose, and Maria V. de Vera Park. 1993. "Individual and Corporate Dispute Resolution: Using Procedural Fairness as a Decision Heuristic." *Administrative Science Quarterly* 38 (2): 224–251.

Lind, E. Allan, and Tom R. Tyler. 1988. *The Social Psychology of Procedural Justice*, New York: Plenum (= 1995年、菅原郁夫・大渕憲一訳『フェアネスと手続きの社会心理学——裁判、政治、組織への応用』ブレーン出版).

Martin, Aaron, Gosia Mikołajczak, and Raymond Orr. 2022. "Does Process Matter? Experimental Evidence on the Effect of Procedural Fairness on Citizens' Evaluations of Policy Outcomes." *International Political Science Review* 43 (1): 103–117.

Nakatani, Miho. 2023. "How Do Political Decision-Making Processes Affect the Acceptability of Decisions? Results from a Survey Experiment." *International Political Science Review*, 44(2): 244–261.

Skitka, Linda J., and Philip E. Tetlock. 1992. "Allocating Scarce Resources: A Contingency Model of Distributive Justice." *Journal of Experimental Social Psychology* 28 (6): 491–522.

Terwel, Bart W., Fieke Harinck, Naomi Ellemers, and Dancker D. L. Daamen. 2010. "Voice in Political Decision-Making: The Effect of Group Voice on Perceived Trustworthiness of Decision Makers and Subsequent Acceptance of Decisions." *Journal of Experimental Psychology: Applied* 16 (2): 173–186.

Tingley, Dustin, Teppei Yamamoto, Kentaro Hirose, Luke Keele, and Kosuke Imai. 2014. "Mediation: R Package for Causal Mediation Analysis." *Journal of Statistical Software* 59 (5): 1–38.

Tyler, Tom R. 1988. "What Is Procedural Justice?: Criteria Used by Citizens to Assess the Fairness of Legal Procedures." *Law & Society Review* 22 (1): 103–135.

————. 1994. "Governing amid Diversity: The Effect of Fair Decisionmaking Procedures on the Legitimacy of Government." *Law & Society Review* 28 (4): 809–831.

Tyler, Tom R., Robert J. Boeckmann, Heather J. Smith, and Yuen J. Huo. 1997. *Social Justice In A Diverse Society*. Boulder, Colo: Westview Press（＝2000年、大渕憲一・菅原郁夫監訳『多元社会における正義と公正』ブレーン出版）.

Ulbig, Stacy G. 2008. "Voice Is Not Enough: The Importance of Influence in Political Trust and Policy Assessments." *Public Opinion Quarterly* 72 (3): 523–539.

Van den Bos, Kees. 2005. "What Is Responsible for the Fair Process Effect?" In *Handbook of Organizational Justice*, edited by Jerald Greenberg and Jason A. Colquitt, 273–300. London: Taylor & Francis.

Van den Bos, Kees, and E. Allan Lind. 2002. "Uncertainty Management by Means of Fairness Judgments." *Advances in Experimental Social Psychology* 34: 1–60.

Van Dijk, Lisa, and Jonas Lefevere. 2023. "Can the Use of Minipublics Backfire? Examining How Policy Adoption Shapes the Effect of Minipublics on Political Support among the General Public." *European Journal of Political Research* 62 (1): 135–155.

Werner, Hannah, and Sofie Marien. 2022. "Process vs. Outcome? How to Evaluate the Effects of Participatory Processes on Legitimacy Perceptions." *British Journal of Political Science* 52 (1): 429–436.

Wu, Xuan-Na, and Er-Ping Wang. 2013. "Outcome Favorability as a Boundary Condition to Voice Effect on People's Reactions to Public Policymaking." *Journal of Applied Social Psychology* 43 (2): 329–337.

プラットフォーム企業の権力と正統性
—— デジタル立憲デモクラシーの方へ

宮崎大学准教授 松尾隆佑

　GAFAMなどのデジタルプラットフォーム企業は、莫大な資金に基づく政治的影響力を持つだけでなく、人工知能を含む先端的技術を用いて市民生活や公共的言論の諸条件を独自に左右できる、「新たな統治者」である。本稿の目的は、こうした企業の多面的権力が、リベラルで民主的な社会において正統化されうる条件を明らかにすることにある。本稿はまず、企業に正統性を調達させる手段として、多様なステークホルダーとの熟議が求められてきた点を確認する。次に、主権の一元性が揺らぐ現代のデジタル封建制における企業権力の源泉を論じ、監視資本主義を背景とするアルゴリズム統治の特徴を整理する。そして、GAFAMなどに国家と共通の憲法的制約を適用しようとするデジタル立憲主義がアルゴリズム統治の正統化に十分でないとの評価を示した上で、経営過程におけるステークホルダーの発言権と、市民によるアルゴリズムの監督、組織内権力分立を組み合わせた、デジタル立憲デモクラシーの構想を提示する。この構想は、国家と企業の抑制均衡を促す市民社会の役割を重視する点や、市民が企業に直接アカウンタビリティを問えるメカニズムを含む点で、独自の意義を主張できる。

キーワード：デジタルプラットフォーム、デジタル封建制、
　　　　　　　監視資本主義、人工知能、デジタル立憲主義

はじめに

　本稿の目的は、現代のデジタルプラットフォーム企業が持つ多面的な権力に検討を加え、その権力がリベラルで民主的な社会と調和可能な形態として正統化されうる条件を明らかにすることにある。ここでのプラットフォーム（PF）とは、「情報・商品・サービスの提供者と利用者など2者以上の異なる参加者グループの間に介在し、両者を仲介または媒介する場」を指している（成原 2020: 54）。ソーシャルメディア上のコミュニケーションと宣伝広告に見られるように、「同一のグループにおける参加者数が増大するほど参加者の便益が増大する効果」と、「一方のグループの参加者数が増大するのに伴い他方のグループに属する参加者の便益が増大する効果」のために、PFを提供する産業では市場の独占・寡占が生じやすい（*ibid.*）。実際に、インターネット検索、ソーシャルメディア、オンラインモール、アプリストアなどといったデジタルPFの分野では[1]、いずれもアメリカに拠点を置き、ビッグテックやGAFAMなどと呼ばれる5つの巨大企業（Google［親会社はAlphabet］、Amazon、Facebook［現社名はMeta］、Apple、Microsoft）によって、市場シェアの大部分が占められている。これらPF企業は、莫大な資金力に基づく強い政治的影響力を持つだけでなく、人工知能（AI）を含む先端的なデジタル技術を用いて市民の生活や公共的言論の諸条件を独自に左右できるため、国家に肩を並べる「新たな統治者」とも呼ばれている（Klonick 2018）。

　伝統的に国家を主たる研究対象と捉えてきた政治学は、EUのような超国家的政治共同体が現われ、NGOや企業など民間の非国家主体がマルチレベルのガバナンスに携わるようになった後でも、国家との結びつきを自明の前提として政治を語る「方法論的国家主義」を手放していない（田村 2022）。しかし、近年では巨大企業が持つ「私的政府」の側面に注目して職場デモクラシーを求める議論が再興しており（Anderson 2017; Landemore and Ferreras 2016; 松尾 2021）、ガバナンスに関与する一部の企業は、国家に似た準政府的な役割を担う「私的権威」の性格を持つようになったとの認識も広がりつつある（Büthe 2010; Matten and Crane 2005; 松

尾 2022)。また憲法学では、民間主体であるPF企業の権力に国家と共通の憲法的制約を適用しようとする「デジタル立憲主義」が盛んに主張されている（山本健人 2023; 山本龍彦 2022）。本稿はこれらの先行研究を踏まえて、規範的政治理論の観点から、PF企業が持ちうる権力と正統性について論じたい。

　本稿の議論は次のように構成される。第1節では、PF事業者に限らない企業一般が持ちうる権力をめぐって展開されてきた議論を整理し、権力の正統化を図る方法として、多様なステークホルダーとの熟議が求められてきたことを確認する。第2節では、近代的な主権の一元性が崩れたとも指摘される現代の「デジタル封建制」においてPF企業が手にする権力の源泉を論じ、民間主体が国家とは独立に市民を服従させるアルゴリズム統治の特徴を明らかにする。第3節では、デジタル立憲主義がアルゴリズム統治の正統化には十分でないとの評価を示した上で、経営上の意思決定過程におけるステークホルダーの発言権と、一般市民によるアルゴリズムの監督、組織内権力分立を組み合わせた、「デジタル立憲デモクラシー」の構想を提示する。

　なお、PF事業者はGAFAMに限られるわけではなく、事業者の規模や態様に応じてあるべき規制の姿も変わってくるが、本稿ではGAFAMを中心とする大規模なグローバル企業を念頭に置いて議論を進めたい。

1　企業の権力と正統性

1.1　私的政府と私的権威

　グローバル資本主義の下で経済格差が拡大した近年では、労働者が使用者の恣意的干渉にさらされやすい企業を権威主義的な私的政府と見なす議論が、注目を集めている（Anderson 2017）。企業に政治組織の側面を見出す議論は従来からあり（Mitchell 1989）、ロバート・ダールが「企業リヴァイアサン」を民主的にコントロールする必要を説いたように（Dahl 1990: ch. 4）、官僚制化した組織と命令系統を備えた大企業が内的に国家同様の権威を持つ私的政府であるとの認識は、20世紀半ばの政治学者にはある

程度共有されていた。

　ダールらが企業を民主化するべき根拠としていた国家との相似性は、今では一層顕著となった。地理的に国家よりも広範囲で活動する企業は無数にあり、大企業の従業員数は都市や小国の人口と同等の水準である（トヨタは30万人超、ウォルマートは200万人超の従業員を抱えている）。また、2017年の歳入／収益で比較した世界ランキング100位までを占めるのが31の国家と69の企業であることからわかるように（Global Justice Now 2018）、一部の企業は大多数の国家よりも大きな経済規模を有している。企業がその巨大さ・複雑さや経済的影響力において国家と同等以上でありうることについては、ほとんど異論の余地がない。また、このほかの質的差異を強調する議論の多くは反駁されており、国家と似た特徴を理由とする企業民主化の要求を退けるに十分とは考えられない（Landemore and Ferreras 2016; 松尾 2021）。被治者の発言権を規範的に要請する民主的原理は国家以外にも適用されうるため、労働者をはじめとする多様なステークホルダーは企業の意思決定過程への参加を認められるべきである。

　ただし、方法論的国家主義に基づく政治学が大きな関心を払ってきたのは、むしろ企業が組織外部の政治過程に及ぼす影響の方である。企業は一般に、政治献金やロビイングなどを通じて特定の政策に影響を及ぼそうとする道具的権力、資本主義経済における特権的な地位に基づく構造的権力、官民協働の進展を通じて増幅する制度的権力を行使できる（Busemeyer and Thelen 2020; Babic et al. 2022）。直接的・組織的に行使される道具的権力に対して、構造的権力は間接的に働くものであり、政治的な組織化を伴うとも限らない。資本主義経済の下では、民間企業が何にどれだけ資本を投下するかにより、社会全体の経済成長や物価、雇用、所得、富などが大きく左右される。このため政府および社会は投資に関する経営者層の決定への構造的依存を余儀なくされており、企業は資本を投じる／引きあげる可能性に基づく権力を得て、自社にとって好都合な政策決定を促すことができる。また構造的権力は、こうした物質的な意味だけでなく、理念的（ideational）な意味でも働く（Babic et al. 2022）。企業は、メディアを介して自分たちの利害認識に基づいた言説を社会に浸透させられるからである。有権者が物質的・理念的に企業への依存を深めれば、選挙政治においても親ビジネス的な結果が導かれやすくなるだろう。

さらに、政府が権限委譲や規制緩和を通じて公共サービスの供給を民間主体に頼ることで、企業は制度的権力を獲得できる（Busemeyer and Thelen 2020）。公共部門の民営化が進めば、政府は企業との協働なしには必要な業務を遂行しにくくなり、サービス供給を企業に委ねつづければ、そのサービスは政府によって代替しがたくなっていく。企業がサービス供給から撤退する可能性を排除できない限り、政府およびコミュニティが企業に依存する程度が高まるほど制度的権力は強化され、当該企業の意向を無視できなくなるだろう。また、そもそも政府や国際機関による規制が不十分な分野では、企業や業界団体のような非国家主体による自主規制や民間規制の補完的・代替的な統治機能が重視され、これらと法規制を組み合わせる共同規制の手法も発達してきた。こうした文脈では、企業は私的権威と呼ばれることもある（Büthe 2010）。

政府の統治能力が損なわれている途上国（脆弱国家・破綻国家）などでは、企業が字義通りの統治者として振る舞うこともある。たとえば法的な労働規制や環境規制が不十分な地域において、企業は自主的な取り組みによって地域の規制水準を引き上げられる。このような場面では、企業は市民の基本的な諸権利を保護するという準政府的な役割を担うため、一般的な企業の社会的責任（CSR）を超えた「政治的CSR」の領域に踏み込んでいると見なせる（Matten and Crane 2005; Blanc 2023; 松尾 2022）。国家の手が届きにくい領域で企業が事実上の統治者となることは、構造的権力や制度的権力の範疇も超えており、端的に主権を握っていると捉えた方がよいだろう。このように「企業主権」が出現するほど多面的な権力を企業が手にしている現代では、そうした権力の正統性を問う必要がある。

1.2 政治的CSRと熟議的コーポレート・ガバナンス

企業の正統性は、株式会社の巨大化により経営者が社会に与える影響が拡大した20世紀前半から、たびたび議論されてきた。20世紀後半に現われたCSR論も、こうした文脈で正統性調達を求める潮流の一種として理解できる（Mitchell 1989）。グローバルな展開に伴って企業が各地でコンフリクトを引き起こす場面は増えるため、現代では正統性の確保が一層重要となっている（Palazzo and Scherer 2006: 71-72）。

企業の正統性に関しては、「社会的に構築された規範・価値・信念・定

義の体系において、ある組織の行為が好ましく、妥当あるいは適切であるという一般化された認識や想定」というマーク・サッチマンの定義が最も有名である（Suchman 1995: 574）。サッチマンはさらに、社会内の諸集団が組織の活動から得られると見込む自己利益に基づく「実用的正統性（pragmatic legitimacy）」、組織の存在と活動が社会内で（意識されるまでもなく）当然視されている信念などと一致していることに基づく「認識的正統性（cognitive legitimacy）」、組織のアウトプット、手続き、構造、リーダーなどに関する（意識的な）肯定・承認に基づく「道徳的正統性（moral legitimacy）」を区別している（Suchman 1995; see also Palazzo and Scherer 2006: 72–73）。法の遵守や社会にもたらす便益から企業の正統性を引き出そうとする見解は、実用的正統性と認識的正統性に依拠している。だが、実用的正統性の基盤は特定の集団に限定されている点で弱く、一過性のものである。また、濃密で均質な文化的背景を前提とする認識的正統性も、価値の多元化に伴って衰えてしまう（Palazzo and Scherer 2006: 74）。したがって、グローバルに展開する現代企業が異なる国々から普遍的・持続的に正統性を調達するためには、道徳的正統性が鍵となる。

　グイド・パラッツォとアンドリース・ゲオルク・シェーラーは、道徳的正統性は対話を通じてしか確保できないとの想定から（*ibid.*: 73, 79）、準政府的な機能を担う企業は多様なステークホルダーとの熟議から道徳的正統性を調達するべきだと主張する。政治的CSR論のように企業が対外的にも国家と類似した性格を強めているとの認識を前提にすれば、企業権力を民主的に正統化するため、被治者としてのステークホルダーを包摂した熟議的コーポレート・ガバナンスの実現が要求される（Palazzo and Scherer 2006; Scherer et al. 2013）。つまり、コミュニティの共通善に影響を及ぼすような社会活動は、民間主体の準政府的活動も含めて、熟議的統治に服するべきなのである（Hussain and Moriarty 2018: 521）。こうした一般的視座を得られたところで、次にPF企業へと焦点を絞って検討を進めよう。

2　プラットフォーム企業の権力

2.1　デジタル封建制における企業主権

　その活動範囲や事業規模、経済的影響力において、主要なPF企業が他分野の企業や多くの国家をしのぐことは明らかである。Metaの月間アクティブユーザー数は約40億人に上る。株式時価総額ではビッグテック5社すべてが世界7位までに位置しており、Amazonの売上高約5,700億ドルはノルウェー、Appleの売上高約3,800億ドルはイランのGDPに相当する（Daly 2024）。もっとも、伝統的な産業と比べれば、現代のテック企業が雇用する労働者数は少ない（Srnicek 2017: 4 = 2022: 12–13）。PF企業の内部統治に伴う権力の働きは、無形のデジタル空間で国境横断的に展開される種々のサービスや、PFを通じて単発の仕事を請け負うギグワーカーに見られる流動的雇用などを踏まえて、注意深く特徴づける必要があるだろう。むしろ本稿では、PF企業が対外的に行使しうる権力を主に論じることにしたい。

　企業が道具的権力を行使する手段となるのがロビイングである。アメリカにおけるテック企業のロビイング費用は年々増加しており、2023年には産業全体で約1億ドルまで膨らんでいる（Statista Research Department 2024）。また、2019年にEU諸機関を対象とするロビイングに最も多くの費用をかけた企業はGoogle（約700万ドル）であり、2位はMicrosoft（約590万ドル）、4位はFacebook（約420万ドル）だった（Richter 2019）。産業の急激な成長とともに、PF企業が豊富な資金力を用いて政治過程に対する働きかけを強めていることは間違いない。加えてPF企業は、政治家や官僚を務めた人物を雇用したり、自社の出身者を政府機関に送り込んだりする「回転ドア」戦略によっても、政治的影響力を獲得できる（内田 2024: 161–163）。

　また、ロビイングでは政治エリートに直接働きかけるインサイド戦術だけでなく、メディアや世論に訴えることで政治過程に間接的な影響を及ぼそうとするアウトサイド戦術も使われる（山本英弘 2012）。道具的権力と構造的権力が重なり合うこの戦術において、後述するようにオンラインの言論空間を管理するPF企業が圧倒的な強みを有することは、言を俟たない。シリコンバレーから生み出される最先端のテクノロジーと莫大な富に伴う文化的・言説的な影響力も考慮すれば、今やPF企業の存在と切り離

して世論の形成を想像することさえ難しい。さらに、ビッグテックがその資金力と技術力を背景にして、さまざまな分野の研究者や学術機関に対して資金提供や技術協力を行っていることも見逃すべきでないだろう。回転ドアはPF企業と学界のあいだでも動いているため、PF規制をめぐる議論では、専門家の独立性を安易に想定できない（内田 2024: 165-167）。

　制度的権力の側面でもPF企業は顕著に強大な存在である。専門性が高いインターネットガバナンスやAIガバナンスの分野では、PF企業による一定の協力なしに実効的な規範や規制をつくり上げることは難しい。近年では新型コロナウイルス感染症対策においても、PF企業から位置情報データやアプリ開発技術などの提供を受けることは、多くの国で重要な意味を持った（山本龍彦 2022: 148-149, 162）。より一般的に言えば、現代ではデジタル技術を用いることなく日常生活を送ることが極めて難しくなっており、私的な場面だけでなく、職場の業務遂行や行政サービスの利用などにおいても、スマートフォンやメッセージアプリをはじめとするデジタル技術の利用が当たり前の前提とされている。つまり私たちは、PF企業のサービスを利用しなければ、生活上の利便性が著しく低下するばかりか、生計を立てたり公的手続きを進めたりすることも困難になりつつある。

　ここから、PF企業の最大の特徴である企業主権のあり方が見えてくる。成原慧によれば、PF企業は、情報流通の媒介者、データの集積者、アーキテクチャの設計者という多面的な性格を併せ持つ（成原 2020: 60）。ここでのアーキテクチャとは、コードやアルゴリズムによって定まる物理的・技術的構造を指す。たとえばAmazonは、商品の検索結果をどのように表示し順位づけるかを独自に決められる。そこでは特定のアルゴリズムに沿ってユーザーの自由が実質的に制約されているが、その制約はあたかも物理法則のように自動で働き、ユーザーからは認識しにくい（山本健人 2023: 59）。PF企業がデジタル空間で持つこうした権力は国家からの自律性が高く、国家の主権に伴うはずの一元性・至上性を疑わせる。すなわち、もはや「物理的領域の「王」にすぎない国家は、デジタル領域の「王」を経由・媒介しなければ、〈ユーザーとしての国民〉に実質的にリーチし、彼らを実効的に支配できない」のである（山本龍彦 2022: 152）。

　山本龍彦はPF企業を、トマス・ホッブズがリヴァイアサン＝国家と対になる怪物として描いたビヒモスになぞらえている。山本がPF企業の権

力の源泉として挙げるのは、①規模が巨大で市場における独占的・寡占的地位を持つこと、②日常生活のインフラを形成するとともにスマートフォンなどを通じて個人の身体に近接していること、③ユーザーのデータとAIなどの先端的技術の利用可能性において国家より優位にあること、④AIによる判断の過程がブラックボックスであるように、PF企業の外部からは技術の詳細を把握困難であること、⑤無形の情報と普遍的な言語であるコードを扱うPF企業の活動がグローバルな範囲へと拡大しやすく、そのために物理的拠点とサービス提供場所が一致せず企業の実態把握が難しいこと（課税上の困難など）、⑥莫大な経済的利益に基づく資金力を背景に各国でロビイングを展開し、政治過程に強い影響力を及ぼしていること、⑦感情を掻き立てるようなアルゴリズムを用いて、複数の「部族（tribe）」を生み出したり分断させたりする操作・動員の可能性を持つこと、の7点である（*ibid.*: 155–159）。

　国家と類似する特徴を持つ企業が一定の領域内では国家もコントロールできない権力を持つとすれば、近代に国家へと一元化された主権は再び多元化していることになる。したがって、この現状はデジタル封建制と呼ばれている（山本龍彦 2023: 317–326）。山本はPF企業を中世の封建領主とのアナロジーで捉える議論に依拠しつつ、PF企業は「国境を超えて権勢を揮い、個人の、信徒としての生の側面に重要な影響を与えたカトリック教会に近い」と指摘する（山本龍彦 2022: 165、傍点は原文）。PF企業がユーザーを縛るコードは、かつてのラテン語と同様、一般市民が判読できないアルゴリズムのかたちで機能する。またPF企業は、教会が独自の税を徴収していたように、ユーザーから金銭的価値を持つデータを収集している（*ibid.*: 165–168）。既に述べた通り、ユーザーは生活のためにはPF企業のサービスを利用しなければならず、デジタル空間から逃れることは容易でない。PF企業が治めるデジタル空間＝領地に縛られたユーザーは、データ＝作物を生産・貢納せざるを得ないのである。

2.2　監視資本主義におけるアルゴリズム統治

　デジタル空間で収集された各種のデータが金銭的価値を持つようになったのは、いわゆる「監視資本主義」の発展による（Zuboff 2019）。検索、閲覧、視聴、投稿、購買といったオンラインの行動履歴にせよ、位置情報

のようなリアルの行動履歴にせよ、自動的に追跡された膨大な人間の経験から採掘できるデータの塊（ビッグデータ）は、さまざまなビジネスのマーケティングや商品開発、広告などにとって貴重な材料となる。データは性別や年齢といった属性ごとに分類され、AIによって機械的に分析されるため、テック部門は監視資本主義において、データの集積とAIを動かすアルゴリズムの両面で、特有の影響を市場と社会に及ぼせる。またPFでは、「多くのデータが集まるのに伴いAIなどのアルゴリズムの改良が進み、優れたアルゴリズムを活用したサービスを提供するプラットフォームほど参加者が増大する」という効果も生じる（成原 2020: 55）。現代の経済環境では、PF企業への権力集中は不可避である。

　既にAIは、労働者に対する作業の指示や成果の評価、市民に対する社会的信用度や犯罪リスクの評価など、さまざまな場面で用いられている。だが多くの指摘があるように、アルゴリズムは、しばしば人種差別や性差別など社会に存在する不平等を反映したバイアスを抱えている（内田 2024: 95–99）。たとえばAIの学習データが偏っているために、白人男性の健常者といったマジョリティの典型的な言動から評価尺度が形成され、移民や女性、障碍者といったマイノリティにとって不利に働く場合がある。いわばアルゴリズムが社会を過小にしか代表できていないのである。

　データの面でもアルゴリズムの面でも、適切な規制の妨げとなっているのは、PFに付きまとう不透明性である。デジタル空間の主権を握るPF企業は、この点では民間主体であることを都合よく盾に使う。つまり、サービスの利用条件としてユーザーから収集した個人情報を保護するためにも、重要な営業秘密を秘匿するためにも、自社の技術やアーキテクチャの詳細を公開するわけにはいかない、という理屈である。しかし、完全な公開が不可能でも、プライバシーが適切に保護されているか、ユーザーが公正に取り扱われているかを確かめるため、中立的な機関によるアルゴリズムの監査は受け入れさせるべきだろう（*ibid.*: 102–103）。ユーザーおよび社会に対するアカウンタビリティを果たさせ、恣意的なアルゴリズム統治を防ぐ仕組みが必要とされている。

2.3　デジタル公共圏における視界の政治

　寡占的なPF企業による不透明なアルゴリズム統治は、リベラル・デモ

クラシーにとって致命的でありうる。なぜなら、PFは現代の情報流通過程を支えており、表現の自由と知る権利の技術的な基盤を形成しているからである（成原 2020: 58）。今や、ほとんどの国・自治体や政党・政治家がソーシャルメディアを活用した情報発信を行っており、法政策に関する情報もオンラインで入手する人びとが大多数になっている。つまりPF企業は、リベラル・デモクラシーにとって必須である公共的言論の存立可能性を掌握しているのである。

　ここから多くの懸念が生じる。第一に、健全な公共的言論が成り立ちうるかは疑問である。ニュースサイト閲覧者の多くはソーシャルメディアを経由しているため、FacebookやX［旧Twitter］などでの拡散に適しているかどうかが、情報流通の条件を形成する。だが監視資本主義の下では、ユーザーのサービス利用履歴が広告主に販売されるため、できるだけ頻繁かつ長くユーザーを惹きつけ、より活発なエンゲージメントを引き出そうとするアテンションエコノミーが拡大する。人びとの感情に訴えるゴシップ記事や犬猫・乳幼児の動画などに比べて、堅実な報道や論説がアテンションを集めにくいことは、もとより明らかである（山本龍彦 2023: 248–249）。加えて、レコメンデーションのようなアルゴリズムが、公共性の高いニュースよりもエンターテインメントの話題や私的なコミュニケーションを人目に触れやすくすれば、市民の公共的関心は喚起されにくくなる。これは少数のPF企業が世論形成に前例のない集権的な影響を及ぼせるということであり、従来からある大手メディアの商業主義とは区別して考える必要がある（Aytac 2024）。PF企業は自社やその経営者、あるいは富裕層一般にとって都合の悪いニュースが注目を集めないようにアルゴリズムを細工できる。それによってリベラル・デモクラシーの情報的資源が不当に限定され、社会の不公正や不平等が是正される機会は縮小するかもしれない。

　第二に、何が公共的な言論空間にふさわしいもので、何がふさわしくないものであるかを決定し、取り締まる権力がPF企業に握られている点も重要である。PF企業は、名誉毀損、プライバシー侵害、わいせつ表現、児童ポルノ、フェイクニュース、ヘイトスピーチ、著作権侵害など、違法または有害な情報の流通を抑制するゲートキーパーとしての役割も担う（成原 2020: 58）。情報のモデレーションとして、注意喚起やレーティング、

コメント欄の閉鎖、投稿に対する警告や削除、検索結果での非表示、アカウントの停止など、さまざまな手段が用いられる。しかし問題は、どのような言論や表現が制限されるかが、多くの場合はAIによる機械的な判断によっており、その判断を導くアルゴリズムが明らかでないことである。こうした不透明性のため、PF企業によるモデレーションは、しばしば恣意的な言論統制や検閲と受け止められている。

　何を見えなくし、何を見えるようにするか、という可視性の配分をめぐる権力の作用と、それをめぐる抗争が日常的に市民を巻き込んでいる点で、デジタルな言論空間は、監視・隠蔽・暴露をめぐる「視界の政治（politics of sight）」に強く規定されていると言えるだろう（Pachirat 2011）。アルゴリズム統治は、私企業によって行われるにもかかわらず、政治競争というゲームのルールを強制的につくり出す（Aytac 2024）。すなわち現代の政治アクターや社会運動は、PF企業が管理するデジタル公共圏でどのような言説が注目されるかによって、大きく運命を左右される。公共的言論にかかわる可視性の配分は、特定の集団にとって有利または不利に働くため、デジタル公共圏における政治的不平等をもたらしうる。党派的なバイアスが問題であるのは言うまでもないが、マジョリティの選好を過大に代表してしまう傾向がアルゴリズムにあれば、マイノリティが言論を通じて社会変革をもたらせる機会は限定されてしまうかもしれない。

　第三に、デジタル公共圏の健全な機能に責任を負うべきPF企業が、その権力を国家の規制に抗う目的で用いうることにも注意が必要である。たとえばGoogleは多数のYouTuberに著作権保護強化への反対キャンペーンを行うよう促したし、MetaはInstagramのインフルエンサーを使ってPF規制に反対するメッセージを繰り返し送らせた（内田 2024: 163–165）。自社の利益を守るためにユーザーを動員して世論誘導を図ることは、準政府的な権力に見合った責任ある姿勢とは食い違う場面が多いだろう。もっとも、抗国家的な権力を行使できること自体が問題なのではない。2021年にアメリカ連邦議会の襲撃を扇動したドナルド・トランプのアカウントをFacebookとTwitterが凍結した事実は、PF企業が有力な政治アクターの言動さえ制約できることを確認させたと同時に、その判断によってリベラル・デモクラシーの防衛にも寄与しうることを示した（山本龍彦 2022: 174）。この両義性は、PF企業の権力を正統化するための戦略にとって示

唆的である。

3 プラットフォーム企業の正統性

3.1 デジタル立憲主義

　PF企業が準政府的権力を持っているとの認識から、その権力も憲法的制約の対象に含めようとするのが、デジタル立憲主義である。近代立憲主義は、法の支配、権力分立、人権保障、デモクラシーといった一連の価値を有する憲法による国家権力の制限を含意してきた（山本健人 2023: 57）。これに対してデジタル立憲主義は、「デジタル技術を扱う私的主体が権力者となりうるデジタル空間に立憲主義の価値を持ち込むことを志向する」（*ibid.*: 56）。デジタル空間で憲法的価値を実現するためには多様な方法が想定されており、必ずしも国家の憲法を民間主体に直接適用することが目指されているわけではない。主な手段としては、法律による規制を通じた憲法的価値の実現、自主規制における憲法的価値への準拠、社会における自主的な憲法規範の形成などがある（*ibid.*: 62–64）。

　デジタル立憲主義の特徴は、デジタル空間の秩序形成に対する法規制を最小化しようとする「デジタル自由主義」や、権威主義的統治のために国家がデジタル技術を積極的に活用する「デジタル権威主義」との対比によって明確になる（*ibid.*: 64–65）。前者は民間主体の自由を重視して自主規制に多くを委ねる立場だが、後者は、国家が企業を支配下に置くことで主権の一元性を徹底する立場である。顔データの収集・分析が刑事捜査や市民運動の弾圧に利用できるように、デジタル技術の発達は国家による監視能力も強化してきた。企業が持つ膨大なデータや各種のアルゴリズムも自在に用いることができれば、国家はより広範かつ強力に市民を監視・制圧できる。デジタル権威主義の下では、PF企業が権威主義的統治の代理人となるのだ。これらの立場に対してデジタル立憲主義は、デジタル空間を介して働く権力の抑制を目的としているため、民間主体に対する規制の強化と、国家権力の肥大化に対する歯止めの双方を含意する（*ibid.*: 66–67）。

　山本は、PF企業の技術的優位ゆえに法規制が限界を持つことや、単純

な規制強化が各分野のガバナンスに必要とされる国家と企業の柔軟な連携を困難にすること、PF企業がデジタル空間で持つ主権を国家に回収しようとする試みは国家への過度の信頼に基づいていることを指摘する（山本龍彦 2022: 171-173）。つまり国家による規制を頼りすぎることは、それが成功したとしても、デジタル立憲主義ではなくデジタル権威主義に近づいてしまう危険性を伴う。「国家＝リヴァイアサンが、物理的領域とデジタル領域の双方を統治する権力を一手に握るべきだという主張が規範的にどこまで魅力的かは微妙である」（*ibid.*: 175、傍点は原文）。

前述したように、PF企業による抗国家的な権力行使は、リベラル・デモクラシーにとって有益な場合もある。たとえば刑事捜査を理由として被疑者のスマートフォンのロック解除を求める国家に対して、Appleがプライバシー保護を根拠に解除を拒否することは、市民に対する国家の監視能力を限定する面では肯定的に評価しうる（*ibid.*: 173-174）。それゆえデジタル立憲主義が目的とする権力抑制を果たすためには、国家と民間主体の均衡を生み出すような、社会全体での権力分立を目指すべきかもしれない。山本は、国家とPF企業が相互の戦略的協力につながる並列的な「外交」関係を結ぶべきだと主張し、その上で両者の関係を透明化して民主的にチェックできることが重要だとする（*ibid.*: 177-180）。

また、デジタル空間で憲法的価値を実現するためには、国家と民間主体のあいだで抑制均衡を追求するだけでなく、民間主体の組織内部に立憲主義的制度を備えるように求めることもできる（山本健人 2023: 69）。実際の自発的取り組みとして、Facebookは2020年から、投稿削除やアカウント停止に関する同社の判断を独立して審査する権限を持つ「監督委員会（oversight board）」を設けている（水谷 2021）。世界各国から集められた法学者らで構成する同委員会の決定についてFacebookは履行義務を負うため、これは同社の「最高裁判所」とも呼ばれる。

3.2 市民社会アプローチ

デジタル立憲主義は多彩な議論を内包する新しい研究潮流であるため、その全体を山本の主張によって代表させることはできない。だが少なくとも、デジタル立憲主義において、国家と企業の権力抑制に向けて市民社会が果たしうる役割や、憲法的価値の一種とされるデモクラシーの位置づけ

が不明確であることは指摘できる。以下では、デジタル立憲主義に欠けているか不十分にしか見出せない市民社会アプローチの可能性と、PF企業の組織構造を民主的に変革するデジタル立憲デモクラシーの構想について、順に論じたい。

　PF企業の権力に正統性を備えさせる方策を探る本稿の目的から言えば、PF規制強化の必要を認めつつも法規制だけに依存しないデジタル立憲主義の戦略は、支持に値する。山本の指摘にあるように、デジタル分野においては国家のみで実効的規制を行うことは困難であるし、国家がPF企業を完全に支配下に置くような規制は、権力集中をもたらすために望ましくない。そこではPF企業の集権的管理と同じく、デジタル公共圏の自律性は損なわれてしまうだろう。ウグル・アイタックが言うように、国家がアルゴリズムを管理できる場合も、政治腐敗やエリートの利害に関するニュースが新たに可視化されるようになるとは、ほとんど想像できない（Aytac 2024）。社会の不平等が大きい現実の民主政治においては、国家と企業のどちらが主導権を握るかにかかわらず、富裕層やマジョリティを利するアルゴリズム統治の懸念は小さくならないのである。ましてや政治エリートと経済エリートの密接な関係（回転ドア）を念頭に置くなら、リヴァイアサンとビヒモスが「陰で「見えない握手」を交わす可能性」には常に注意を払う必要がある（山本龍彦 2022: 178）。

　そこで重要になるのが、国家と企業の双方を監視し、どちらの権力も抑制しようとする市民社会アクターの役割である。国家と企業の不透明な癒着を防ぎ、両者の分立と抑制均衡を健全に機能させるためには、リベラルで民主的な価値に沿って、ある時は国家と共同で企業に対する規制を担い、またある時は企業と連携して国家の横暴を阻むような、第三の行為主体（主権者）の働きが欠かせないだろう。しかし山本の議論では、市民社会アクターへの期待は前景に現われてこない。現代のガバナンスにおける複合的な規制の体系には、NGOが企業をモニタリングして規範の遵守を求めたり、消費者・投資家が倫理的消費行動や株主アクティヴィズムを通じて企業に働きかけたり、労働者が企業組織の内部から意見反映を求めて発言したりするなど、多様な手段が含まれうる。デジタル立憲主義的戦略の実効性を高めるには、こうした市民社会の諸アクターをエンパワーメントすることが、法規制の強化やPF企業による自主規制の促進と同時に追

求されるべきだろう[2]。

　山本の主張は、国家とPF企業を並列的に捉えながら、国家と同様のアカウンタビリティを企業に問うための制度的メカニズムを提示していない点でも不十分である。国家とPF企業の関係を外交になぞらえるなら、PF企業も国家の法規制を通じて間接的な民主的コントロールに服するだけでなく、ユーザーおよび社会に対して直接アカウンタビリティを果たすため、組織内部に国家と似た民主的制度を備えるべきだろう。特にデジタル公共圏におけるPF企業の集権性と国家に対する技術的優位を考慮すると、組織外部からコントロールを試みることには重大な限界がある。アルゴリズム統治をリベラルで民主的な価値と調和させるためには、ごく少数のエリートがアルゴリズムの管理権限を独占しているPF企業の組織構造を変革しなければならない[3]。

　もちろん、Facebookの監督委員会を例とする組織内部の権力分立も、デジタル立憲主義的戦略の一部ではありうる。だが、PF企業の組織変革が司法的制度の埋め込みにとどまるとすれば、立憲主義という名の専門家支配に陥ってしまう懸念を拭えない。ここで思い起こすべきは、PF企業が組織内外で多数の研究者や研究機関に大きな影響を与えていることである。監督委員会は委員の選任や財政においてFacebookから一定の独立性を担保されているが、PF企業の決定の妥当性を判断する外部の専門家がPF企業の内部者と共通の認識共同体に属していたり、もともとPF企業の影響下にあったりする可能性は否定しきれない。専門家に頼るだけでは、PF企業の権力を幅広い社会一般の利害に沿って抑制することは期待しにくいだろう。

　したがってPF企業の権力に正統性を備えさせるためには、PF企業の組織構造における立法的側面を変革し、アルゴリズム統治から影響を受ける人びとがPF企業の意思決定過程に参加する機会を平等に持てるようにしなければならない。自らのデータを収集・分析されたりアルゴリズムに行動を指示・誘導されたりするユーザーは、PF企業の事実上の強制力によって統治の「委任」を余儀なくされているため、不適切なデータ利用やアルゴリズムの設計・操作が行われていないかなどについて、アカウンタビリティを要求する権利を持つ。そしてアカウンタビリティを十分に機能させるためには、事後的な異議申し立ての権利（司法的救済）だけではなく、

プラットフォーム企業の権力と正統性　　189

事前の意思決定過程（立法手続き）に参加する権利の保障が重要となる
（松尾 2021: 155）。

3.3　デジタル立憲デモクラシー

第1節で確認したように、準政府的性格が強い民間主体は、その被治者
と言いうる多様なステークホルダーを包摂した熟議的な意思決定過程に基
づいて権力を行使することにより、正統性を調達するべきである。この点
の重要性は、デジタル立憲主義だけではPF企業の権力抑制が十分となら
ない理由を論じることによって、より頑健に確かめられた。私たちは、デ
ジタル立憲主義を超えたデジタル立憲デモクラシーを構想する必要がある。

熟議的コーポレート・ガバナンスのためにステークホルダーの包摂を求
める構想にも、企業が持続的に外部のステークホルダーと接触し、経営の
規範的側面について対話するように促す穏健なアプローチと、取締役会の
ような企業の統治機関に多様なステークホルダー代表を含めるように義務
づけるラディカルなアプローチがある（Blanc 2023）。企業の自発的行動
を重視する前者はグローバルな規範形成の文脈では重要だが、熟議の質を
確保したり逸脱企業に制裁を加えたりする制度的な手段がない点で、限界
を抱えている（Hussain and Moriarty 2018）。経営上の意思決定を民主的に
コントロールするには、やはり後者のようにステークホルダーの発言権を
保障する組織変革が必要だろう。とりわけ急激な技術革新が進むデジタル
分野では規制の形成が遅れがちになるため、企業を縛る規範は予め組織内
部で確立されることが望ましい（Blanc 2023: 8）。

ただし、アルゴリズムが極めて広範かつ不確実な影響を及ぼすことを考
慮すると、一般的な経営上の意思決定過程にステークホルダーを参加させ
る制度が正当化可能であるとしても、同じ機関によるアルゴリズム管理は
妥当でないかもしれない。労働者やユーザーをはじめとする多様なステー
クホルダーの代表が各団体・各地域などから公正な手続きで選ばれるとし
ても、特定のステークホルダー集団に責任を負う相対的少数の「議員」の
代表性は、アルゴリズム統治の影響範囲と釣り合わない。このため、特殊
利害のためにアルゴリズムが歪曲・悪用される恐れを払拭しきれないだろ
う。そこでアルゴリズムに関しては意思決定過程を分離し、より幅広い社
会全体の利害を代表できるように、無作為に選出された一般市民から成る

独立的な内部委員会を設けることが考えられる。

　こうした制度案の一例が、アイタックの唱える「市民統治委員会（citizen boards of governance: CBGs）」である（Aytac 2024）。無作為抽出に基づいて選ばれた市民で構成されるCBGsは、各PF企業内に設置され、アルゴリズムの導入・修正・停止などに関する監督権限を与えられる。これは恣意的なアルゴリズム統治の防止を唯一の任務とする機関であり、活動にあたって各分野の専門家に助言を求めることが可能である。同時に無作為抽出した共通の委員候補プールから各社のCBGsに委員を振り分ければ、全体として一定の代表性を確保しやすい。またCBGsは、公聴会を開いて取締役会および公衆への説明と意見聴取を行ったり、主要なステークホルダー団体の代表者も招いて専門家間の討論を行わせたりすることで、意思決定過程に社会全体の多様な利害や知識、パースペクティヴを取り込める[4]。その結論としてCBGsが下す判断に従う義務を各社が負うようにすれば、アルゴリズム統治の民主的コントロールは大いに促進されるはずである。

　PF企業の権力の正統化条件として組織内立法の民主化を求める本稿の主張は、組織内司法を重視する「企業立憲主義」と衝突しない。つまり上記の民主的諸機関の整備と並行して、Facebookに見られる自主規制を踏まえ、各PF企業に独立的な内部委員会として「企業憲法裁判所」の設置を義務づけることはありうる（Blanc 2023）。企業憲法裁は、たとえば企業が組織内外で行うステークホルダー対話における包摂性・代表性や熟議の質を検証し、主要なステークホルダーが十分な発言権を確保できていない場合は企業に是正を求めたり、経営上の意思決定の妥当性を判断して、市民の重要な権利を侵害する恐れのある決定に対する拒否権を行使したりすることが考えられる（*ibid.*: 11）。また、企業による政治献金やロビイングの妥当性も企業憲法裁がチェックするべきかもしれない（*ibid.*: 12）。さらに、ステークホルダー代表から成る統治機関と一般市民から成るアルゴリズムの監督機関が対立する場合は、企業憲法裁に調停の役割が求められる。企業憲法裁のメンバーが専門家であるべきか、無作為に選出された市民であるべきか、あるいは両者の混合であるべきかについては、議論が分かれるだろう。いずれにせよ重要なのは、PF企業の民主的統治を構想する場合にも、その適正な機能を支えるため、複数の統治機関を分立させるべきだということである。統治権力の正統化にとっては立憲的諸制度を装

備したデモクラシーこそ枢要であるとの標準的理解は、デジタル立憲デモ
クラシーを主張する本稿も共有している。PF企業に求めていくべきは、
経営上の意思決定過程におけるステークホルダーの包摂、アルゴリズム統
治に関する市民委員会の監督、企業憲法裁の設置による組織内権力分立の
実現、といった複合的な組織改革にほかならない。

おわりに

　本稿が明らかにしたように、PF企業の権力をコントロールする上で重
要となる規範的な指針は、法の支配、権力分立、人権保障といった立憲主
義的事項と、被治者による平等な参加という民主的事項に大別できる。簡
単に言えば、主権国家を縛ってきた立憲デモクラシーをデジタル空間で主
権を握るPF企業にも拡張することが、現代の政治秩序における喫緊の課
題である。この認識を共有しえたなら、PF企業をめぐる最善の制度的配
置について議論を続けることは、次なる別の機会に望むことがふさわしい。
　異なる領域を治めるリヴァイアサンとビヒモスが並び立つことで主権の
一元性が揺らぐデジタル封建制においては、両者の分立と抑制均衡を機能
させるために市民社会アクターの役割が重要であり、国家だけでなくPF
企業にも民主的アカウンタビリティを問える制度が必要となる。デジタル
立憲主義に満足せずデジタル立憲デモクラシーの構想を提起した本稿に
は、PF企業をめぐる問題に取り組む上で、憲法学だけでなく政治学の貢
献も欠かせないことを示した意義があるだろう。もっとも、本稿は限界も
有している。PF企業に伴う労働問題は扱えなかったし、独占・寡占ゆえ
の権力集中を防ぐためにビッグテックの分割を追求する可能性などは検討
していない。今後の課題としたい。
　本稿は政治学が伝統的に研究対象としてきた国家ではなく、民間主体で
ありながら国家に類似する性格を持つ企業に焦点を当てて、その権力を正
統化する方策を検討した。本稿のアプローチは国家とのアナロジーで企業
を語ろうとするものであり、なお方法論的国家主義を脱却しきれていない
とも見られうる。だが、憲法学と同じく国家を主題とする議論を重ねてき
た政治学にとっては、その蓄積を活用した貢献を行いやすい点で、企業の

準政府的機能に注目することが有用である。国家以外の対象に国家と共通の機能を見出していく本稿のような議論は、それ自体で方法論的国家主義の相対化を促し、国家・非国家にかかわらず政治一般を通観できる理論の構築につながると言えよう。

謝辞

　本稿はJSPS科研費22K13335および22K01310の助成を受けた研究成果の一部である。草稿は2024年3月18日のオンライン政治理論研究会にて報告の機会を得た。また本稿の一部には、2019年10月5日の日本政治学会研究大会、2021年9月16日および2022年3月11日のオンライン政治理論研究会、2022年9月1日の非国家的政治研究会で報告した内容を活かしている。関係各位に感謝申し上げる。

[1]　本稿では以下、デジタルPFを指してPFの語を用いる。
[2]　ここで挙げた規制手段は、第1節で触れた多様なステークホルダーを包摂した熟議を促す。企業一般とPF企業では、その権力を正統化するために用いられるべき手段に違いもあるだろうが、本稿ではかかる論点に立ち入らない。
[3]　リベラルで民主的な価値と衝突する行動を取るユーザーの存在ゆえにモデレーションが重要となるのだから、市民社会も多くの問題を抱えている。しかし、だからと言って国家や企業による不透明で恣意的な統治が許されるわけではない。市民社会アプローチは市民を理想化する立場ではなく、国家・企業・市民社会の抑制均衡を通じて、三者それぞれの問題に対処しようとする戦略である。
[4]　もちろん市民委員がアルゴリズムそのものを理解することは難しいが、ミニ・パブリックスの研究で示されているように、高度な科学技術に関するテーマであっても、専門家やステークホルダーなどの力を借りることで、市民による熟議は可能である（OECD 2020）。

❖ 文献一覧

Anderson, Elizabeth [2017] *Private Government: How Employers Rule Our Lives (and Why We Don't Talk about It)*. Princeton University Press.

Aytac, Ugur [2024] "Big Tech, Algorithmic Power, and Democratic Control." *Journal of Politics*, 86(4): 1431–1445.

Babic, M., Huijzer, J., Garcia-Bernardo, J., and Valeeva, D. [2022] "How Does Business Power Operate? A Framework for Its Working Mechanisms." *Business and Politics*, 24(2): 133–150.

Blanc, Sandrine [2023] "Deliberative Democracy and Corporate Constitutionalism: Considering Corporate Constitutional Courts." *Journal of Business Ethics*, 188(1): 1–15.

Busemeyer, M. R. and Thelen, K. [2020] "Institutional Sources of Business Power." *World Politics*, 72(3): 448–480.

Büthe, Tim [2010] "Global Private Politics: A Research Agenda." *Business and Politics*, 12(3): Article 12.

Dahl, Robert A. [1990 (1970)] *After the Revolution?* Revised ed., Yale University Press.

Daly, Lyle [2024] "The Largest Companies by Market Cap in 2024." The Motley Fool, Mar 4, 2024, <https://www.fool.com/research/largest-companies-by-market-cap/>.

Global Justice Now [2018] "69 of the Richest 100 Entities on the Planet Are Corporations, Not Governments, Figures Show." Oct 17, 2018, <https://www.globaljustice.org.uk/news/2018/oct/17/69-richest-100-entities-planet-are-corporations-not-governments-figures-show>.

Hussain, W. and Moriarty, J. [2018] "Accountable to Whom? Rethinking the Role of Corporations in Political CSR." *Journal of Business Ethics*, 149(3): 519–534.

Klonick, Kate [2018] "The New Governors: The People, Rules, and Processes Governing Online Speech." *Harvard Law Review*, 131(6): 1598–1670.

Landemore, H. and Ferreras, I. [2016] "In Defense of Workplace Democracy: Towards a Justification of the Firm-State Analogy." *Political Theory*, 44(1): 53–81.

Matten, D. and Crane, A. [2005] "Corporate Citizenship: Toward an Extended Theoretical Conceptualization." *Academy of Management Review*, 30(1): 166–179.

Mitchell, Neil J. [1989=2003] *The Generous Corporation: A Political Analysis of Economic Power*. Yale University Press. 松野弘／小阪隆秀監訳『社会にやさしい企業——経営思想の革新と企業的社会政策の展開』同友館.

OECD [2020=2023] *Innovative Citizen Participation and New Democratic Institutions: Catching the Deliberative Wave*. OECD Publishing. 日本ミニ・パブリックス研究フォーラム訳『世界に学ぶミニ・パブリックス——くじ引きと熟議による民主主義のつくりかた』学芸出版社.

Pachirat, Timothy [2011=2022] *Every Twelve Seconds: Industrialized Slaughter and the Politics of Sight*. Yale University Press. 小坂恵理訳『暴力のエスノグラフィー——産業化された屠殺と視界の政治』明石書店.

Palazzo, G. and Scherer, A. G. [2006] "Corporate Legitimacy as Deliberation: A Communicative Framework." *Journal of Business Ethics*, 66(1): 71–88.

Richter, Felix [2019] "The Companies Spending the Most on EU Lobbying." Statista, Apr 29, 2019, <https://www.statista.com/chart/17837/companies-spending-the-most-on-eu-lobbying/>.

Scherer, A. G., Baumann-Pauly, D., and Schneider, A. [2013] "Democratizing Corporate Governance: Compensating for the Democratic Deficit of Corporate Political Activity and Corporate Citizenship." *Business & Society*, 52(3): 473–514.

Srnicek, Nick [2017=2022] *Platform Capitalism*. Polity. 大橋完太郎／居村匠訳『プラットフォーム資本主義』人文書院.

Statista Research Department [2024] "U.S. Leading Lobbying Industries in the U.S. 2023." Statista, Feb 26, 2024, <https://www.statista.com/statistics/257364/top-lobbying-industries-in-the-us/>.

Suchman, Mark C. [1995] "Managing Legitimacy: Strategic and Institutional Approaches." *Academy of Management Review*, 20(3): 571–610.

Zuboff, Shoshana [2019=2021] *The Age of Surveillance Capitalism: The Fight for the Future at the New Frontier of Power*. Profile. 野中香方子訳『監視資本主義——人類の未来を賭けた闘い』東洋経済新報社.

内田聖子［2024］『デジタル・デモクラシー —— ビッグ・テックを包囲するグローバル市民社会』地平社.

田村哲樹［2022］「家族と民主主義」二宮周平／風間孝編『家族の変容と法制度の再構築 —— ジェンダー／セクシュアリティ／子どもの視点から』法律文化社, 198–216頁.

成原慧［2020］「プラットフォームはなぜ情報法の問題になるのか」『法学セミナー』65(4): 54–61.

松尾隆佑［2021］「民主的企業統治の擁護 —— 共和主義的諸構想からステークホルダー・デモクラシーへ」『法と哲学』7: 145–171.

松尾隆佑［2022］「グローバル・ガバナンスにおける非国家主体の正統性と政治的CSR」山崎望編『民主主義に未来はあるのか?』法政大学出版局, 4章.

水谷瑛嗣郎［2021］「Facebook「最高裁」の可能性 —— オンライン言論空間の憲法的ガバナンスに向けて」『情報法制研究』10: 79–90.

山本健人［2023］「デジタル立憲主義と憲法学」『情報法制研究』13: 56–71.

山本龍彦［2022］「近代主権国家とデジタル・プラットフォーム —— リヴァイアサン対ビヒモス」山元一編『憲法の基礎理論』信山社, 6章.

山本龍彦［2023］『〈超個人主義〉の逆説 —— AI社会への憲法的警句』弘文堂.

山本英弘［2012］「ロビイング戦術の階層構造」『年報政治学』2012–2: 181–201.

人の概念を笑うな
—— 政治哲学における多元的概念工学の擁護

日本学術振興会特別研究員PD　福島　弦

政治哲学においては、政治哲学上の概念について概念使用の目的を度外視して単一の正しい理解の存在を前提とする「概念的一元主義」に根ざして他者の概念理解を批判することがしばしば見られる。本稿は、概念的一元主義に抗し、政治哲学において概念を目的に応じて多元的にデザインする「多元的概念工学」を擁護し、その方法を詳述する。本稿の意義は、多元的概念工学を擁護することで、政治哲学の方法にとって根本的に重要な概念規定に関し、概念規定を巡る不毛な論争を回避し実質的論争点を明確化するための方法論的基礎を与え、さらには目的に応じて適切な概念を入手する方法を提示できる点で、政治哲学の方法論に重要な貢献を果たせるところに存する。

本稿はまず、既存の概念を評価・改善する試みである概念工学の発想と方法を概説した上で、概念工学の目的依存性及び目的の多元性が多元的概念工学の適切性を裏付けると主張する。続いて政治哲学に多元的概念工学を導入する意義を、《権利》、《デモクラシー》、《自律》の三つの概念を例に示す。最後に、政治哲学における多元的概念工学に対する四つの潜在的異論——不合意からの異論・廃絶主義からの異論・副次的影響からの異論・民主的自制からの異論——に応答する。

キーワード：概念工学、多元的概念工学、概念的一元主義、政治哲学方法論、概念分析

序

「君は○○の何たるかを分かっていない。」

○○の中に政治哲学上の鍵概念――政治、正義、権力、デモクラシー等々――を代入してみてほしい。ゼミで、研究会で、学会で、懇親会で、ともすれば日常的な会話でも、この種の発言を受け苦々しく思った経験がある研究者は少なくないだろう。単一の概念理解の正しさを前提に他人の概念理解を批判するこの種の発言を受け、「私は××という目的のために○○を△△と理解しているのであって、それを無視してあなたの○○の捉え方を押し付けないで下さい」と思った研究者もまた少なくないだろう。

冒頭から卑近な例を挙げたが、ここに伏在する「単一の概念理解の正しさ」の想定は日常的文脈を離れた学術論文上でもしばしば見られる。例えば政治哲学上の鍵概念について、思考実験等を用いてその必要十分条件を定式化し、その概念理解の正しさを前提に異なる概念理解を批判することはしばしばなされてきている[1]。政治哲学上の概念について、概念使用の目的を度外視して単一の正しい理解の存在を前提とする立場を「概念的一元主義」と呼ぼう。

本稿は概念的一元主義に抗し、政治哲学において概念を目的に応じて多元的にデザインすること――これを「多元的概念工学」と呼ぶ――を擁護し、その方法を詳述する。これが重要なのは、多元的概念工学を擁護することで、政治哲学の方法にとって根本的に重要な概念規定に関し、概念規定を巡る不毛な論争を回避し実質的論争点を明確化するための方法論的基礎を与え、さらには目的に応じて適切な概念を入手する方法を提示できる点で、政治哲学の方法論に重要な貢献を果たせるためである。この貢献は、言語哲学や形而上学等と比べて政治哲学では概念規定の方法を巡る批判的検討が稀である現状に鑑みて重要である[2]。

本稿は次のように進行する。1節では多元的概念工学を展開・擁護する。2節では政治哲学における多元的概念工学の有用性を具体例を用いて示す。3節では、政治哲学における多元的概念工学に対する潜在的異論に応答する。

本論に進む前に本稿の貢献の射程を明確にしておきたい。本稿は概念工学の方法を扱うが、それについては既に哲学方法論で豊富な蓄積があり、本稿が付け加えられることは少ない。本稿の貢献はむしろ、政治哲学に多元的概念工学を導入することの有用性を示し、それを行うにあたっての懸念に応えることに存する。政治哲学一般への概念工学の応用を巡る方法論的検討を主題とする先行研究は殆どないためこれは重要な貢献である[3]。したがって本稿では概念工学の方法自体を巡る細かい哲学的問いには可能な限り踏み込まない[4]。

1. 多元的概念工学

本節では、多元的概念工学を展開・擁護する。まず概念工学について概説し（1.1）、その後、概念工学の目的依存性及び目的の多元性が多元的概念工学の妥当性を裏付けると主張する（1.2）。最後に多元的概念工学の枠内での妥当な概念工学の条件を詳らかにする（1.3）。

1.1 概念工学

概念工学とは、我々の保持する概念を評価し改善する試みの総称である[5]。概念工学の特徴は、それをより伝統的な方法である概念規定への「記述的アプローチ」と対比することで明確になる。記述的アプローチは、我々が既に保持している概念の記述を目的とする[6]。この方法はG. E. Moore（1925）の影響力ある概念規定方法論を祖として現在まで伝わる有力な方法の一つである。実際に、思考実験を用いて我々が保持している概念を適切に記述する定義を特定する方法は、政治哲学で様々な概念について広く用いられている一般的な方法のように思われる。

概念工学からの記述的アプローチへの異論は、我々が既に保持している概念の適切性に関わる。我々の保持する問題含みの概念が改善された例は歴史上枚挙に暇がない。例えば《結婚》[7]は、従来は異性間にのみ適用されるものであり「同性婚」は語義矛盾であったが、それが持つ有害な道徳－政治的含意を是正するためにより包摂的な《結婚》が導入されてきた。また、2006年に国際天文学連合が《惑星》を改訂し冥王星が惑星の定義

から外れたことを覚えている読者も多いだろう。ここでは、天体の体系的分類を可能にするために《惑星》は改訂されたのであった。いずれの例をとっても、改訂前の概念は何らかの点で不適切であったのであり、我々が保持している概念を単に記述するだけで満足していたのでは改善は見込めなかったことになる。これらの例は、我々が保持している概念を単に記述するのではなく必要な場合には改善していく概念規定への「指令的アプローチ」の適切性を例証する。

　概念工学はそのような概念規定への指令的アプローチである。それは、我々の概念をただ記述するのではなく、それを評価・改善する。簡単に言えば、概念工学の焦点は記述的アプローチのように「我々が保持している概念」ではなく「我々が保持すべき概念」にある。

　概念工学は我々から疎遠な方法ではない。実際に、一部の論者（e.g. Cappelen and Plunkett 2020: 18–20）は哲学者が従来行ってきたことの多くが、意識されているかを問わず実際には概念工学として特徴づけられると主張している。そのため、概念工学をイラストレートするための有用な方法はその事例を挙げることだろう。ここでは、S. Haslangerによる《女性（woman）》の概念工学と、K. Scharpによる《真理（truth）》の概念工学の例を挙げる。

　Haslanger（2000 = 2022）によれば、既存の《女性》は曖昧であり、打破されるべき性差別的抑圧構造を明示化する上で不適切である。そこでHaslangerは、「生殖に関わる想像ないし観察された身体的特徴に基づく従属的地位」を核とする新たな《女性》を性差別的抑圧構造の明示化に資するものとして導入することで、抑圧に抗し社会正義を実現する目的を促進できると主張する。

　Haslangerのプロジェクトが道徳−政治的な性質を持つのに対し、Scharp（2013）の《真理》に関するプロジェクトはより理論志向的である。Scharpによれば、伝統的な意味での《真理》は例えば「嘘つきのパラドックス」等を含意する点で不整合である。この問題を改善するため、Scharpは《真理》を二つの概念——《上昇真理（ascending truth）》と《下降真理（descending truth）》——に分割するよう提案する。Scharpによれば、この分割は、学術的文脈で《真理》を扱う哲学者に整合的な理論構築を可能にする点で適切である。

これら二つのプロジェクトは多くの点で異なっている一方、概念工学の事例として特定の目的のための欠陥を抱えた概念の改善という趣旨を共有している。そのようなものとして概念工学のプロジェクトは、記述、評価、改善、実装の四段階の手続を共有している（Isaac et al. 2022: 2–4）。第一の記述の段階では、対象となる概念の既存の用法が明確化される。第二の段階は評価であり、ここでは対象となる概念が評価され、その欠陥が同定される。第三の改善の段階では第二段階で特定された概念の欠陥が改善される。概念を改善する方法としては、問題含みの概念を単に廃棄するものや新たなもので取り替えるものなどがありうる。第四の段階は実装であり、ここでは改善された概念がレリバントな文脈で実際に使用されるように実装される。

1.2 概念工学の目的依存性と
目的の多元性の含意としての多元的概念工学

概念工学は単に指令的なだけでなく、目的依存的なアプローチでもある。これは、概念工学の目的が、概念をいかに改訂すべきか——①何が既存の概念の問題なのか、②どのように既存の概念を改善すべきか、③誰が改善された概念を使用すべきか——を規定することを意味する。先述の例を用いていえば、Haslangerのプロジェクトが社会正義の実現を目的とするが故に①打破されるべき性差別的構造の明示化に資する《女性》が提示されていないことが問題であり、②そのような明示化に資するものとして生殖に関わる身体的特徴に基づく従属的地位と結びついた《女性》の導入が要請され、③社会的抑圧を解消するため単に理論家だけでなく理想的には市民一般が改訂された概念を使用することが適切となる。同様に、Scharpのプロジェクトが整合的な哲学理論の構築を目的とするが故に①《真理》がパラドックスを含意することが問題となり、②パラドックスを含意しないよう《真理》を二つに分割することが要請され、③市民一般ではなく真理を扱う哲学者がそれらを使用すれば十分であることになる。このように、概念工学がどのような概念を誰に提案するかは個別の概念工学の目的に依存する。

加えて重要なのは、我々が保持している概念が抱える欠陥の種類は様々であるため、概念工学の目的もそれ自体多様である点である[8]。例えば既

存の概念は問題のある道徳－政治的な含意を持っていたり（e.g. 旧来の《結婚》）、重要な理論的区別をぼやかしていたり（e.g. 未分化の《真理》）、認識的利得のある分類を阻害したり（e.g. 旧来の《惑星》）、現実世界に存在しないものを指していたりする（e.g.《燃素》）。加えて、例えば概念が道徳－政治的欠陥を抱える仕方は一様ではないように、より詳しく言えばさらに多種多様な概念の欠陥の種類が存在する。その帰結として、概念を改善する目的もまた多種多様である。

　概念工学の個別の方法が概念工学の目的に依存し、また概念工学の目的が多様であることの自然な帰結は、同一の概念であっても異なる目的のために異なる仕方で概念工学されうることである。例えばある概念の問題含みの道徳－政治的含意を改善する概念工学と、同じ概念の理論的区別に関わる欠陥を改善する概念工学は、異なる概念を生み出すことがありうる。その種の多元的な概念工学の結果として、異なる目的のために各々別様な仕方で有用である複数の概念が、同一の概念を起源としながらも多元的に並存する状況が生じうる。このように、同一の概念を目的に応じて異なる仕方で概念工学し、結果として複数の概念の並存状態が生じることを許容する概念工学の方法を「多元的概念工学」と呼ぼう。

　多元的概念工学の好例は、K. Jenkins（2016 = 2022）による Haslanger の《女性》の概念工学の批判的検討である[9]。Jenkins によれば、《女性》が果たすべき機能には、Haslanger が着目する生殖に関わる身体的特徴に起因する抑圧構造を指示する機能の他に、各人の「女性」としてのアイデンティティを尊重する機能がある。だが、Haslanger の概念工学は《女性》を専ら前者の機能と結びつけることで後者の機能を看過し、結果として「女性」としてアイデンティファイしているものの生殖に関わる身体的特徴に由来する抑圧を被っているとは言えない一部のトランス女性——例えばカミングアウトしていないトランス女性や無理解により周囲から「女性」として扱われていないトランス女性など——を《女性》から排除してしまう含意を持つ。この問題意識から Jenkins は既存の《女性》をこれら二つの機能にそれぞれ資するように異なる仕方で概念工学することで、身体的特徴に起因する抑圧を指示する機能を果たす《（階級としての）女性》と「女性」としてのアイデンティティを尊重する機能を果たす《（アイデンティティとしての）女性》という、相互に異なるが同様に妥当な二つの概念

を提案する。Jenkinsの概念工学の結果二つの《女性》が存在することになるが、それらは異なる目的に資するものであり、概念的一元主義を前提にどちらが「正しい」《女性》であるかを検討するのは不適切となる。

この例は一個人が一度に概念を多元的に改訂するものであるが、多元的概念工学は必ずしも一個人が一度に行う必要はなく、広く概念工学に従事する人々による集合的・通時的な試みでもありうる。つまり、概念Cを時点t_Aにおいて論者AがPという目的のために一対一対応でC_Aとして概念工学し、また別の時点t_Bにおいて別の論者BがP_Bという目的のために一対一対応でC_Bとして概念工学し、さらにこれらが他の目的のために異なる概念工学が適切となりうることを認めつつ行われる場合は、集合的・通時的な多元的概念工学が行われているといえる。そのため、何らかの目的のためにある概念を一対一対応で改訂する一方で、概念使用の目的を度外視して単一の正しい概念の存在を前提とする概念的一元主義にコミットせずに別目的のための異なる概念工学の可能性を認める概念工学は、多元的概念工学と対立しないばかりかその一部を構成しうる。

まとめよう。以上説明した多元的概念工学は概念工学の目的依存性と目的の多元性という基本的特徴の自然な帰結である。その方法が前提とする考えによれば、異なる目的のために異なる仕方で有用である諸概念は多元的に並存可能であるため、単一の概念理解を特権化する概念的一元主義は不適切となる。

1.3 概念工学の適切性条件

多元的概念工学と言っても何でもありではなく、その枠内での概念工学には適切性条件が存在する。以下、多元的概念工学を前提にした上でも概念工学が不適切となりうる場合を大きく三つのタイプに分けて論ずる[10]。

第一に、概念工学の目的がそもそも不適切な場合である。目的の不適切性は少なくとも二種類に分けられる。第一の種類は有害性であり、これは概念工学の目的それ自体が有害である場合に備わる。例えばトランス女性の「女性」としてのアイデンティティを認めないという排除的な目的のために《女性》を何らかの身体的特徴に結びつける概念工学は、その目的からして不適切である。

第二の目的の不適切性の種類は目的の不毛性である。これは、目的それ

自体は特別有害ではないものの、それが特に重要な価値と結びつかない点で不毛である場合に備わる。例えば、《惑星》は「九つの事物を指示する」という目的に資するべきだという理由で冥王星を含めた《惑星》を再導入しようとする概念工学は、「九つの事物を指示する」という目的が何か特別有害であるとの理由ではなく、それが特に何らの重要な価値とも——少なくとも一見したところは——結びつかないため不毛であることから不適切である。

　第二に、概念工学の目的それ自体は適切であるが、提案された概念がその目的に照らして有用な道具ではない場合である。この好例は、先述のJenkinsによるHaslanger批判である。Haslangerは社会的不正義の是正を概念工学の目的としているが、JenkinsによればHaslangerのアプローチはトランス女性を《女性》から排除しうる点で社会的不正義の是正の面で問題含みであった。ここで指摘されている概念工学の不適切性は、社会的不正義の是正という目的それ自体には関わらない点で第一の種類の不適切性とは異なり、むしろ適切な目的に照らして提案された概念が実際には目的を促進する有用な道具ではないことに関わる。

　第三に、概念工学の目的及び道具としての有用性以外の点で概念工学が問題含みである場合である。ここでは、網羅的であることを意図せず二つの代表例を挙げる。一つ目は、概念工学に悪い副次的影響が伴うケースである。例えば「正当な差別」が語義矛盾とならない形で《差別》を価値中立的に定義することは、何が差別を不正にするのかを厳密に問うことを容易にする点で政治哲学上の適切な理論的目的に資するかもしれない[11]。だがこの概念工学は、「正当な差別」という表現の適切性に専門家のお墨付きを与えることで「差別」という語を用いて抑圧に対抗しようとする集団から批判の道具を奪うという悪い副次的影響を与えるかもしれない。その場合、この概念工学は副次的影響から不適切となりうる。

　二つ目は、概念工学が元の概念とかけ離れた概念を提示するケースである。概念工学は既存の概念の欠陥を改善する試みであり、概念工学の成果物は元の概念と異なるのが通常であるが、それがあまりにかけ離れている場合には問題となりうる。例えば同性婚を排除する意味での《結婚》をそれを排除しない《結婚》で置き換えることは直観的には適切に思えるが、例えば——突飛な例だが——《正義》を《猫》として概念工学すること

は、もはや概念工学の成果物が《正義》と関係がなくなっている点で問題であるように思われる。両者を分ける境界については紙幅の都合上詳述できないが、前者の場合には概念工学前の《結婚》が持つ機能——例えば特別な法的・社会的地位の付与による保護に値する親密な関係を指示すること——が改訂後も保存されている一方で後者の場合にはその種の機能保存がなされていないことがポイントであるとの機能基底的な見解が複数の論者（e.g. Nado 2021b）により擁護されており、また直観的魅力も持つ。

　多元的概念工学は、上述の仕方で適切な概念工学の範囲を制約する一方で、概念工学を解放する側面も備えている。なぜなら、概念工学は上述の三種類の問題を回避すべき一方で、それらを回避できる概念工学は正当であり、したがってその枠内であればある概念を異なる目的に資する複数の異なる概念に改訂していくことが正当となるためである。つまり、上述の問題を回避できる多元的概念工学は正当であり、概念的一元主義に訴えて他の概念を批判することは不適切となる。一定の範囲内ではあるが「人の概念を笑うな」の姿勢が要請されるのである。

2. 政治哲学における多元的概念工学の利点

　本節では、多元的概念工学を政治哲学に導入する利点を、三つの具体例——《権利》(2.1)、《デモクラシー》(2.2)、《自律》(2.3) ——を用いて示す。

2.1 《権利》

　《権利》は間違いなく政治哲学上の鍵概念の一つであるが、その本性については熾烈な論争が展開されてきている。その主要な対立点は、《権利》についての「意志説」、「利益説」、そして「複数機能説」との間の論争である（Kramer et al. 1998; Kramer and Steiner 2007; Wenar 2005）。

　意志説によれば、《権利》の機能とは権利保持者の自律ないしエージェンシーの保護・促進であり、主体は自らの権原に対応する他者の義務を無効にするかを選択する権能を持つ場合に、かつその場合にのみ権利を持つ。そこでは、権利保持者は自らの規範的状況に対してコントロールを保

持する「小範囲の主権者（small-scale sovereign）」（Hart 1982: 183）である
との理解が伏在している。これに対し利益説は、《権利》の機能は権利保
持者の利益の保護・促進であるとし、規範的状況へのコントロールと《権
利》との必然的結びつきを断ち、主体は他者に義務を負わせるに足るほど
の利益を何らかの（不）作為の類型に対して持つ場合、かつその場合にの
み権利を持つと主張する。さらに複数機能説は、《権利》の機能は意志説
や利益説が前提とするように単一ではなく、《権利》は様々な機能に資す
るものであると主張する。

　意志説と利益説と複数機能説との間では、どれが《権利》の本性につい
ての正しい説明であるかについて時に白熱した論争が展開されているが、
多元的概念工学の発想を導入することで不毛な論争の回避と実質的論争点
の明確化が可能となる。まず重要なのは、各々の説を採用する論者の間で
目的がそもそも異なっている可能性である。例えば代表的な意志説論者で
あるH. L. A. Hart（1982: Ch. 7）は、現実の法制度の分析用の道具として
法律家にとって有用な《（法的）権利》を手に入れるとの目的を保持して
いる。また、複数機能説論者であるL. Wenarは、複数機能説を擁護する際
にそれが《権利》の日常的用法に近い点を再三強調している（Wenar
2005: 238, 248, 249）ことから、日常的用法にできるだけ近い《権利》を
手に入れるとの準−記述的目的を保持していると推測できる。これとは異
なり利益説の論者が、例えば義務論的倫理学で鍵となる他者の道徳的義務
に対応する「道徳的権利」の本性を特定するとの目的を持つならば、この
種の利益説とHartの意志説及びWenarの複数機能説の目的は異なる[12]。
多元的概念工学の発想からすれば、目的が異なれば異なる《権利》が適切
となりうるのであり、三者の間の論争は不毛となる。

　多元的概念工学の発想は、このように不毛な論争の特定に資する一方
で、実質的論争点の明確化にも資する点で論争の整理に役立つ。ここで重
要なのは、論者間で目的が共有されているかである。例えば、利益説論者
も意志説論者も義務論的倫理学における道徳的権利の本性を特定するとの
目的を共有していれば、両者の対立はすれ違っておらず、どちらの《権
利》がその目的に資するかを巡る実質的な争いが生じる。この論争で例え
ば意志説側は、自らの規範的状況をコントロールできる規範的エージェン
シーを持つ存在のみが特別な義務論的考慮に値すると考えるのに対し、利

益説論者はその種の規範的エージェンシーは特別な義務論的考慮の条件ではないと考えるのかもしれないが、これは話が噛み合った実質的論争である。

2.2 《デモクラシー》

第二の例は《デモクラシー》である。《権利》と同様、《デモクラシー》も曖昧かつ論争的な概念であり、それを巡る論争には様々な対立点が存在するが、ここでは「一人一票」などの形式的政治的平等を備えた政治的決定手続を指す薄い意味での《デモクラシー》と、市民間の熟議やリベラルな諸権利の保障なども含んだより厚い意味での《デモクラシー》との間の対立を取り上げる。「《デモクラシー》は単なる一人一票ではない」という言説は日常的文脈でも学術的文脈でもしばしば耳にするものであり、この対立点は多くの研究者にとって身近なものだろう。

多元的概念工学の発想を導入することで、二つの《デモクラシー》の資する目的が異なれば批判し合う必要がない点を理解できる。例えば分析的政治哲学では、形式的政治的平等を備えた政治的決定手続はそれ以外の手続と比べて何かそれ自体価値を備えるのかを問う研究が近年なされてきている（e.g. Brennan 2016 = 2022）。この研究目的を所与とすれば、明晰に問いに取り組むために《デモクラシー》を形式的政治的平等を備えた政治的決定手続として概念工学し、他の決定手続（例えばエピストクラシー）と対照させることが適切となる。

他方で、《デモクラシー》が他の目的のために用いられる場合はより厚い概念が適切となりうる。例えば権力者による暴政に対抗するための拠り所となる魅力的な概念を手に入れるという目的や、決定手続の側面に還元されない望ましい政治体制を描写するという目的に照らせば、薄い意味での《デモクラシー》よりも、熟議やリベラルな諸権利の保障などのより厚い内容を持つ概念の方が適切になるだろう。

以上が正しければ、二つの《デモクラシー》は異なる目的に照らしてそれぞれ適切でありうる。したがって、例えば目的を度外視して「《デモクラシー》は単なる一人一票ではない」という先述の常套句を用いて薄い意味での《デモクラシー》を批判することは不適切となりうるし、逆もまた然りである。

2.3 《自律》

第三の例は、これも政治哲学における紛れもない鍵概念である《自律》である。《自律》についても多様な対立点があるが、ここでは、自律における他者との関係の重要性を強調する「関係的自律（relational autonomy）」の二つの解釈である「因果説」と「構成説」の対立を扱う[13]。一方の因果説によれば、他者と適切な関係を保持していることはそれ自体では自律の構成要素ではなく自律に対して因果的に貢献するのみである。他方の構成説によれば、他者と適切な関係を保持していることはそれ自体が自律の構成要素となる。

因果説と構成説との間の論争に多元的概念工学の発想を導入することで、それぞれの強みに応じて概念を使い分けることの適切性が明確化される。ここで重要になるのは《自律》の「抗劣位化機能」と「介入要求機能」とでも呼ぶべき二つの異なる機能である。前者は、被抑圧者がそれでも完全には自律性を奪われてはいないことを強調することで、つまり《自律》が備わっていることを強調することで被抑圧者を劣位化する処遇に対抗する機能である。後者は、被抑圧者が自律性を奪われていることを強調することで、つまり《自律》が備わっていないことを強調することで被抑圧者が置かれる環境に対する政府などの積極的な介入を要求する機能である。

因果説的《自律》は、適切な関係の欠如と自律の欠如を直結させないため抗劣位化機能に強い一方、「既に自律しているので介入は必要ない」との口実を許す点で介入要求機能に弱い。他方の構成説的《自律》は、適切な関係の欠如と自律の欠如を直結させるため、自律していないため他者が状況を改善する必要があるとの要求につながる点で介入要求機能に強いが、適切な関係を持たない被抑圧者はそれ自体自律していないことになるので抗劣位化機能に弱い。

ここで多元的概念工学の発想を導入すれば、因果説と構成説の間で本物の《自律》を巡って争うことは不毛であり、むしろ《自律》の抗劣位化機能を果たす目的と介入要求機能を果たす目的に応じて概念を使い分ければ良い点が見てとれる。これにより、本当に重要な問い——どちらが正しい《自律》なのかではなく、どちらの《自律》がどのような条件が揃えばどのような目的に照らして適切であるのか——に取り組むことが可能となる。

以上、《権利》、《デモクラシー》、《自律》を例として、政治哲学における多元的概念工学の利点を示した。これらの例から分かる通り、多元的概念工学を政治哲学に導入することで、不毛な論争の回避と実質的論争点の特定に貢献できる。

3. 政治哲学における多元的概念工学への異論

本節では、多元的概念工学、とりわけ政治哲学におけるそれに対する四つの潜在的異論に応答する。一つ目の「不合意からの異論」（3.1）及び二つ目の「廃絶主義からの異論」（3.2）は政治哲学におけるもののみならず多元的概念工学一般に当てはまるものであり、三つ目の「副次的影響からの異論」（3.3）及び四つ目の「民主的自制からの異論」（3.4）は政治哲学で特に生じうる異論である。

3.1 不合意からの異論

多元的概念工学への不合意からの異論によれば、多元的概念工学が想定する概念の多元的並存状況は概念を巡る不合意に関する直観と整合しない点で奇妙である（e.g. Sawyer 2020）。なぜなら、様々な概念が様々な目的のために並存可能であれば、概念を巡る真正な不合意が生じえないように思われるためである。

例えば同性婚を含まない意味での《結婚》を念頭に置いている話者Aと同性婚を含む意味での《結婚》を念頭に置いている話者Bとの間の以下の不合意の事例を考えてほしい[14]。

  A：《結婚》は異性間の関係のみを指す。
  B：それは間違っている。《結婚》は異性間の関係のみを指すわけではない。

ここでAとBは、何かについて真正な不合意に直面しているように直観的には思われる。批判者によればしかし、概念の多元的並存を認める立場はAとBの間の不合意の直観を説明できない。なぜなら、仮にAとBが単

に異なる概念について語っていれば、AとBは単純にすれ違っているだけであり、不合意の対象となる命題の共有を必要とする真正な不合意は存在しないことになるためである。批判者たちは、AとBとの間に真正な不合意が存在しているとの直観を救い出すためには、AとBの異なる《結婚》理解を包括する何らかの単一の《結婚》を想定する必要があると主張する。本稿が多元的概念工学の政治哲学への導入を勧める以上、多元的概念工学に対するこの異論への応答が必要となる。

　この異論には、「メタ言語的交渉（metalinguistic negotiation）」（Plunkett 2015）の観念を用いることで概念の多元的並存可能性の想定を破棄することなく応答可能である（cf. Knoll 2021）。メタ言語的交渉とは、所与の概念（ないし語−概念のペア）をどのように使用すべきかについての発話者間の交渉を意味する。AとBが行っていることがメタ言語的交渉であるならば、AとBの間に真正な不合意が存在するとの直観を説明できる。なぜなら、AとBは何らかの目的に照らして「どのような意味の《結婚》を使用すべきか」という共有された命題について不合意を抱えていることになるからだ。この不合意は、AとBが異なる《結婚》に訴えていたとしても成立するため、概念の多元的並存と両立可能である。そうであれば、概念の多元的並存を認めると概念についての真正な不合意が説明できなくなるとの異論は当たらないことになる。

　これに対し、メタ言語的交渉に訴える真正な不合意の説明は不合意の当事者の間で概念使用の目的が共有されている場合にのみ適用され、それでは直観的に真正な不合意が存在しているケースの多くを説明できないとの反論があるかもしれない。確かにその含意があることは認めるが、目的が共有されていない場合には真正な不合意は存在しないとの診断は反省的に考えれば特に奇妙ではない。例えば「暴政を批判する目的のために《デモクラシー》を厚い意味で使用すべきだ」と主張する論者と「分析的政治哲学上の目的のために《デモクラシー》を薄い意味で使用すべきだ」と主張する論者は、表層的には《デモクラシー》を巡る真正な不合意にあるように見えたとしても、実際には「言葉上の争い（verbal dispute）」に陥っているだけであると考えるのは、両者間で共有された命題が存在しない以上尤もらしい[15]。

3.2 廃絶主義からの異論

H. Cappelen は近著（Cappelen 2023）で、《デモクラシー》は意味をなさない程雑多に使われる欠陥のある概念であるため《デモクラシー》を廃棄し新たな語 − 概念のペアで代替すべきだという「廃絶主義（abolitionism）」を擁護している。また Cappelen（2023: Ch. 11）は《デモクラシー》を様々な形で改善することで混乱を軽減する多元的概念工学に似た方法も検討しているが、廃棄の実装が改善より容易であり、また多元的概念工学は《デモクラシー》を巡る話のすれ違いの問題を解決できないとしてそれを退けている。加えて Cappelen（2023: 213–5）は、この議論が《デモクラシー》だけでなく《正義》や《自由》等の他の政治哲学上の概念にも拡張可能なことを示唆している。そうであれば、廃絶主義からの異論は、2.2 で論じた《デモクラシー》の多元的概念工学への異論となるだけでなく、政治哲学への多元的概念工学の導入を擁護する本稿全体への挑戦となる。

これに対し、場合によっては廃棄が適切でありうることは認めるが、廃棄の実装は実際には改善の実装以上に困難だと思われるため、実践的指針としては多くの場合廃絶主義は適切ではないと本稿は主張する。Cappelen（2023: 48–9）は概念の廃棄が改善より容易である理由として、概念の改善は意味変化を必要とする点で集合的・長期的努力が必要な一方で、廃棄は個人が当該概念の使用を辞めれば良い点で即座に着手できる点を挙げているが、一人の努力では廃棄を動機づける概念的混乱の改善は見込めないのであり、問題の解決に集合的・長期的努力を必要とする点は改善と同様である。加えて、Cappelen（2023: 18–9）自身が廃絶主義の実例として挙げている人種的侮蔑語のように有害性が自明な語に対応する概念の廃棄ならまだしも、《デモクラシー》などその有用性が一般的には疑われていない語に対応する政治哲学上の鍵概念が実際に廃棄される見込みはほぼないように思われる。反面、有用性が疑われていない語に対応する概念の改善（e.g.《結婚》）は起こってきている点で現実的な見込みがある。そうであれば、政治哲学上の概念の多様な用法を整理し、特定の目的のための有用な概念理解が何であるかを根気強く提示していく方が廃棄よりも実践的指針として適切な場合も多いように思えるし、少なくとも廃棄の方が適切であると言い切ることはできない[16]。

3.3 副次的影響からの異論

1.3で悪い副次的影響を与える概念工学は不適切となりうると述べたが、副次的影響は政治哲学で特に重要な考慮事項となる。なぜなら、政治哲学上の鍵概念の多くは人々の政治生活の根本に関わるものであり、市民がそれらの概念をどのように理解するかが重大な影響を及ぼしうるため、それら鍵概念を改訂するにあたり副次的影響に特に配慮する必要があるためである。

この点を裏付ける一つの例は、既に挙げた政治哲学上の理論的目的のために《差別》を価値中立的に定義する概念工学である。価値中立的な《差別》は、仮に適切な理論的目的のための有用な道具であっても、「正当な差別」という表現に専門家がお墨付きを与えてしまう点で意図せざる悪い影響を生じさせるかもしれない。

加えて2.2で扱った分析的政治哲学の理論的目的のために《デモクラシー》を「一人一票」などの形式的政治的平等を備えた政治的決定手続を意味するものとして概念工学することも、その副次的影響から不適切かもしれない。なぜなら、形式的政治的平等さえ満たされればその政治的決定手続や政治体制は紛うことなき「デモクラシー」であるとの主張に専門家がお墨付きを与えてしまうことで、例えば形式的政治的平等が保障された選挙に勝った政権の暴政を「デモクラシー」に訴えて批判する手段を市民から奪いかねないためである。

これらの例が示すように、政治哲学が扱う鍵概念の政治生活における根本性に鑑みれば、政治哲学者の概念工学は特に副次的影響に配慮する必要がある。そうであれば正当な概念工学の範囲が狭まり、結果として政治哲学における多元的概念工学の適用範囲は相当程度制限されるかもしれない。

これに対する本稿の応答は、副次的影響を懸念すべきか否かは場合によるというある種煮え切らないものである。具体的には、以下二つの場合が（理念型として）分けられる。

1. 副次的影響が強く懸念されることのない概念工学の場合には、研究者は概念工学に際して副次的影響の考慮事項から自由に相当程

度の裁量を持つ。
2. 副次的影響が強く懸念される概念工学については研究者の概念工学に際しての裁量の範囲が狭まる。

　どの概念工学が1に当てはまりどれが2に当てはまるのかは、様々な要素に左右されるためなかなか一般論を述べることができない。そのような要素としては例えば、①対象となる概念は何であるか、②所与の社会でその概念はどのように用いられているか、③社会における政治哲学者の位置付けは何であり政治哲学者の概念工学の影響はどれほど見込めるのか、④概念工学を行う政治哲学者はどのような人物でありどのような文脈で発言しているかなどがある。
　以上の応答では政治哲学における多元的概念工学の擁護にはなっていないと思われるかもしれない。この疑問に対して包括的な応答はできないが、副次的影響からの異論は多元的概念工学の適用範囲をそれほど限定しないと思われる二つの考慮事項があることは指摘したい。
　第一に、政治哲学者の概念工学が悪い影響ではなくむしろ望ましい影響を与えることも考えられる。この点を示す好例は《福利》や《平等》への「ケイパビリティ・アプローチ」（e.g. Sen 1980）である。ケイパビリティ・アプローチは、元々は福利や平等を測る指標についての学術的論争の中で生まれたが、国際連合開発計画における《人間開発》概念の基礎となるなど、現実政治へのインパクトを与えており、格差や福利を考える上では財の分配だけではなく財を使うケイパビリティにも目を向ける必要があるとの視点を与えるなど、（少なくとも安楽椅子の理論家から見れば）良い影響を与えてきている。
　第二に、これも経験的裏付けが必要ではあるが、多くの場合、政治哲学における概念工学の成果は市民により即時的かつ無批判に受容されるのではなく、むしろ時間をかけて選択的に受容されるように見受けられる[17]。例えばケイパビリティ・アプローチに根差した政治哲学者の概念工学は、市民により即座に無批判に受容されたのではなく、様々な候補の中からその重要性が一定程度反省的に理解される形で時間をかけて選択的に受容されたと考えられる[18]。この種の受容が例外的でなければ、政治哲学者が多元的概念工学の方法を用いて市民が反省的に受容しうる概念の選択肢を

増やすことは多くの場合むしろ諸概念の間で判断・選択を行う市民の機会を豊かにするのであり、概念工学を行う時点でそれがもたらす社会一般への即時的影響について過度に注意を払う必要がないことになる。政治哲学者の概念工学と市民との関係については次の異論への応答でより詳しく扱う。

扱われる概念の種類や概念工学を行う文脈によっては概念工学に際して副次的影響を真剣に考慮に入れる必要のある場合があることは確かである。だが以上二つの考慮事項を念頭におけば、概念工学が社会一般に与える副次的影響について過度に重視する必要がない場合も少なくないように思われる。

3.4 民主的自制からの異論

第四の異論は、政治哲学者の提示する概念が市民の理解と乖離することをデモクラシーの観点から批判するものである。この異論は、政治哲学者は市民が実際に参加する民主的過程を尊重しなければならず、実際の民主的過程から離れた「正しい」意見を上から押し付けることはあってはならないという政治哲学者の役割の理解を前提に置いている。この役割の一つの解釈は、実際の民主的過程と市民の持つナマの意見を尊重し、それから遊離した提案を差し控えることを意味する「民主的自制（democratic restraints）」（Baderin 2016）を政治哲学者に要求する。概念工学に適用された場合、民主的自制は、市民の概念理解から遊離した概念を上から押し付ける傲慢なものとならないよう、市民が保持している概念に寄り添った概念工学を要求するだろう。これが正しければ、政治哲学者の概念工学の自由度は相当程度制限される。

だが、適切に理解された民主的過程の尊重の観念は多元的概念工学と対立しない。まず、政治哲学者は現実の民主的過程を尊重しなければならないとの考えは、市民は民主的意志決定を適切に担う責任ある反省的な存在として振る舞いうることを前提としているはずである。なぜなら、仮に市民は反省的に自らの意見を問い直す能力を全く欠いていると考えるのであれば、民主的過程の尊重という観念がそもそも説得力を持たないからである。そうであれば、民主的自制の擁護者が現実の民主的過程の尊重の観念に訴える場合には、市民が政治哲学者による概念の提案をある程度反省的

に吟味しうることを前提としなければならない。この点を認めるのであれば、政治哲学者の役割は単に市民が持つ日常的な概念に寄り添うだけではなく、それを何らかの目的のために改訂することが適切であることを提案することにも存するはずである。したがって、市民の概念使用と一定程度乖離した概念を政治哲学者が提案することが民主的過程の尊重という観点から問題含みであるとは思われない。むしろこの点を頭ごなしに否定する側が説明責任を負うのであり、その説明が提示されるまでは、市民は自らの持つ概念を精査し改善していけることを前提に、必ずしも市民が一般的に保持している概念とは一致しない概念を政治哲学者が提案していく概念工学は正当化される。

結論

本稿では、同一の概念を目的に応じて多元的に改訂する「多元的概念工学」の政治哲学への導入を擁護した。1節では、概念工学について概説し、概念工学における概念の目的依存性と目的の多元性が多元的概念工学を導くことを示した。2節では、多元的概念工学を政治哲学に導入する利点を、《権利》、《デモクラシー》、《自律》の具体例を用いて示した。3節では政治哲学における多元的概念工学に対する四つの潜在的異論——不合意からの異論・廃絶主義からの異論・副次的影響からの異論・民主的自制からの異論——に応答した。

謝辞

本稿は、2023年11月11日に開催された現代規範理論研究会（於 日本大学）での報告原稿を大幅に改稿したものである。研究会をオーガナイズして頂いた松元雅和氏をはじめ、同研究会参加者からは有益なコメントを多数頂いた。また、小川亮、小林卓人、齋藤純一、辻悠佑の各氏からは本稿に書面により多くの示唆的なコメントを頂いた。本稿にコメントを頂いた全ての方々と、有益な助言を下さった2名の匿名査読者に感謝申し上げる。本研究はJSPS科研費23KJ0352の助成を受けたものである。

[1] この種の試みが哲学的探究一般にとっての「標準モデル」であるとの診断は Nado 2021b: 1507–8 を参照。

[2] 概念規定の方法の批判的検討が稀であることは、それが全くないことを意味しない。例えば「本質的に論争的な概念（essentially contested concept）」（Gallie 1955）を扱う研究や J. Rawls（1999 = 2010）による影響力ある「概念（concept）」と「構想（conception）」の区別を巡る研究などは存在する。両者に関わる邦語研究としては伊藤 2016 を参照。

[3] 関連する問題を扱う先行研究として、デモクラシー概念の「廃棄（abandonment）」を主張する Cappelen 2023 があるが、同書は概念廃棄の方法論を展開した上でそれをデモクラシー概念に個別に応用するものであり、政治哲学一般への概念工学の応用の利点や懸念は主題的には扱われていない。

[4] そのため「トピック継続性問題」や「実装問題」などの概念工学が直面する問題も本稿は詳しく扱わない。これらの問題を扱う研究としては例えば Cappelen 2018 を参照。

[5] 概念工学に関する画期的研究は Burgess and Plunkett 2013a; 2013b であり、概念工学を扱う最初期の単著である Cappelen 2018 や概念工学を主題とする最初の論文集である Burgess et al. 2020 も重要文献である。概念工学を概説する研究は例えば Isaac et al. 2022 を、また概念工学を扱う邦語研究は例えば戸田山・唐沢 2019; 平井 2021 を参照。

[6] 一部の論者（e.g. Nado 2021b: 1507–9）は、概念規定への記述的アプローチを「概念分析（conceptual analysis）」と呼び、それを概念工学と対照させている。この用語法はしかし、「概念分析」の語がそれ自体曖昧であり概念工学に近い方法を指す形で用いられることもあるためミスリーディングである。少なくとも政治哲学では「概念分析」という語は Moore 的な狭義の分析的アプローチだけでなく、概念規定への多様なアプローチの総称として用いられることが多い（cf. 井上 2014）。

[7] 以下、言語的ラベルである「語（word）」と区別するために概念を指示する際は《》で括る。

[8] 概念が抱えうる欠陥の網羅的分類は Cappelen 2018: 34 を参照。

[9] 多元的概念工学の例としては他に M. Hardimon（2017）の《人種》の概念工学や J. Nado（2021a）の《知識》の概念工学がある。

[10] 以下では概念工学の目的 − 手段関係の論理にとって外在的な基準を用いて概念工学の適切性条件を説明する部分があるが、ここで扱う適切性条件は概念工学それ自体の成立条件ではなく概念工学が不適切となりうる条件であるため、外在的基準の使用に特に問題は生じない。

[11] 同様の理由からの差別の価値中立的定義は例えば Hellman 2018: 98 を参照。

[12] それぞれ代表的な利益説・意志説論者である M. Kramer と H. Steiner は Wenar の複

数機能説を批判する共著論文の中で、雑多な日常的用法を取り込んでいない《権利》の方が理論上有用であると指摘している（Kramer and Steiner 2007: 296）点で、明らかにWenarと目的を共有していない。

[13] 例えばOshana 2020を参照。以下の議論は、佐々木梨花氏との議論に多くを負っている。

[14] この例はKnoll 2021: 2を参照した。

[15] 言葉上の争いとその遍在性についてはChalmers 2011を参照。

[16] 加えてS. Koch（2024）は、新たな語を導入する形での概念工学は人々の心理言語学的バイアスに鑑みてミスリーディングであるため、既存の語を残す形で概念工学を行うプロタントの理由が存在することを経験的研究に依拠して示している。これが正しければ廃絶主義に反対する追加的理由が存在することになる。

[17] この論点は小林卓人氏と齋藤純一氏に多くを負っている。

[18] 市民の一定程度反省的な受容により概念が変化しうるとの主張は、語の意味は話者個人の心の外部に基礎を持ち、そのため意味は個人のコントロール下にはないという、広く受け入れられている意味論上の外在主義と対立すると思われるかもしれない。しかし、S. Koch（2021）が述べるように、外在主義と原理的に対立するのは意味が個人の即時的コントロール下にあるとの主張であり、多数の市民による集合的・長期的コントロールの下にあるとの主張とは必ずしも対立しない。無論、全ての外在主義的立場がこの点に同意するわけではないが、市民による一定程度反省的な受容による概念の意味の変化（e.g.《結婚》の意味変化）は少なくとも直観的にはありふれた現象であり、その直観を暴露できない限りそれを取り込めない立場の説得力は減ずる。

❖ 参考文献

Baderin, Alice. 2016. "Political Theory and Public Opinion: Against Democratic Restraint." *Politics, Philosophy & Economics* 15 (3): 209–33.

Brennan, Jason. 2016. *Against Democracy*. Princeton: Princeton University Press（井上彰ほか（訳）『アゲインスト・デモクラシー（上・下）』、勁草書房、2022年）.

Burgess, Alexis, Herman Cappelen, and David Plunkett, eds. 2020. *Conceptual Engineering and Conceptual Ethics*. Oxford: Oxford University Press.

Burgess, Alexis, and David Plunkett. 2013a. "Conceptual Ethics I." *Philosophy Compass* 8 (12): 1091–101.

————. 2013b. "Conceptual Ethics II." *Philosophy Compass* 8 (12): 1102–10.

Cappelen, Herman. 2018. *Fixing Language: An Essay on Conceptual Engineering*. Oxford: Oxford University Press.

————. 2023. *The Concept of Democracy: An Essay on Conceptual Amelioration and Abandonment*.

Oxford: Oxford University Press.

Cappelen, Herman, and David Plunkett. 2020. "Introduction: A Guided Tour of Conceptual Engineering and Conceptual Ethics." In *Conceptual Engineering and Conceptual Ethics*, edited by Alexis Burgess, Herman Cappelen, and David Plunkett, 1–26. Oxford: Oxford University Press.

Chalmers, David. 2011. "Verbal Disputes." *The Philosophical Review* 120 (4): 515–66.

Gallie, W. B. 1955. "Essentially Contested Concepts." *Proceedings of the Aristotelian Society* 56: 167–98.

Hardimon, M. O. 2017. *Rethinking Race: The Case for Deflationary Realism*. Cambridge, MA: Harvard University Press.

Hart, H. L. A. 1982. *Essays on Bentham: Studies in Jurisprudence and Political Theory*. Oxford: Clarendon Press.

Haslanger, Sally. 2000. "Gender and Race: (What) Are They? (What) Do We Want Them To Be?" *Noûs* 34 (1): 31–55（木下頌子（訳）「ジェンダーと人種——ジェンダーと人種とは何か？私たちはそれらが何であってほしいのか？」木下頌子ほか（編訳）『分析フェミニズム基本論文集』、慶應義塾大学出版会、2022年）.

Hellman, Deborah. 2018. "Discrimination and Social Meaning." In *The Routledge Handbook of the Ethics of Discrimination*, edited by Kasper Lippert-Rasmussen, 97–107. New York: Routledge.

Isaac, Manuel Gustavo, Steffen Koch, and Ryan Nefdt. 2022. "Conceptual Engineering: A Road Map to Practice." *Philosophy Compass* 17 (10), e12879. doi:10.1111/phc3.12879.

Jenkins, Katharine. 2016. "Amelioration and Inclusion: Gender Identity and the Concept of Woman." *Ethics* 126 (2): 394–421（渡辺一暁（訳）「改良して包摂する——ジェンダー・アイデンティティと女性という概念」木下頌子ほか（編訳）『分析フェミニズム基本論文集』、慶應義塾大学出版会、2022年）.

Knoll, Viktoria. 2021. "Topics, Disputes and 'Going Meta.'" *Inquiry*. doi:10.1080/002017 4X.2021.1954993.

Koch, Steffen. 2021. "The Externalist Challenge to Conceptual Engineering." *Synthese* 198 (1): 327–48.

————. 2024. "How Words Matter: A Psycholinguistic Argument for Meaning Revision." *Mind & Language* 39 (3): 364–80.

Kramer, Matthew H., N. E. Simmonds, and Hillel Steiner. 1998. *A Debate over Rights: Philosophical Enquiries*. Oxford: Clarendon Press.

Kramer, Matthew H., and Hillel Steiner. 2007. "Theories of Rights: Is There a Third Way?" *Oxford Journal of Legal Studies* 27 (2): 281–310.

Moore, G. E. 1925. "A Defence of Common Sense." In *Contemporary British Philosophy: Personal Statements Second Series*, edited by J. H. Muirhead, 193–223. London: Allen & Unwin.

Nado, Jennifer. 2021a. "Re-Engineering Knowledge: A Case Study in Pluralist Conceptual Engineering." *Inquiry*. doi:10.1080/0020174X.2021.1903987.

―――. 2021b. "Conceptual Engineering, Truth, and Efficacy." *Synthese* 198 (S7): 1507–27.

Oshana, Marina. 2020. "Relational Autonomy." In *The International Encyclopedia of Ethics*, edited by Hugh LaFollette (editor-in-chief), 1–13. Wiley. doi:10.1002/9781444367072.wbiee921.

Plunkett, David. 2015. "Which Concepts Should We Use?: Metalinguistic Negotiations and The Methodology of Philosophy." *Inquiry* 58 (7–8): 828–74.

Rawls, John. 1999. *A Theory of Justice*. Rev. ed. Cambridge, MA: Belknap Press（川本隆史ほか（訳）『正義論 改訂版』、紀伊国屋書店、2010年）.

Sawyer, Sarah. 2020. "Talk and Thought." In *Conceptual Engineering and Conceptual Ethics*, edited by Alexis Burgess, Herman Cappelen, and David Plunkett, 379–95. Oxford: Oxford University Press.

Scharp, Kevin. 2013. *Replacing Truth*. Oxford: Oxford University Press.

Sen, Amartya. 1980. "Equality of What?" In *Tanner Lectures on Human Values, Volume 1*, edited by Sterling M. McMurrin. Cambridge: Cambridge University Press.

Wenar, Leif. 2005. "The Nature of Rights." *Philosophy & Public Affairs* 33 (3): 223–52.

伊藤克彦（2016）「本質的に論争的な概念をめぐって ―― コンセプトとコンセプションの区別の再考」『一橋法学』、第15巻、第1号、423–74頁.

井上彰（2014）「分析的政治哲学の方法とその擁護」井上彰・田村哲樹（編）『政治理論とは何か』風行社、15–45頁.

戸田山和久・唐沢かおり（編）（2019）『〈概念工学〉宣言！ ―― 哲学×心理学による知のエンジニアリング』名古屋大学出版会.

平井光貴（2021）「「法とは何か」とは何か ―― メタ法概念論と概念工学」『立教法学』、第104号、63–159頁.

女性の過少代表とその象徴性
——投票率への影響

山形大学人文社会科学部講師　芦谷圭祐

　　女性の政治家には、女性の政治参加を活発にする象徴的な効果があると指摘されている。一方で、既存研究には理論上、実証上の課題もある。その課題を克服するため本稿では、政令市議会議員選挙の投票所の投票率のデータを用いて、女性が選挙に立候補することによって女性の投票率が上昇するのかを分析した。分析からは、女性候補が1名増加するにつれて、その選挙区の女性の投票率が約0.50パーセントポイント増加することが明らかになった。また、このような効果は女性が政治家として「目新しい」存在であるときにより強いことも明らかになった。女性議員が少ない中で立候補する女性に対して、一部の女性有権者が好意的に反応しているのである。この結果は、議会が代表性を失えば、有権者の政治参加が低調になることを示唆している。民主主義と代表の関係について示唆深い発見である。

キーワード：ジェンダー、象徴的効果、投票率、日本政治

1. はじめに

日本政治における女性の過少代表が問題とされて久しい（岩本 1997; 三浦 2023）。列国議会同盟（Inter-Parliamentary Union, IPU）によれば、2024年9月1日現在の衆議院の女性比率は10.8％で185カ国中163位である[1]。地方議会でも女性議員が少ないのは同様である。2023年末時点での女性議員比率は、都道府県議会で14.6％、特別区議会で36.2％、政令市議会で22.9％、市議会で19.1％、町村議会で13.6％である（内閣府男女共同参画局 2024）。女性議員の増加を求める声も少なくなく、政治におけるジェンダー平等は、有権者の求める水準に達していないといえる。

政治や議会における男性優位は、公共政策や社会に様々な影響を与えることが知られている。特に、近年注目されているのが、有権者に対して象徴的な効果が及ぶ点である（Campbell and Wolbrecht 2006; Ladam et al. 2018 など）。たとえば、女性政治家が少ない国や地域では、女性は政治を「男性の世界」と認識し、政治に対して関心を持ちにくく、政府に信頼を抱きにくい。女性政治家が増えると、政治や議会の開放性や正当性が象徴的に示唆され、女性の政治参加や政治関心が活発になる、というのである。

一方で、実証研究の知見は様々であり、一貫しているわけではない。女性政治家の象徴的効果が特定の条件下に限られることを指摘するものもある。また、統計的に有意な効果を実証できていない研究も多い（Lawless 2004; Clayton 2018; Wolak 2020 など）。

本稿の目的は、日本の政令市を事例として、女性政治家の存在が象徴的に投票率を上昇させる条件を明らかにすることである。具体的には、こうした象徴的効果の条件として、女性の「目新しさ」に注目する。女性議員が少ない、あるいは全くいない状況では、政治的マイノリティである女性は、男性議員よりも世間の注目を集めやすい。女性候補に投票したい有権者の政治参加も促進されるだろう。女性議員が希少でも目新しくもない場合には、このようなメカニズムははたらきにくい。

具体的には、2015年と2019年の統一地方選挙に該当する政令市議会議員選挙のデータを用いて、女性候補の増加が女性有権者の投票率を上昇さ

せるのかを検証する。時期とユニットの固定効果を投入したパネルデータ分析を行うことで、女性有権者の政治関心の高さや選挙区のジェンダー平等意識の高さなどの交絡要因の影響を抑制する。

　政令市議会議員選挙に着目するのは、独立変数の分散が確保しやすく事例として最適だからである。政令市議会は、衆議院やその他一般市と比較して女性議員の比率が高いため、女性がいない選挙区が少なく、その効果を分析しやすい。さらに、行政区を単位とする中選挙区制を採用しているため、区全域を選挙区とする特別区議会や1人区の多い参議院よりも独立変数の分散が得られやすい。

　有権者と政治家は相互に影響し合う関係にある。（潜在的な）女性の政治家は、有権者が女性を差別的に評価しているならば立候補を躊躇するだろうし、有権者から福祉や教育分野での活躍を期待されれば、その期待に沿って女性議員は行動するだろう。日本の有権者を対象とした研究では、このようなジェンダーバイアスやステレオタイプとその影響が分析されてきた（Kage et al. 2019 など）。一方で、女性政治家に接することで、有権者の態度も変化し得る。日本の有権者を対象とした研究で、後者の側面に十分な関心が払われてきたとは言い難い[2]。本稿はその点において新規性のある研究である。

　本稿の構成は以下の通りである。「2. 既存研究と仮説」では、女性政治家の持つ象徴的な効果に関する既存研究を整理し、その課題を述べたあとで本稿の仮説を提示する。「3. データと分析」では、政令市の投票所投票率を用い、女性候補や女性議員が投票率に与える効果を推定する。最後に「4. 結語」で、本稿で得られた知見を要約したあとにその含意を検討し、分析の課題を整理する。

2.　既存研究と仮説

2-1.　女性の過少代表がもたらす影響

　人類史を通じて、政治は主に男性の領域であった。多くの国で政治は男性が行うものだと考えられており、女性よりも先に男性に選挙権が与えら

れていた。女性に参政権が与えられたあとも、ほとんどの国では国会議員の大半を男性が占めている。IPUによると、2024年9月1日現在、全世界の議員のうち女性が占める割合はわずか27.0%である[3]。代表機関が「代表する対象と正確に対応し類似」していることを重視する代表観を、記述的代表というが（Pitkin 1967 = 2017: 81）、議会構成が男性に偏っている状況は、記述的代表が十分に満たされていないと評価される。

　これまで多くの研究者が、女性の記述的代表に与える要因を特定してきた。他方で、記述的代表それ自体に関する研究とは他に、その影響の分析も盛んである。女性議員が増加し議会のジェンダー比が均等に近づくにつれて、公共政策や社会にどのような変化が生じるのだろうか。実質的な効果と象徴的な効果の2つに分類するのが一般的である（Golder and Ferland 2018; Celis and Erzeel 2020）。

　まず、実質的な効果である。女性政治家が「女性の利益」を実質的に代表し、政策に変化をもたらす存在なのかに、主な関心が向けられてきた。一般的に女性政治家は、男性よりも左派的であり、「女性の問題」を優先する傾向にある（Chattopadhyay and Duflo 2004; Clayton et al. 2019）。しかし女性議員は男性と同等かそれ以上に、党の規律などの制約を受ける存在でもある（Clayton and Zetterberg 2021）。したがって、女性議員数の増加のみによって政策的な変化を期待するのは難しい。実質的な効果が生じることを示す研究もあるが（Clayton and Zetterberg 2018）、依然として論争中である（Childs and Krook 2009）。

　続いて、象徴的な効果に関する研究も盛んである。これらの研究は、ハンナ・ピトキンが提示した4つの類型の代表観のうち、象徴的代表に関するものと位置づけられている[4]（Pitkin 1967 = 2017; Saward 2010）。特定の集団が政治から排除されたり、包摂されたりすることで、市民や社会に何らかのメッセージやシグナルが示される。ジェンダーの場合、政府機関が男性だけで構成されていれば、人々は政治が男性の領域であるという認識を持ちかねない。結果として女性は立法府や政治に対する信頼を失い、政治関心や参加意欲を低下させる。逆に、女性の政治家が増えれば、女性はより積極的に政治に関与するようになる。こうしたメカニズムが象徴的効果として理解されている。

　ピトキンの類型のうち、象徴的代表はジェンダーと政治に関する研究者

も長らく関心を払ってこなかったが（Lombardo and Meier 2014: 4）、今日多くの実証研究者の注目を集めている。たとえばBurnsらは、Citizen Participation Studyデータを用いて政治参加におけるジェンダーギャップを分析した。上院議員に女性候補や現職がいる州では、女性は男性よりも議員の名前を知っている割合が高く、女性議員が多い州では、女性の政治的関心や知識が高くなっている（Burns et al. 2001）。他にも世論調査の個票データを用いた分析がなされており、女性政治家の存在が女性の政治参加を活発にすることが示されている（Atkeson 2003; Reingold and Harrel 2010; Fridkin and Kenney 2014; Jones 2014）。

　同様に、選挙結果などの集計データを用いた分析では、女性政治家がいる選挙区で女性の投票参加や立候補が促進されるかが検証される。1978年から2012年の米州議会議員選挙を対象とした分析は、女性上院議員や女性州知事などの傑出したロールモデルが、候補者に占める女性の割合を向上させることを明らかにしている（Ladam et al. 2018）。その他にも、チューリッヒ州（スイス）下の市町村議会議員選挙の分析（Gilardi 2015）や、ノルウェーの地方理事会（executive board）に導入されたクオータ制の影響の分析（Geys and Sørensen 2019）、ドイツ地方議会の分析（Baskaran and Hessami 2018）、日本の特別区議会の分析（松林 2023）などが同様の効果を実証している。

　一方で、このような効果が特定の条件下に限られることもある。たとえば、象徴的な効果は同一政党の政治家と有権者の間でのみ生じることや、議員ではなく候補者に女性がいる場合に効果が現れることなどが示されている（Reingold and Harrell 2010）。また、単に女性候補がいるだけでなく、有能な新人の女性候補でなければならないとも指摘される（Wolbrecht and Campbell 2017）。あるいは、象徴的効果の実証研究は、若年女性を対象に行われることも多く（Campbell and Wolbrecht 2006; Wolbrecht and Campbell 2007）、一部の研究によれば、高齢女性にはこのような効果は現れない（Wolbrecht and Campbell 2017）。

　さらには、有意な効果をほとんど確認できないものも多い。Broockmanは、回帰不連続デザインを用いて米州議会議員選挙のデータを分析し、女性が当選して生じる変化を解析している（Broockman 2014）。曰く、女性が当選した選挙区でも、女性の投票率が上昇する効果は確認できない。日

本の都道府県知事選挙においても、女性が出馬しても投票率が上昇するわけではない（中條 2018）。世論調査を用いた研究でも、象徴的な効果を報告しないものもある（Lawless 2004; Wolak 2020）。また、むしろ女性の権利に関わる議論から女性が排除されているときに、女性の立候補意欲が高くなることを示す実験結果もある（Clayton et al. 2024）。同様にインドの州議会議員選挙の分析でも、女性が当選した選挙区では次の選挙で新人女性が立候補する確率が低くなっていることが示される（Bhalotra et al. 2018）。とはいえ同じ調査では、投票率は向上することも明らかになっており、着目する変数次第で結果が変わる可能性もある。

　これらの女性の記述的代表の象徴的効果についての既存研究は、大別して2つの課題を抱えている。第一に、象徴的効果が、制度や環境に依存する点を十分に理論化できていない。政治家や有権者が前提とする状況は、それぞれの国や地域で異なる。女性議員が多い国と少ない国とでは、女性候補への関心の高さも変わるだろう。また、投票方式も重要となり得る。政党に投票する制度よりも候補者に投票する制度の方が、候補者の属性に関心が向きやすい。制度比較が分析上難しくとも、制度や環境要因を踏まえて仮説を導出することはできる。

　第二に、分析手法が、既存研究の知見と必ずしも整合的でない。いくつかの研究では、接戦選挙区に着目する回帰不連続デザインが採用されている（Broockman 2014など）。たしかに、女性政治家と女性の政治参加の間には、逆の因果関係も容易に想定され、選挙区のジェンダー平等意識などが交絡する可能性もある。したがって交絡要因バイアスを制御できる準実験的な手法は好ましい。しかし、男女の接戦選挙区では、どちらも女性が選挙に出馬しているため、そもそも女性が選挙に立候補することの効果を明らかにできない。上述のように、議員よりも候補者の方が象徴的な効果を発揮しやすい点（Reingold and Harrell 2010）を踏まえると、回帰不連続デザイン以外の手法に拠らざるを得ない。

2-2. 理論と仮説

　本稿の事例は、日本の政令市議会議員選挙である。以下ではこの事例に即して理論的な検討を行い、仮説を導出する。上述のように、女性政治家が有権者に与える象徴的効果は、制度や環境に依存するものと考えられる。

日本の政令市議会議員選挙で考慮すべき要因は、女性の過少代表と候補者中心の選挙制度である。

日本では女性が過少代表にある。都市部は農村部より女性比率が高くなるものの、政令市議会議員の女性比率は2023年末時点で22.9％である。男性が約8割であり、依然として女性は少数派である。

有権者のジェンダーバイアスが、女性の過少代表の原因となっているのだろうか。日本の有権者を対象としたサーヴェイ実験からは、一貫して有権者が女性を差別的に低く評価している、という傾向は明らかにされていない[5](Horiuchi et al. 2018; Kage et al. 2019; Ono and Yamada 2020; Kato et al. Forthcoming)。一方で、自民党を支持する有権者が、女性が首相を務めることを否定的に評価していることからも（Endo and Ono 2023）、一部の有権者が女性政治家に好意的でないことも否定できない。

しかし同じように、むしろ女性に投票しやすい有権者の存在も指摘できる。一般的に有権者は自分と同じジェンダーの候補者に投票しやすく（Dolan 2008）、この効果は特に女性有権者において強い（Schwarz and Coppock 2022）。社会に占める女性の割合を踏まえると、かなりの数の有権者は積極的に女性に投票する意思があると考えられる。内閣府の世論調査では、「女性が増える方がよいと思う職業や役職」として59.3％の回答者が「国会議員、地方議会議員」を挙げており[6]（内閣府 2019）、以上の議論と整合的である。

選挙に出馬する女性の数が増えるほど、女性候補に投票したい有権者の投票参加の意欲は高くなると考えられる。というのも、女性候補の増加は魅力的な投票先の増加を意味するからである。仮に結果としてその女性候補に投票することにならずとも、女性候補が出馬することによって政治や選挙への関心が高くなり、投票参加の意欲も活発になるだろう。

日本の地方議会の選挙制度も、このような投票参加を促進すると考えられる。単記非移譲式投票制[7]（Single Non-Transferable Vote, SNTV）は、政党が着目されやすい選挙制度ではなく、個人投票を惹起しやすい（Carey and Shugart 1995）。候補者は所属政党よりも自分自身を有権者にアピールする必要にかられる。したがって、候補者個人の属性が有権者の判断に与える影響も大きいと考えられる。したがって以下の仮説が導かれる。

仮説1：女性候補の数が増加するほど、その選挙区の女性有権者の投票率
　　は高くなる。

　さらにこのような効果は、女性候補が「目新しい（novel）」存在として
注目されるときの方が、より強くなる。たとえば、ジェンダー比が均等で
ある選挙区においては、候補者のジェンダーをきっかけに政治に関心を持
つことは相対的に少ないだろう。候補者のジェンダーが有権者にとって重
要な情報になりにくいからである。一方で、候補者が男性ばかりの選挙区
で女性が出馬すると、候補者のジェンダーが際立って注目される。女性有
権者の政治関心は、女性候補が少ないときに女性が現れたときの方が刺激
されるだろう。同じように、現職の女性よりも新人の女性の方が、目新し
さという点で、社会的な関心も集めやすいだろう。したがって、以下の2
つの仮説が導かれる。

仮説2：新人の女性候補が投票率を増加させる効果は、現職の女性候補が
　　投票率を増加させる効果より大きい。

仮説3：女性議員が少ない選挙区ほど、女性候補が投票率を増加させる効
　　果は大きくなる。

　本稿では、以上の3つの仮説を検証する。

3.　データと分析

3-1.　データと推定方法

　以下では、本稿で用いる変数について説明した後、モデルと推定方法に
ついて述べる。従属変数に用いるのは、2015年と2019年の政令市議会議
員選挙の投票所ごとの男女別投票率である。統一地方選挙に含まれる17
市から各市選挙管理委員会に依頼し、浜松市を除く16市から2期分のデ
ータを入手した。分析に含まれるのは、北九州市、仙台市、静岡市、浜松

市を除く16市、146選挙区、3840投票所の、2期分のデータである[8]（Online AppendixのA.1参照）。こうして得られたデータから、①女性投票率、②男性投票率、③合計投票率、④女性投票率から男性投票率を引いたものの4つを従属変数として分析を行う[9]。

　一方で、鍵となる独立変数は選挙区ごとの女性候補の数である。選挙ドットコムや、読売新聞、NHKのホームページよりそれぞれの選挙区の候補者に関するデータを入手した（2015年から2019年までの変化は図1とA.2を参照）。女性議員数には、前回選挙の女性当選者数を投入した。そのため任期途中での辞職があるケースは考慮していない[10]。各年の記述統計量は表1の通りである。

表1　記述統計量

	2015				2019			
	平均	標準偏差	最小値	最大値	平均	標準偏差	最小値	最大値
女性投票率	44.1	8.7	4	92.3	42.7	8.5	4.8	80
男性投票率	43.5	8.7	10.1	100	42.1	8.7	13.2	91.7
合計投票率	43.8	8.6	17.1	84.3	42.4	8.5	14.8	80.8
男女差	0.6	3.2	−46.5	30.5	0.6	2.9	−47.1	22.4
女性議員数	1.2	1.1	0	4	1.2	1	0	5
女性候補数	1.8	1.4	0	7	2	1.4	0	6

註）筆者作成。

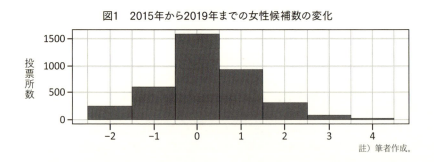

図1　2015年から2019年までの女性候補数の変化

註）筆者作成。

　次に、女性候補の数が投票率に与える効果の推定方法を述べる。時期と投票所の固定効果を投入する回帰モデル（two-way fixed effects regression model, TWFE）によってその効果を推定する（Huntington-Klein 2021: 381–405）。投票率は、次の式のように決められると考える。

$$Turnout_{p,d,t} = \alpha + \beta\, Women_{d,t} + \gamma_p + \delta_t + \varepsilon_{p,d,t}$$

$Turnout_{p,d,t}$は、t年における選挙区dの投票所pの投票率である。$Women_{d,t}$は、t年における選挙区dに出馬した女性候補の数である。γ_pが、時間によって一定の投票所pの固定効果であり、δ_tは地域で一定のt年の固定効果である。$\varepsilon_{p,d,t}$は誤差項であり、平均0で他の変数と独立すると仮定する。γ_pやδ_tは、$Women_{d,t}$と相関している可能性があるため、両者の影響を統制しなければ、推定値にバイアスが生じる。両者は観察不可能であるため、その影響を統制するのは難しい。

しかし、投票所pとt年のそれぞれのダミー変数を投入すれば、上記2つの固定効果を統制できるため、本稿でもこの方法により女性候補の数が投票率に与える効果βを推定する。また、検定には、選挙区ごとにクラスター化したロバスト標準誤差を用いる。

3-2. 実証分析とその解釈

まず、仮説1を検証する。表2は、上記回帰式も推定して得られた、女性候補数が投票率に与える効果の推定値と、クラスタロバスト標準誤差を

表2　女性候補数が投票率に与える影響

	女性	男性	合計	男女差
切片	33.930***	35.924***	34.875***	−1.994***
	(0.390)	(0.407)	(0.389)	(0.133)
女性候補数	0.542**	0.443	0.498*	0.099
	(0.266)	(0.280)	(0.263)	(0.108)
投票所固定効果	YES	YES	YES	YES
年固定効果	YES	YES	YES	YES
N	7,680	7,680	7,680	7,680
Adjusted R-squared	0.883	0.895	0.899	0.639

註）筆者作成。***p＜0.01, **p＜0.05, *p＜0.1
括弧内は選挙区でクラスター化したロバスト標準誤差

228　年報政治学 2024−Ⅱ号

示したものである。それぞれ左から①女性投票率、②男性投票率、③合計投票率、④投票率の男女差（女性投票率から男性投票率を引いたもの）の4つに与える影響を推定している。

　分析によれば、選挙区に女性候補が1名増えると、その選挙区の投票所で女性の投票率が0.54パーセントポイント（以下、pp）上昇し、1名減ると同じだけ低下する。この効果は5％水準で有意である。仮説1の通りの結果である。女性投票率の平均が44.1％（表1）であるため、このとき、女性候補が1名増加すると、1.22％分の上昇幅となり、大きな効果といえる。一方で、女性投票率以外の従属変数は、合計の投票率への効果が10％水準で有意（0.49pp）であるのみで、男性の投票率や投票率の男女差には有意な影響は確認できなかった。

　続いて、仮説2と仮説3を検証する。すなわち、女性候補が「目新しい」存在として注目されるときの方が、投票率が上昇する効果はより強くなるのだろうか。まず、仮説2を検証するために、現職女性、新人女性、現職男性、新人男性の数を変数に投入したモデルを推定した。男性候補の数を

表3　現職女性・新人女性・現職男性・新人男性の効果

	女性	男性	合計	男女差
切片	32.528***	34.832***	33.540***	−2.304***
	(0.994)	(1.050)	(0.985)	(0.484)
新人女性候補数	0.560***	0.485*	0.517*	0.075
	(0.275)	(0.278)	(0.269)	(0.084)
現職女性候補数	0.657	0.389	0.587	0.269
	(0.443)	(0.527)	(0.445)	(0.272)
新人男性候補数	0.244	0.215	0.238	0.029
	(0.211)	(0.209)	(0.207)	(0.052)
現職男性候補数	0.351	0.309	0.330	0.043
	(0.310)	(0.307)	(0.305)	(0.082)
投票所固定効果	YES	YES	YES	YES
年固定効果	YES	YES	YES	YES
N	7,680	7,680	7,680	7,680
Adjusted R-squared	0.885	0.896	0.901	0.640

註）筆者作成。***p＜0.01、**p＜0.05、*p＜0.1
括弧内は選挙区でクラスター化したロバスト標準誤差

変数に加えたのは、女性であるかにかかわらず新人候補が増加することで投票率が上昇する可能性があるためである。

表3は、新人女性、現職女性、新人男性、現職男性それぞれの数が、投票率に与える効果を推定した分析結果である。新人女性候補数が、女性投票率に5％水準で有意な影響を与えている。すなわち、新人女性が1名増えると、女性の投票率が0.56pp上昇する。また10％水準ではあるものの、男性の投票率と合計の投票率も上昇させる効果を有している。新人女性候補は、特に女性の有権者にとって魅力的な選択肢になるため、投票率を上昇させる効果を有しているのだと考えられる。

一方で、現職女性の効果は新人女性より大きい。しかし、この効果は統計的に有意な効果ではない。仮説2の通り新人女性の効果が現職女性よりも大きいとはいい難いものの、有意な効果を確認できたのは新人女性のみであり、仮説2は部分的に支持されたと判断できる。

続いて、仮説3を検証する。女性議員の数が少ない選挙区の方が、女性候補が投票率を上昇させる効果が大きいだろうか。選挙区の女性候補の数、前回選挙から今回選挙まで活動していた女性議員の数、その交差項を投入した同様のモデルから、女性議員数ごとの限界効果を推定する。

図2は、選挙区の女性議員数ごとの、女性候補数が女性の投票率に与え

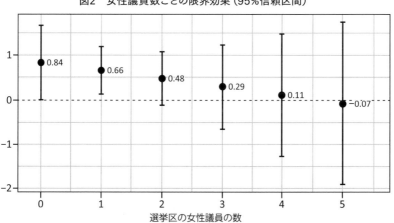

図2　女性議員数ごとの限界効果（95％信頼区間）

選挙区の女性議員の数

註）筆者作成。

る限界効果と95％信頼区間をプロットしたものである（詳細はA.3参照）。女性議員が1名もいない選挙区で女性が立候補したとき、投票率は0.84pp上昇する。女性議員数が増加するにつれて女性投票率を上昇させる効果は0.66pp、0.48ppと下降し、女性議員の数が3名を超えた選挙区で有意ではなくなる。交差項自体の係数は有意ではないが、仮説3と整合的な結果である。なお、紙幅の都合上掲載していないが、女性議員が1名のときに男性の投票率は0.56pp、合計の投票率は0.61pp有意に上昇する。投票率の男女差は、女性議員数や女性候補数に限らず有意な差は生まれない[11]（A.3参照）。

　以上の分析からは、3つの仮説は概ね支持された。第一に、女性候補の数が増えるにつれて女性の投票率は0.54pp上昇する。女性が選挙に出れば、特に女性の有権者が政治への関心を高め、投票参加の意欲を高めているのである。第二に、より「目新しい」女性候補が、投票率を上昇させている。投票率を上昇させる効果が統計的に有意に確認できたのは、現職でなく新人の女性だけであった。また、投票率を上昇させる効果は女性議員がいない選挙区で最も大きい。裏を返せば、女性議員がすでに活動し目新しくない状況においては、女性候補が社会に与える象徴的な効果は限定的であるといえる。一部の有権者は、女性議員が少ない中で議会に参入しようとする女性に対して能動的に反応している。投票率の上昇幅も重要だが、そのような有権者の存在を浮かび上がらせたことも、理論的な点で重要な発見である。

3-3. 頑健性の確認と考察

　ここでは、以上得られた知見の頑健性を確認するために、いくつかの局面に関して検討を行う。第一に、時間とユニットの固定効果を投入するだけの回帰モデルでは、地域と時間を通じて一定でない変数が投票率と女性候補数の双方に影響を与えている場合には、交絡バイアスが生じる可能性がある。したがって、選挙区と選挙年を通じて変化する共変量を投入することにより、その影響を取り除いて女性候補の与える影響を推定する[12]。

　共変量として、3つの政治的変数と、1つの社会経済的変数を投入した（出典はA.5を参照）。第一に、選挙区の候補者の平均年齢である。候補者の平均年齢は女性候補の数と投票率の双方に影響を及ぼし得る。女性候補

の方が男性候補よりも平均年齢が低く[13]、候補者の平均年齢も投票率を上昇させる可能性があるからである。

また第二に、選挙区の接戦度も統制する。接戦度が投票率に影響することはいうまでもないが、女性候補がより競争的な選挙区に擁立されて接戦になる可能性がある。分析では、最下位当選者の得票マージンを、選挙区の接戦度として投入した[14]。

第三に、候補者に占める無所属候補の割合も原因と結果のいずれにも影響を与えうる。まず、政党化の進んだ都市部においては、政党に所属する候補の方が動員する資源を多く有しているため、投票率を上昇させやすい。その一方で、女性は立候補に必要な資源（金銭やネットワークなど）が男性よりも乏しいため、無所属では出馬しにくい。政党に所属する候補が少なければ、男性が多く、投票率も低下しやすいだろう。

最後に、選挙区の年齢構成である。高齢の有権者ほど政治参加しやすく、女性の政治参加にも否定的に考えやすい。したがって、選挙区の高齢化率は、投票率と女性候補の多さのいずれにも影響を及ぼしやすいだろう。65歳人口割合を共変量として投入してその影響を統制した。

表補4は、共変量を投入したモデルの推定結果である（A.5参照）。投入した共変量はいずれも統計的に有意な効果を有していない。その一方で、女性候補数は5％水準で有意に女性の投票率を0.59pp上昇させる効果を持っている。合計の投票率にも、同様に5％水準で有意な効果が表れている。女性候補の数と（特に女性の）投票率の間に因果関係があると判断してよいだろう。

次に、女性議員や女性候補の所属政党について検討する必要がある。政党ごとに女性議員や候補の割合は異なる。2015年では253名の女性候補のうち、自民党が24名（自民党候補の7.4％）、公明党が26名（同15.3％）、民主党が29名（16.3％）、共産党が79名（43.9％）である。女性候補の多い政党が動員に長けているのであれば、以上の分析結果は候補者のジェンダーではなく、動員の効果によってもたらされたのかもしれない。

したがって、各党派に所属する女性候補の数と男性候補の数を独立変数とする分析を実施した。表補5は、自民党、民主党系（立憲民主党、国民民主党）、公明党、共産党のそれぞれの女性候補と男性候補が女性の投票率に与える推定した分析結果をまとめたものである（A.6）。いずれの変数

も統計的に有意な効果を有していないものの、男性候補よりも女性候補の方が係数は大きく、この点は仮説と整合的である。より重要なのは、投票率を上昇させる効果はいずれかの政党の女性候補に偏って生じていたわけではない、という点である。

続いて、選挙区定数を考慮する。選挙区定数が大きくなるほど立候補する女性の数が増加するが、投票率はそもそも候補者の数に影響を受けるからである（重村 2021）。とはいえ、定数はほとんどの選挙区で期間を通じて一定であるため、共変量として投入して分析できない。そこで、選挙区定数を基準にサンプルを分割して分析を行った。2015年時点の選挙区定数の平均が6.36、中央値が6であるため、6以下の選挙区のサンプルと、7以上の選挙区のサンプルの2つに分割した。

表補6は、定数を基準に分割したサンプルに対する2つの分析の結果を並べたものである（A.7参照）。サンプルサイズの縮小に伴い、女性候補数の係数はいずれのモデルでも統計的に有意でなくなっている。しかしながら、係数に着目すると、選挙区定数が6以下の場合と7以上の場合で、それぞれの分析の結果は変わらない。少なくとも、選挙区定数の影響を強く受けていると結論付けることはできない[15]。

またさらに、選挙区の女性候補の割合を独立変数に投入した分析も行った（A.8）。表補7は、候補者に占める女性の割合を独立変数に投入した分析の結果である。女性候補数とは異なり、その割合は統計的に有意な効果を有していない。より詳細な検討をする必要はあるものの、有権者にとっては、女性の割合が高いかどうかよりも、そもそも女性がいるかどうかの方が重要であるといえる。

次に、どれほど「目新しい」候補者であれば、投票率が上昇するのかを確認する。すなわち、これまで一度も女性候補が参入していなかった選挙区が、最も女性候補が「目新しい」と考えられる。あるいは、一切女性が立候補していないわけではなくとも、過去の候補者に占める女性の割合が低い選挙区ほど、女性の「目新しさ」は高いと考えられる。

そこで、1990年代から政令市として選挙を実施している9市に限定し、1990年代から2015年までにそれぞれの選挙区に参入した立候補者に占める女性の割合を調査した。紙幅の都合上掲載できないが、概ね過去の選挙で女性が少ない選挙区ほど女性候補が投票率を上昇させる効果が大きいと

理解でき、仮説2や仮説3と整合的である（A.9参照）。

　最後に、このような（女性）投票率を上昇させる効果が、長期的に持続するものなのかを検討する。すなわち、女性候補が増加したことによって投票参加した有権者は、その後も継続的に参加するのだろうか。本稿の分析は2期のデータしか取り扱えないため、直接的にこの問いに取り組むのは困難だが、予備的な分析を通じて検討をすることは可能である。

　結論から述べると、継続的な効果が期待できるとは判断できない。第一に、効果が継続的に上昇するのであれば、現職の女性候補も投票率を上昇させる効果を持っているはずだが、表3でも示したように、投票率を上昇させる効果を有しているのは新人のみであった。また第二に、女性候補ではなく女性議員の数を投入した分析も、有意な結果を示さなかった（係数は負。A.10参照）。この結果も効果が継続するのであれば生じにくいことである。以上を総合すると、少なくとも現状の分析結果からは、女性候補の参入が女性有権者の政治参加を刺激する効果が持続する効果を有すると評価するのは難しい[16]。

4.　結語

4-1.　得られた知見

　女性が政治的アリーナに参入すると女性有権者に象徴的な効果をもたらされることが、既存研究によって指摘されてきた。しかし既存研究は、制度や環境要因を踏まえた理論化が十分になされていないという点に、課題を抱えている。また、分析において回帰不連続デザインに依拠する傾向に強いため、女性議員より女性候補の方が効果をもたらしやすいことを分析枠組みにうまく落とし込めていない。

　そこで本稿では、政令市議会議員選挙を事例とする実証分析を行った。政令市は、候補者個人が注目されやすい単記非移譲式の選挙制度を採用している。したがって、候補者のジェンダーは他の選挙制度と比較して注目されやすい。女性候補の増加は、一部の有権者には魅力的な選択肢の増加を意味する。結果としてその女性に投票することにならなくとも、政治的

な関心が高くなり投票参加が活発になるだろう。また、この効果は女性が「目新しい」存在のときにおいて、より大きいだろう。新人女性の方が現職女性より投票参加を刺激しやすいだろうし、女性議員が増加するにつれてその効果も小さくなるだろう。

本稿の分析結果は、上記の仮説を概ね裏付けた。選挙区に女性候補が1名増えると、女性の投票率が0.54pp上昇する。また、新人女性が投票率をそれぞれ0.54pp上昇させる一方で、現職女性が上昇させる効果は有意ではない。さらに、女性議員が全くいない選挙区において最も投票率が上昇する効果が大きく（0.84pp）、女性議員が増えるにつれて効果が小さくなることも明らかになった。以上の仮説は、その他の要因を考慮しても、頑健に支持されるものであった。

女性候補が増加すれば選挙に行く有権者は増加する。この効果は環境に依存する。女性が目新しい環境で、この効果は最も大きい。以上が得られた知見である。

4-2. 知見の含意と今後の課題

以上の分析結果からは、政治的アリーナの代表性の向上は、有権者の政治参加を促進する1つの要因になり得ることが示されただろう。本稿が明らかにしたように、候補者に女性が増えれば、有権者の投票参加は活発になる。翻って考えれば、議員が男性に偏ることで、有権者の政治参加も低調になる可能性がある。

より一般的にいえば、本稿の結果は代表性の向上を通じて民主主義が活性化される可能性を示唆している。代表と民主主義は、異なる制度的起源を有する理念であり、両者はしばしば緊張関係にある。しかし本稿の分析結果を踏まえると、むしろ記述的な意味で代表性が向上すれば、有権者の民主政治への関与は活発になる。地方議会では、議員の高齢化や女性の過少性が問題視されており、代表の偏りが深刻である。代表性の低下は、民主政治自体を低調にするのである。

むろん、女性が政治に参入することの意義は、「目新しさ」で政治参加を促すことだけに留まるものではない。上述のように、政治的アクターとしての女性は、様々な変化をもたらし得る存在である[17]。むしろ本稿で明らかにしたメカニズムも、あくまで女性議員が少なく、かつ個人に投票

する誘因が強い環境において生じるものと解釈すべきである。しかし裏を返せば、政治におけるジェンダーの問題は、有権者や政治家を取り巻く環境や制度を踏まえて議論されるべきということでもある。政治的アクターの行動や影響力を、その文脈から切り離して議論することには慎重であらなければならない（申 2013; 左髙 2021）。

　本稿の分析には課題も残されている。第一に、女性候補が有権者の投票参加を促すメカニズムが不明である。合理的選択理論に従わずとも、なぜ女性が出馬することで有権者の投票参加が活発になるのかが明らかでない。有権者は、女性が当選して得られる政策的便益が大きいから投票に行くのか（便益）。候補者のジェンダーが有権者の認知コストを低下させるため投票に行きやすいのか（費用）。または、有権者は何らかの民主的価値を実現するために女性候補を当選させなければならないと考えているのか（義務感）。女性候補がどのようなメカニズムで有権者の投票参加を促すのかを検討する必要がある。

　第二に、投票参加に分析が限定されているため、投票外参加に対する効果が明らかでない。そもそも、日本の有権者は男女で投票率に大きな差はなく、本稿の事例でも女性の方が投票率がわずかばかり高い。しかしながら、政治参加でジェンダー差が大きいのは投票外参加である（山田 2016: 122–125）。本稿の分析において、女性候補の与える影響に男女差をほとんど見出せなかったのは、投票参加を分析対象としたからかもしれない。投票外参加を含めた、より広範な政治参加に与える影響についての分析が必要とされる。

　第三に、政令市を対象に限定したことにも課題はある。「目新しさ」に注目するのであれば、もともと女性が少ない農村部の市町村などの方が、分析対象として望ましい可能性がある。今後の分析課題である。

　最後に、差分の差分法などにおいては、観察可能な共変量を投入するだけでは、平行トレンド仮定の妥当性を十分に確認できたとはみなせない。観察不能な共変量によって生じるバイアスが排除できないからである。一般的には、分析前の事前トレンド（pre-trend）を確認するなどの方法がとられることが多い（Roth et al. 2023）。しかし、本稿では2期のデータしか収集できていないため、共変量を投入するのみにとどまった。今後の課題としたい。

謝辞

　本研究は、2020年度日本政治学会研究大会における報告をもとにしたものである。討論者の堤英敬、申琪榮両先生と2名の匿名の査読者からの有益なコメントに感謝申し上げる。また、各市選挙管理委員会より投票率のデータを提供いただいた。記して感謝申し上げる。なお、本研究は科学研究費助成事業22J0756による助成を受けたものである。

[1] IPUホームページ（https://data.ipu.org/women-ranking?month=9&year=2024）より（最終確認：2024–10–14）
[2] 後述のように例外もある（中條2018; 松林2023）。
[3] IPUホームページ（https://data.ipu.org/women-averages?month=9&year=2024）より（最終確認：2023–10–14）
[4] なお、実質的効果は、ピトキンの実質的（実体的）代表（substantive representation）に対応している。
[5] これらの論文を含む複数の国の67本のサーヴェイ実験を対象としたメタ分析によれば、有権者は女性候補を男性よりも低く評価していないどころか、その他の条件が同じであればむしろ男性候補より投票しやすい（Schwarz and Coppock 2022）。
[6] 当然ながら、社会的望ましさバイアスがあることは否定できない。
[7] 都道府県議会議員選挙のみ、人口の少ない地域で単純小選挙区制が採用されている。
[8] 投票所（投票区）の名前で同じ投票所を特定しているので、2015年と2019年で投票区の区割りがなされている場合は把握できておらず、同じ投票所が特定できていない投票所はデータに含まれていない。また、いずれかの選挙で無投票になった選挙区も対象外である。
[9] 男性や合計の投票率を対象にしているのは、投票参加を刺激する効果が女性に際立って現れるかを確認するためである。既存研究と整合的に理解するならば、男性は女性よりは女性候補に投票する傾向が小さいので、その効果が弱いことが期待される。
[10] 熊本市は2012年に政令市に移行しているため、2011年の選挙では行政区ごとに議会選挙が実施されていない。そのため女性議員の数をモデルに投入する際は、熊本市を除外している。
[11] また、女性議員数（2015年から2019年まで）と2019年の女性候補数の組み合わ

せごとに、女性投票率の変化の平均を算出した（A.4）。

[12] 投票所ごとの投票率を従属変数としている以上、考慮すべきは投票所ごとの共変量だが、入手が現実的でないため、選挙区レベルの共変量を取り扱った。

[13] 2015年の選挙に限れば、現職候補の平均年齢が54.96歳であるのに対し、新人候補の平均年齢は47.16歳であり、7.8歳の差がある。

[14] 得票マージンは、Cox and Rosenbluth（1995）にならい、$(v_i - q)／q$として操作化した。すなわち、ドループ・クオータ$q = 1／(M + 1)$（Mは選挙区定数）を基準とした、各候補者iの得票率v_iの超過分として操作化される。

[15] 新人女性の方が新人男性よりも投票率を上昇させやすいこと（表3）からも、この効果が単純な候補者の数に依存したものではなく、女性であることが重要だということが示唆される。

[16] むろん、継続的な効果が期待できない、というのはあくまで女性候補が増えた選挙区とそうでない選挙区との間の統計的な違いであり、一般論として政治参加そのものが正のフィードバックを持つことを否定するものではない。

[17] むろん、女性議員（候補）の増加によって波及する効果の有無にかかわらず、そもそも女性議員が過少であること自体が社会的な争点である。

❖ 参考文献

岩本美砂子．1997．「女のいない政治過程 ── 日本の55年体制における政策決定を中心に」『女性学』第5巻、8–39頁．

左高慎也．2021．「フェミニスト制度論は、どこから来て、どこへ行くのか？ ── フェミニズムと制度論の統合に向けた理論的考察（1）〜（2・完）」『名古屋大学法政論集』第289号、97–130頁、第290号、51–79頁．

重村壮平．2021．「候補者数が投票率に与える影響 ── サーベイ実験による因果メカニズムの解明」『神戸法学年報』第34号、59–93頁．

申琪榮．2013．「ジェンダー政策の形成過程 ── 理論的考察と韓国の事例」『国際ジェンダー学会誌』第11号、35–58頁．

内閣府．2019．「男女共同参画社会に関する世論調査（令和元年9月）」．

内閣府男女共同参画局．2024．「男女共同参画白書 令和6年版」．

中條美和．2018．「女性知事候補者は投票率をあげるか？」『都市問題』第109巻第5号、35–40頁．

松林哲也．2023．『何が投票率を高めるのか』有斐閣．

三浦まり．2023．『さらば、男性政治』岩波書店．

山田真裕．2016．『政治参加と民主政治』東京大学出版会．

Atkeson, Lonna Rae. 2003. "Not All Cues Are Created Equal: The Conditional Impact of Female

Candidates on Political Engagement." *Journal of Politics* 65 (4): 1040–1061.

Baskaran, Thushyanthan, and Zohal Hessami. 2018. "Does the Election of a Female Leader Clear the Way for More Women in Politics?" *American Economic Journal: Economic Policy* 10 (3): 95–121.

Bhalotra, Sonia, Irma Clots-Figueras, and Lakshmi Iyer. 2018. "Pathbreakers? Women's Electoral Success and Future Political Participation." *The Economic Journal* 128 (613): 1844–1878.

Broockman, David E. 2014. "Do Female Politicians Empower Women to Vote or Run for Office? A Regression Discontinuity Approach." *Electoral Studies* 34: 190–204.

Burns, Nancy, Kay Lehman Schlozman, and Sidney Verba. 2001. *The Private Roots of Public Action: Gender, Equality, and Political Participation*. Cambridge: Harvard University Press.

Campbell, David, E. and Christina Wolbrecht. 2006. "See Jane Run: Women Politicians as Role Model for Adolescents." *The Journal of Politics* 68 (2): 233–247.

Carey, John, and Matthew Soberg Shugart. 1995. "Incentives to Cultivate a Personal Vote: A Rank Ordering of Electoral Formulas." *Electoral Studies* 14 (4): 417–439.

Celis, Karen, and Silvia Erzeel. 2020. "Gender Equality." in *The Oxford Handbook of Political Representation in Liberal Democracies*, eds. Robert Rohrschneider, and Jacques Thomassen, 192–210. New York: Oxford University Press.

Chattopadhyay, Raghabendra, and Esther Duflo. 2004. "Women as Policy Makers: Evidence from a Randomized Policy Experiment in India." *Econometrica* 72 (5): 1409–1443.

Childs, Sarah, and Mona Lena Krook. 2009. "Analysing Women's Substantive Representation: From Critical Mass to Critical Actors." *Government and Opposition* 44 (2): 125–145.

Clayton, Amanda. 2018. "Do Gender Quotas Really Reduce Bias? Evidence from a Policy Experiment in Southern Africa." *Journal of Experimental Political Science* 5 (3): 182–194.

Clayton, Amanda, Cecilia Josefsson, Robert Mattes, and Shaheen Mozaffar. 2019. "In Whose Interest? Gender and Mass-Elite Priority Congruence in Sub-Saharan Africa." *Comparative Political Studies* 52 (1), 69–101.

Clayton, Amanda, Diana Z. O'Brien, and Jennifer M. Piscopo. 2024. "Founding Narratives and Men's Political Ambition: Experimental Evidence from US Civics Lessons." *British Journal of Political Science* 54 (1): 129–151.

Clayton, Amanda, and Pär Zetterberg. 2018. "Quota Shocks: Electoral Gender Quotas and Government Spending Priorities Worldwide." *Journal of Politics* 80 (3): 916–932.

Clayton, Amanda, and Pär Zetterberg. 2021. "Gender and Party Discipline: Evidence from Africa's Emerging Party Systems." *American Political Science Review* 115 (3): 869–884.

Cox, Gary W., and Frances Rosenbluth. 1995. "Anatomy of a Split: The Liberal Democrats of Japan." *Electoral Studies* 14 (4): 355–376.

Dolan, Kathleen. 2008. "Is There a 'Gender Affinity Effect' in American Politics? Information, Affect, and Candidate Sex in U.S. House Elections." *Political Research Quarterly* 61 (1): 79–89.

Endo, Yuya, and Yoshikuni Ono. 2023. "Opposition to Women Political Leaders: Gender Bias and

Stereotypes of Politicians Among Japanese Voters." *Journal of Women, Politics & Policy* 44 (3): 371–386.

Fridkin, Kim L., and Patrick J. Kenney. 2014. "How the Gender of U.S. Senators Influences People's Understanding and Engagement in Politics." *The Journal of Politics* 76 (4): 1017–1031.

Geys, Benny, and Rune J. Sørensen. 2019. "The Impact of Women Above the Political Glass Ceiling: Evidence from a Norwegian Executive Gender Quota Reform." *Electoral Studies* 60, 102050. https://doi.org/10.1016/j.electstud.2019.102050

Gilardi, Fabrizio. 2015. "The Temporary Importance of Role Models for Women's Political Representation." *American Journal of Political Science* 59 (4): 957–970.

Golder, Matt, and Benjamin Ferland. 2018. "Electoral Systems and Citizen-Elite Ideological Congruence." in *The Oxford Handbook of Electoral Systems*, eds. Erik S. Herron, Robert J. Pekkanen, and Matthew Shugart, 213–246. New York: Oxford University Press.

Horiuchi, Yusaku, Daniel M. Smith, and Teppei Yamamoto. 2018. "Measuring Voters' Multidimensional Policy Preferences with Conjoint Analysis: Application to Japan's 2014 Election." *Political Analysis* 26 (2): 190–209.

Huntington-Klein, Nick. 2021. *The Effect: An Introduction to Research Design and Causality*. Boca Raton: CRC Press.

Jones, Philip Edward. 2014. "Does the Descriptive Representation of Gender Influence Accountability for Substantive Representation." *Politics & Gender* 10 (2): 175–199.

Kage, Rieko, Frances McCall Rosenbluth, and Seiki Tanaka. 2019. "What Explains Low Female Political Representation? Evidence from Survey Experiments in Japan." *Politics & Gender* 15 (2): 285–309.

Kato, Gento, Fan Lu, and Masahisa Endo. Forthcoming. "The Preference-expectation Gap in Support for Female Candidates: Evidence from Japan" *Public Opinion Quarterly*.

Ladam, Christina, Jeffrey J. Harden, and Jason H. Windett. 2018. "Prominent Role Models: High-Profile Female Politicians and the Emergence of Women as Candidates for Public Office." *American Journal of Political Science* 62 (2): 369–381.

Lawless, Jennifer L. 2004. "Politics of Presence? Congresswomen and Symbolic Representation." *Political Research Quarterly* 57 (1): 81–99.

Lombardo, Emanuela, and Petra Meier. 2014. *The Symbolic Representation of Gender: A Discursive Approach*. Farnham: Ashgate.

Ono, Yoshikuni, and Masahiro Yamada. 2020. "Do Voters Prefer Gender Stereotypic Candidates? Evidence from a Conjoint Survey Experiment in Japan." *Political Science Research and Methods* 8 (3): 477–492.

Pitkin, Hanna. 1967. *The Concept of Representation*. Berkeley and Los Angeles: University of California Press. (＝早川誠訳. 2017. 『代表の概念』名古屋大学出版会)

Reingold, Beth, and Jessica Harrell. 2010. "The Impact of Descriptive Representation on Women's Political Engagement." *Political Research Quarterly* 63 (2): 280–294.

Riker, William H., and Peter C. Ordeshook. "A Theory of the Calculus of Voting." *American*

Political Science Review 62 (1): 25–42.

Roth, Jonathan, Pedro H.C. Sant'Anna, Alyssa Bilinski, and John Poe. 2023. "What's Trending in Difference-in-Differences? A Synthesis of the Recent Econometric literature." *Journal of Econometrics* 235 (2): 2218–2244.

Saward, Michael. 2010. *The Representative Claim*. Oxford: Oxford University Press.

Schwarz, Susanne, and Alexander Coppock. 2022. "What have we learned about gender from candidate choice experiments? A meta-analysis of 67 factorial survey experiments." *Journal of Politics* 84 (2): 655–668.

Wolak, Jennifer. 2020. "Descriptive Representation and the Political Engagement of Women." *Politics & Gender* 16 (2): 339–362.

Wolbrecht, Christina, and David E. Campbell. 2007. "Leading by Example: Female Members of Parliament as Political Role Models." *American Journal of Political Science* 51 (4): 921–939.

Wolbrecht, Christina, and David E. Campbell. 2017. "Role Models Revisited: Youth, Novelty, and the Impact of Female Candidates." *Politics, Groups, and Identities* 5 (3): 418–434.

政治的能力の欠如はなぜ問題なのか
―― 関係的平等説による評価と解決策の提示

早稲田大学政治経済学術院講師（任期付）　小林卓人

　市民の政治的知識の欠如や信念形成の非合理性を示す経験的知見は、絶対的または相対的な「政治的無能性」についての懸念を生じさせる。しかし、政治的無能性はなぜ問題なのだろうか。また、この問題への適切な解決策とはどのようなものだろうか。本稿は、その問題の説明と解決策を人格の道徳的に重要な利害関心に依拠しつつ提示することを試みる二つの見解を検討する。一方の道具的見解によれば、政治的無能性が問題なのは、それが人々の〈結果への利害関心〉の毀損を招きうるからである。他方の非道具的見解、特に本稿が提示する関係的平等説によれば、政治的無能性が問題なのは、各人が有する〈抗－劣位性の関心〉、すなわち、他者に対して社会的劣位の地位に置かれないことへの関心をそれが毀損しうるからである。本稿は、道具的見解に基づく問題の説明が不十分となるような政治的無知や非合理性のケース（人種やジェンダーや所得と相関した政治的知識や合理性の格差等）を指摘する。その上で、その問題をより十全に規範的観点から評価し、それに対する解決策を提示するには、関係的平等説への部分的依拠が必要となることを示す。

キーワード：政治的無知、政治的非合理性、エピストクラシー、
**　　　　　　道具主義、関係的平等**

序論

有権者の認識的特徴に関する数十年に亘る経験的研究は、政治的無知や非合理性がいかに民主的諸社会に浸透しているかを示してきた。例えば、アメリカ市民の政治的知識水準を測る諸研究によれば、平均的有権者は、政府諸機関の名称や、現職大統領と対立候補の支持政策や、政策争点ごとの関連する事実（例えば連邦赤字水準、犯罪率、政府支出に対する軍事費の割合等）についての知識を欠く（Achen and Bartels 2016; Delli Carpini and Keeter 1996; Somin 2016 = 2016）。また、政治に関する信念形成において、平均的有権者は既に抱いている信念や、自身が属する社会集団や党派において共有されているバイアスのかかった信念を単に受容し、それに反する証拠を無視する傾向がある（Brennan 2016 = 2022; Caplan 2007 = 2009）。さらに、政治的知識と合理性のいずれも不均等に分布している——平均的水準は低いが、一部市民は他の市民よりもはるかに高水準の政治的知識を有したり、党派的バイアス等による誤った信念形成をよりよく回避したりすることがわかっている（Althaus 2003, 14–7; Achen and Bartels 2016, 280–83）。

以上の経験的知見は、市民の政治的能力（political competence）——大まかに言って、政治的事柄について、何らかの意味において「正しい」仕方で信念を形成し、「良い」決定を選ぶ能力——の絶対的または相対的欠如への懸念を生じさせる。しかし、政治的能力の欠如が直観的には問題だと思われるとしても、それが問題である理由は明らかではない。その理由を明らかにすることは、この問題に取り組むべき規範的根拠を明確化し、かつこの問題を解決するための行為指針や制度編成指針を見出すために不可欠である。

本稿は、以上の問いに関する二つの見解を検討する。いずれの見解も、政治的能力の欠如——ないし政治的無能性（incompetence）——が問題である理由を、人格の道徳的に重要な関心に基づいて説明することを試みる。一方の道具的見解によれば、政治的無能性は、低質な法や政省令などの政治的決定を招き、決定に従属させられる人々の〈結果への利害関心〉

の毀損をもたらしうるため問題である。他方の非道具的見解、特に本稿が提示する関係的平等説によれば、政治的無能性は、社会的劣位の地位に置かれないことを希求する各人の〈抗－劣位性の関心〉を毀損しうるため問題である。

　本稿は、道具的見解のみに基づく問題への評価と解決策には限界があるため、少なくとも部分的には非道具的見解を採用すべきである、と論じる。この議論には、以下の意義がある。これまで政治的無知や非合理性は、経済政策や刑事政策や移民政策といった分野における民主的決定の非最適性を批判する理論家たち（cf. Brennan 2016 = 2022; Caplan 2007 = 2009; Somin 2016 = 2016）によって、道具的見解のもとで強調されてきた。それに対して非道具的見解、特に関係的平等（ないし社会的平等）の価値に立脚する立場からは、政治的手続きの正当化という文脈において非道具的議論が提示されてはいるが[1]、政治的無知と非合理性についての道徳的評価を行う研究は未発展である。本稿は、デモクラシーの規範理論における道具主義と非道具主義との間の対立を背景としつつ、政治における人々の認識的特徴について後者の立場が独自に有する評価的・規範的含意を、その論証構造の明確化とともに示すことに貢献する。

　1節では、本稿が着目する政治的無能性の諸類型を定義し、評価対象を明確化する。2節では、道具的見解を整理し（2.1項）、それに対する既存の批判を吟味した上で（2.2項）、本稿の批判を示す（2.3項）。3節では、非道具的見解の一類型として関係的平等説を提示した上で（3.1項）、それが道具的見解の限界をどのように克服しうるかを示す（3.2項）。

　本論に先立ち、本稿の議論について予備的説明を加える。本稿は道具的見解への批判を含むが、その批判は、道具的見解を支持する演繹的論証の反駁という形をとらない。そうではなく、政治的無知や非合理性にまつわる重大な問題となりうるケースを示した上で、それがなぜ問題なのかを道具的見解だけでは説明しきれないこと、および、非道具的見解に依拠することでその説明が可能となることを論じる。道具的見解に対するこうした批判について、以下の三点に留意されたい。

　第一に、非道具的見解は、道具的見解の支持者が必ずしも受容しない規範的前提（政治的平等の非道具的価値の是認等）を含む。しかし本稿の議論は、そうした前提の事前の受容を求める論点先取的なものではなく、道

具的見解の支持者でさえも問題として認めうるような、政治的無知や非合理性にまつわる一部の事象が問題である理由の説明、およびその説明に照らして適切性を示されうる解決策の提示において、非道具的見解が提示しうる特有の視座を明らかにするものである。

　第二に、本稿は、非道具的見解が道具的見解よりも優れていると主張することを意図しない。本稿の目的はあくまで、後者が説明しきれない問題を前者が説明しうることを示すことにとどまる。前者が説明しきれない問題を後者が説明しうることや、両見解が相争うものではなく相補的であることを、本稿は否定しない。

　第三に、政治的無能性の問題に対する道具的見解からの評価と解決策は、完全に別個に検討されるのではなく、総合的に検討される。例えば、この問題の道具的見解からの評価が不十分だとする本稿の議論（2.3項）は、その評価に基づいて提示される解決策が十分に適切でない、という論点を部分的に含む。なぜなら、一般的に解決策とは、ある事象がなぜ問題なのかについての正確な理解に基づき、それに対する必要十分な応答として提示されるものである以上、ある立場が十分に適切でない解決策を提示することは、その立場による問題の理解自体に見落としがあることを示唆しうるからである。この理解に立ち、道具的見解の評価上の見落としを明らかにすることが、本稿の議論の特徴である。

1. 政治的能力／無能性

　本稿では政治的能力を、政治的事柄について何らかの意味において「正しい」仕方で信念を形成し、「良い」決定を選ぶ能力として約定的に定義する。その欠如である政治的無能性には複数の類型がありうるが、本稿では、J・ブレナン（Brennan 2016, 151–2, 158 = 2022, 下 19–21, 30）による類型化のうち、以下の二つに着目する。

　　無知：意思決定に関連する情報を知らない。

　　非合理性：意思決定に関連する情報を合理的に処理しない（事前信念
　　　　や党派性等によるバイアスの影響を強く受けたり、非科学的な仕方
　　　　で処理したりする）。

これら二類型は、認識的な政治的無能性として理解される。無知や非合理性は、意思決定において事実と合致した信念を有することの失敗や、適切な正当化や推論を通じて信念を形成することの失敗を示す[2]。序論で参照した諸文献は、これらの意味における無能性の経験的証拠を数多く提示している。

政治的無知および非合理性が広く観察され、それらが政策や候補者に対する投票者の評価に有意な影響を与えていると思われる例を二つ挙げよう。第一の例は、政治的無知が政策効果についての投票者の評価を歪める可能性を示唆する。2000年に実施された全米選挙調査では、1992年から2000年までの期間に犯罪率が低下した事実を知っていた回答者は37％だった（Somin 2016, 40 = 2016, 43）。刑事政策が失敗しており、犯罪率は変化していないかむしろ上昇している、という誤った信念を多くの投票者たちが抱く場合、投票者たちが「犯罪を厳しく取り締まる」刑事政策を選好する見込みが高まり、その政策を掲げることが候補者にとって効果的な選挙戦略となりうる（cf. Surprenant and Brennan 2020, 28-31）。犯罪率に関する投票者の無知は、もし知識があれば選好しなかったかもしれない刑事政策への選好を生じさせうる[3]。

第二の例は、無知に加え、非合理性の一類型である党派的信念形成が、現職者に対する業績評価を歪める可能性を示唆する。1996年度に実施された全米選挙調査は、民主党クリントン政権第一期に当たる1993会計年度から1996会計年度までの期間に財政赤字水準はどのように推移したか、という質問を含んでいた。事実は2,550億ドルから1,070億ドルへの減少だったが、全回答者のうち40％が「増加した」と回答し、27.7％が「変化しなかった」と回答し、32.3％のみが「減少した」と回答した。さらに、回答者を支持政党ごとに区分すると、「増加した」という回答者の割合は共和党支持者では52.3％、民主党支持者では32.3％だった（Achen and Bartels 2016, 280-81）。このように無知や党派的信念形成が見出されるイシューについては、投票者は現職者の業績の正確な評価に基づいて投票を行う能力を欠くのではないか、という懸念が生じる。

以上のような例から、少なくとも直観的には、政治的無知や非合理性が問題であるという見方はもっともらしく思われる。しかし、それらが厳密にはなぜ問題なのか（評価の問い）、および、その問題を十全に解決する

にはいかなる制度や実践が求められるのか（解決策の問い）、という二つ
の問いが生じる。

2. 道具的見解とその問題点

本節では、政治的無能性の問題についての道具的見解からの評価と解決
策を整理し（2.1項）、この見解への既存の批判を確認した上で（2.2項）、
本稿の批判を示す（2.3項）。

2.1. 道具的見解による評価と解決策

道具的見解によれば、政治的無能性が問題であるのは、政治的決定に従
属する人々が有する〈結果への利害関心〉が毀損されるリスクを高めうる
からである。この見解は、政治的無知や非合理性についての経験的知見に
基づいてデモクラシーの批判を試みる理論家らによって表明されてきた
（e.g., Ahlstrom-Vij 2019; Brennan 2016, 23–4 = 2022, 上38–9; Caplan 2007,
162 = 2009, 307–8; Somin 2016, 2–7 = 2016, 2–9）。こうした懸念の妥当性を
確認するため、いくつかの例を見てみよう。

まず、1節で示した二つの例は、以下のように〈結果への利害関心〉の
毀損と結び付けられうる。例えば「犯罪を厳しく取り締まる」刑事政策は、
過大な処罰や、警察の過度な治安維持行為による人々の安全への脅威（お
よび、人種や国籍や性的指向などによるその偏り）といった問題を生じさ
せうる。また、本来は減少した財政赤字が増大したと誤って信じられてい
る場合、政府支出の緊縮への支持が高まり、社会保障等への支出が過度に
切り詰められるなどの問題が生じうる。いずれの結果も、刑事政策や財政
政策、社会保障政策等に従属させられる人々が有する、身体的安全、公正
な捜査や量刑、十分な社会保障等への利害関心を毀損しうる。

また、特にブレナンが強調するように、決定内容が〈結果への利害関
心〉を実際に毀損するか否かについて不合意がある場合でも、政治的無知
や非合理性を抱えた人々がステークの高い意思決定を行うこと自体が、当
の利害関心の毀損リスクを不当に高めうる（Brennan 2016, 154 = 2022, 下
23–4）。例えばイギリスのEU離脱を決めた国民投票が行われた時期には、

大多数の投票者が、イギリス国内総人口に対するEU移民人口の割合や、EUへのイギリスの出資額を過大に見積もっていた（Ipsos 2016）。離脱の決定の正否によらず、イギリスとEU内の居住者の生に深甚な影響を及ぼしうる意思決定が、EUからの「脅威」に関する根拠に乏しい見積もりに基づいて行われたことは、決定から不利益を被りうる人々の〈結果への利害関心〉が毀損されるリスクを不当に高めたと考えられうる。

以上、政治的無能性の問題に対する道具的見解からの評価を確認した。〈結果への利害関心〉を重視する限り、道具的見解が当の問題に対して提示する解決策は二つに大別される。

第一に、ある人々が政治的手続きに参加することを所与とするならば、当の人々は政治的無知と非合理性を克服することで、被治者の利害関心の毀損を回避しうる。例えば熟議デモクラシーの理論潮流では、公共的熟議の効果として、政治的知識の改善や政治的選好の理由づけによる認識的合理化が期待されている（cf. 小須田2018; Bächtiger et al. 2018, 20–21）。また、正確な政治的情報の流通を促し、投票者の政治的能力の改善に寄与する国家の義務を示そうとする試みもある（Giavazzi and Kapelner 2022）。

第二の解決策は、非民主的な政治的手続きを擁護する試みに見出される。すなわち、ある人々が政治的無知や非合理性を克服する見込みが低いことを所与とするならば、当の人々は政治的決定への影響機会を（絶対的または相対的に）享受しないことで、被治者の利害関心の毀損を回避しうる。この解決策の典型例として、エピストクラシーが挙げられる。この手続きでは、観察可能な政治的能力の高低に応じて、選挙や国民投票での投票権が不平等に分配される。こうした手続きは、最低限の知識や合理性を欠くとされる人々に投票権を与えない「制限選挙制」、高水準の知識や合理性を備えるとされる人々の票数を増やす「複数投票制」、少数の専門家からなる評議会が民主的決定への拒否権を有する「知者の拒否権」などの形態をとりうる（Brennan 2016, chap. 8 = 2022, 下8章）。

道具的見解の特徴は、これら二つの解決策の間にカテゴリカルな優劣を理論上認めない点にある。なぜならこの見解にとって、取り組まれるべき問題とは、政治的に無能な人々が手続きに参加することで政治的決定の質が悪化し、〈結果への利害関心〉が毀損されるリスクが過大となることであるためだ。人々の政治的能力を向上させる解決策と、一部の人々の政治

的影響機会を減じる解決策のいずれがより望ましいかは、この問題への取り組みにおいていずれの解決策がより効果的か、という道具的考慮のみによって決まる。

2.2. 道具的見解への既存の批判

本稿は、道具的見解には限界があると主張する。しかし、道具的見解への批判は先行研究でも挙げられている。ここでは、政治的無知や非合理性が〈結果への利害関心〉の毀損に結びつきうることを否定する二つの批判を吟味した上で、本稿の貢献を明確化する。

第一に、測定された知識や合理性は人々の政治的能力や無能性の指標として不適切である、という批判がある。例えばA・ルピア（Lupia 2006）は、人々の政治的知識や合理性を測る実証研究自体が、エリート主義的バイアスのかかった方法によって行われてきたと指摘する。何をもって政治的能力を構成する知識や合理性とすべきかについて不合意がある以上、ある人がそうした研究が測定した限りで知識や合理性を欠くことは、その人が実際に良い政治的決定を選択する見込みが低い根拠にはなりえないのではないか。

しかし、政治的能力を構成する知識や合理性の基準についての不合意はあるにせよ、あらゆる不合意が適切であるとは限らない。例えば、現職者の財政的パフォーマンスの業績評価において、その任期中の財政赤字水準の推移に関する知識が重要となるという考えへの異論は適切ではない。また、刑事政策を現状よりも厳格にすべきか否かの判断において、犯罪率の推移に関する知識が重要となるという考えや、より国境閉鎖的な移民政策案の評価において、国内人口に対して移民が占める割合の知識が重要となるという考えへの異論も、適切ではないように思われる。政治的知識や合理性を測る経験的研究にエリート主義的バイアスがあるとしても、そのことは、当の研究が示す人々の政治的無知や非合理性の一部が人々の政治的能力の欠如を示す根拠として信頼しうることを完全には否定しない。

第二に、個人の無能性は個人が属する集団の無能性を直接含意しない、という批判がある。政治的手続きの参加者たちが平均的には高水準の知識や合理性を備えていないとしても、認知的分業や認知的多様性が制度的に保障されれば、集団は非常に高い確率で正しい決定を生み出しうる。この見

解は、認識的デモクラシー理論の標準的見解として知られている（Christiano 2015; Landemore 2013; 内田 2019; 坂井 2022）[4]。

しかしこの批判は、集団の無能性が部分的に諸個人の無能性の関数であることを否定できない。認識的デモクラシー理論では集合知に関する複数の数理モデルが応用されているが、そのいずれも、個々の参加者が一定の認識的資質を有することを前提とする。例えばコンドルセの陪審定理は、集団内の平均的投票者が正しい決定を選ぶ確率がランダムを上回らない限り、集団が正しい決定を選ぶ確率はランダムにとどまるか、むしろ0に近似しうることを含意する（Brennan 2016, 180 = 2022, 下 63–4; Landemore 2013, 156）。また、集計の奇跡やホン＝ペイジ定理は、投票や熟議を通じて集団の各成員の誤りが互いを相殺することで、集団レベルで正しい決定が選ばれることを期待するが、集団内で共通のバイアスが浸透し、認知的多様性が縮減すると、このメカニズムは作動しない（Ahlstrom-Vij 2019, 407; Brennan 2016, 183, 187–8 = 2022, 下 68–9, 75–7; Landemore 2013, 165–6）。

よって、道具的見解は以上の二つの批判に対しては頑強である。政治的無知や非合理性の問題の評価において、少なくとも部分的に〈結果への利害関心〉に依拠することの適切性は否定されない。これらの批判とは異なり、本稿の批判は道具的見解による評価の不十分さを指摘する。すなわち、現実の諸社会において実際に観察される政治的無能性にまつわる諸問題のうち、直観的には問題であるにもかかわらず、道具的見解ではそれが問題である理由を十全には説明しきれず、そのため適切な解決策の提示に失敗するような例を挙げる。以下では、そうした問題を十全に説明するためには道具的見解以外の枠組みにも依拠する必要がある、という点を示すことを目的とする。

2.3. 道具的見解への批判

まず、問題となる例を二つ挙げよう。第一に、政治的知識格差の問題がある。人々は一様に政治的知識を欠いているのではなく、政治的知識は人々の間で不均等に分布しており、かつ、知識水準の高低は人種やジェンダーや所得等の人口統計学的特徴としばしば相関する。例えば白人や男性や高所得者は、黒人や女性や低・中所得者よりも高いスコアを示す傾向があり、この傾向は選挙調査研究などを通じて広く観察されている（Althaus

2003, 15–7; Barabas et al. 2014, 849–50; Delli Carpini and Keeter 1996, 156–72)[5]。

　第二に、合理的な信念形成を行う傾向性についても、人々の間には差異が見られる。1節では、クリントン政権第一期における財政赤字水準の推移に関する有権者の信念が、支持政党と強く相関していたという例を挙げた。C・エイクンとL・バーテルズのさらなる分析によれば、党派性が財政赤字水準に関する信念に影響を与えた度合いは、有権者間で一様ではなかった。全般的な政治的知識水準において中位帯に位置する人々は党派性の影響を最も強く受け、最も二極化した信念を有していたのに対し、最上位15％程度に位置する人々は、党派性による影響を多少は受けつつも、財政赤字が縮小したという事実に合致した信念を抱く傾向を示した（Achen and Bartels 2016, 282–3）。よって、党派性よりも証拠に依拠した仕方で信念形成を行う傾向性についても、人々の間には差異があることがわかる。

　道具的見解に理論的一貫性を認めるならば、これらの例が問題である理由も、根底では、政治的決定の質が低下し、人々の〈結果への利害関心〉の毀損リスクが高まることへの懸念によってのみ説明される。しかしこうした説明には、二つの問題点がある。

　第一の問題点は、〈結果への利害関心〉にのみ基づく説明自体の不十分さにある。例えばブレナンは、エピストクラシーが道具的に正当化される場合においてさえも、政治的知識格差と人種やジェンダーや所得の差異との相関が「通底的な不正義」の徴候として問題であることを認めてはいる（Brennan 2016, 133–5, 225–6 = 2022, 上222–4, 下139–41）。しかし、それが問題である理由の説明を道具的見解に基づいて再構成することは困難である。

　考えられる説明の一つは、「政治的知識格差は、その格差において不利に立つ人々の〈結果への利害関心〉を損なうような政治的決定を必然的にもたらす」というものだろう。しかし、（ブレナンが想定するような）エピストクラシーがデモクラシーよりも道具的に正当化される情況では、政治的知識について不利な人々をも含む被治者たちの〈結果への利害関心〉をエピストクラシーが充足することもまた想定されるはずである。ブレナンが認めているのは、エピストクラシーが道具的に正当化され、〈結果へ

〈の利害関心〉が充足される情況においてさえ政治的知識格差は問題である、という点である。よって、〈結果への利害関心〉に依拠するだけでは、その格差が問題である理由を説明しきれない。

もう一つの説明は、「不当な原因（差別や構造的な機会不平等など）による知識格差は例外なく問題である」というものだろう（ブレナンはこの説明を受け入れているように思われる）。しかしこの説明は、重要でない不利の異論に直面しうる。すなわち、ある財や機会や能力についての不利がそれ自体重要でないならば、その不利が不当な原因による場合でもそれは重要ではない、という異論である。例えば、街中で水切り石を配る人が、差別的動機から、特定の人種的特徴を示す人々にはそれを配らなかったとしよう。これは不当な原因によるものではあるが、水切り石の分配における有利－不利自体が重要ではないと想定する限り、この差別による分配的不平等はさほど問題ではない。同様に、「人種やジェンダーや所得の差異に起因する政治的知識格差は問題である」とする主張が重要でない不利の異論に直面しないためには、そもそも政治的知識格差自体が（仮に差別や構造的な機会不平等に起因していないとしても）問題である理由が説明される必要がある。よって、単に差別や機会不平等といった「通底的な不正義」を指し示すだけでは、政治的知識格差が問題である理由を説明したことにはならない。

第二の問題点を述べよう。道具的見解による評価に対応した解決策も、十分に適切ではない。そしてこのことは、道具的見解が「どのような解決策を適切と見なすべきか」についての不十分な理解に立っていること、および、その理解の不十分さが問題自体の理解の不十分さによるものであることを示唆する。

道具的見解にとって、政治的無能性の問題への解決策が適切であるための必要十分条件は、それが〈結果への利害関心〉の毀損リスクを（実行可能な諸方策の中で）最も低減させる、というものだ。よって道具的見解は、先述の通り、人々の平等な政治的影響機会を維持しつつその政治的能力の向上を図る解決策（例えば知識格差の是正や、合理的な信念形成の促進）と、政治的無能性を抱える一部の人々の政治的影響機会を減じる解決策（例えばエピストクラシー）との間にカテゴリカルな優劣を見出さない。

しかし、後者の解決策は、以下の問題を抱える。

　　異論を招く最適性の問題：ある制度が全ての事情を考慮した上で正当
　　化されるとしても、その制度の正当化自体が、道徳的異論を招く特
　　定の社会的事実によって可能となっている場合には、その制度もま
　　た道徳的異論を招く場合がある。この場合、当該事実と制度の両方
　　が是正されるべきである。

類推として、J・ロールズが挙げた戦争捕虜の奴隷化という仮想事例を考
えてみよう。「それまでは戦争捕虜をとらずに人質をいつも殺していた都
市国家群が、条約を通じて人質を奴隷とすることに合意すると想定してみ
よう。〔中略〕この種類の〔条約による〕奴隷制のほうが現慣行〔による
人質殺害〕よりも不正義の度合いにおいて小さくなるのかもしれない」
(Rawls 1999, 218 = 2010, 334)。この例では、都市国家群は、全ての事情を
考慮した上での最適な解決策として、人質の殺害よりは奴隷化に合意す
る。しかしこの解決策は、局所的には正当化されるとしても、なお道徳的
異論を招く。なぜなら、全ての事情を考慮した上での奴隷制の正当化は、
ここでは単に、都市国家群が戦争捕虜への人道的処遇という（より道徳的
に優れた）解決策への合意を拒絶するだろう、というそれ自体で異論を招
く事実に依存しているからである。この合意の拒絶という事実自体が是正
されるべきであり、かつ、「捕虜は奴隷化も殺害もされるべきではない、
ということは、（今や）言うまでもないし、それが非現実的であったとき
でさえも真であっただろう」(Estlund 2020, 150)。全ての事情を考慮した
上で奴隷制が正当化される場合でも、奴隷制はなお道徳的異論を招きうる
し、その理由を説明するには、奴隷制の正当化に寄与したところの非理想
情況がなぜ道徳的に問題なのかを説明するための視座が必要である。

　デモクラシーに対するエピストクラシーの道具的正当化も、同様の問題
を抱えうる。なぜなら、その正当化が成功するとしても、その成功を可能
にしている政治的知識や合理性の不平等という事実自体が、道徳的異論を
招く非理想情況を構成しうるからである。特にこれらの事実が、人種やジ
ェンダーや所得水準により区分される社会集団間での教育や政治的情報へ
のアクセスの不平等、政治的熟議における排除や過小代表、政治的エリー
トや政党による操作等に起因する場合、政治的無知や非合理性を抱える
人々を手続きから排除する解決策は、仮に全ての事情を考慮した上で正当

化されるとしても、当の人々の何らかの道徳的に重要な関心を毀損するように思われる。しかし、エピストクラシーが〈結果への利害関心〉を充足すると想定される限り、道具的見解だけでは、いかなる関心がいかにして毀損されるのかを説明しきれない[6]。

では、道具的見解が見落としている重要な関心とは何か。次節では関係的平等説を提示し、この問いへの本稿の答えを示す。

3. 非道具的見解による評価と解決策
——関係的平等説

非道具的見解は、政治的無知や非合理性の問題を評価し、解決策を提示するにあたり、〈結果への利害関心〉とは異なる関心を参照する。本節では、そうした見解の一つとして関係的平等説を提示し（3.1項）、想定される異論に対してそれを擁護しつつ、それがどのような点で道具的見解にはない評価的・規範的含意を有するかを示す（3.2項）。

3.1. 〈抗 – 劣位性の関心〉に基づく説明

関係的平等説は、政治的無知や非合理性が問題である理由を、各人が有する〈抗 – 劣位性の関心〉、つまり、他者に対して社会的劣位の地位に置かれないことへの関心に基づいて説明する。説明の要点は、政治的無知や非合理性は〈抗 – 劣位性の関心〉が要請する平等な政治的影響機会の実質的保障を損なう、というものである。

奴隷制やカースト制等の諸制度に抗する歴史上の運動は、その根底では、それらの制度が個人間の権力、権威、または敬意の不平等化により確立した社会的優位 – 劣位関係への異議申立てを要点としてきた（Anderson 2012）。この関係的平等主義の洞察を基に提示された〈抗 – 劣位性の関心〉は、デモクラシーの規範理論では政治的平等の正当化において応用されている（Kolodny 2023, chaps. 8, 27; 小林 2019; 福家 2019）。政治的決定は、様々な社会関係や非政治的決定を「上から」強制的に統御しうるという性質を有する。そのため、政治的決定への影響機会（票や発言権等）を他者よりも多く享受する人は、その事実によって他者よりも社会的優位に立ち、

当の他者は社会的劣位に置かれる。よって、社会的優位−劣位関係の回避は、政治的影響機会の平等な保障を要請する（Kolodny 2023, 123–4, 137–8; 小林 2019, 257）。

だが、政治的影響機会の平等な保障とは、具体的には何を含意するのか。一つには、少なくとも選挙や国民投票での投票権や、公共的熟議における言論や結社の自由を含む政治的諸権利の形式的に平等な保障が含意されるだろう。しかし、形式的に平等な保障では不十分であり、これらの政治的諸権利は実質的にも平等に保障されるべきである、という見解も提示されてきた。例えば、経済的不平等が政治的影響機会の不平等に転化することは、「政治的諸自由の公正価値」の侵害と見なされる（Rawls 2001, 148–50 = 2020, 295–9; Scanlon 2018, chap. 6）。その侵害の不正性は、部分的には、諸個人の平等な社会的地位の毀損として説明される（Kolodny 2014, 336; Queralt and González-Ricoy 2021, 418–21）。こうした見解に従い、以下では〈抗−劣位性の関心〉が政治的影響機会の実質的平等をも要請するという見解が真であると仮定する。

本稿は、経済的不平等に限らず、政治的知識や合理性の不平等も、政治的影響機会の実質的不平等に転化し〈抗−劣位性の関心〉を毀損しうる、と論じる。以下に論証図式を示す。

    1．〈抗−劣位性の関心〉は、政治的影響機会の実質的平等を要請する。

    2．政治的影響機会の実質的平等は、各人の間で「少なくとも自身の価値観や信念を所与とした限り、選好することが望ましいような選択肢を自ら選択する見込み」の平等を必要とする。

    3．政治的知識の不平等と合理性の不平等はそれぞれ、他の事情が等しければ、各人の間で上述の見込みの不平等をもたらす[7]。

    C．政治的知識の不平等と合理性の不平等はそれぞれ、他の事情が等しければ、政治的影響機会の実質的不平等をもたらすことで、〈抗−劣位性の関心〉を毀損する（∵ 1〜3）。

以下、前提 2〜3 について詳述する。

前提 2：二人の投票者 A・B を想像しよう。二人は政策目標について対立的な規範的信念を抱いている。A は経済的自由の尊重は社会経済的平等の促進よりも重要であると考えるのに対し、B は後者の促進は前者の部分

的制約を正当化すると考えている。また、二人は形式上では平等な投票権を保障されている。しかし、選挙での候補者の選択、または国民投票での法案の選択といった場面で、Aは経済的自由の尊重を志向する候補者や法案を選択する傾向があるのに対し、Bは社会経済的平等の促進を志向する候補者や法案の選択に失敗する（むしろ自身と相反する規範的信念を抱いているはずのAと同じ選択をしてしまう）傾向があるとしよう。AとBは、「自身の価値観や信念を所与とする限り、自身はいずれの決定を選択すべきか」を見定める能力、すなわち、投票権を自身の価値観や信念のために行使する能力において異なる。こうした差異は、政治的影響機会の実質的不平等を含意するように思われる（Kolodny 2023, 324; Rawls 1999, 197–8 = 2010, 304–5; Scanlon 2018, 89）。

　前提3：政治的知識の不平等と合理性の不平等について、それぞれ詳述する。一方で、政治的知識の不平等は、（他の事情が等しければ）政治的影響機会を自身の価値観や信念のために行使する見込みの不平等をもたらしうる。前段落で例示したAとBの投票行動の違いは、候補者の支持政策や法案の内容や効果についてBはAよりも知識を欠く、という事実によって部分的に説明されうる[8]。知識格差が人種やジェンダーや所得等に基づく情報へのアクセスの不平等や、公共的熟議からの排除や過小代表等に起因するという先述の想定のもとでは、政治的影響機会を自身の価値観や信念のために行使しうる見込みは、社会集団間で不平等化する。これらの事態は、政治的知識を得る機会を損なわれてきた社会集団に属する人々の〈抗－劣位性の関心〉を毀損する。

　他方、合理的に信念形成を行う傾向性の差異もまた、（他の事情が等しければ）政治的影響機会を自身の価値観や信念のために行使する見込みの不平等をもたらしうる。例えば、ある投票者が連邦財政赤字を問題視しており、大統領がその縮減を実現するか否かが業績評価投票における重要な考慮事項であると考えているとしよう。しかし、この投票者は信念形成において党派性の影響を強く受けるため、現職大統領が自身の支持政党ではなく対立政党に属することを知ると、「現職大統領は財政赤字縮減に失敗したのだ」と信じる傾向があるとしよう。現職者の業績評価において党派性の影響を免れた投票者に比べて、この投票者が自身の価値観や信念と合致した仕方で業績評価投票を行う見込みは低くなりうる。

以上のように、BがAよりも政治的無知または非合理性を抱える場合、他の事情が等しければ、BはAよりも自身の価値観や信念に逆行する仕方で投票する見込みが高い。ここで二人の政治的影響機会は、形式上は平等に保障されていても、実質的には不平等となっている。そして、その実質的不平等は、Aに対するBの社会的劣位性を構成する。

以上の議論に対しては、政治的無知と非合理性は必ずしも正相関しない、という異論があるかもしれない。知識水準は低いが合理的に信念形成できる人や、知識水準は高いが非合理的に信念形成を行う傾向がある人などが考えられる場合、(「他の事情の等しさ」の想定を取り払うならば) 無知な人ほど、または非合理的な人ほど、「自身の選好や判断に合致した仕方で投票する見込み」が低いとは必ずしも言えない。特に、政治的知識水準が高い人々ほど党派的信念形成を行う傾向がある、というM・ハノンの指摘 (Hannon 2022; cf. Lovett 2021, 372–3) などを考慮するならば、例えば無知である人々ほど自身の選好や判断に逆行した仕方で投票するとは言えないかもしれない。

政治的知識水準と党派的信念形成との間には、確かに正の相関が見られる場合がある。しかし第一に、ハノン自身が認める通り、その相関は線形ではない (Hannon 2022, 42)。つまり、政治的知識水準が高い人々ほど必ずしも信念形成において党派性の影響をより強く受けるわけではない。例えば、2.3項で確認したように、政治的知識水準において最上位帯15％程度に位置する人々は信念形成において党派性の影響を受けにくい。よって、少なくとも「最も知識があり、かつ最も合理的に信念形成を行う人々」との比較において、他の人々は自身の価値観や信念に合致した仕方で投票しにくいため、政治的影響機会の実質的享受において不利に立つ、という論点は維持される。第二に、政治的知識水準が低い人々ほど必ずしもバイアスの影響を免れるわけでもない。政治的知識水準の最も低い人々は、党派性の影響は免れても、政府や政治家の「浪費癖」を疑いがちであるなど、別のバイアスによる誤った信念形成を必ずしも免れない (Achen and Bartels 2016, 282–3)[9]。

3.2. 関係的平等説の評価的・規範的含意

政治的無能性の問題を以上のように評価する関係的平等説は、二つの点

で、道具的見解と異なる特有の視座を提供する。

　第一に、道具的見解は、一部の人々の政治的無知や非合理性が〈結果への利害関心〉の毀損をもたらすか、またはその毀損リスクを高めない限り、それらが問題である理由を説明できない。それに対して関係的平等説は、政治的無知や非合理性が〈結果への利害関心〉の毀損に結びつかない場合でも、それらが問題である理由を説明しうる。2.3項で述べた通り、エピストクラシーがデモクラシーよりも道具的に正当化され、実施されている場合、エピストクラシーのもとで政治的影響機会を否定される一部の人々の政治的無知や非合理性は〈結果への利害関心〉の毀損をもたらさない。そうした無知や非合理性がなぜ（一部のエピストクラシー支持者も認めるように）問題なのかを説明できない点に、道具的見解の不十分さがある。関係的平等説はその問題を、政治的影響機会の実質的不平等が含意する〈抗－劣位性の関心〉の毀損の問題として率直に説明しうる。

　第二に、政治的無知や非合理性の問題に対する解決策について、関係的平等説は道具的見解と異なる重みづけを含意する。道具的見解は、〈結果への利害関心〉の充足を重視する限り、デモクラシーを維持しつつ人々の政治的能力を向上する解決策と、エピストクラシーのように一部の人々の政治的影響機会を否定する解決策との間に、カテゴリカルな優劣を認めない。それに対して関係的平等説は、〈抗－劣位性の関心〉の充足に関する限り、後者の解決策が前者にはない不正性を抱えることを示す。政治的能力の高低に応じて投票権を不平等に分配するエピストクラシーは、仮に政治的決定の質を改善するとしても、政治的知識格差や合理性の差異によって政治的影響機会について既に実質的不利を被っている人々に、形式的にも政治的影響機会の分配上の不利を加えることで、〈抗－劣位性の関心〉の毀損をむしろ悪化させるからである。

　この第二の点は、もちろん、エピストクラシーが正当化不可能であることまでは含意しない。本稿の論点は、エピストクラシーが〈結果への利害関心〉をよりよく充足する見込みが高く、デモクラシーが〈抗－劣位性の関心〉をよりよく充足する見込みが高い場合、後者の関心の方が重要であるためデモクラシーが要請される、というものではない。本稿の論点はむしろ以下のようなものだ。政治的知識や合理性の不平等が構成する非理想情況においてエピストクラシーが〈結果への利害関心〉を充足する度合い

と、そうした不平等が是正されたより理想的な情況においてデモクラシーが〈結果への利害関心〉を充足する度合いが同等であると仮定しよう。このとき、「非理想情況におけるエピストクラシー」よりも「理想情況におけるデモクラシー」を追求すべき理由はあるだろうか[10]。道具的見解に従う限り、そのような理由はない。しかし関係的平等説をも考慮するならば、理想情況におけるデモクラシーを追求すべきである——つまり、非理想情況を構成する政治的知識や合理性の不平等を是正し、かつ、民主的な政治的手続きを追求すべきである——という連言的な規範的要請が得られる。なぜならこの要請を満たすことでのみ、〈結果への利害関心〉に加えて〈抗−劣位性の関心〉をも十全に充足しうるからである。道具的見解が直面した異論を招く最適性の問題は、この要請により回避されうる。

結論

本稿は、政治的無能性の問題に対する道具的見解と非道具的見解（関係的平等説）からの評価と解決策を検討した。前者が着目する〈結果への利害関心〉と後者が着目する〈抗−劣位性の関心〉の相対的重要性の問いは、価値論上の研究課題として残る。しかし、前者だけでなく後者の関心にも着目することで、社会集団間の政治的知識格差や合理性の差異や、道具的に正当化されてもなお異論を招く形式的な政治的不平等などの問題が、より十全に説明されうる。こうして関係的平等説は、政治的無能性の問題について、道具的見解の見過ごしてきた評価と解決策を明らかにする。

謝辞

本稿の草稿、または博士学位論文や日本政治学会2021年度研究大会での報告を含む関連草稿へのコメントにつき、石田柊、井上彰、上原賢治、大庭大、小川亮、木部尚志、齋藤純一、田中将人、福島弦、谷澤正嗣、山口晃人の各氏、早稲田大学「現代政治理論専門研究セミナー」の参加者各位、および二名の本誌匿名査読者に御礼申し上げます。

[1] そうした議論のレビューとして、小林（2019）と福家（2019）を参照。

[2] 政治的無能性の類型化について、二点補足する。第一に、人が無知や非合理性を抱える場合、その原因は知識獲得や合理的信念形成を行うための当人の意欲不足か、または能力不足のいずれかとして理解されうる。ブレナンは後者の原因による無能性を「認識的欠陥」と呼ぶが、本稿の議論に関する限り、この類型は無知と非合理性に還元されるため、別個の類型としては扱わない。第二に、ブレナンは不道徳性（人種主義などの不正な動機で決定を支持すること）や腐敗（自己利益を促すものならば不正と見なす決定であっても支持すること）など、道徳的な政治的無能性の類型をも挙げている。紙幅の制約上、本稿ではこれらの類型を扱わず、認識的類型にのみ着目する。

[3] Moraro（2018, 206）は、無知な投票者が知識ある投票者から助言を得ることで良い選択肢に投票しうる可能性を指摘する。だがその指摘は、助言を与える知識ある投票者が誰であるかが判明している仮想的ケースに焦点を当てたものであり、誰の助言を採用すべきかを投票者が判断する必要があるケースを考慮していない。後者のケースにおける判断が政治的無知や非合理性によって歪められる可能性については、Achen and Bartels（2016, 38–9）、Brennan and Landemore（2022, 39–40）を参照。

[4] 反対に、エピストクラシー批判の文脈では、個人レベルで有能と見なされる人々からなる集団が人種やジェンダー等の偏りのためにバイアスを抱え、良い決定を生み出す信頼性を欠く可能性も指摘されている（Estlund 2008, 215–9; Moraro 2018, 208–12）。この「人口統計学的異論」の検討は別稿を要するが、少なくとも、集団規模が小さすぎない限り人々が非利己的動機から投票する経験的証拠を挙げる応答（Brennan 2018, 66）や、この異論が（少数派の利害関心を軽視する多数派のバイアスのために）デモクラシーにも向けられうることを指摘する応答（Lippert-Rasmussen 2012, 250–52）がある。

[5] この傾向には例外もある。例えば、女性の利害関心への影響が大きい政策争点については、ジェンダー間の平均スコア差の縮小や逆転が確認されている（Barabas et al. 2014, 849–50）。また、地方自治レベルでの政治については、黒人が白人よりも高いスコアを示す場合があることも確認されている（Delli Carpini and Keeter 1996, 148–9）。

[6] 以上の議論は、デモクラシーの正当性を暗黙裡に想定しており、道具的見解に対して論点先取していると思われるかもしれない。しかし、政治的不平等は有意な根拠によって正当化されるべきであり、有意でない根拠（例えば単なる人種的偏見）によって一部の人々の政治的影響機会を減じることは不当である、という見解自体は、エピストクラシー支持者も認めている（Brennan 2016, 17–8 = 2022, 上28–9）。エピストクラシー支持論の要点は、客観的に測定された政治的無知や非合理性は、一部の人々の政治的影響機会を減じ、政治的不平等を確立するための有意な根拠でありうる、という点だ。よって、デモクラシーはそ

れからの逸脱が有意な根拠により正当化されるべき初期値としての手続きである、という想定（cf. Estlund 2008, 37）は不当な論点先取ではない。

[7] 「他の事情が等しければ」という限定は特に注意を要する。他の事情が等しければ、政治的知識水準が低い人ほどランダムまたは自身の選好に逆行した仕方で投票する見込みが高い、という場合、「他の事情」には政治的合理性の程度も含まれる（反対に、合理性と投票行動の相関を述べる場合には、「他の事情」には政治的知識水準も含まれる）。他の事情が等しくない場合については、本項後半で検討する。

[8] 政治的知識水準と「自身の価値観や信念に従った投票」との正の相関を示す研究として、Dusso（2015, 57）、Rapeli（2018, 188–93）を参照。

[9] この応答を踏まえても、「無知だが合理的な人」と「知識はあるが非合理的な人」のいずれがより自身の選好に逆行する仕方で投票するか、といった疑問はなお残るだろう。この点は、政治的平等を維持しつつ人々の政治的能力を向上する解決策の追求において考慮すべき難点となる。例えば、政治的能力の向上においては、単に政治的知識水準の向上を図ればよいのではなく、バイアスへの耐性という意味での「客観性の徳」の涵養も必要かもしれない（Hannon 2022, 38–40）。

[10] 本稿は、〈結果への利害関心〉と〈抗–劣位性の関心〉の両方を考慮した場合、非理想情況では前者の実現度合いが後者のそれを有意に上回り、その情況に着目する限りエピストクラシーがデモクラシーよりも正当化されうる可能性を認める（cf. Kobayashi 2024）。

❖ 参考文献

Achen, C. H., & Bartels, L. M. (2016). *Democracy for Realists: Why Elections Do Not Produce Responsive Government*. Princeton University Press.

Ahlstrom-Vij, K. (2019). "The Epistemic Benefits of Democracy: A Critical Assessment." In M. Fricker, P. J. Graham, D. Henderson, & N. J. L. L. Pedersen (Eds.), *The Routledge Handbook of Social Epistemology* (pp. 406–14). Routledge.

Althaus, S. L. (2003). *Collective Preferences in Democratic Politics: Opinion Surveys and the Will of the People*. Cambridge University Press.

Anderson, E. (2012). "Equality." In D. Estlund (Ed.), *The Oxford Handbook of Political Philosophy* (pp. 40–57). Oxford University Press.

Bächtiger, A., Dryzek, J. S., Mansbridge, J., & Warren, M. (2018). "Deliberative Democracy: An Introduction." In A. Bächtiger, J. S. Dryzek, J. Mansbridge, & M. Warren (Eds.), *The Oxford Handbook of Deliberative Democracy* (pp. 1–32). Oxford University Press.

Barabas, J., Jerit, J., Pollock, W., & Rainey, C. (2014). "The Question(s) of Political Knowledge."

American Political Science Review, 108(4), 840–55.

Brennan, J. (2016). *Against Democracy*. Princeton University Press（井上彰、小林卓人、辻悠佑、福島弦、福原正人、福家佑亮（訳）『アゲインスト・デモクラシー（上・下）』、勁草書房、2022）.

Brennan, J. (2018). "Does the Demographic Objection to Epistocracy Succeed?" *Res Publica*, 24(1), 53–71.

Brennan, J., & Landemore, H. (2022). *Debating Democracy: Do We Need More or Less?* Oxford University Press.

Caplan, B. (2007). *The Myth of the Rational Voter: Why Democracies Choose Bad Policies*. Princeton University Press（長峯純一、奥井克美（監訳）『選挙の経済学——投票者はなぜ愚策を選ぶのか』、日経BP、2009）.

Christiano, T. (2015). "Voter Ignorance Is Not Necessarily a Problem." *Critical Review*, 27(3–4), 253–69.

Delli Carpini, M. X., & Keeter, S. (1996). *What Americans Know about Politics and Why It Matters*. Yale University Press.

Dusso, A. (2015). "Incorrect Voting in the 2012 U.S. Presidential Election: How Partisan and Economic Cues Fail to Help Low-Information Voters." *Electoral Studies*, 37, 50–62.

Estlund, D. (2008). *Democratic Authority: A Philosophical Framework*. Princeton University Press.

Estlund, D. (2020). *Utopophobia: On the Limits (If Any) of Political Philosophy*. Princeton University Press.

Giavazzi, M., & Kapelner, Z. (2022). "The State's Duty to Foster Voter Competence." *Episteme*, First View, 1–14. DOI: <https://doi.org/10.1017/epi.2022.31>.

Hannon, M. (2022). "Are Knowledgeable Voters Better Voters?" *Politics, Philosophy & Economics*, 21(1), 29–54.

Ipsos. (2016). "The Perils of Perception and the EU." *Ipsos* (June 9, 2016), retrieved August 5, 2024, from: <www.ipsos-mori.com/researchpublications/researcharchive/3742/The-Perils-of-Perception-and-the-EU.aspx>.

Kobayashi, T. (2024). "Social Equality and the Conditional Justifiability of Political Inequality." *Politics, Philosophy & Economics*, 23(3), 252–72.

Kolodny, N. (2014). "Rule Over None II: Social Equality and the Justification of Democracy." *Philosophy & Public Affairs*, 42(4), 287–336.

Kolodny, N. (2023). *The Pecking Order: Social Hierarchy as a Philosophical Problem*. Harvard University Press.

Landemore, H. (2013). *Democratic Reason: Politics, Collective Intelligence, and the Rule of the Many*. Princeton University Press.

Lippert-Rasmussen, K. (2012). "Estlund on Epistocracy: A Critique." *Res Publica*, 18(3), 241–58.

Lovett, A. (2021). "Democratic Autonomy and the Shortcomings of Citizens." *Journal of Moral Philosophy*, 18(4), 363–86.

Lupia, A. (2006). "How Elitism Undermines the Study of Voter Competence." *Critical Review*,

18(1–3), 217–32.

Moraro, P. (2018). "Against Epistocracy." *Social Theory and Practice*, 44(2), 199–216.

Queralt, J., & González-Ricoy, I. (2021). "The Ballot and the Wallet: Self-Respect and the Fair Value of Political Liberties." *European Journal of Philosophy*, 29(2), 410–24.

Rapeli, L. (2018). "Does Sophistication Affect Electoral Outcomes?" *Government and Opposition*, 53(2), 181–204.

Rawls, J. (1999). *A Theory of Justice* (Rev. Ed.). The Belknap Press of Harvard University Press（川本隆史、福間聡、神島裕子（訳）『正義論 改訂版』、紀伊國屋書店、2010）.

Rawls, J. (2001). *Justice as Fairness: A Restatement* (E. Kelly, Ed.). The Belknap Press of Harvard University Press（田中成明、亀本洋、平井亮輔（訳）『公正としての正義 再説』、岩波書店、2020）.

Scanlon, T. M. (2018). *Why Does Inequality Matter?* Oxford University Press.

Somin, I. (2016). *Democracy and Political Ignorance: Why Smaller Government Is Smarter* (2nd Ed.). Stanford University Press（森村進（訳）『民主主義と政治的無知——小さな政府の方が賢い理由』、信山社出版、2016）.

Surprenant, C. W., & Brennan, J. (2020). *Injustice for All: How Financial Incentives Corrupted and Can Fix the US Criminal Justice System*. Routledge.

内田智（2019）「現代デモクラシー論における熟議の認知的価値 —— 政治における「理由づけ」の機能とその意義をめぐる再検討」、『政治思想研究』19号、270–302頁。

小須田翔（2018）「熟議民主主義論における規範と経験の協働——ミニ・パブリックス実験を通した考察」、『年報政治学』69巻1号、225–47頁。

小林卓人（2019）「政治的決定手続きの価値 —— 非道具主義・道具主義・両立主義の再構成と吟味」、『政治思想研究』19号、238–69頁。

坂井亮太（2022）『民主主義を数理で擁護する —— 認識的デモクラシー論のモデル分析の方法』勁草書房。

福家佑亮（2019）「デモクラシーを支えるもの」、『実践哲学研究』42号、35–98頁。

青年会議所への参加は
善き市民の育成につながるのか？
—— 混合研究法による実証的検討

関西大学法学部教授 坂本治也

　本稿は、日本各地に存在する青年会議所（JC）の事例を通じて、市民社会組織への参加が「善き市民」の育成に寄与するかどうかを検証したものである。既存研究では、市民社会の社会化機能をめぐって懐疑的な見解が存在する。本稿では定量的および定性的な分析の双方を用いた混合研究法（mixed methods research）によって、JC参加者を対象に分析を行った。分析の結果、JCへの参加が「善き市民」の育成に寄与していることが明らかになった。とくに、JC内での政治・行政アクターとの接触経験、組織内外の人的交流や事業運営の経験、人材の流動性を高く保つためのJC独自の人事制度といった要素が、参加者の政治・社会意識や参加行動の向上に肯定的な影響を与えている可能性が示された。本稿の知見は市民社会組織が「民主主義の学校」として機能するための諸条件を解明していくうえで一定の学術的貢献を成すものといえる。

**キーワード：青年会議所（JC）、市民社会、政治的社会化、政治参加、
　　　　　　混合研究法**

1 はじめに

　健全な民主主義の持続のためには、政治や社会に対して積極的に参加する「善き市民」の存在が必要だとされる。「善き市民」の条件としては、政治・社会参加の活発さに加えて、高い水準の政治関心、政治的有効性感覚、他者に対する一般的信頼、他者と協働するスキルなどを有することも指摘されている（Putnam 1993, Verba et al. 1995, 蒲島・境家 2020）。

　上記の素養を兼ね備えた「善き市民」はどのようにして生み出されるのだろうか。政治学ではこれまで市民社会の社会化機能に着目した研究が数多く行われてきた。市民社会に存在する諸組織への参加を通じて、参加者は様々な人々と交流し、議論し、協働する経験を得る。その経験によって、参加者の公共的課題への意識が芽生え、参加者は他者を信頼し、他者と協働して政治・社会行動を積極的に行っていくように社会化される。市民社会組織がいわば「民主主義の学校」として「善き市民」を生み出す社会化機能を果たす、というのがこうした研究の見方である。

　市民社会の社会化機能についてこれまで様々な形で実証研究が行われてきた。しかし、そうした機能が本当にあるのかどうかについて懐疑的な見解が存在している。

　そこで本稿では、日本各地に存在している青年会議所（Junior Chamber, しばしば「JC」と略称される。以下では基本的にJCと略記）という団体に着目し、JCへの参加によって、参加者が「善き市民」として社会化されているのかどうかについて、定量的分析と定性的分析を併用する混合研究法を用いながら実証的な検討を行っていく。

　本稿の知見は、JCの事例を通じて市民社会の社会化機能が特定の条件下においては確かに存在することを実証するものであり、既存研究に対して一定の学術的貢献を成すものといえる。

2 先行研究の検討と本稿の分析課題

2.1 市民社会の社会化機能

市民社会の社会化機能については、古くより政治思想・政治理論の領域で繰り返し議論されてきた（早川2008）。しかしながら、実証的な検討が行われるようになったのは比較的近年になってからのことである。嚆矢となったのは、Putnam（1993）のソーシャル・キャピタル研究である。パットナムの研究に触発されて、1990年代以降、多数の実証研究者が市民社会の社会化機能の検証に取り組むようになった。そこでは市民社会組織への参加が、一般的信頼や政治的信頼、政治的コミュニケーション、民主主義的態度、政治参加（La Due Lake and Huckfeldt 1998, Stolle 1998, Hooghe 2003, Teorell 2003）を向上させる、との実証的知見が示された。

多数の実証研究が行われる中で、次第に重要な論点として浮かび上がってきたのが、「そもそも市民社会には『善き市民』を生み出すような社会化機能が本当にあるのか」という点である。

市民社会の社会化機能に対する懐疑説は、大別すると2つの観点から行われている。

第1に、社会化機能の効果は、参加対象となる組織の種類、参加組織の数、参加者の組織関与の程度によって大きく異なり、市民社会組織への参加が必ずしも常に「善き市民」を生み出すことにつながるわけではない、という議論である（懐疑説1：条件付け）。たとえば、メンバーの多様性が確保された組織への参加、あるいは名目的な組織所属ではなく組織内で実質的な人的交流をともなう積極的かつ民主的な参加であるほど、高い一般的信頼や協働のスキルの醸成につながるとの指摘（Stolle and Rochon 1998, Skocpol 2003）、ロビイングやアドボカシーを行う団体への参加の方が余暇団体への参加よりも政治参加の向上につながるとの指摘（Van der Meer and Van Ingen 2009）、消極的な参加であったとしても複数の異なる組織に所属している者の方が一般的信頼が高く、政治関心や投票参加頻度も高いとの指摘（Wollebaek and Selle 2002, Teorell 2003）、組織内でリーダーと知り合いになったメンバーほど政治的有効性感覚が高まっているとの指摘（Henderson and Han 2021）などである。

第2に、クロスセクショナルなデータの定量的分析において社会化機能の実在を示す証拠として示される、市民社会組織への参加と一般的信頼や

政治的関与との間の正の関係は見せかけの関係であり、実際には市民社会組織への参加が「民主主義の学校」として機能しているという因果関係が存在しているわけではない、との議論である（懐疑説2：見せかけの関係）。たとえば、社会化機能が実際に存在しているのであれば、所属年数が長いメンバーほど、また積極的に組織に関与しているメンバーほど、一般的信頼や政治的関与が高くなるはずであるが、データ上はそのような傾向性はない、との指摘である（Wollebaek and Selle 2002, Van der Meer and Van Ingen 2009）。さらに、パネルデータ分析において個人属性を固定効果として投入したモデルで市民社会組織への参加が政治参加水準に与える効果を調べると、その効果はとても弱く、有意な効果が確認されるとしても自己選択バイアス（self-selection bias）が疑われる環境団体のような政治的な行動をともなう団体への参加の場合に限定される、との指摘である（Aggeborn et al. 2021）。

　以上の社会化機能に対する懐疑説のうち、「懐疑説1：条件付け」については、その批判の視角は今日では広く受容されており、どういった具体的な条件がある場合に、あるいはどのような媒介メカニズムが作用する場合に社会化機能が十分に発揮されるのか、という点を解明することに研究の焦点が移ってきている。

　「懐疑説2：見せかけの関係」については、因果推論の観点から、とりわけ自己選択バイアス（Hooghe 2003, Van der Meer and Van Ingen 2009, Aggeborn et al. 2021）の問題をどのようにして乗り越えるのか、という点が重要な分析課題として残されている。つまり、もともと政治・社会意識が高く、政治・社会行動が活発な人々ほど、より市民社会組織に参加しやすいため、観察データから「市民社会組織への参加の有無 → 一般的信頼や政治的関与の水準」を調べたところで、市民社会組織への参加の有無が無作為に割り当てられているわけではないために、適切な形での因果識別が困難になる。

2.2　青年会議所とは何か

　以上の先行研究の検討を踏まえて、本稿では日本におけるJC活動への参加者に着目した社会化機能の分析を行っていく。以下ではまず、JCとは何かについて簡潔に説明したい。

JCは、1915年にアメリカのミズーリ州セントルイスで始まった青年経済人グループの奉仕活動を原点とする、様々な地域奉仕活動を行う青年団体である。日本では1949年設立の「東京青年商工会議所」（後の東京青年会議所）から歴史が始まった。2023年12月現在、全国各地で概ね市域を単位とする671の地域JCが存在し、約2万8千人の現役会員がいる。地域ごとに存在するJCは、JC内ではLocal Organization Memberと呼ばれており、LOMという略称が広く用いられる。他方、JCの全国組織は1951年に設立された社団法人日本青年会議所（日本JC、現在の法人格は公益社団法人）である。ほとんどのLOMは日本JCに加盟している。JCは世界各地にも存在し、全世界では約17万人の現役会員がいるとされ、国際組織としては国際青年会議所（JCI）がある（日本青年会議所ウェブサイト、東京青年会議所ウェブサイト[1]）。

各LOMは定款、役職、組織構造、運営方法、実施事業などの点で類似性が高い。しかし、それぞれのLOMは個々に独立して設立された公益社団法人や一般社団法人ないしは任意団体である。LOM内の役員選出や運営方針、予算や内部規則などの意思決定は、LOMごとに独立して行われている。LOMは日本JCの地方支部ではなく、日本JCはLOM間の総合調整を行う統括組織にすぎない。JC活動の中心は、あくまで各LOMの中にある（嶋田2023: 99-118）。

JCは、「修練」「奉仕」「友情」という3つの信条を掲げつつ、地域のお祭りに代表されるまちづくり事業、わんぱく相撲に代表される青少年育成事業、異業種交流会に代表される親睦事業、あるいは政策提言事業、選挙時の公開討論会事業、国際交流事業、各種啓発事業など、多種多様な活動を行っている。JCには、20〜40歳の者であれば、基本的には誰でも入会することができる。しかし、実際には職業としては会社経営者、自営業者、弁護士・税理士などの士業者、性別としては男性が多い。参加者はビジネス上の人脈形成を期待して参加する側面が強いとされる。そして、40歳を超えるとすべての会員が強制的に退会しなければならない、という独自の組織内ルールがある。年齢制限の40歳での退会を、JC内部では「卒業」と呼ぶ。卒業制度が存在するために、JCの会員の顔ぶれは、必然的に次々と入れ替わっていくことになる。それゆえ、JCは人材の流動性が高い組織となっている（日本青年会議所ウェブサイト、嶋田2023: 99-197）。

JCは「明るい豊かな社会の実現」を組織目標に掲げ、地域発展に資すると考えられる様々な奉仕活動を展開しているが、他方で参加する会員が将来の「地域リーダー」として成長するように自己修練を積む、という観点も大事にしている。できるだけ多くの会員が多様な経験を積むことができるようにするための工夫として、JCでは理事長や専務理事を始めとしたすべての役職を1年任期とし、原則として留任・再任もさせない、という人事上のルールがある。この独自の人事ルールによって、JCの会員は、様々なポストに就いて多様な事業に関わり、色々な経験を積むことができる。特定の人物が長年にわたって代表者を務める、というような事態も起こらないために、JC内部の組織運営は基本的には民主的に行われている（日本青年会議所ウェブサイト、嶋田2023: 99–118）。

JCの活動は、基本的には地域への奉仕と自己修養を行うことを目的としており、政治的には中立であることを原則としている。定款で「特定の政党や団体の利益のために活動してはならない」との規定がある場合が多い。しかし、実態としてJCは政治とまったく関わらないわけではなく、むしろ一定の関わりをもつ場合が多い。実際、JCの会員の中には、都道府県会議員や市町村会議員を中心として現職議員が一定数含まれている。また、JC経験者の中から、多数の議員や自治体首長が輩出されている。JC経験者である議員や自治体首長が、JC主催の様々なイベントに際して来賓や講演者として出席することがあり、政治家との接点がたびたび発生することになる。以上に加えて、地域での様々な活動を通じて、JC活動の中では政治家との関わりが一定程度発生する。たとえば、JCが主催する選挙時の公開討論会では、登壇者を揃えるために、各党の候補者と接点をもつことになる。また、地域のお祭りを行う際には、市長と事前に調整したり、来賓として招待することで接点をもつことになる（佐賀2015、後述のインタビュー調査B、E、F、Gの証言内容）。このように、JC活動を行う中では、党派的な関わり方ではないにせよ、議員や自治体首長などの政治家と必然的に一定の関わりが生じる。

2.3　本稿の分析課題

本稿では、JC参加者の分析を通じて、市民社会の社会化機能が特定の条件下において実在するかどうかについての検証を以下で行っていく。

日本のJCという特定の国の特定の団体に着目することで、知見の一般化という点では、一定の限界が生じてしまうのは事実である。本稿の知見は他分野の団体や他国の市民社会の事例に容易に適用できるわけではない。普遍的な理論の実証という観点では、本稿の検証は一事例を提供するだけに留まるのかもしれない。

しかしながら他方で、JC参加者に焦点を絞ることによって、先行研究で残されている分析課題に対して一定の貢献を成すことができる面もある。特定団体に焦点を当てることの分析上のメリットとして、以下の点を挙げることができる。

第1に、特定の団体への参加者に焦点を絞ることによって、参加者が団体参加によって、どのような経験を経て、どのような意識・行動変容が生じているのかを文脈を踏まえつつ、より適切に把握することができる。この点は、自己選択バイアスの問題を乗り越えるための研究戦略として、とくに重要である。

第2に、まちづくりや自己修練を組織目標として、党派的な政治活動・選挙活動を行わない非政治的な団体でありつつも、実際には政治家や政治との接点が一定程度ある団体であるJCの分析を行うことによって、団体参加の「副産物（by-product）」としての政治的社会化の実態をより的確に把握することが可能となる。この点も、自己選択バイアスの問題を乗り越えるために必要な研究戦略といえる。Aggeborn et al.（2021）が指摘したように、政治団体や環境団体といった政治色の強い団体の場合、参加者は団体参加以前からもともと政治意識や政治行動が高い水準の者であることが多く、自己選択バイアスの問題が深刻となりやすい。しかし、参加者がビジネス上の人脈形成や自己修練を期待して参加する本質的には非政治的な団体であるJCの場合には、自己選択バイアスの問題が発生する可能性がより少ないと考えられる。

第3に、JCという組織に着目することにより、市民社会の社会化機能が十分に発揮されるための条件付けとして、① 団体内部での実質的な人的交流、② 事業・イベント運営の経験、③ 民主的な組織運営の経験、④ 参加の「副産物」としての政治との関わり、⑤ 40歳卒業制度による人材の流動性や役職のローテーション制、といった要素の重要性を確認することができる。①〜④については先行研究で指摘されてきた点を再確認する意

義がある。他方、⑤については、これまでの市民社会の社会化機能の条件付けをめぐる議論では明確に指摘されてこなかった点であるため、一定の新奇性を有する指摘となる。

　以上の理由から、本稿では市民社会の社会化機能を検証するために、JC参加者に焦点を絞り、彼・彼女らがJC活動の経験から何を得ているのか、結果として彼・彼女らは「善き市民」として育成されているのか、を実証的に分析していく。

3　本稿が用いる分析手法とデータ

　本稿ではJC活動への参加によって生じる社会化の実態を分析するにあたり、定量的分析と定性的分析の双方を用いた混合研究法（mixed methods research）を用いる。

　混合研究法とは、定量的分析と定性的分析の双方を1つの研究の中で併用する研究アプローチを指す。単に定量的分析と定性的分析を併用すれば良いというわけではなく、「定量的・定性的アプローチを組み合わせて使用することによって、どちらか一方のアプローチだけを使用した場合よりも、研究課題に対するより良い理解が得られる」（Cresswell and Plano Clark 2007: 5）ことが混合研究法の重要な前提となっている。

　混合研究法にはいくつかの研究デザインのタイプがあるが、本稿では定量的データと定性的データの双方を別々に収集し、それぞれの分析結果を結合することで結果の解釈を行う収斂デザイン（convergent design）を採用する（Creswell 2021）。

　本稿で用いる定量的・定性的データは、筆者が独自に実施した、(1) 2022年12月に実施した全国のLOMを対象とした郵送方式の質問紙調査、(2) 2022年9月〜2023年3月に実施したJC参加経験者合計11名に対するインタビュー調査、という2つの調査から得られたデータである[2]。

　質問紙調査（以下、LOM調査と表記）は、日本JCに加盟する全国のLOMのうち住所を確認できた682のLOMの全数を対象に2022年12月1日〜28日の期間に実施した。LOM調査は、全18問の質問票から成り、郵送方式で実施した。回収率を高めるために、日本JCから各LOMに対する

調査協力依頼の文章を発出してもらい、質問票とともに同封した。

発送した質問票682件のうち、住所不明で返送されてきたものが16件あった。回収できた質問票は195件であった。住所不明分を除いた有効回収率は29.3％であった。本調査の回収率は、過去に行われた同種の団体調査に比べると比較的良好な結果であったといえる。

質問票は、各LOMの業務・運営責任者に回答してもらうように依頼した。質問票の設問1では回答者の役職を尋ねているが、理事長など団体の代表者43.4％、副理事長など団体の副代表者0.5％、専務理事・常務理事50.3％、理事2.7％、その他（事務局・監事など）3.2％、という分布であった。

なお、LOM調査の結果を解釈するうえでの比較対照の素材として、関西大学経済・政治研究所自助・共助研究班「日本の市民社会に関する意識調査」（2022年2月調査）[3]のデータも本稿では併せて用いる。LOM調査の結果をこの調査データの結果と比較することによって、平均的な有権者[4]と比べて、JCのリーダー層の政治・社会に関する意識や行動にどう

表1　インタビュー調査対象者の属性、調査の実施状況

調査対象者	性別	現役会員／卒業者（調査時）	調査時の職業	調査日時	所属LOMの規模
1. A	男性	卒業者	地方議員	2022/8/30	大規模
2. B	男性	現役会員	会社社長	2022/9/9	大規模
3. C	男性	卒業者	僧侶	2022/9/12	大規模
4. D	男性	卒業者	地方議員	2022/11/2	中規模
5. E	男性	現役会員	会社社長	2022/11/14	中規模
6. F	女性	卒業者	行政書士	2022/11/25	中規模
7. G	女性	現役会員	弁護士	2022/12/27	中規模
8. H	男性	卒業者	会社員（元市役所職員）	2023/1/23	中規模
9. I	男性	卒業者	税理士	2023/1/26	中規模
10. J	男性	現役会員	会社社長	2023/1/27	中規模
11. K	男性	卒業者	無職（選挙出馬準備中）	2023/2/24	中規模

＊所属LOMの規模は、所属正会員数が40人未満を小規模、40人以上100人未満を中規模、100人以上を大規模と定義する。

出所：筆者作成。

いった特徴があるのかを明らかにすることができる。

インタビュー調査の対象者の属性および実施状況については表1に示すとおりである[5]。インタビュー調査は原則として、参加の経緯、参加状況、参加によって得られたメリット・デメリットなどに関する共通の質問項目を設定し、調査対象者に予め質問内容を提示したうえで行う半構造化面接法によって1人あたり60〜90分の時間で行った。

4　青年会議所参加者の政治
・社会に関する意識と行動

JC参加者は、平均的な有権者と比べて、より高い政治・社会意識をもち、より活発に政治・社会参加を行っている、といえるのだろうか。

以下では、筆者が実施したLOM調査における回答者自身の意識や行動についての設問群での回答を用いて、定量的分析の観点からJC参加者の政治・社会に関する意識や行動の現状を明らかにする。なお、紙幅の関係から、政治関心、内的／外的政治的有効性感覚、政治・社会行動の経験、他者に対する一般的信頼の操作化方法の詳細については、Online Appendix A.の内容を参照されたい。

ここで注意すべきは、LOM調査の回答者は基本的には各LOMの理事長や専務理事などのリーダー層に該当する人々である、という点である。それゆえ、LOM調査の回答は、JC参加者の中でも、比較的経験豊富で参加意欲も高い者の回答であることには留意しなければならない。平均的なJC参加者の回答は、ここでの結果とは異なる可能性がある。

もっとも、JCの役職は1年任期で交代していく内部ルールになっている。他の市民社会組織に比べると、JCのリーダー層を占める人々の顔ぶれは常に流動的であり、より多くの参加者がリーダー層の役職を経験しやすい組織構造となっている。同じ人物が長年にわたって代表者や執行責任者を変わらずに続けるということはない。リーダー役職を経験する者は、ごく少数に限られるのではなく、ある程度の割合のメンバーがリーダー役職を経験することになる。それゆえに、LOM調査の回答から、平均的なJC参加者の姿を推測するのは難しいにしても、JCに活発に参加する高コミッ

トメント層の姿を推測することは十分可能である、と考えられる。

4.1 政治関心、政治的有効性感覚

図1は、LOM調査に回答した各LOMのリーダーの政治関心、政治的有効性感覚の状況を示したものである。

JCリーダーの約6割は、政治関心があるとみなせる。この割合は、平均的な有権者では約4割である。明らかにJCリーダーの政治関心は高い。

JC参加者は40歳以下に限定され、高学歴者も多いことから、「20〜40歳かつ大卒・院卒」の有権者の回答との比較も併せて行った。その場合においても、結論は同じである。若年かつ高学歴の有権者の中でも、JCリーダーの政治関心の高さは際立っている。

同様に、内的／外的な政治的有効性感覚が欠如した者の割合も、平均的な有権者ないし20〜40歳かつ大卒・院卒の有権者と比べて、JCリーダーの間では明らかに少ない。

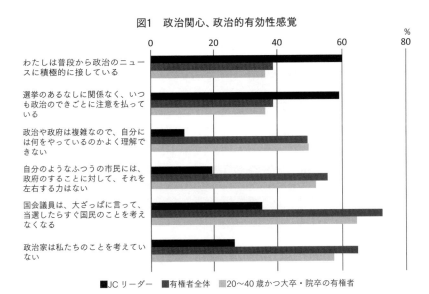

図1 政治関心、政治的有効性感覚

＊それぞれの設問で「そう思う」または「ややそう思う」と回答した者の割合（DK・NAは除く）
出所：LOM調査および「日本の市民社会に関する意識調査」のデータから筆者作成。

4.2 政治・社会行動の経験

図2は、様々な政治・社会行動の経験率を示したものである。JCリーダーの中で、選挙での投票経験がある者は99.5％、選挙運動を手伝った経験がある者は64.7％である。同様に、国や地方の議員に手紙を書いたり電話をした経験がある者は33.7％、役所に相談した経験がある者は71.5％、請願書に署名した経験がある者は47.1％、デモや集会に参加した経験がある者は15.5％、ボランティアをした経験がある者は88.7％、1万円以上の寄付をした経験がある者は68.1％となっている。いずれの割合も、平均的な有権者ないし20〜40歳かつ大卒・院卒の有権者と比べて、明らかに多い。

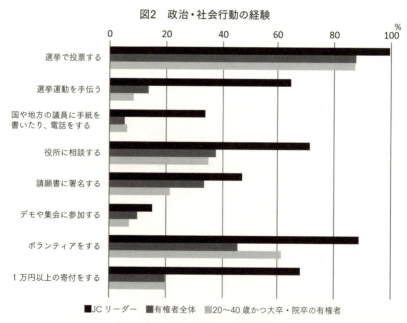

図2 政治・社会行動の経験

＊それぞれの設問で「3度以上ある」または「1〜2度ある」と回答した者の割合（DK・NAは除く）
出所：LOM調査および「日本の市民社会に関する意識調査」のデータから筆者作成。

4.3 他者に対する一般的信頼

JCリーダーの一般的信頼スコア（操作化方法はOnline Appendix A. を参

照）の平均値は4.44（95％信頼区間4.39〜4.59）であるのに対し、平均的有権者の場合は4.02（95％信頼区間3.97〜4.07）、20〜40歳かつ大卒・院卒の有権者の場合は3.89（95％信頼区間3.78〜4.00）であった。明らかにJCリーダーは他者に対する一般的信頼が高い。

4.4 イベント実施、会員同士の交流の状況

JCリーダーに見られる高い政治意識や一般的信頼および積極的な政治・社会行動は、JC内部で経験する様々な事業・イベント運営やそこで生じた人的交流の結果としてもたらされたもの、といえるのだろうか。

この点を確認するためには、そもそもJCにおいて、どのようなイベントや会合が、どの程度行われているのかを把握する必要がある。以下ではLOM調査の結果から、JCが行っている事業・イベントの実態や会員同士の交流状況を確認する。

図3は、各LOMが過去5年以内に実施した事業について尋ねた質問の回答結果である。JCは、地域に貢献するための様々な事業を積極的に行っ

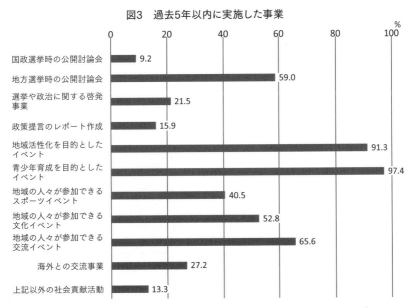

図3　過去5年以内に実施した事業

出所：LOM調査のデータから筆者作成。

ていることがわかる。選挙時の公開討論会、選挙や政治に関する啓発事業、政策提言のレポート作成などの政治・政策に関する事業、あるいは海外との交流事業も、LOMによっては取り組んでいることがわかる。

各LOM内での会員同士の交流機会（オンライン上のものを含む）の頻度を尋ねた設問の回答結果を示すと、「毎週1回（月4回）以上」12.4％、「隔週1回（月2回）程度」46.4％、「月1回程度」32.5％、「2〜3ヵ月に1回程度」5.7％、「半年に1回程度」2.6％、「ほとんどない」0.5％となっている。多くのLOMでは月1回以上は会員同士の交流機会が設けられている。実際、JC参加者は、月1回の定例会に加えて、所属する各種委員会での会議に月1回程度参加するのが標準的な参加のあり方のようである。定例会や各種会議の終了後に、会員同士で懇親会を開くことも多いようである（インタビュー調査B、E、Gの証言より）。

以上のように、JCは様々な事業・イベントを運営している。本稿後段のインタビュー調査の知見で明らかになるように、こうした事業・イベントの運営を通じて、JC参加者は様々な人々と関わりをもつようになり、地方議員、首長、自治体職員などの政治アクターと接触する機会も自然と得ている。事業運営や多様な人的交流の機会が多数存在することで、JCリーダーが「善き市民」として社会化されていることが推測される[6]。

5　なぜ青年会議所に参加したのか

JC参加者は、JC入会前から「善き市民」だったのか。それとも、入会後に「善き市民」として成長したのか。この点を判断する際に、そもそも「なぜ参加者はJCに入会したのか」という入会の経緯を確認することは重要である。

仮に、JC参加者がもともと「善き市民」であるならば、「政治的なイベントに関わりたいから」「より社会貢献がしたいから」など、政治や社会貢献活動に関するある程度明確な目的意識をもってJCに入会するはずである。他方、JC参加者が入会後に「善き市民」として成長したのであれば、入会時にはそれほど明確な目的意識は存在せず、「誘われたので、なんとなく」「人脈が欲しいから」など、政治や社会貢献活動とは無関係な

理由でJCに入会しているはずである。

実際の入会経緯や入会理由はどのようなものなのだろうか。筆者が実施したインタビュー調査では、「いつ、どのような経緯で、青年会議所に関わることになったのでしょうか」という共通質問項目で、インフォーマントに入会の経緯や理由を尋ねている。以下では、インタビュー調査で得られた定性的データから、JCへの入会過程の実態を明らかにする[7]。

多くのインフォーマントが強調した入会の経緯は、JC現役会員あるいはOBからの直接的な勧誘である。たとえば、弁護士のGは、JCのOBである知り合いの税理士からJCに入会するように勧誘された。GはJCの存在はなんとなく知ってはいた。しかし、JCの活動内容や入会したらどんな活動を行うのかについては、十分には理解していなかった。にもかかわらず、Gが入会を決めたのは、地元での人脈形成につながる、と期待したためである。

同様に、税理士のIはJC会員の知り合いから「JCは役所に対しても力があるし、実行力もある。良い社会経験になるよ」と勧誘されたので入会した。入会当初、Iは「最初はお付き合いで、という感じで、まちづくりしたいという気持ちは一切なかった」という。

他方、僧侶であるCは、勧誘の結果ではなく自分から進んで入会した。Cは実家が寺院を運営しており、そこの跡取りとして「基本的にはお寺で生まれ育ったので、そこから出たことがない。お坊さん以外の仕事をしたことがない」と悶々としていた時に、「JCに入れば外の空気が吸えるんじゃないか。山を下りる口実ができるんじゃないか」と考え、JCがどんな団体かも十分には知らず、地域を良くしたいという考えもとくにはなく、入会した。入会以前のCが奉仕活動や地域活動に関わることはなく、何らかの団体に所属した経験もなかった。

同様に、入会当時は九州地方の市役所職員であったKは、職場である市役所総務課から役所の研修費から入会金や会費を出すのでJCに入会するよう勧められたため、入会するに至った。入会前のKは、JCととくに接点はなく、JCに対するイメージもとくにはなかったという。Kは、役所の仕事は一生懸命取り組んでいたが、勤務外でとくに地域活動などを行っていたわけではなかった。そうした時に、総務課長代理から連絡があり、「色んな人を知ることができるよ。君のためになるよ」といわれて、Kは

「それじゃあ」と手を挙げることにしたという。

　自ら志願して入会したCや組織派遣で入会したKには当てはまらないものの、11名のインフォーマントのうち9名はJC関係者からの直接的な勧誘が入会のきっかけとなった、と答えている。ここから、参加者の多くは主体的ないし能動的に団体参加を決定しているのではなく、ある程度追従的ないし受動的に団体参加を決定していることが推測される。

　つぎに、インフォーマント自身が語った入会理由を検討してみると、人脈形成や色々な人と知り合って見聞を広め、自分自身が成長をしたい、といった理由が挙がることが多かった。政治や地域社会に貢献したいといった公共的理由というよりは、参加者自身の人脈形成や社会勉強といった個人的メリットが入会理由として強調されがちであった。もっとも、E、F、Hは、社会貢献につながる地域活動がしたくて入会した、と語っている。もともと社会活動にある程度積極的な者が、より多くJCに入会している、という傾向がないわけではないだろう。

　しかしながら、政治的な知識を深めたり、政治家と知り合ったり、政治的な主張や行動を行うためにJCに入会した、と答えた者は皆無であった。政治的な関心を高めたり、政治行動を行うことが目的でJCに入会するという者はほとんどいないことが推測される。

　以上を踏まえると、JC参加者が入会前から政治や社会活動に対して積極的な「善き市民」だった、とはいい切れない現実があることがうかがえる。

6　青年会議所での活動から参加者は何を得たのか

　JC参加者は、JCでの活動経験から何を得ているのだろうか。筆者が実施したインタビュー調査では、「青年会議所の活動に関わる中で、得られたもの、メリットに感じたものは何でしょうか」、「青年会議所の活動に関わる中で、政治や地域社会に関して何らかの意識変容はございましたでしょうか。意識変容があった場合、どのような変化だったでしょうか」という共通設問項目で、参加者自身が考えるJC活動から得られたものや政治や地域社会に関する意識変容を尋ねている（ただし、インフォーマントの

Jには入会直後の新入会員のため尋ねていない）。また、「青年会議所の存在意義はどのようなところにあるとお考えでしょうか」という共通設問項目で、参加者自身が考えるJCの存在意義についても尋ねている。以下では、これらの設問の回答から、JC活動から参加者は何を得ているのかを明らかにしたい。

　まず、参加者自身が考えるJC活動から得られたものについて見てみると、すべてのインフォーマントが「新しい人間関係が得られた」という点を強調していた。入会理由でも「人脈形成を期待して」という理由が多く挙げられていたが、実際にJCに関わる中で、様々な人々との新しい出会いがあり、新しい友人関係も増えた、という実感が参加者には確かにあるようだ。とりわけ、議員や市長などの政治家、行政職員、地域団体、他地域の人々、他国の人々といった、JCに入会しなければ、なかなか接点をもてなかった人々と関わりをもてたことがプラスであった、という意見が多く見られた。

　たとえば、会社社長であるBは、JC活動を通じて得た人とのつながりで、「こういう人いないかな？　こういう職種の人いないかな？　と考えた時に、すぐにネットワークが浮かぶ」ようになり、「他地域でもJCつながりですぐ仲良くなれる」ことをJC活動から得られたものとして強調していた。

　Bは、JC入会以前には政治家との接触はほとんどなかったが、入会後には政策提言活動などのJCの様々な事業やイベント運営に携わる中で、政治家との接点が自然とでき、現在ではJCのOBである政治家の選挙運動の手伝いをするようにまでなった、という。

　つぎに、政治や地域社会に関する意識変容について見てみると、JC活動を行う中で、議員や市長といった政治家と接触する機会が多くなったこと、それにともなって政治や選挙への関心が一定程度高まった、投票にもよく行くようになり、候補者の選挙運動を手伝う経験も得た、という意見が多く見られた。

　たとえば弁護士のGは、もともとは政治についての特段の主義主張や支持政党もなかったが、JCに入ってからJCでの様々な事業・イベントを通じて議員や市長と話す機会が多くなり、「政治家の人柄に接するようになって、選挙で選ぶ時にもよく考えて投票するようになった」、「役所の人

もよく考えているんだなぁ、とわかった」、「政治家が陰で根回しなどをして調整していることを知り、政治家と政策が結びつくようになった」という。Gは今では、JCでの飲み会で時には政治の話で盛り上がるようにもなり、同じLOMに所属する会員の市議会議員の選挙の際には選挙カーに乗り込んで手伝うほどにまでなった、という。

　もっとも、AやDのように、もともと地方議員の立場にある者が人脈形成などの目的でJCに入会するケースも一定数ある。同様に、大学は政治学科出身である元市役所職員のHのように、もともと政治に強い興味関心があった者もいる。A、D、Hは、JC活動に関わったからといって、とくに政治意識が変容することはなかった、と述べている。

　A、D、Hのように、入会前からもともと政治へのコミットメントが強い者がJC内に一定数いることは事実である。しかしながら、B、C、Eのように、もともとは政治への関わりや興味がほとんどなかった会員も多くいる。政治への関わりや興味が乏しかった会員も、JC内部で現職議員や政治に強い関心がある会員と交流することで、政治意識の変容が起こることが多い、と考えられる（インタビュー調査B、Gの証言内容）。

　他方、地域社会に関する意識変容については、ほとんどのインフォーマントがJCにおける様々な地域に関する事業・イベントに携わる中で、地域のボランティア活動や社会貢献活動の重要性に気づいたこと、まちづくりへの有効性感覚が高まり、自分自身も自治会やPTAといった地域活動に積極的に関与するようになったこと、を強調していた。

　たとえば、地元で不動産業を営むEは、「学生時代は街を良くするということは1ミリも考えたことがなかった」が、JCに入った後に、JCの先輩方が過去に無償のボランティアで地域でのお祭り行事や文化振興に精力的に取り組んできた歴史的事実を知り、その献身的な姿に影響されて、自分もJC活動を通じて、地域のために何か貢献しようという気持ちに次第になった、という。

　こうした意識変容の背景には、JCでの様々な活動を通じて、他の地域団体とも豊富に接点をもつようになること、また地域貢献に関してのある種の成功体験を得ることができること、が挙げられる。たとえば、Kは自身が所属するJCの活動でフェスや凧あげ大会を運営した経験を通じて、自治会などの地域コミュニティが「地域社会を作っている」ことに気づく

とともに、自分自身も「何でもできる気がしてくる」という気持ちになった、という。こうしたJC活動での成功体験が参加者の政治的有効性感覚や政治・社会行動の向上につながっている、と推測される。

最後に、参加者自身が考えるJCの存在意義については、新入会員のJ以外のすべてのインフォーマントが地域に貢献する人材の育成につながる場であることを強調していた。JCに参加することによって、自らの地域の問題に興味をもつようになり、40歳でJCを卒業した後も、地域の商工会議所や行政の審議会など、様々な場で地域に貢献する人材に成長することができる、という評価が多く見られた。

また、JCでの活動を通じて、議論の仕方や望ましい人間関係のあり方についても学ぶことができる、という意見も多く見られた。JC内部での意思決定は、ロバート議事規則に基づいて、民主的かつフォーマルな形で行われている。たとえ本業が地方議員や会社社長の者であったとしても、会員同士では対等に接して、対等に議論を行う文化がある。そして、団体内部の各委員会は企画提案の際には詳細な議案書を作って、理事会などで企画の承認を得るために交渉や説得を行う必要がある。無事に団体内部で企画が承認された後にも、今度は行政や企業、地域団体や学校など地域の多様なステークホルダーとの交渉や調整の作業を行わなければ、スムーズに企画を進行することができない（インタビュー調査B、F、I、Kの証言内容）。

こうした組織内外での交渉・説得・調整のプロセスを経ることによって、組織や会議を運営するスキル、他者と協働して物事を進めるスキル、説得や交渉のスキルが磨かれ、人間的な成長を果たすことができるのがJCの存在意義だ、という意見が多く見られた。

たとえば、行政書士のFは、「JCで会議の仕方や人と人の距離の取り方を学べる」、「そういう経験を経た人が地域にいるということは、地域の色々な会議の質が上がる」、その結果、「行政が市民に投げられる部分が増えるし、市民も行政に物がいえる」、「JCがなくなってもすぐには何かが起こるわけではないが、10年後にはすごく地域に影響が出るのではないか」と述べていた。F自身も、JC卒業後も地元の商工会議所青年部（YEG）に所属し、地域のお祭りの実行委員会にも積極的に関与している、という。

このように、JCが地域に貢献する人材を輩出する「学び舎」（Iの表現）になっている、との認識がインフォーマントの間では強く見られた。

7　結論と今後の課題

本稿は市民社会の社会化機能について、JC参加者を対象にした分析を行った。先行研究では市民社会の社会化機能が本当に実在するのかという点について、懐疑的な見解が存在している。そのような中、本稿は定量的・定性的調査を併用する混合研究法によってJC参加者を分析することを通じて、少なくとも活発に参加する高コミットメント層に関していえば、JCへの参加が民主主義にとって適合的な「善き市民」の育成につながっていることを明らかにした。

具体的には、JCリーダーは平均的な有権者ないし若年かつ高学歴の有権者と比べて、政治に対してより高い関心や有効性感覚を示し、一般的な他者をより信頼し、より積極的に政治参加やボランティア・寄付に関与する傾向があることがわかった。また、そうした傾向は自己選択の結果として生じる「見せかけの関係」ではなく、JC参加以前には政治や地域社会に特段の関心やコミットメントがなかった参加者が、実際にJC活動に関与していく中で、様々なイベントや組織運営、人的交流の機会を経験し、それによって生じた社会化の帰結であることも明らかとなった。

本稿の知見は、JCという特定の団体のリーダーや積極的参加者を対象にした限定的な知見であるのは確かであるものの、特定の条件下においては市民社会の社会化機能が確かに存在することを実証するものである。JCのように、団体内部で実質的な人的交流があり、様々な事業・イベント運営を経験することができ、民主的な組織運営を学ぶことができ、団体活動の中で何らかの形で政治との関わりがある組織への積極的な参加こそが、「善き市民」としての社会化につながる可能性が高いといえる。これらの点は先行研究でも指摘があった部分ではあるものの、本稿では混合研究法を用いて、具体的な文脈を押えつつ、改めてその重要性を確認することができた。

また、JCには40歳卒業制度や役職1年交代制という独自ルールがある

ために、社会化につながる経験をより多くの会員が経験できる、という実態がある。JCのように、人材の流動性を高く保ち、役職もローテーションにすることで、多くの会員が組織運営や人的交流の経験を豊富にもてるようになる。この点も、本稿から新たに見えてきた市民社会組織が「民主主義の学校」として機能するための重要な条件の1つだといえる。

最後に、今後に残された分析課題について指摘しておく。

第1に、本稿の知見はJCのリーダーや高コミットメント層から得たあくまで限定的なものであるため、より一般的なJC参加者や低コミットメント層についても同様の知見が得られるかどうかを確かめる必要がある。

第2に、他国のJCやJC以外の団体においても、本稿と同様の知見が得られるかどうかを確かめる必要がある。日本のJCは各国のJCの中でも最大規模で活動も非常に活発だと指摘されており（嶋田2023）、他国のJCでは本稿とは異なる知見が得られる可能性がある。また、JCは歴史の長さや組織構造という点において、日本の市民社会組織の中でも特異な存在といえるだけに、本稿の知見はJCの特殊性に起因した例外的なものである可能性が残る。それゆえ、本稿が明らかにした、団体内部での実質的な人的交流、事業・イベント運営の経験、民主的な組織運営の経験、参加の「副産物」としての政治との関わり、人材の流動性や役職のローテーション制、といった市民社会の社会化機能が十分に発揮されるための諸条件が、他の分野の団体においても同様に重要性を有するのかについて、さらなる検証が積み重ねられていく必要があろう。

付記

本稿は日本NPO学会第25回研究大会（2023年6月）で報告した論文を加筆修正したものである。本稿のLOM調査およびインタビュー調査は、日本青年会議所と各地の青年会議所の関係者の皆様によるご支援とご協力なしには、決して成し得なかったものである。匿名査読者2名の方からは貴重なコメントを頂いた。関係各位に心より感謝申し上げる次第である。

本稿は2022年度関西大学若手研究者育成経費（研究課題名「市民社会組織としての青年会議所の活動実態の分析」）、関西大学経済・政治研究所研究費支援、JSPS科研費20H01588を受けて行った研究の成果である。

[1]　日本青年会議所ウェブサイト https://www.jaycee.or.jp/、東京青年会議所ウェブサイト https://tokyo-jc.or.jp/、いずれも2024年5月9日アクセス。

[2]　質問紙調査およびインタビュー調査は、関西大学「人を対象とする研究倫理審査運営委員会」（承認番号：HR承認2022-2）の承認を受けたうえで実施したものである。

[3]　「日本の市民社会に関する意識調査」は18〜79歳の男女を対象とした楽天インサイトの登録モニターを用いたオンライン・サーベイである。同調査のサンプルは性別、年齢、居住地域の分布が国勢調査の分布に近似するように事前割付したうえで回収している。サンプルサイズは2,524である。通例、ウェブモニターを用いた回収サンプルは、実際の日本人全体の分布よりも高学歴者・高収入者が多く含まれがちとなる。「日本の市民社会に関する意識調査」の回収サンプルも、国勢調査や国民生活基礎調査の分布と比べて、より高学歴、高収入の者に偏っている。そこで、本稿では同調査の結果を用いる場合には、性別、年齢、最終学歴、世帯収入の分布が国勢調査や国民生活基礎調査の分布に近似するように、事後層化重み付けを行ったうえで推定値を求めている。

[4]　本稿では調査費用低減の観点から調査会社のネットモニターのサンプルによって有権者データを構築している。そのために「平均的な有権者」といっても、あくまでネットモニターのサンプルから推測される範囲のものである。選挙人名簿から無作為抽出して得たサンプルによる推測とは結果が異なる可能性がある点には留意されたい。

[5]　多様な立場の方が参加するJC活動の実態を多角的に捉えるために、インタビュー調査対象者は性別や職業の点でできるだけ多様な方が含まれるように選定した。ただし、表1に示すとおり、所属正会員数が40人未満の小規模LOMに所属する者は含めることができなかった。本稿が実施したLOM調査から小規模LOMは全体の59.5%を占めていることが判明している。本稿のインタビュー調査の知見は、中規模以上のLOMの実態のみを反映しており、小規模LOMには該当しない可能性がある。また、インタビュー調査対象者は各LOMでリーダー層といえる役職を経験した者が多い。より消極的な参加者の声は十分反映されていない可能性がある。これらの点は本稿の限界として率直に認めざるを得ない。

[6]　紙幅の関係で詳細な分析結果は省略するが、LOM調査のデータから事業・イベントや会員同士の交流状況が活発なLOM所属のリーダーほど、政治関心、政治的有効性感覚、政治・社会行動、一般的信頼が高い傾向が確認できる。

[7]　個々のインフォーマントごとにインタビュー調査で聞き取った内容はOnline Appendix B. にまとめているので参照されたい。

❖ 参考文献

Aggeborn, Linuz, Nazita Lajevardi, and Pär Nyman. 2021. Disentangling the Impact of Civil Association Membership on Political Participation: Evidence from Swedish Panel Data. *British Journal of Political Science* 51(4): 1773–1781.

Creswell, John W. 2021. *A Concise Introduction to Mixed Methods Research*, second edition. Sage.

Creswell, John W. and Vicki L. Plano Clark. 2007. *Designing and Conducting Mixed Methods Research*. Sage.

Henderson, Geoffrey and Hahrie Han. 2021. Linking Members to Leaders: How Civic Associations Can Strengthen Members' External Political Efficacy. *American Politics Research* 49(3): 293–303.

Hooghe, Marc. 2003. Voluntary Associations and Democratic Attitudes: Value Congruence as a Causal Mechanism, in Marc Hooghe and Dietlind Stolle eds., *Generating Social Capital: Civil Society and Institutions in Comparative Perspective*, Palgrave Macmillan: 89–111.

La Due Lake, Ronald and Robert Huckfeldt. 1998. Social Capital, Social Networks, and Political Participation. *Political Psychology* 19(3): 567–584.

Putnam, Robert D. 1993. *Making Democracy Work: Civic Traditions in Modern Italy*. Princeton University Press.

Skocpol, Theda. 2003. *Diminished Democracy: From Membership to Management in American Civic Life*. University of Oklahoma Press.

Stolle, Dietlind. 1998. Bowling Together, Bowling Alone: The Development of Generalized Trust in Voluntary Associations. *Political Psychology* 19(3): 497–525.

Stolle, Dietlind and Thomas Rochon. 1998. Are All Associations Alike? Member Diversity, Associational Type, and the Creation of Social Capital. *American Behavioral Scientist* 42(1): 47–65.

Teorell, Jan. 2003. Linking Social Capital to Political Participation: Voluntary Associations and Networks of Recruitment in Sweden. *Scandinavian Political Studies* 26(1): 49–66.

Van der Meer, T. W. G. and E. J. Van Ingen. 2009. Schools of Democracy? Disentangling the Relationship Between Civic Participation and Political Action in 17 European Countries. *European Journal of Political Research* 48(2): 281–308.

Verba, Sidney, Kay Lehman Schlozman, and Henry E. Brady. 1995. *Voice and Equality: Civic Voluntarism in American Politics*. Harvard University Press.

Wollebaek, Dag and Per Selle. 2002. Does Participation in Voluntary Associations Contribute to Social Capital? The Impact of Intensity, Scope, and Type. *Nonprofit and Voluntary Sector Quarterly* 31(1): 32–61.

蒲島郁夫・境家史郎．2020．『政治参加論』東京大学出版会．

佐賀香織．2015．「青年会議所と政治」『城西現代政策研究』8(1): 47–60．

嶋田吉朗．2023．『地方経済人の結社と市民社会 ── 青年会議所を事例として』大学教育出版．

早川誠．2008．「結社と民主政治 ── アソシエーションから政治は生まれるのか」『年報政治学』59(1): 61–81．

投票行動におけるシステム正当化の役割
―― 経済的システム正当化への着目

関西学院大学大学院社会学研究科研究員　**中越みずき**
東京大学大学院人文社会系研究科准教授　**稲増一憲**

　経済的格差と貧困が拡大し、有権者を取り巻く状況が大きく変化するなかでも、自民党は長期政権を成立させ続けている。それでは、現代において自民党に投票する低所得者の心理背景はいかなるものなのか。本研究では、社会心理学の理論であるシステム正当化理論に着目し、選挙直後のweb調査を通して、所得とシステム正当化傾向がいかに投票政党の選択に寄与しているかを検討した。多項ロジット分析を行い、予測値を確認したところ、経済的システム正当化傾向（Economic System Justification: ESJ）が強くなるほど自民党へ投票する確率が高くなっていた。さらに、ESJと所得の交互作用を確認した。その結果、一定程度にESJが強いと、高所得者よりも低所得者の方が自民党への投票確率が高くなる傾向が示された。本結果は、経済的側面におけるシステム正当化プロセスが、低所得層における自民党への投票の心理基盤として存在している可能性を示唆する。

キーワード： システム正当化理論、経済的システム正当化、投票行動、
　　　　　　所得、自民党

1. 問題

本研究の問いは「現代日本において自民党に投票する低所得者の心理的基盤は何か」である。この問いに対して、本研究では、システム正当化理論の枠組みから説明を試みる。具体的には、現存の経済システムを肯定する心理傾向である経済的システム正当化（Economic system justification: ESJ）に着目し、所得とESJ傾向の強さがいかに投票行動を予測するのかを検討することで、投票行動研究におけるシステム正当化理論の適用可能性を提示する。

日本における社会経済的地位（Socio-economic Status: SES）が低い層の政治参加については、蒲島（1988）をはじめとする研究の蓄積がある。蒲島（1988）は、高SES層よりも低SES層の方が政治に積極的に参加する、日本に特異的な政治参加格差構造を指摘した。もっとも、こうした構造の背景には、農村部における自民系ネットワークを通じた低SES層に対する動員の活発さがあった（境家，2013）。

しかしながら、55年体制の終焉と同時期に日本型参加格差構造も瓦解する。蒲島・境家（2020）は、日本型参加格差構造の崩壊は55年体制崩壊の重要な一側面であること、ポスト55年体制後の日本では、投票参加に明確な高学歴・所得バイアスがみられることを指摘している。

本研究が問題とするのは、自民党が農村部の低SES層への求心力を失い、結果として動員による低SES層の投票行動に対する説明が説得性を低下させたポスト55年体制下における、低SES層の自民党への投票動機である。現代日本において、政治参加のための資源を有していない低SES層が自発的に投票するとは考えにくく、本来であれば伝統的無党派に属するはずの彼らがなぜ自民党への投票に強く動機づけられるのかを、既存の議論では十分に説明できない。

また、自民党の政策とそれに組み込まれてきた有権者側の経済状況の変化も無視できない。戦後、自民党は、潤沢な財源配分を可能にする高度経済成長を背景として、地方に対する再分配を積極的に行うことで、包括政党としての地位を築きあげた（蒲島・竹中，2012; 森本，2006）。しかし、

バブルが崩壊し、日本の経済成長は低迷期を迎える。1990年代後半には雇用の非正規化や公共事業の削減が進められるが、これに伴い、自民党政権が提供してきた男性稼ぎ主モデルを前提とする雇用を通した日本型福祉は機能不全に陥った（宮本，2008）。その結果として、昨今では、複合的な困難を抱えているにもかかわらず、既存の生活保障制度からこぼれ落ちる生活困窮層が拡大している（宮本，2021）。

　自民党が提示する政策をみても、決して低所得層を厚遇しているとはいえない。本研究が分析対象とする2019年参院選の公約をみると、自民党と当時の最大野党である立憲民主党（立民党）の違いがみてとれる（NHK, 2019）。自民党は、外交安全保障問題の解決を第一に掲げる一方、福祉政策に関しては、低所得層への重点的な支援を訴えている訳ではない。他方で立民党は、逆進性をもつとされる消費税の税率引き上げの凍結や、医療や介護の自己負担額に対して所得に応じた上限を設ける「総合合算制度」の導入を謳い、低所得層への支援政策を明確に打ち出している。マニフェストだけでなく、政治家の意識レベルでも自民党と立民党（旧民主党）の違いは読み取れる。2018年から2019年にかけて行われた竹中・山本・濱本によるエリート調査を参照すると、自民党をはじめとする保守政党に所属する政治家は、立民党や国民民主党に所属する政治家と比較して、格差容認傾向が強く、現状が平等であると認知している（山本，2021）。また、谷口（2020）は、2003年から2017年にかけて実施された東京大学谷口研究室・朝日新聞社共同調査のデータを分析し、自民党議員は経済競争力の向上を優先する一方、民主党議員は自民党議員よりも格差是正を優先していることを示している。

　つまり、現代の有権者のボリューム層である低所得者層は、自民党に投票したとしても、自民党の恩顧主義的政策の利を享受できていないのである。にもかかわらず、以下に述べるように、単純集計レベルでは、低所得層において自民党への投票率は立民党への投票率を上回っている。

1-1. 低所得層における投票行動の実際

　図1は、CSESのデータを用いて2017年衆院選挙時の所得（世帯収入）別に自民党・立民党への投票および棄権を単純集計し、所得カテゴリ内での割合を計算したものである（CSES, 2018）。当時の日本の所得の中央値

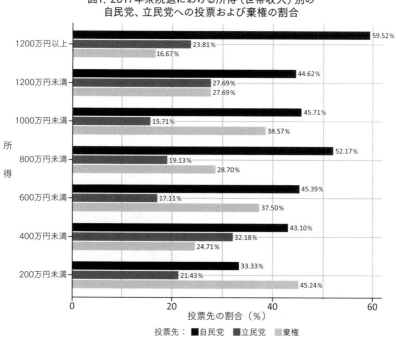

図1. 2017年衆院選における所得（世帯収入）別の自民党、立民党への投票および棄権の割合

（厚生労働省，2019）である437万円を下回る400万円未満ないし200万円未満の低所得層に注目すると、所得カテゴリ内での自民党への投票率は43.10％と33.33％、立民党への投票率はそれぞれ32.18％と21.43％であり、割合だけでいえば自民党への投票が立民党への投票を上回っている。さらに、棄権率は24.71％および45.24％にのぼる。

ここで重要なのは、自民党への投票あるいは棄権を通して、直接的にせよ間接的にせよ、自民党政権の優勢に寄与している低所得者が決して少なくないという点である。JESデータを用いて分析を行った西澤（2018）もまた、本分析と同様に、低所得層の自民党への投票の多さをみいだしている。

それでは、低所得層の自民党への投票、あるいは棄権の理由について、どのような説明が可能だろうか。

まず、棄権については、SESの低い層は高い層よりも資源が乏しいゆえに政治参加しにくいという「標準モデル」による説明が成り立つ（Verba

& Nie, 1972）。先述の通り、自民党による低SES層の動員減少に伴い、日本も低SES層ほど棄権しやすい状況となっていることからも（蒲島・境家，2020）、Verbaらのモデルの適用が妥当であると考えられる。

他方で、自民党に投票する低所得層の存在については説明が難しい。一説明として、低所得層が経済の在り方に関する争点を重視しておらず、他の争点を参照して自民党に投票しているというものが考えられる。実際に西澤（2018）は、低所得者が必ずしも社会保障の充実を求めておらず、政府の規模に関する意見が低所得層における自民党への投票の予測因になり得ていないことを指摘している。ただし、西澤（2018）で用いられている意見項目は、福祉の充実か税負担の軽減かの二者択一を問うている。この両者は、西澤（2018）も述べるように、どちらも暮らしに直結する事柄であるため、低所得層においてはいずれかを選択することが困難である者が多いと考えられる。この問題がある以上、多くの大規模調査で用いられている福祉と税負担に関する項目は、低所得層の経済に関する態度を測定するうえで限界がある。

2. システム正当化理論

本研究では、社会心理学の理論のひとつであるシステム正当化理論（System Justification Theory）の観点に依拠し、低所得層の投票行動に関する記述の提供を試みる。システム正当化理論を導入することで、現代の低所得層の投票行動を説明できる可能性がある。

システム正当化理論は、人々の現状維持動機を説明する理論であり、その理論的関心は主として低地位の人々に向けられてきた。システム正当化は「社会的、政治的、経済的、性的、法律的なシステム如何にかかわらず、ただそれが現に存在するという理由からその一般的条件が受容され、説明され、正当化される心理的プロセス」として定義される（Jost & Banaji, 1994）。システム正当化理論によれば、人間は不安定で混沌とした状況を避け、安定のなかに身を置きたいという欲求を有している。そして、世界に存在するシステムは秩序や安定性を象徴し、現システムの正当化は安心感や幸福感を高める（Vargas-Salfate et al., 2018）。ゆえに人は、程度の差こ

そあれ、外的システムを、現にそれが存在するというだけの理由で正当化するメカニズムを内包している（Jost, 2020; Jost & Banaji, 1994）。このシステム正当化メカニズムが存在するがゆえに、低地位の人々は、自らの境遇に甘んじるだけでなく、時として現存のシステムへの積極的支持を示すことがある。

システム正当化の誘因については、個人差要因と状況要因の双方が指摘されてきた。例えばHennes et al.（2012）は、システム正当化を駆動する個人差要因として、物事を秩序だったものとして認識したいという認識論的動機、他者と円滑な関係を築きたいという関係論的動機、そして死に対する恐怖といった存在論的動機の3つを示している。また、状況要因としては、自然災害やテロなどのシステムに対する脅威の存在や、システムに対する依存性の強さが、システム正当化プロセスを強化しうる（Friesen et al., 2019）。

システム正当化にはいくつかの側面が存在するが、本研究が検討するのはESJと一般的システム正当化（General System Justification: GSJ）である。ESJは、経済格差を許容するか否かという次元でのシステム正当化を捉える概念であり（Jost & Hunyady, 2002; Napier & Jost, 2008; Jost & Thompson, 2000）、政治的保守的態度の関連を考慮する際に重要となる。これは、政治心理学におけるイデオロギー概念が、格差を容認するか否かという軸を仮定していることも関係する（Jost, 2021）。尺度によって測定されたESJは、保守主義や保守政党支持と頑健に関連し（Azevedo et al., 2017; Jost et al., 2017）、日本においても自民党政権の支持を予測することが示されている（Nakagoshi & Inamasu, 2023）。

他方のGSJは、社会の現状を擁護し、支持し、合理化する傾向を指す（Kay & Jost, 2003; Jost, 2006）。GSJは、特定の問題争点に対する認知ではなく、広義な意味での社会システムの正当化を問題としているという点で、より素朴な認知レベルの保守性を捉える概念であるといえる。そのため、GSJは、コロナ禍における医療システムの認知など、政治に限らず様々なイシューをシステム正当化理論の枠組みで検討する際に用いられることが多い（e.g., 村山ほか, 2023）。

2-1.　日本のイデオロギーとESJ

　以上、システム正当化理論と、保守政党への投票・支持と関連しうる要因としてのシステム正当化について述べた。ただし、ここで考慮すべきは、日本固有の政治文脈である。

　従来の研究では、日本においては経済の在り方に対する意見が左右のイデオロギー対立の中心となっていないことが論じられ、また経験的研究においても日本の有権者はイデオロギーラベルと経済に対する意見とを結びつけていないことが示されてきた（遠藤・ジョウ，2019; Miwa et al., 2023）。このように、日本は他国とは異なり、経済に関する意見は有権者の選択を分かつような争点とはなっていないとの見方が通例的である。

　他方、システム正当化理論で仮定されている心理的プロセスは、人間の普遍的傾向から出発しており、基本的には日本の有権者にも当てはまることが予想される[1][2]。システム正当化理論の観点からみると、日本において経済格差容認と保守イデオロギーとが明確に関連しないのは、経済格差に対する態度を測定する項目に問題があるからだと考えられる。これまで政治学で主に扱われてきたような、特定の経済争点に対する態度のみを測定するのではなく、ESJという認知レベルでの格差容認傾向を測定した場合には、保守的態度や行動と格差容認との関連を抽出できると考えられる（Nakagoshi & Inamasu, 2023）。実際に、ESJ尺度は、特定の争点態度に依らない多数の項目によって構成され、必ずしも政治的洗練性が高くない有権者も回答可能な内容になっている。中越・稲増（2023）は、自民党支持に対する予測因としてイデオロギーの自己位置が有用であるのは政治的洗練性が高い有権者に限られる一方、システム正当化傾向は政治的洗練性の高低にかかわらず自民党支持を予測すること、換言すれば、政治的洗練性に左右されない心理要因としてシステム正当化が有用である可能性を指摘している。

　本研究では、システム正当化理論に基づき、広範な人々に適用可能であると考えられるESJ概念によって、日本の有権者、特に低所得層の投票行動を説明できるかを検討する。ESJは、自身の経済争点に対する意見を保革軸上に位置付けることができなくとも存在する、素朴かつ広範な認知的対立軸としてみなしうる。

なお、本研究では、Jost et al.（2017）と同様、システム正当化がイデオロギーに先行すると仮定している。過去の研究では、Jost & Thompson（2000）のように保守イデオロギーがシステム正当化に先立つとみなす例もある。しかし、イデオロギーを正確に理解し、自己をイデオロギー空間に正確に位置づける行為は政治的洗練性を要するとする議論をふまえるならば（Converse, 1964; Luskin, 1990）、システム正当化という素朴な心理傾向の後にイデオロギーの自己認識を仮定する方が自然であろう。

2-2. 研究の焦点

ここでは、参議院選挙時における自民党への投票の心理動機に焦点を当てる。また、自民党投票者との比較対象として、調査時の最大野党である立民党への投票、および棄権についても検討し、自民党投票者との差異を探る。

本研究ではESJを中心的に検討する。これは、代表的なシステム正当化の諸概念のうち、もっとも経済格差への認知と関係が深いESJに着目することで、より直接的に低所得者における自民党への投票を説明可能であると考えられるためである。

3. 方法

第25回参議院議員選挙直後の2019年7月に、クラウドソーシングサービス「ランサーズ」を通して調査への参加を募り、日本の有権者を対象にWeb調査を行った。参院選は、国政を担う政党を選択するという意味合いが弱いゆえに、システム正当化という抽象化された心理的傾向に基づく投票行動を抽出することができると考えられる[3]。各項目を精読せずに回答するsatisfice行動の有無を確認するため、調査項目には「この項目は右から2番目を選んでください」というDirected Questions Scaleを1項目含めた（Maniaci & Rogge, 2014; 三浦・小林, 2015）。参加1594名のうち、Directed Questions Scaleの指示に従わなかった者や回答に不備がある者を分析から除外し、最終的に1191名（平均年齢39.78歳（SD = 10.31））を分析対象とした。対象者のデモグラフィック背景に関する詳細はOnline Appendix (B)

に記載する。

3-1. 説明変数

ESJ Jost & Thompson（2000）のESJ尺度（注の末尾に記載）について、Nakagoshi & Inamasu（2023）が作成した日本語尺度を用いた。「人は努力すれば、たいていの場合、望むものを手に入れることができる」、「富裕層も貧困層も、生まれてきた環境が違うだけであって、本質的に違いはない（逆転）」などの17項目について「1. まったくそう思わない」から「9. 非常にそう思う」までの9件法で尋ねた。

GSJ Kay & Jost（2003）のGSJ尺度について、Murayama & Miura（2019）が作成した日本語尺度を用いた。「概して日本の社会は公平である」、日本の社会は、年々悪くなっている（逆転）」などの8項目について「1. まったくそう思わない」から「9. 非常にそう思う」までの9件法で尋ねた。GSJの全項目はOnline Appendix (G) を参照されたい。

所得（世帯収入） 調査時の前年度の額面上の世帯収入について、1項目で「1. 200万円未満」から「12. 2000万円以上」の12件法で尋ねた。平均値は4.32であり、「4. 400万円〜500万円未満」カテゴリ周辺に該当する参加者が多かった。

3-2. 統制変数

保守イデオロギーの自己意識（自己位置） イデオロギーの自己位置について1項目で「0. 革新的」から「10. 保守的」までの11件法で尋ねた。

性別 回答者の性別について「男性」、「女性」、「その他・答えたくない」の3択で尋ねた。「その他・答えたくない」と回答した者は結果の解釈容易性を考慮し分析から除外した。分析の際には男性を0、女性を1としてダミーコード化した。

年齢 回答者の年齢について自由回答法で尋ねた。

3-3. 被説明変数

比例区での投票政党 投票したか否か、また投票した場合は比例区での投票政党について回答を求めた。回答者のうち、「自民党」、「立民党」、「棄権した」と回答した者を分析対象とした。他の政党への投票者につい

ては、サンプルが少なく、分析結果の不安定性が懸念されることから分析から除外した[4]。

4. 結果

4-1. 尺度得点と信頼性

ESJとGSJのそれぞれについて、各項目に対する回答の平均値を算出し、尺度得点として使用した。このとき、逆転項目は10から値を引いて逆転させた。尺度の内的整合性を確認するためにα係数を算出したところ、ESJ尺度（$M = 4.98, SD = 0.90$）は$\alpha = .83$、GSJ尺度（$M = 4.11, SD = 1.17$）は$\alpha = .83$と両者ともに係数が.80以上であったため尺度として適当であると判断した[5]。

4-2. 多項ロジット分析

比例区における投票先を従属変数とする多項ロジット分析を行った（表1）[6]。年齢、性別、最終学歴について、2020年の国勢調査における分布をもとにレイキング法によるウェイト補正を施した分析を行った[7]。参照カテゴリは棄権とした。ESJとGSJは、値が大きくなるほどその傾向が強いことを表す。紙幅の都合上、GSJの予測値はOnline Appendix (A)に記載する。

実質的な効果を確認するため、シミュレーションにより（King et al., 2000）、各政党への投票および棄権確率について、ESJの主効果と交互作用の各地点における予測値を算出した。

ESJの主効果　ESJを−3から4まで変化させた際の投票確率の点推定値をプロットした（図2）。自民党の投票確率は、ESJが−2.5のとき.14、0のとき.35、3.5のとき.66と右肩上がりに上昇していた。立民党への投票確率はESJが−2.5のとき.35、0のとき.15、3.5のとき.03と、ESJが強くなるほど低下していた。棄権確率に関してはESJが−2.5のとき.50、0のとき.50、3.5のとき.31であり、右に裾が長い逆U字カーブを描いていた。

表 1. 投票行動を従属変数とする多項ロジット分析の結果

参照カテゴリ = "棄権"	自民党	立民党
切片	− 2.45***	− 3.22***
	(0.60)	(0.80)
経済的システム正当化（ESJ）	0.40***	− 0.36**
	(0.12)	(0.14)
一般的システム正当化（GSJ）	0.52***	− 0.07
	(0.09)	(0.11)
所得	0.14***	0.11*
	(0.04)	(0.04)
保守イデオロギー	0.19***	− 0.17*
	(0.05)	(0.07)
教育程度	− 0.01	0.20
	(0.10)	(0.14)
性別（男性 = 0, 女性 = 1）	− 0.26	0.25
	(0.17)	(0.23)
年齢	0.03**	0.05***
	(0.01)	(0.01)
ESJ×所得	− 0.09*	− 0.04
	(0.04)	(0.05)
GSJ×所得	− 0.01	− 0.01
	(0.03)	(0.04)
n	297	123

Log-Likelihood = − 708.11, McFadden R^2 = 0.130
*p <.05, **p <.01, ***p <.001

4–3. ESJと所得の交互作用

　所得の多寡によるESJの効果の変化をみるため、所得が平均値 ± 1SD（0.25 ± 2.56）である参加者について、ESJを − 3から4まで変化させた際の点推定値をプロットした（図3）。ここでは、 − 1SDの者を低所得者、 + 1SDの者を高所得者と定義している。なお、所得の平均値 + 1SDは「700万円〜800万円未満」カテゴリに、 − 1SDは「200万円〜300万円未満」カテゴリに近い。

　まず、所得が − 1SDである低所得者をみてみると、自民党の投票確率に

図2. ESJの主効果に関する投票確率の点推定値。信頼帯は95%信頼区間

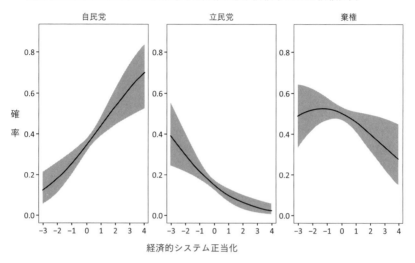

関して、ESJが-2.5のとき.08、0のとき.29、3.5のとき.73と、ESJが強いほど自民党に投票する確率が高くなっていた。立民党の投票については、ESJが-2.5のとき.28、0のとき.14、3.5のとき.03と、ESJが強まるにつれ投票確率は低下していた。棄権については、ESJが-2.5のとき.63、0のとき.57、3.5のとき.23と、ESJが一定程度高い場合に確率が降下していた。

次に、所得が+1SDである高所得者に着目すると、自民党の投票確率に関して、ESJが-2.5のとき.25、0のとき.41、3.5のとき.58と、低所得者よりも緩やかにESJの強さと自民党への投票とが関連していた。一方で、立民党の投票確率については、ESJが-2.5のとき.41、0のとき.17、3.5のとき.04と、低所得者よりも勾配が急であった。棄権の確率は、ESJが-2.5のとき.33、0のとき.41、3.5のとき.39と、低所得者とは異なる傾向がみられた。また、ESJが3.5の時点において、自民党への投票と棄権に関して、低所得者と高所得者で確率の逆転が確認された。

図3. ESJと所得の交互作用効果に関する投票確率の点推定値

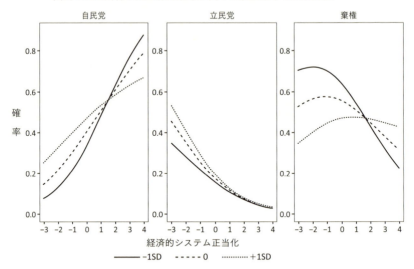

5. 考察

本研究では「現代日本において自民党に投票する低所得者の心理的基盤は何か」という問いに基づき、システム正当化理論の観点から低所得者の投票行動の心理を検討した。具体的には、投票行動に対するESJの主効果およびESJと所得の交互作用効果を確認した。

5-1. 投票行動研究におけるESJの有用性

多項ロジット分析および予測値の算出結果から、有権者の投票行動に対してESJが予測因として機能することが示された。具体的には、イデオロギーを統制したうえでも、ESJは自民党への投票を正の方向に予測する一方、当時の最大野党である立民党への投票を負の方向に予測した。ただし、表1に示したように、立民党への投票に対するESJと所得の交互作用効果については、統計的に有意な結果はみられていない点には留意する必要がある。

各主効果についての推定値を確認すると、ESJは、所得よりもむしろ保守

イデオロギーと類似した効果を有することが読みとれる。本結果は、所得の低さとESJの弱さは必ずしも対応関係にある訳ではないこと、さらには日本の有権者においても、保守イデオロギーの中心要素には認知レベルでの格差容認傾向の強さが存在する可能性を示唆する。

5-2. 低所得者におけるESJ

予測値を確認した際に、低所得者と高所得者ではESJと自民党への投票の結びつきが異なっていた。ESJ傾向が低・中程度である場合には、低所得者よりも高所得者の方が自民党に投票する確率が高いが、ESJ傾向が一定程度に強いと、低所者の方が自民党に投票する確率が高い傾向にあった。この結果から、高所得者においては基本的に自己利益に沿った投票が行われているのに対し、低所得者においては、システム正当化プロセスの帰結として保守政党への投票が行われている可能性が推察される。

注目すべきは、低所得者における棄権確率とESJの関係である（図3）。ESJが弱い方から中程度にかけては、低所得者の方が棄権確率が高く、ESJが中程度から強い方にかけては、低所得者の方が棄権確率が低い。ESJが弱い場合における棄権確率の高さは、現存の経済格差を否認しながらも、自民党の一党優位が崩れるとは想定できないがゆえに左派野党への投票には至らない有権者の存在を反映しているかもしれない。

また、ESJが一定程度に強いと投票する確率が高じるが、前述の自民党への投票の予測値から、その場合の投票先には自民党が選択されていると解釈できる。この結果は、現代の低所得層において、ESJが中程度か強い場合には自民党に投票し、弱い場合には棄権するというパターンが存在しており、直接的にせよ間接的にせよ、結果として自民党の優勢に寄与している低所得者が少なくないことを示唆する。

5-3. 研究の限界と今後の課題

本研究は、3つの重大な課題を抱えている。第1に、サンプルの代表性の問題である。システム正当化理論は、個人差はあるにせよ、システム正当化傾向は人間にみられる普遍的な傾向であると仮定している。本研究では、システム正当化理論の仮定に倣い、ESJと投票の関連はサンプルの特徴に大きく左右されないと想定しているものの、有権者研究への応用を考

えるのであれば、より代表的なサンプルでの検討を行っていくことが望ましいだろう。本研究では、分析の際にウェイト補正を施しているが、今後は、代表性が高い他の調査にESJ尺度が組み込まれることにより、本研究の知見の一般化可能性が検証される必要がある。第2に、支持者の少ない政党への投票を取り出してロバストな分析ができるほどのサンプルサイズが確保できていない。今後は、より多くの有権者を対象とした調査を行い、他政党に投票した者におけるシステム正当化の役割を検討することが求められる。そして最後に、システム正当化は政治行動に先行する認知であると考えられるがゆえに、投票行動がシステム正当化傾向に影響するという逆方向の因果は想定しがたいものの、回帰分析に投入した以外の交絡因の存在を否定できず、したがって本結果は因果関係の存在を担保するものではない。システム正当化理論研究では、しばしばシステム正当化傾向を変化させるシナリオ実験を取り入れてきたことをふまえても（Friesen et al., 2019）、実験による検討が求められる。

　また、低所得者における棄権行動の心理についてのさらなる検討が必要であろう。上述の通り、本結果は、自民党の一党優位が揺らぐことはないという認識の強さゆえに棄権する有権者の存在を示唆するが、あくまで可能性の提示に留まる。また、自民党支持層においても、同様の認識のために棄権する者が少なくないと考えられる。今後は、これら両者を区別したうえで、棄権の心理基盤に焦点を当てることが求められる。

　さらに、今後は、理論の発展に向けて、経済投票モデルとの関連を明らかにしていくことが重要であると思われる。経済投票モデルは、経済状況に対する業績評価に着目して有権者の政治的判断を説明するモデルである（Lewis-Beck & Stegmaier, 2000）。本研究ではESJが直接投票行動を規定すると考えているが、経済投票モデルをふまえると、ESJの強さが、現政府に対するマクロな経済面における業績評価を肯定的なものへと促し、結果として与党への投票に影響するというモデルも考えられる。一方で、個人の家計のようなマイクロな経済状況に関していえば、ESJが個人の家計状況の認識を肯定的に変容させるとは想定しがたい。将来の経済的見通しについても、少なくともアメリカでは、楽観的な見通しをもつ低所得者と悲観的な見通しをもつ低所得者のあいだで、システム正当化傾向の強さに明確な差はない（Jost et al., 2017）。日本の有権者を対象としたサーベイ実験

では、社会志向の経済評価が投票選択に対して効果を有することが示唆されていることをふまえても（大村，2017）、経済投票のうち、特に社会志向の経済投票について、システム正当化との関連を検討する余地が大いにあるだろう。

謝辞

　本論文は、第38回政治コミュニケーション研究会で発表した内容の一部を大幅に加筆修正したものである。研究会を主宰してくださった岡田陽介先生と横山智哉先生をはじめ、ご参加いただいた先生方、および査読の先生方から貴重なコメントを頂戴した。とくに、予測値の分析については三輪洋文先生から大変有益な助言を頂いた。また、二次分析に当たり、東京大学社会科学研究所附属社会調査・データアーカイブ研究センター SSJ データアーカイブから「民主主義の分断と選挙制度の役割——CSES モジュール5 日本調査」（山田真裕・前田幸男・日野愛郎・松林哲也）の個票データの提供を受けた。ここに記して感謝申し上げる。なお、論文内の誤りの責任はすべて筆者に帰する。

---

[1]　本研究はポスト55年体制以降を念頭に置いているが、システム正当化理論は人間の普遍的な心理プロセスを仮定していることから、システム正当化に基づく自民党への投票自体は、55年体制下においても存在していたと考えられる。ただし、システム正当化が現象に有する説明力の高さは文脈に左右される（Jost, 2019）。データによる検証が不可能であるため、想像の域を出ないが、55年体制下では、システム正当化という心理プロセスよりも、農村部における低学歴層に対する動員によって低SES層の自民党への投票行動の大半が説明可能であった可能性も考えられる。

[2]　日本のような一党優位多党制のもとで、政権交代とシステム正当化がどのような関係にあるかは現時点では不明な点が多い。システム正当化プロセスが人の根源的な希求を満たすのは、現存のシステムが今後も続くと期待できる状況においてのみであり、システムの揺らぎと変革が十分に予期される場合には、変革後のシステムを新たな「現状」として受容すると考えられる（Friesen et al., 2019）。Johnson & Fujita（2012）は、現存のシステムの変化可能性を高く認知した者は、既存のシステムの問題点を探すようになることを報告している。実証データの提示はできないが、1993年の細川連立政権成立や2009年の民主党への

302 年報政治学 2024-Ⅱ号

政権交代もまた、上記の枠組みで捉えることが可能かもしれない。
[3] 比較という意味でも、政権選択に直結する衆院選時の検討が今後の課題となる。
[4] 野党への投票を、自民党の一党優位という現状を否定する心理の表れとして捉えるのであれば、それらの投票を全て「野党」カテゴリに統一する方法も考えられる。しかし、この方法では、例えば維新と共産など、政策やイデオロギーが明らかに異なる政党を統合することになり、解釈が困難となる。この問題が比較的生じにくいと思われる左派野党の4党を統合した分析および他の政党への投票を含めた分析を Online Appendix (D, F) に掲載する。
[5] Online Appendix (C) に各変数の相関分析の結果を示す。
[6] 参加者の属性の偏りの有無を確認するため、2020年国勢調査と2019年国民生活基礎調査のデータを用いて本調査とのサンプルの比較を行ったところ、本調査のサンプルには大卒者が多い傾向が確認された。サンプル比較の詳細およびウェイト補正を行わない場合の分析結果を Online Appendix (B, E) に記載する。
[7] ウェイト補正の際、重みの最大は2となるよう制限をかけた。年齢については、10歳階級のカテゴリに分けたうえで連続変数として投入した。交互作用項に含めた ESJ、GSJ、所得は平均が0となるよう中心化した。所得を平均＋1SDによってスライスする際には、加重平均を考慮し、0.25±2.56の値を参照した。

経済的システム正当化尺度（Jost & Thompson, 2000（Nakagoshi & Inamasu, 2023 訳））の項目内容。＊は逆転項目。
1. 人は努力すれば、たいていの場合、望むものを手に入れることができる
2. 経済的格差が広がっているが、そうした格差は避けられない訳ではない＊
3. 社会に富の格差があるのは、自然の法則によるものだ
4. 経済システムが不公平だと考えるいくつもの理由がある＊
5. 貧困をなくすことは、現実には不可能だ
6. 貧しい人たちも、富める人たちと本質的に違いはない＊
7. この社会で頭角を現せない人たちの大半は、彼ら自身に原因があるので、社会システムのせいにすべきでない
8. この社会で、資産を平等に分配することは可能だ＊
9. 社会的な階層の違いは、物事の自然な秩序の違いの現れだ
10. 社会に経済的格差があるのは、資産の分配に不正があることの現れだ＊
11. 全員に充分なだけの仕事はないので、貧しい人たちがいなくなることはない
12. 経済的な地位というものは、個々人が何を達成してきたのかを適切に現している
13. みんなが経済システムを変革して平等な社会にしたいのなら、それは可能だ＊
14. 資産の平等な分配は、不自然だ
15. 極端な富と極端な貧困を同時にもたらすような経済システムは、不公平だ＊
16. 所得の平等をこれ以上求めても、意味はない
17. 富裕層も貧困層も、生まれてきた環境が違うだけであって、本質的に違いはない＊。

❖ 引用文献

Azevedo, F., Jost, J. T., & Rothmund, T., 2017. "Making America great again": System justification in the U.S. presidential election of 2016. *Translational Issues in Psychological Science*, 3 (3), 231–240.

Converse, P. E., 1964. The nature of belief systems in mass publics. In D. E. Apter (Ed.), *Ideology and discontent*, New York: Free Press, 206–261.

CSES, 2018.「民主主義の分断と選挙制度の役割——CSES モジュール5 日本調査, 2018」(2022年10月5日取得, https://ssjda.iss.u-tokyo.ac.jp/Direct/gaiyo.php?eid=1356)

遠藤晶久／ウィリー・ジョウ, 2019.『イデオロギーと日本政治——世代で異なる「保守」と「革新」』新泉社

Friesen, J. P., Laurin, K., Shepherd, S., Gaucher, D., & Kay, A. C., 2019. System justification: Experimental evidence, its contextual nature, and implications for social change. *British Journal of Social Psychology*, 58 (2), 315–339.

Hennes, E. P., Nam, H. H., Stern, C., & Jost, J. T., 2012. Not all ideologies are created equal: Epistemic, existential and relational needs predict system- justifying attitudes. *Social Cognition*, 30 (6), 669–688.

Johnson, I. R., & Fujita, K., 2012. Change We Can Believe In:Using Perceptions of Changeability to Promote System-Change Motives Over System-Justification Motives in Information Search. *Psychological Science*, 23 (2), 133–140.

Jost, J. T., 2006. The end of the end of ideology. *American Psychologist*, 61 (7), 651–670.

Jost, J. T., 2019. A quarter century of system justification theory: questions, answers, criticisms, and societal applications. *British Journal of Social Psychology*. 58 (2), 263–314.

Jost, J. T., 2020. *A theory of system justification*. Cambridge, MA: Harvard University Press. (ジョン・T・ジョスト (著) 北村英哉・池上知子・沼崎誠 (監訳), 2022.『システム正当化理論』ちとせプレス)

Jost, J. T., 2021. *Left and right: The psychological significance of a political distinction*, New York: Oxford University Press.

Jost, J. T., & Banaji, M. R., 1994. The role of stereotyping in system-justification and the production of false consciousness. *British Journal of Social Psychology*, 33 (1), 1–27.

Jost, J. T., & Hunyady, O., 2002. The psychology of system justification and the palliative function of ideology. In W. Stroebe. & M. Hewstone (Eds.), *European review of social psychology*, Vol 13., Hove: Psychology Press/Taylor & Francis, 111–153.

Jost, J. T., Langer, M., Badaan, V., Azevedo, F., Etchezahar, E., Ungaretti, J., & Hennes, E. P., 2017. Ideology and the limits of self-interest: System justification motivation and conservative advantages in mass politics. *Translational Issues in Psychological Science*, 3 (3), e1–e26.

Jost, J. T., & Thompson, E. P., 2000. Group-Based Dominance and Opposition to Equality as Independent Predictors of Self-Esteem, Ethnocentrism, and Social Policy Attitudes among

African Americans and European Americans. *Journal of Experimental Social Psychology*, 36 (3), 209–232.

蒲島郁夫, 1988. 『政治参加（現代政治学叢書6）』東京大学出版会

蒲島郁夫・境家史郎, 2020. 『政治参加論』東京大学出版会

蒲島郁夫・竹中佳彦, 2012. 『現代政治学叢書8 イデオロギー』東京大学出版会

Kay, A. C., & Jost, J. T., 2003. Complementary Justice: Effects of "Poor but Happy" and "Poor but Honest" Stereotype Exemplars on System Justification and Implicit Activation of the Justice Motive. *Journal of Personality and Social Psychology*, 85 (5), 823–837.

King, G., Tomz, M., & Wittenberg, J., 2000. Making the most of statistical analysis: Improving interpretation and presentation. *Amerian Journal of Political Science*, 44 (2), 341–355.

厚生労働省, 2019. e-Stat 令和元年国民生活基礎調査（2023年9月29日取得, https://www.e-stat.go.jp/stat-search/files?page=1&toukei=00450061&tstat=000001141126）

Lewis-Beck, M. S., & Stegmaier, M., 2000. Economic Determinants of Electoral Outcomes. *Annual Review of Political Science*, 3 (1), 183–219.

Luskin, R. C., 1990. Explaining political sophistication. *Political Behavior*, 12 (4), 331–361.

Maniaci, M. R., & Rogge, R. D., 2014. Caring about carelessness: Participant inattention and its effects on research. *Journal of Research in Personality*, 48, 61–83.

Miwa, H., Arami, R. & Taniguchi, M., 2023. Detecting Voter Understanding of Ideological Labels Using a Conjoint Experiment. *Political Behavior*, 45, 635–657.

三浦麻子・小林哲郎, 2015. 「オンライン調査モニタのSatisficeに関する実験的研究」『社会心理学研究』31 (1), 1–12

宮本太郎, 2008. 『福祉政治 —— 日本の生活保障とデモクラシー』有斐閣

宮本太郎, 2021. 『貧困・介護・育児の政治 —— ベーシックアセットの福祉国家へ』朝日新聞出版

森本哲郎, 2006. 『現代日本の政治と政策』法律文化社

Murayama, A., and Miura, A., 2019. Applying system justification scale to Japanese people and society. 2019 Annual Conference of Society for Personality and Social Psychology, Portland, OR, USA.

村山綾・三浦麻子・北村英哉, 2023. 「新型コロナウイルス感染禍とシステム正当化」『社会心理学研究』39 (2), 64–75

中越みずき・稲増一憲, 2023. 「保守政党支持への予測因としてのイデオロギーと心理変数」『日本社会心理学会第64回大会発表論文集』236

Nakagoshi, M., & Inamasu, K., 2023. The role of system justification theory in support of the government under long-term conservative party dominance in Japan. *Frontiers in Psychology*, 14: 909022.

Napier, J. L., & Jost, J. T., 2008. Why Are Conservatives Happier Than Liberals? *Psychological Science*, 19 (6), 565–572.

NHK, 2019. 「NHK選挙WEB 各党の公約」（2023年9月27日取得, https://www.nhk.or.jp/senkyo/database/kouyaku/2019/seitou/）

西澤由隆，2018．「『失われた20年』と政治的格差 ──『福祉か減税か』に関するパズルをめぐって」『同志社法學』69 (7), 2782–2750

大村華子，2017．「サーヴェイ実験による操作変数を用いた経済投票の分析 ── 日本の有権者の経済評価に関する考察」『年報政治学』68 (2), 65–95

Organization for Economic Co-operation and Development (OECD), 2021. Poverty rate (indicator). OECD iLibrary.（2023年6月17日取得，https://doi.org/10.1787/0fe1315d-en）

境家史郎，2013．「戦後日本人の政治参加」『年報政治学』64 (1), 236–255

谷口将紀，2020．『現代日本の代表制民主政治』東京大学出版会

Vargas-Salfate, S., Paez, D., Khan, S. S., Liu, J. H., & Gil De Zúñiga, H., 2018. System justification enhances well-being: A longitudinal analysis of the palliative function of system justification in 18 countries. *British Journal of Social Psychology*, 57 (3), 567–590.

Verba S, & Nie N., 1972. *Participation in America: Political Democracy and Social Equality*. New York: Harper and Row.

山本英弘，2021．「経済的平等に関する応答性 ── エリートと有権者の考えは一致しているのか」『現代日本のエリートの平等観 ── 社会的格差と政治権力』竹中佳彦・山本英弘・濱本真輔（編）明石書店

306 年報政治学 2024−Ⅱ号

2023年学界展望

日本政治学会文献委員会

政治思想

Natsuko Matsumori, "Hospitality or Property?: The Natural Right of Communication and the 'New World'." (**Rady Roldán-Figueroa and David Thomas Orique eds.,** *The Transatlantic Las Casas: Historical Trajectories, Indigenous Cultures, Scholastic Thought, and Reception in History* (Brill)) は、自然的交通権──他者を害さない限り、自由に通行し、交易しうる権利──に疑問を呈する議論の先駆性においてラス・カサスの重要性を高く評価する。

大澤麦「ニュース誌『モデレート』(1648〜9年) と革命期イングランドの急進主義政治思想」(『法学会雑誌』第64巻第1号) は、内乱期イングランドの『モデレート』誌に現れた政治的諸理念を分析し、急進派レヴェラーズの政治思想が共和制イングランドの成文憲法構想のうちに保持されていたことを明らかにする。

犬塚元「ヒュームの共感論・再訪──共感とは受動的で主観的な感情伝染か」(**小川公代・吉野由利編『感受性とジェンダー──〈共感〉の文化と近現代ヨーロッパ』**(水声社)) は、共感 (シンパシーないしエンパシー) が感情の集団的暴走を引き起こすがゆえ行動の指針たるには危険とする「反共感論」に対して、D・ヒュームが『人間本性論』において主観的とだけは断じられない共感能力についても記述していたことを示す。

鳴子博子『ルソーの政治経済学──その現代的可能性』(晃洋書房) は、労働、一般意志、人民集会とフランス革命、経済的自由と生存権、住民投票、市民宗教、戦争、拒否権などのキーワードからルソーの政治経済学の体系を解析する。ルソーの構想は、現代民主主義が陥っている罠から抜け出すための示唆に今なお満ちている。

川出良枝『平和の追求──18世紀フランスのコスモポリタニズム』(東京大学出版会) は、戦争を批判し、平和を追求するために提示された18世紀フランスの諸言説を検討する。その対象は、祖国愛と人類愛の調和を

唱える道徳的コスモポリタニズム、諸国家の連合体による仲裁制度の発案、交易の発展が平和な秩序をもたらすとする商業平和論などである。

W・バジョット（遠山隆淑訳）『イギリス国制論』（岩波文庫）は、三権分立論などの伝統的なイギリス国制理解を批判して「尊厳的部分」と「実効的部分」という分析視角を提示し、内閣を仲立ちとした行政府と立法府との融合を指摘することで、議院内閣制のしくみを剔出する。訳者によるバジョット研究の成果が反映されることにくわえ、平易な訳文と充実した訳註が際立つ新訳である。

Yasuhiro Endo, „Land und Meer, Himmel und Sonne: Eine Notiz zur ostasiatischen Weltordnung" (*Archiv des Völkerrechts* Jahrgang 61(2–3)) は、C・シュミットの日本および東アジアに関する言及箇所を中心に、シュミットの「ラインの彼方」の思考法が、近代東アジアの国際秩序にどの程度妥当するのかという観点から、その限界を説く。

馬路智仁・古田拓也「エペリ・ハウオファと「島嶼海の主権」——太平洋の自然を守護し、歴史を叙述する」（『政治思想研究』第23号）は、フィジーの先住民知識人のオセアニア地域主義構想を論じる。「太平洋オリエンタリズム」の解体と「太平洋アイデンティティ」の確立を目指し、太平洋の自然管理人という能動的な自意識を発展させようと試みたハウオファ思想の解明は、グローバル・ヒストリーの焦点であるポストコロニアル知識人の地域主義研究を進展させる契機ともなろう。

犬塚元「政治学史研究における一九五五年体制」（『月刊みすず』通巻728号）は、福田歓一の社会契約説研究を日本固有の西洋政治思想史研究とみなす通説的理解を相対化し、「政治学史研究の一九五五年体制」を規定した福田の思想史研究が、いかに海外の研究成果に依拠し、それらを継受していたかを具体的に解明する。

下條慎一『政治学原論講義』（武蔵野大学出版会）は、世界に通用する「普遍的理念」に基づいて第二次世界大戦後、日本における政治学を構築した丸山眞男らの著作を参考に、政治とは何か、また、それをどのように学ぶべきかを考察する。

公文良彦「地域ジャーナリズムの規範理論に関する一考察——分析的政治哲学と「差異の政治」の知見から」（『高知論叢』第125号）は、地域ジャーナリズムの規範理論にコミュニタリアン・ジャーナリズムを位置付

け、その妥当性を分析する。私的空間の無視によって差異を抑圧しかねないその負の側面を克服する方途としては、I・M・ヤングの「差異の政治」と林香里の「ケアのジャーナリズム」を梃子に「マイノリティの政治化」が提案される。

山口晃人「自己統治は代表民主政を正当化できるか」(『法哲学年報』2022) は、民主政を自己統治の価値から正当化する自己統治論について、少なくとも代表民主政においては自己統治に基づく正当化が成功しない可能性が高いとし、自己統治論者の主張の成立条件として「なぜ代表民主政で十分なのか」、「単に結果が民意を反映することではなく、実際に影響力を行使できることがなぜ重要なのか」の説明を要すると指摘する。

山口晃人「参政権くじ引き制はエピストクラシーか——エピストクラシーの再定義」(『社会と倫理』第38号) は、「参政権くじ引き制」を、知者に多くの意思決定権を付与するエピストクラシーの一種——有権者全員ではなく、無作為に抽出された、能力開発訓練を施された一部の有権者に選挙権が認められるゆえ——とする通説的見解に対して、そうした理解が適切でなく、むしろ政治制度にくじ引きの要素を組み込む「ロトクラシー」の一種と主張する。

小林卓人「デモクラシーと自律」(『政治思想研究』第23号) は、「著者性」と「アカウンタビリティ」で特徴づけられる自律の理想に関して、前者が政治的決定への影響機会を享受することが他者の人生に対する支配的権力を分有することでもある点を看過しており、後者が意志形成への参加機会を保障する権利を普遍的かつ平等に保障すべき理由を提示できないがゆえに、自律に基づいてデモクラシーを非道具的に正当化する有望な議論は未提示であるとする。

Takuto Kobayashi, "Social Equality and the Conditional Justifiability of Political Inequality." (*Politics, Philosophy & Economics*, vol.23(3)) は、非道具主義的な社会的・関係的平等主義に対する道具主義からの挑戦について、かりに非民主的な体制が一時的に特定の平等主義的な結果を達成するにより効果的であるとしても、民主主義が完全な社会的平等の実現に不可欠であるとし、完全な社会的平等の実現と民主的な手続きのプロセスが不可分であることを示す。

松尾隆佑「倫理的消費はリベラル・デモクラシーの脅威か?——コンシ

ューマー・シティズンシップの規範理論」（『社会と倫理』第38号）は、倫理的消費の制限となる「立法原型説」を検討し、リベラル・デモクラシーにおいて許容されうる倫理的消費の姿を描き出す。民主的な政治過程に関する偏狭な理解ゆえの立法原型説は妥当性を欠くがゆえに、支持さるべきは手続的な価値を尊重しつつも理想的とはいえない状況下での倫理的消費の役割を認める「抑制的自警主義」とされる。

　大場優志「抑圧状況下のインフォーマルな代表──「解放的な認識的徳」をシステミックに実現する」（『年報政治学』2023−Ⅱ号）は、抑圧状況におけるインフォーマルな代表が被代表者による承認の有無の判断が困難であるため、抑圧に抗するための「解放的な認識的徳」が要請されることを主張しつつ、この徳は、代表者においてではなく、「代替的な代表者」と「解放的な制度的環境」を通じたシステム的な実現を要するとする。

　谷本純一「人間、必要、政治」（『福岡教育大学紀要』第72号第2分冊）は、近代以降の政治が、労働に基づき必要物を生産し、生命を維持するという「必要」のための政治であると同時に、こうした条件は全体主義の最大の要因でもあったとし、政治の要素たる自由と経済の要素たる必要の充足との間のあるべき関係構築の方途について、H・アレントとA・グラムシの思想を中心に検討する。

　飯田文雄「リベラルな多文化主義に未来はあるのか──脱出の夢の果てに」（『社会思想史研究』第47号）は、リベラルな多文化主義が持ちうる有意性を問う。「脱出権概念」が鍵となる文化集団に関する帰属と離脱の問題は、リベラルな多文化主義への諸批判によって解かれたわけではない。近年の国境管理批判──国境を越える自由な脱出の擁護を通じて一国内の文化的多様性の拡充を志向する議論──との比較からは、リベラルな多文化主義の不可欠な意義が確認される。

　最後に、国外の動静ではあるが2023年末、A・ネグリとJ・G・A・ポーコックが相次いで逝去した。二つの巨星の輝きがいや増すことを祈りつつ、哀悼の誠を捧げます。　　　　　　　　　　　　　　（文責　佐藤一進）

政治史

　2023年中の政治史に関する研究業績としては、フランス史に関する書籍や論文が最も顕著に見られた。特に**谷口良生『議会共和政の政治空**

間──フランス第三共和政前期の議員・議会・有権者たち』（京都大学学術出版会）は、従来は中央議会の政治過程を中心に描かれることが一般的であった議会史を、議員の経歴・専門性や他職兼任の状況、地方議会や有権者と中央議会の関係といった広範な視点から分析した力作であると言える。また同じ筆者の業績である谷口良生「議員による決闘と議会政治──フランス第三共和政前期（1870–1914年）における事例から」（『駿台史学』第177号）では、「決闘と議論」という一見相反するように見える存在同士が、当時発展が著しかったジャーナリズムを媒介として、実は密接に関連していたことを指摘しており、非常に興味深い。

　上記のような平時議会政治に関する研究と対照的に、戦時市民社会に注目した研究として、鳴子博子「フランス革命期における女性の『能動化と排除』──ヴェルサイユ行進から革命共和女性協会まで」（『女性空間』第40号）を挙げたい。フランス革命期のヴェルサイユ行進（1789年）と革命共和女性協会成立（1793年）が、女性が公共領域で能動的に活動する契機となると同時に、女性結社禁止と政治的な女性排除をもたらした過程を辿っている。同様に戦時市民社会に関して、藤井篤「アルジェリア戦争とベルギー──脱植民地化と市民社会」（『年報政治学』2023–Ⅱ）は、フランス植民地のアルジェリアで発生した独立戦争期（1954〜62年）に、フランスの同盟国であったベルギーでアルジェリア支持の市民運動が発生し、対仏外交に齟齬が生じた様子を描いている。

　さらに現代フランスの自由化・市場化改革に関して、その源流を政治・経済両面から歴史的に追跡した大作の翻訳である、M・マルゲラーズ、D・タルタコウスキ（中山洋平・尾玉剛士訳）『解けていく国家──現代フランスにおける自由化の歴史』（吉田書店）も刊行された。公共サービス解体と民衆抵抗運動に象徴される現代フランス社会がどのように形成されてきたかを、第二次世界大戦期から直面してきた数々の危機から説明している。また中山洋平「『革命』第二幕──2017・22年フランス選挙の歴史的位置」（『歴史学研究』1032号）は、マクロン政権成立（2017年）後の中道政党の退潮と極左・極右政党の隆盛を確認した上で、これを「革命第二幕」と表現しており、特に政治的な分極化が進行し、有権者の中道への嫌悪感が増した点に警鐘を鳴らしている。

　イギリス史に関しては、従来の議会史研究の枠組を克服するため、スコ

ットランド議会史を含めた新たな議会史の構想を示した研究として、**松園伸**「『新しい議会史』としてのイギリス議会史、スコットランド議会史」（『西洋史論叢』第45号）を挙げる。イギリス議会史研究の歴史的潮流を丹念に辿りつつ、社会科学的アプローチなどの現代的な研究手法の問題点も浮き彫りにしている。また**谷藤智弘**「国王ジョージ二世のハノーファ渡航をめぐるイギリス政界の議論——王の行動の自由と議会による助言のせめぎあい」（『史潮』新93号）は、18世紀中葉のイギリスにおける国王と議会の関係について、当時同君連合下にあったハノーファ選帝侯領へのジョージ2世（ゲオルク2世）の渡航問題に注目し、"King in Parliament"と称される議会主権下の君主の実態に迫っている。

　一方で議会以外の要素として、政治的な集会に着目したイギリス史研究も盛んであり、**中村武司**「イギリス史研究におけるパブリック・ミーティング——研究の現状と課題」（『パブリック・ヒストリー』第20号）、**正木慶介**「19世紀初頭イギリスにおける『酔いの公共圏』——政治的宴会を中心に」（『歴史学研究』1033号）が発表されている。前者は18〜19世紀の争議集会や請願運動に関する研究史を紐解きつつ、近年急速に発展しつつあるイギリス史の膨大なデータベースを用いて、議会外運動の時期変化を計量的に示している。後者は酒場や旅館などでしばしば開催された政治的宴会に着目し、それらが持っていた公共圏の形成作用について説明した上で、19世紀初頭に保守派宴会が多数開催された点を、前者と同様にデータベースから計量的に指摘している。

　またイギリス近代二大政党制の成立史に関する研究としては、**渡邉容一郎**「トーリー党と保守党——近代イギリス保守党史の一考察」（『政経研究』第60巻第3・4号）と、**板倉孝信**「19世紀中葉の英国における派閥移動と保守＝自由二大政党の成立過程——ジェイムズ＝グレアム（James Graham）を中心に」（『西洋史論叢』第45号）を紹介しておく。前者は近世政党としてのトーリーが近代政党としての保守党に脱皮していく過程を、一次史料を読み込むことで追跡すると共に、近代初期のイギリスにおける保守主義の実態的な変化を描出している。後者は筆者による研究だが、前者と同様に近世政党であるウィッグが近代政党である自由党に変化する過程に注目し、二大政党間を移動した第三党勢力の存在が、かえって二大政党制を安定に導いた可能性を示唆している。

312　年報政治学 2024–Ⅱ号

　最後にドイツ史に関しては、特に近現代の対オーストリア関係に着目した研究として、**宮野悠**「帝国議会における『ドイツ人』と『チェコ人』の政治的合意──1882年プラハ大学分割論争と大オーストリア主義」（『駿台史学』第177号）と、**水野博子**「オーストリア併合（アンシュルス）をめぐる合意調達のポリティクス・序説──史学史的検討を中心に」（『駿台史学』第177号）を挙げる。前者はハプスブルク帝国議会でプラハ大学分割論争（1882年）が議論された際に、ドイツ系議員とチェコ系議員の対立を和らげるため、帝国の一体性が強調された点に触れている。後者はドイツが住民投票を通じてオーストリアを併合した問題に関して、オーストリアがナチスの犠牲者か共犯者かという従来の視点にとらわれず、合意調達手段としての住民投票を再検討している。

　現代ドイツ史に関しては、第二次世界大戦直後の領土再編によって、中東欧から東西ドイツに流入したドイツ系住民である「被追放民」に焦点を当てた、**須田りょう太**「西ドイツにおける『戦後民主主義』と被追放民」（『クリオ』第37号）を紹介したい。伝統的な社会関係に立脚していたため、保守色の強かった西ドイツの戦後民主主義と、その対極にある「被追放民」の関係を深掘りしている点で興味深い。また**井関正久**「西ドイツ抗議運動内におけるオルタナティヴな教育・学習プロジェクト──『68年運動』から『新しい社会運動』まで」（『近代教育フォーラム』第32号）は、激しい抵抗や暴力を伴った学生運動である「68年運動」や、現実的問題の解決を試みた70年代の「新しい社会運動」を背景に、新たな教育のあり方が模索された点を指摘している。　　　　　（文責　板倉孝信）

比較政治・地域研究

　比較政治で近年注目されている権威主義体制下の選挙を扱った業績としては、**東島雅昌**『民主主義を装う権威主義』（千倉書房）が大著である。2000年以降権威主義体制の下で実施される選挙の数は大幅に増加した。本書を通じて、現代の権威主義体制下における選挙手法のパターンや組み合わせの理解、選挙の設計に裁量を持つ独裁者の下で行われる選挙がもたらす帰結の違いを分析する。理論と実証の両側面から、動員資源を持つ独裁者は露骨な選挙操作よりも、選挙前のマクロ経済政策を多用していることを示している。また、選挙を通じて体制を強固にしていったカザフスタ

ンと、崩壊に至ったキルギス共和国の比較事例研究も行っている。

クライエンテリズムを扱った理論研究として**Masaaki Higashijima and Hidekuni Washida** “Varieties of Clientelism across Political Parties: New Measures of Patron-Client Relationships.” (*European Political Science Review,* vol. 16 (2)) は、政党間のクライエンテリズム的慣習の違いを分析するため、V-Party（1970年から2019年までの165カ国、1844政党集めたデータ）を使用し、政治家と有権者の比較的長期的関係からなる relational clientelism と、短期的な政治的利益のために特定の時期にのみ恩恵が提供される single-shot clientelism を提案する。この分類に基づき、政党間のクライエンテリズムの慣行の差が、クライエンテリズムのタイプ、現職の在任期間、政治的中央集権化の度合いによって異なると分析している。

権威主義体制下のクライエンテリズムの事例分析では、**佐藤章**「権威主義体制下の経済発展とクライエンテリズム───一党制期コートジボワールを事例に」（『日本比較政治学会年報』第24号）がある。1960年から90年の民主化までの一党制期のコートジボワールに焦点を当て、政治的安定と経済発展の関連性を明らかにする。政治的パトロネージとしてのクライエンテリズムが政府の政策実行能力を高め、経済成長を支える一因となったことを示している。他方で、政治的安定が直接的に経済成長に寄与するものではなく、他の社会的・政治的条件との相互作用によるものであることが指摘されている。

ヨーロッパを対象とした研究は4本が報告されている。**河越真帆『EU共通航空政策の軌跡と変容』**（吉田書店）は、航空産業が経済的事情、国際法上の制約以外に政治的決定の影響を受けることから、政治学的な分析が必要であることを示している。ホールによる公共政策の転換に関する分析枠組みであるアイディア・利益・制度から、特に利益の観点に着目している。第1部では1970年代から90年代半ばまでのEC／EU加盟国の政策施行およびフランスの事例、第2部では航空市場統合成立後のEUの制度の域外への進出事例を分析している。

芦田淳「イタリアにおける政府への立法委任等とその統制をめぐる一考察」（『比較憲法学研究』第35号）は、委任命令、緊急法律命令および緊急措置命令の3つの行政立法を中心に、これらの命令の制定手続と統制の手法および内容を歴史的事例と法的分析を通じて検討する。具体的事例とし

て新型コロナウイルス感染症対策における緊急法律命令の多用が取り上げられ、緊急事態にどのように対処したかを考察している。

芦田淳「イタリアの議会制における対抗権力——野党および大統領の役割を中心に」（**只野雅人・佐々木雅寿・木下和朗編『統治機構と対抗権力』**（日本評論社））では、イタリアの議会制では野党が対抗権力として機能し、議事妨害などを通じて統治権力を制約する役割を果たしてきたことを説明する。しかし、1980年以降の議院規則改正により議事妨害の抑制が図られる一方で、少数派の意見や代替案の提出が奨励されるようになり、野党の役割も変容している。また、大統領は立法過程において対抗権力として機能し、法律案の再議決要求や命令の公布において重要な役割を果たしていることが示されている。

永田智成「スペイン政治における新興政党登場の意味——二大政党制から多党制へ」（『アカデミア——社会科学編』、第25号）は、主に2011年から2019年の間の総選挙の分析から、2015年の総選挙で二大政党制が崩壊した理由を分析している。特に2011年の総選挙で議席を獲得したポデモスや、市民党、極右政党のVOXの登場と、その背景にある15-M運動や経済危機を取り上げ、地域政党の再編成が二大政党制の崩壊に与えた影響についても言及している。しかし、新興政党も登場当初と比べて穏健化しており、今後も多党制が継続するかは不透明であると指摘している。

ロシア政治について、**油本真理・溝口修平編『現代ロシア政治』**（法律文化社）が学部生向け教科書として出版された。政治史、国内政治、国際関係の3部から構成され、16名の専門家による共著であるが、各章は独立しており関心のある章から読むことが可能な構成となっている。比較政治という観点からは、第2部の国内政治において「憲法」、「選挙・政党」、「議会政治」、「ビジネスと政治」、「連邦制」、「ナショナリズム」と主要な分野がおさえられている。また、各章ごとに学習を進めるためのおすすめ文献および映画（全章ではないが）が付けられているなど、学生がこの分野に参入しやすい工夫がされている。

立石洋子「競合する歴史解釈と分裂する社会——現代ロシアの記念碑論争と自国史像をめぐる対立」（『ロシア史研究』第111号）は、公的な記念碑や歴史的評価を通じて、ソ連解体後のロシアにおける歴史認識の変遷と社会的影響を分析している。第二次世界大戦やスターリン政権下の政治的

抑圧やソ連崩壊後の再評価の中で異なる歴史観が衝突し、記念碑が単なる記憶の場ではなく、社会におけるアイデンティティと結びついた政治的役割を持っていることが示されている。

立石洋子「ウクライナとロシアにおける記憶の政治と知識人——2000年代後半から2014年のロシアの知識人の活動を中心に」(『社会科学』第53巻第3号) は、ウクライナとロシア政府、知識人の活動から、両国の歴史認識の違いとその政治利用について論じている。特にマイダン革命とクリミア併合に至る議論から、政府発表資料、知識人の論文、学術会議の内容などを検証・分析している。歴史の政治利用が社会的・国際的な分裂を引き起こす可能性があることを指摘し、知識人の役割と責任について考察している。

以下では各国・地域を事例とした研究を展望する。**裴俊燮**「危機対応装置としての福祉国家——経済危機は『日本型生活保障レジーム』に変化をもたらしたのか」(『日本比較政治学会年報』25号) は、福祉国家が危機対応装置として機能するかを検証し、経済危機時における政策の役割と制度変化に焦点を当てる。日本におけるリーマンショックおよび新型コロナウイルス感染症の流行期間の対応策を事例として分析を行い、制度レベルでは変化が観察された一方で、日本型生活保障レジームの特徴には変化が生じなかったことを示している。

尹海圓「1990年代の韓国イノベーション政策の政治分析——合意争点をめぐる競争構造と科学技術政策の公共事業化に着目して」(『年報政治学』2023−Ⅱ) は、1990年代に韓国政府が行ったイノベーション政策、特にテクノパーク助成に関する政治的方針転換を分析している。政党間競争や経済状況に着目し、1996年から2003年にかけてのテクノパーク助成政策を取り上げ、1997年のアジア金融危機や大統領選挙などの要因が助成数に与えた影響から、経済管理能力に対する有権者の評価を最大化するために韓国政府が産業高度化や雇用創出を重視し、助成方針を変更したことを示している。

間寧『エルドアンが変えたトルコ』(作品社) は、トルコにおいて公正発展党による一党優位政党制が2002年から20年にわたって継続した要因を明らかにすることが目的である。経済的業績による後光力、社会保障制度の拡充による庇護力、エルドアンのポピュリズム的言説力の3つを取り上

げ、それらの形成と消滅の過程を各種の世論調査や選挙結果、経済データを用いながら分析する。

　川久保文紀『国境産業複合体──アメリカと「国境の壁」をめぐるボーダースタディーズ』(青土社) は、アメリカ、カナダ、メキシコを含む北アメリカ国境をフィールドとし、特に2001年の9.11テロ以降のアメリカの国境管理政策の変容を、社会科学では新興領域である境界研究の枠組みから分析している。国境産業複合体 (政府、議会、民間企業、研究機関が構造的に結びついた利益誘導型の非公式な協力関係) をキーワードに、国境を社会的文脈に応じて常に引き直される動態的なプロセスとして理解する必要性を示している。

　佐藤章「ニジェールの政変と揺れる西アフリカ情勢」(『外交』vol. 81) は2023年のニジェールの軍事クーデター前後の状況、バズム大統領の政策、国際関係、国内動因などを検討し、このクーデターがサヘル地域全体の不安定化を引き起こしたことを強調する。地域の安全保障における国際的な協力が重要であり、持続的な政治的安定を確保するための効果的な介入と支援策の模索が必要であると示唆される。

　横田将志「北東アジアの環境協力の強化に求められる2つの『外的』要因──メコン地域と東南アジアの経験から」(『八戸学院大学紀要』第66号) は、北東アジアにおける環境協力が法的拘束力を持つ条約や議定書の形成に至らず、環境被害の予防・改善・解決へと進展しないことに課題意識を持っている。同じく東アジアのサブリージョンである東南アジアおよびメコン地域の事例から、東北アジアの環境協力においても開発の必要性に関する共通理解と非サブリージョン・アクターの関与が必要であることが主張される。

　松本八重子「中米・カリブの多様な社会主義の軌跡」(『アジア・アフリカ研究』第63巻第3号) は中米・カリブ地域の左派政権の多様性と特性を明らかにすることを目的としている。歴史的な文脈と具体的な事例を用いた質的分析を行い、キューバの共産党一党制、ドミニカ共和国の民主革命党とドミニカ解放党、ジャマイカの民主社会主義を展開したマイケル・マンリー、ニカラグアのダニエル・オルテガ政権を取り上げ、冷戦期におけるイデオロギー的立場や政治体制の違いを分析している。その過程での外国支援の依存と主要野党の分裂が政治的多様性を損なう要因となったこ

とが指摘される。

大串和雄「ラテンアメリカの模索」（**木畑洋一・中野聡責任編集『岩波講座世界歴史24 二一世紀の国際秩序』**（岩波書店））は、ラテンアメリカ諸国の経済政策や政治体制の変遷を分析し、地域の安定と発展に向けて模索することを目的としている。特に、20世紀後半から21世紀初頭にかけての経済政策や政治体制の変化に焦点を当て、経済成長や民主化の進展、逆行を分析している。ラテンアメリカの発展には経済政策だけでなく、政治的安定と社会的平等が不可欠であり、民主的な政治体制の強化が求められることを示している。 （文責　小林秀高）

国際政治・国際関係論

近年のリベラル国際秩序の動揺は国際関係論（IR）に対する一般的な関心を高めている。例えば、2022年度から高校教育に新設された「公共」科目は、領土問題や安全保障など国際分野に重点を置く構成となっている。だが、その教科書を分析した**菅谷幸浩**「高等学校公民科教育における平和主義と安全保障——政治学から「公共」への問いかけ」（『高崎商科大学紀要』38号）によれば、それらはIRの知見（「力の均衡」など）を反映するものではない。「理論」と「争点」のバランスに配慮した**草野大希・小川裕子・藤田泰昌編著『国際関係論入門』**（ミネルヴァ書房）は、そうした公教育に対するIR研究者からの応答として位置づけることも可能だろう。

同書のように国際政治に対する社会的関心の高まりに専門的見地から即応するのが、昨今のIR研究の特徴だろう。ウクライナ戦争に関しては、**細谷雄一編『ウクライナ戦争とヨーロッパ』**（東京大学出版会）が欧州専門家を中心に、戦争がNATOやEUに与えた影響とその行方を分析する。**清水謙**「「表の中立と裏の同盟」——冷戦期における西側軍事協力からロシアによるウクライナ侵攻とスウェーデンのNATO加盟申請まで」（『ヒューマン・セキュリティー』No. 13）は、スウェーデンのNATO加盟申請が冷戦期から一貫する「西側軍事協力」の実態に合わせるプロセスだったことを解明する。一方、理論家を中心に戦争の歴史的評価を試みるのが**宮脇昇編『ウクライナ侵攻はなぜ起きたのか——国際政治学の視点から』**（早稲田大学出版部）だ。同書中の**中川洋一**「ウクライナ侵攻後のドイツの安全保障・エネルギー政策の変容」は、ショルツ政権がシビリアンパワー概念よ

りも「普通の大国」概念の比重を強化していると論じ、**宮脇昇**「ウクライナ戦争と冷戦ver.2.0」はウクライナ戦争を2014年以降の欧州の第二次冷戦（米露冷戦）が「熱戦」化したものと評価する。「米露冷戦」論に連動する「米中冷戦」論はどうか。**鈴木一人・西脇修編著『経済安全保障と技術優位』**（勁草書房）は米中の技術覇権をめぐる問題の本質に迫り、**川島真・鈴木絢女・小泉悠編著（池内恵監修）『ユーラシアの自画像――「米中対立／新冷戦」論の死角』**（PHP研究所）は、米中冷戦論の死角である非先進国・地域の視点から国際秩序を俯瞰するユニークな論考集だ。**Toshiya Takahashi（髙橋敏哉）**, "The Development of Japan's Security"（**Leszek Buszynski ed.,** *Handbook of Japanese Security* (Japan Documents & Amsterdam University Press)）は中国・北朝鮮の脅威に対するナショナリスティックな反応が、外交軽視・抑止力一点張りの日本の安全保障政策を招いていると分析する。

　以上の多彩な現状分析に加え、その基盤となる理論研究やサーベイ実験等も進む。安全保障研究では、戦争の「出口戦略」の課題と展望を示した**中村長史**「序論 出口戦略研究の現在――必要性・困難性・可能性」（『国際安全保障』51巻1号）の問題提起を受け、**千々和泰明**「終戦と同盟――伝統的多国間戦争終結の事例研究」（『国際安全保障』51巻1号）が戦争終結と同盟の関係を解明した。**野口和彦**「攻撃的リアリズムの解剖学」（『国際安全保障』51巻3号）は対中封じ込め戦略の前提となる攻撃的リアリズムの規範理論としての妥当性を明らかにする。**戸田真紀子**「紛争を再生産する国家、植民地化の遺産、新植民地主義――ナイジェリアのボコ・ハラムを事例として」（『国際政治』210号）は、アフリカの紛争長期化の原因が政治エリートの動員政策や先進国の新植民地主義にあることを、**Yuta Kamahara（鎌原勇太）**, "Public Health in the Aftermath of Civil War: A Spatial Time-Series Cross-Sectional Analysis."（『公共選択』79号）は、内戦が発生国でも周辺国でも健康調整平均余命を低下させることを実証した。一方、経済安全保障に関する研究では、**髙橋敏哉**「自由貿易と経済安全保障の相克」（**馬田啓一・浦田秀次郎・木村福成編著『変質するグローバル化と世界経済秩序の行方』**（文眞堂））が、近年の経済安全保障政策は従来の貿易管理とは質的に異なり、自由貿易体制の改編を迫るものだと警鐘を鳴らす。これに対して、サーベイ実験に基づく**久米郁男編『なぜ自由貿易は支持されるのか――貿易政治の国際比較』**（有斐閣）は、一般的な対

外脅威認識が同盟国間での自由貿易への支持を高めることで「新冷戦」が
むしろ新たな自由貿易体制を生み出す可能性を示唆する。

　こうしたリベラル国際秩序の支柱たる自由貿易体制の動揺は、国際環境
の変化だけではなく国内の反グローバル化の衝動によっても引き起こされ
る。**神江沙蘭**「複合危機下のEU資本市場政策——ブレグジット／新型コ
ロナウイルス危機への対応」（**臼井陽一郎・中村英俊編著『EUの世界戦略
と「リベラル国際秩序」のゆくえ——ブレグジット、ウクライナ戦争の衝
撃』**(明石書店)) と**神江沙蘭**「EU市場統合と「社会的市場経済」——複合
危機と安定化機能の担い手」（**苅部直・瀧井一博・梅田百合香編著『宗教・
抗争・政治——主権国家の始原と現在』**(千倉書房)) は、近年、市場統合
と自由化に対する加盟国からの反動に揺さぶられるEUだが、加盟国との
国家主権との関係でその権限にも限界があり、域内の社会的安定には影響
力を発揮しきれないジレンマがあることを指摘する。こうしたリベラル国
際秩序と主権国家とのせめぎ合いに注目する研究も豊富だ。**網谷龍介**「国
際関係論の視角からみた法化・司法化現象」（**伊藤洋一編『裁判官対話——
国際化する司法の協働と攻防』**(日本評論社)) は日本ではまだ紹介の少な
い、国際関係の法化・司法化に関する貴重なレビュー論文だ。**Saki
Kuzushima, Kenneth Mori McElwain, and Yuki Shiraito**, "Public Preferences for
International Law Compliance: Respecting Legal Obligations or Conforming to
Common Practices?" (*The Review of International Organizations*, vol. 19) は、日本
を事例に国際法（条約）違反を抑止する国内メカニズムを解明する。**Yuan
Zhou（周源）, Ghashia Kiyani, and Charles Crabtree**, "New Evidence that Naming
and Shaming Influences State Human Rights Practices." (*Journal of Human
Rights*, vol. 22(4)) は、国家に対する「名指し非難」が、どの程度、人権侵
害を抑止できるのかを米国政府とアムネスティを事例にして検証した。**上
野友也**「文民の保護における限界と無限——南スーダン国連平和維持活動
を考察して」（『国際政治』210号）は、「文民の保護」規範が紛争当事国や
PKO要員提供国の利害に浸食される現状を分析した。

　近年のIR研究の特徴の一つは、**太田出・川島真・森口（土屋）由香・
奈良岡聰智編著『領海・漁業・外交——19〜20世紀の海洋への新視点』**(晃
洋書房) に代表されるように、中国の海洋進出を背景として、海の国際秩
序に関心が高まっていることだ。**森田吉彦**「『マハンの亡霊』再び？——

中国における『海権論』と麻田貞雄教授の研究」（**村田晃嗣編『外交と戦略**』（彩流社））は、アメリカ海軍戦略家マハンの中国での受容を考察する。**小森雄太**「ブルーインフィニティループから見た海洋ガバナンス——「海洋中心主義」への回帰を目指して」（『海洋政策研究』17号）と**小森雄太**「外交・安全保障における新たな事象の最前線としての南洋群島——「南洋群島」資料目録公開を機縁として」（『島嶼研究ジャーナル』12巻2号）は、気候変動がもたらす海上交通路の再編が国際関係に与える影響を考察し、特に南洋群島の外交・安全保障上の重要性を指摘する。こうしたIR研究の水平展開はさらに人と自然の垣根を超える。人類の絶滅可能性を直視しない既存のIRに危機感を抱く**前田幸男『「人新世」の惑星政治学**』（青土社）は、大地と人との関係を真正面に据えた「惑星政治学」を提唱するスケールの大きな研究書である。

　次に歴史研究である。**中谷直司**「外交史の研究者はなぜ理論を使わないか——研究者の『生存競争』を超えて」（**村田晃嗣編『外交と戦略**』（彩流社））が説くように、近年、歴史研究と理論研究は接近しつつある。両者の対話を目指す**大矢根聡編『日本の経済外交——新たな対外関係構築の軌跡**』（勁草書房）や、科学技術社会論の見地から戦争データ分析の変遷を追った**五十嵐元道『戦争とデータ**』（中央公論新社）は、その興味深い事例といえる。一方、伝統的な国際関係史にして、優れて今日的意義を持つ研究も印象深い。**鈴木健人『封じ込めの地政学**』（中央公論新社）は戦後アメリカの「大戦略」の形成過程を余すことなく簡明に辿り、**青野利彦『冷戦史（上・下）**』（中央公論新社）はグローバルな視座から多様なアクターが織成す冷戦史を巧みに描く。**岩間陽子編『核共有の現実——NATOの経験と日本**』（信山社）はNATOの核共有制度の本質を炙り出し、アジアへの歴史の教訓を引き出す。**半澤朝彦**「21世紀の国連へ——非公式帝国の展開と国際組織」（**『岩波講座 世界歴史24——21世紀の国際秩序**』（岩波書店））は国連史を俯瞰し、国際関係の「構造的権力」たる「グローバルな非公式帝国」に国際的正統性を与える存在として国連をとらえる。日本外交史では一次史料の公開に応じて1970年代以降の国際変容に注目した論稿が目立つ。**八代拓**「1974年東南アジア反日暴動の再検討」（『国際政治』209号）が、トランスナショナル・ヒストリーの視座から東南アジアの反日暴動に対する日本の対応を再検討し、**長史隆**「イルカ問題に見る日米関係の多元

化——捕殺への対日批判の背景と展開 1978–1980年」(『立教法学』110号)は、日本漁民のイルカ捕殺問題を事例に日米関係が多元化した様相を明らかにした。**庄司貴由**「国連保護軍（UNPROFOR）と日本——非自民連立政権下における検討過程」(『三重大学全学共通教育センター研究紀要』8巻）は、旧ユーゴPKO参加問題をめぐる細川政権内部の検討作業を詳らかにし、ポスト冷戦期ももはや歴史となっていることを示す。だからこそ、同時期の講演を再録した**高坂正堯**『歴史としての二十世紀』(新潮社)の洞察が、全く古さを感じさせないことには驚く。　　　（文責　村上友章）

日本政治

　安中進『貧困の計量政治経済史』(岩波書店）は、近代日本における貧困問題の体系的かつ網羅的なデータ分析だ。税不納、自殺、娘の身売り、乳児死亡に焦点をあて、複雑なメカニズムを析出する本書は、人びとの生々しい悲劇の諸相を浮かび上がらせ、この国の近代化（論）を再考させる魅力をもつ。**金子智樹**『現代日本の新聞と政治——地方紙・全国紙と有権者・政治家』(東京大学出版会）は、全国紙だけでなく多数の地方紙をも加えた包括的なデータセットを構築し、有権者や政治家との相互作用を実証する労作である。**佐藤信**「妻たちの選挙——戦後日本の代議士家族の選挙区活動」(『法学会雑誌』第64巻1号）は政治家の住所という驚くべきデータを用い、国会議員の女性家族の選挙における役割の歴史的変化を辿る。

　現代政治においてポピュリズムの検討は避けがたい。**堀江孝司**「『ポピュリズム時代』の日本政治と安倍政権」(**渡辺博明編**『ポピュリズム、ナショナリズムと現代政治——デモクラシーをめぐる攻防を読み解く』(ナカニシヤ出版)）が安倍政権がいかにポピュリスト的とはいえない手法で「成功」したかを論じる。維新の会については**村上弘**「2022参議院選挙における政党の宣伝——自民『1強』、立憲民主の弱点、維新のポピュリズム技術」(『立命館法学』404号)、**村上弘**「立憲民主党の役割と課題、『維新の会』のポピュリズムと『強さ』——『身を切る改革』のデメリットと節約額は、なぜ論じられないのか」(『立命館法学』409号）がある。

　政治指導者のリーダーシップについては **Yu Uchiyama**, "Japanese Prime Ministers and Party Leadership" (*Asian Journal of Comparative Politics*, vol. 8 (1)) が選挙制度改革前と後の比較を行う。より広い文脈では **Ryusaku Yamada**,

"Conservative Sensibilities and Freedom of Expression in Japan: A Brief Historical Overview" (**John Steel and Julian Petley eds.,** *The Routledge Companion to Freedom of Expression and Censorship* (Routledge)) は保守化が表現の自由の危機を招くと論じる。

政党組織の変容も注目される。**浅井直哉『政党助成とカルテル政党』**（勁草書房）は、カッツとメアのカルテル政党論の妥当性を、日本の政党助成制度に即して検証する。党組織をメンバーシップから分析した**中北浩爾**「変化する日本の政党組織——スキャロウの『多段階メンバーシップ政党』論を手掛かりに」（『立教法学』110号）も示唆に富む。役職人事については**松浦淳介**「自民党政権下の閣僚人事と参議院議員——参議院自民党における人事慣行の形成と動揺」（『法学研究』第96巻2号）が衆参の人事慣行の差異とその揺らぎを実証する。**和足憲明**「自民党政権における派閥と役職人事」（『創価法学』第53巻2号）は派閥や役職人事のデータ整備である。

政策過程の理解も深まった。**辻由希**「女性の政治代表と政策過程における参議院——仕切られた多元主義との相克」（『年報政治学』2023–Ⅰ）では女性の多い参議院がジェンダー政策の推進に寄与した一方、反フェミニズム陣営にも機会を与えた両義性を論じる。佐藤誠三郎や岩本美砂子らによる日本の多元主義論を一歩進めるものだ。**堀江孝司**「ジェンダー・イシューをめぐる保守系女性議員の政策ポジションと立場回避の戦略」（『人文学報』No. 519–3）は保守系女性議員の家族やジェンダーに関する言動の焦点をあて、イデオロギーではなく議員が抱える制約や目標から解釈する刺激的論考。

政治的代表を実証的に再考する論考も現れた。**鎌原勇太・和田淳一郎**「定数配分と基準人口——2016年『衆議院議員選挙区画定審議会設置法及び公職選挙法の一部を改正する法律』の成立までの過程を事例として」（『選挙研究』第39巻1号）は定数配分の基礎となる基準人口を規範的かつ実証的に検討する。ある国会議員の活動記録から国民代表論を検討する**遠藤泰弘**「『国民代表』とは何か——愛媛第2区（旧3区）の実例に基づく憲法43条の考察（上・下）」（『松山大学論集』34巻6号、35巻1号）もある。

農政については、保護主義的な農業政策の起源を明治期にまで遡る**Hironori Sasada,** *The Origin of Japan's Protectionist Agricultural Policy: Agricultural*

Administration in Modern Japan (Routledge) を得た。同著者の **Hironori Sasada,** "Japan's Food Security Policy" (**Keiji Nakatsuji ed.,** *Japan's Security Policy* (Routledge)) とともに農政史の全体像を描く。直近の動向は **城下賢一**「規制改革と農政 2013–2019——規制改革会議における農政議論の推移」(『大阪医科薬科大学紀要人文研究』54号) が追っている。

　手薄だった司法部門も充実。**佐藤駿丞**「最高裁判所裁判官の選任における出身分野枠の変更に関する一考察」(『政治経済学研究論集』12号) は最高裁判所裁判官選任の慣行とその変化を網羅する。政権党の汚職事件に対する検察捜査の成功と失敗を、検察人事から検証する **和足憲明**「第2次安倍政権における検察捜査の質的変化——法務・検察への人事介入に着目して」(『創価法学』第53巻1号) は荒削りだが独創的。検察人事を含めて安倍政権を論じる **西川伸一**『「保守」政治がなぜ長く続くのか？プラス映画批評』(ロゴス) は司法政治研究を長く行ってきた著者ならではの同時代評だ。軍法会議を生きた法務官の生涯を貴重な日記から再現した **西川伸一**『ある軍法務官の生涯——堀木常助陸軍法務官の秋霜烈日記』(風媒社) の資料的意義は高い。

　文化と政治を考える上で示唆を与える業績として、**坂本治也編**『日本の寄付を科学する——利他のアカデミア入門』(明石書店) は寄付文化が乏しい中、寄付行動の多面的な知見を提供する貴重な一冊。**고바야시 요시아키・경제희**「일본의 지역문화특성과 정치 의식」(『문화와 정치』제10권제4호)は文化、美意識、消費傾向などの「地域文化特性」が政治意識や選挙結果と関連すると論じる。

　政治史の収穫は多い。通史的著作として、現在の体制を「ネオ55年体制」と提示する **境家史郎**『戦後日本政治史——占領期から「ネオ55年体制」まで』(中公新書) とその理論的・実証的基礎を論じる **境家史郎・依田浩実**「ネオ55年体制の完成——2021年総選挙」(『選挙研究』第38巻2号) がある。明治期以降の叙述としては **小川原正道編**『日本近現代政治史』(ミネルヴァ書房) を得た。同書のうち **清水唯一朗**「政党政治の模索——桂園体制〜原内閣」は政党政治の追求史を辿り、原内閣を政党組織と官僚の党派化による「疑似政党内閣」と描く。

　個別のテーマも豊富だ。支持基盤の醸成については、政党内閣の崩壊後に既成政党がいかに支持基盤を維持したかを事例とした **菅谷幸浩**「立憲民

政党横浜支部の成立と展開——第19回・第20回総選挙への対応を中心に」（『政治学論集』36号）がある。粛軍演説で知られる斎藤隆夫を事例とした**牧理津子**「斎藤隆夫の選挙地盤醸成をめぐる苦闘について——第14回総選挙における敗因分析を中心に」（『法学政治学論究』139号）も出た。党内で斎藤のおかれた立場や、演説の反響については**牧理津子**「斎藤隆夫の『粛軍演説』とその反響についての一考察」（『法学政治学論究』136号）が詳しい。社会運動では、**山中仁吉**「新婦人協会の成立——第一次世界大戦後における女性参政権要求の論理と運動戦略」（『北大法学論集』第74巻3号）は治安警察法第五条改正（女性の集会の自由の獲得）の支持獲得の運動戦略を明らかにする。

　統治機構に目を向けると、**原科颯**「明治憲法の制定とイギリス立憲君主制——法律顧問ピゴットの答議を中心に」（『年報政治学』2023–Ⅰ）は憲法制定におけるイギリス学説の検討過程を取り上げ、従来のプロイセン的な明治憲法理解に挑戦する。**末木孝典**「戦前期日本の内閣制度改革と国務機関構想」（『法学研究』第96巻3号）は省庁割拠性の克服のため、たびたび提案された国務機関設立構想を発掘する。警察行政では、**宮地忠彦**「関東大震災からの復旧・復興期の自警団論議と警察」（『都市問題』第114巻9号）が震災後の自警団論議を追う。自警団のような住民自治活動を知識人らが推奨する一方、警察側は震災時の暴力の記憶から消極的だったとする。

　軍部については、**及川琢英**『関東軍——満洲支配への独走と崩壊』（中公新書）と**後藤啓倫**『関東軍と満洲駐兵問題——現地軍「独断的行動」のメカニズム』（有志舎）を得た。ともに現地政権との提携関係を重視しつつ、前者は関東軍の組織、後者は満洲駐兵問題に力点をおく。陸軍の政治活動としては、財界人への働きかけを明らかにした**正田浩由**「軍縮気運に対する陸軍第四師団の満州事変前後における政治活動——関西財界人平生釟三郎への接近を中心に」（『白鴎大学論集』第37巻2号）が出た。五・一五の青年将校たちにクーデターの成否を度外視した思想の純化があったと論じる**小山俊樹**「五・一五事件の論理と心理——海軍青年将校たちの視点から」（『軍事史学』第59巻1号）とともに軍部の諸側面に迫るものだ。日中戦争が長期化する中、雑誌メディアの国策への対応については**井竿富雄**「雑誌『スタイル』と初期日中戦争、1936–1938」（『山口県立大学学術情報』

16号）が興味深い。

戦後では増田弘編『戦後日本保守政治家の群像』（ミネルヴァ書房）が充実。以下、所収の清水唯一朗「戦前戦後における保守の連続と非連続」は政治家の出自を体系的に調べ、単純な官僚優位論や政党優位論を超えた議論を提供する。村上友章「保守による共産圏外交——池田勇人と高碕達之助」は吉田路線に留まらない池田政権の複雑性を描く。奥健太郎「自民党の『保守主義』——早川崇の『保守主義の政治哲学要綱』に注目して」は自民党の要綱の執筆に、矢部貞治の思想が最も参考にされたと論じる。

鳩山内閣を扱う小宮京「初代総裁・鳩山一郎の政治指導」（小宮京・伏見岳人・五百旗頭薫編『自民党政権の内政と外交——五五年体制論を越えて』（ミネルヴァ書房））は日ソ交渉における首相・外相間の閣内政治を仔細に辿る。資料の物量で押す増田弘『政治家・石橋湛山研究——リベラル保守政治家の軌跡』（東洋経済新報社）、切り口で魅せる鈴村裕輔『政治家石橋湛山』（中公選書）はぜひ読み比べたい。城下賢一「岸信介と佐藤栄作——兄弟の戦後政党政治史」（『日本歴史』896号）は兄弟関係というユニークな視点で読ませる。現実主義者で権力主義者としての三木をその全生涯から明らかにする竹内桂『三木武夫と戦後政治』（吉田書店）は2023年収穫の大著。

個別イシューでは、沖縄返還交渉史における国政参加問題を扱う市川周佑「沖縄の国政参加の実現過程——日米交渉と日本側立法過程から」（『史学雑誌』第132巻1号）、佐藤内閣の与野党関係を舌禍事件から分析する市川周佑「佐藤栄作内閣における国会運営の一断面——1968年の「倉石問題」を事例として」（『日本歴史』898号）がある。梶居佳広「憲法改正論議における『経済』問題」（大阪経済大学日本経済史研究所編『歴史から見た経済と社会』（思文閣出版））は日本国憲法における経済問題に焦点をあて、改憲と護憲のステレオタイプに一石を投じる。戦後首相の演説については藤本一美『戦後政治と「首相演説」——1945–1964』（専修大学出版局）、戦争観については宇田川幸大「戦後日本の首相たちと歴史認識」（『商学論纂』第64巻5・6号）が扱う。

領野の広がりを感じさせる業績として、野口侑太郎「経済構造調整問題から『政治改革』へ——『財界』における亀井正夫の二つの顔1974–1988」（『名古屋大学法政論集』300号）は民間政治臨調会長の亀井の思想

と行動を探り、平成政治改革の起源を明らかにする。

最後に日本政治学史および日本思想史。**宇野重規『日本の保守とリベラル——思考の座標軸を立て直す』**（中公選書）は明治から現代までの見通しを与える。**待鳥聡史**「戦後日本の政治学は何に関心を示してきたのか——日本政治学会パネル名称のテキスト分析による試論」（『法学論叢』第193巻5号）は定量分析を通して従来の学史理解に一石を投じる。分析から外された1960年以前の研究会は本誌「学会記事」、「日本政治学会の報告」に記録があるので、より包括的な分析が今後期待できる。学会大会については**平石知久**「指導者と大衆をめぐる戦後思想の一側面——1959年日本政治学会共同報告における群像」（『年報政治学』2023−Ⅱ）が神島・藤田・今井の問題意識の交錯を描く。

戦前については、独特の文体で読ませる**杉山亮『井上哲次郎と「国体」の光芒——官学の覇権と〈反官〉アカデミズム』**（白水社）が井上の思想のみならず、同時代の思潮や雑誌にも目を配り迫力がある。**前田亮介**「『左派外交史学』の曙光——1930年代日本のマルクス主義史家たち」（**歴史学研究会編・加藤陽子責任編集『「戦前歴史学」のアリーナ——歴史家たちの1930年代』**（東京大学出版会））はマルクス主義史家が新しい外交史学を担うという「反直感的」な学的展開について、歴研とその周囲の群像劇を再構成する。官学アカデミズム史学と対比されがちな文明史の潮流を掘りおこす**小山俊樹**「近代日本の『文明史』と中国」（**中西輝政編『外交と歴史から見る中国』**（ウェッジ））はマルクス主義史学との関連を考える上でも興味深い。

戦後では、高畠通敏を論じる**越智敏夫**「政治学的言説の使命——戦後日本と行動主義モデル」（『新潟国際情報大学国際学部紀要』8号）、北岡伸一を論じる**小島誠二**「タイを学びなおす——政治学者が開発を語るとき（1〜6）」（『タイ国事情』第57巻1〜6号）が出た。

福田歓一の社会契約説研究の成立史の検討も進んだ。**犬塚元**「政治学史研究における一九五五年体制」（『みすず』728号）は福田自身が必ずしも語らない海外の研究成果のルーツを探り、**田渕舜也**「『政治哲学としての社会契約説』の誕生——南原繁・バーリン・論理実証主義の狭間で」（『政治思想研究』23号）は福田の半生からその誕生過程を描く。

評伝としては、丸山文庫・加藤文庫の資料を通して、出生から敗戦まで

の知的な成長過程を跡づける**山辺春彦・鷲巣力**『**丸山眞男と加藤周一――知識人の自己形成**』（筑摩書房）を得た。**清滝仁志**『**中村菊男――政治の非合理性に挑んだ改革者**』（啓文社書房）は中道左派の現実主義的知識人である中村の本格的伝記である。

制度史では、**佐々木研一朗**「新制大学における一般教養科目『政治学』の誕生――大学基準協会における議論の検討」（『政經論叢』第91巻1・2号）が占領改革における教養科目「政治学」の設置過程を、**佐々木研一朗**「日中戦争下における経済学関係講座の設置過程――東京及び京都両帝国大学経済学部を事例として」（『明治大学教職課程年報』第45巻）が帝国大学における日本経済理論講座等の設置過程を実証した。

学史研究に不可欠となる回顧談も相次いだ。**山口二郎**『**民主主義へのオデッセイ――私の同時代政治史**』（岩波書店）、**大井赤亥**『**政治と政治学のあいだ――政治学者、衆議院選挙をかく闘えり**』（青土社）、**北岡伸一**「学問と政治――新しい開国進取②～⑬」（『中央公論』第137巻1～12号）**猪口孝・大嶽秀夫・蒲島郁夫・村松岐夫**「回顧『レヴァイアサン』」（『書斎の窓』688号）は将来にむけた証言である。　　　　（文責　酒井大輔）

行政学

行政の担うべき役割は、多様化・複雑化の一途を辿っている。近年は周知のとおり、新型コロナウイルス感染症が政府や人々の活動等に甚大かつ深刻な影響を及ぼしてきた。そうした状況を前提としつつ、**Itaru Yanagi, Isamu Okada, Yoshiaki Kubo, and Hirokazu Kikuchi**, "Acceptance of COVID-19-related Government Restrictions: A Vignette Experiment on Effects of Procedural Fairness" (*Journal of Behavioral Public Administration*, vol. 6)は、オンラインによるヴィネット調査実験（2021年3月実施）を通して、日本で政府による非強制的な措置（例として自宅待機の要請）に関わる手続きの公正さに影響を与えた要因や、手続きの公正さが非強制的な措置に対しての国民の受容を好転あるいは悪化させたのかを検証している。**西脇邦雄**「新型コロナウイルスと人権――私たちはリテラシーに基づいて行動しているか」（『大阪経済法科大学法学論集』第89号）は、4つの事例分析からコロナ禍において人々がリテラシーに基づき行動するのが困難であったことを論じる。**村上裕一**「有事の行政、有事の法――コロナ禍の「政府内コミュ

ニケーション」の態様」（『法律時報』第95巻第8号）は、「政府内コミュニケーション」に着目しつつ日本とフランス両国のコロナ対策の差異を捉えている。**昇秀樹**「2020年代の地方分権——「コロナ」と「ウクライナ戦争」が「FEC自給圏」の構築を促し、2020年代「分権改革」再始動？」（『自治研究』第99巻第6号）は、コロナ禍とウクライナ戦争を前提に、次代の地方自治や地方分権のあり方を考察する。

　国内外では、行政のデジタル化の取組も活発化してきている。**中川豪**「第3世代のデジタル人材——第3期地域情報化政策を担う人材に求められる資質に関する一考察」（『都市とガバナンス』Vol. 40）は、今日の地域情報化政策を担う地方自治体の職員に求められている資質や人材確保の現状を示したものである。**寺迫剛**「ドイツ信号連立政権のデジタル化政策と推進体制にみる新規性と経路依存性」（『秋田法学』第64号）は、オラフ・ショルツ政権（各政党のカラー（赤・緑・黄）により「信号連立政権」とも称される）の推進するデジタル化政策が2000年代から続けられてきたそれの影響を強く受け、他方で新規性も伴っていることを指摘する。

　上記のほかに2023年は、従前から主要なテーマであった制度（立法過程、法改正）、公務員、規制、組織、地方自治、公共政策（教育政策を含む）に関する研究が数多く発表された。以下では、これらの要点を紹介していくことにしたい。

　制度について、**岡野裕元**「公職選挙法第15条第8項（旧第7項）ただし書の立法過程——なぜ「能率的な行政の確保」という地方行政の論理から、都道府県議会議員選挙の選挙区を「地域間の均衡を考慮して定める」に至ったのか」（『季刊行政管理研究』No. 183）は、経路依存性、55年体制、議員の合理的行動という3つの要因が絡み合いながら公職選挙法の見直しが図られていった実態を描き出している。**京俊介**「厳罰化はどのように進むのか？——正当化理由としての「抑止効果」に注目した刑事立法の比較事例分析」（『中京法学』第57巻第3・4号）は、27事例の比較をもとに日本における厳罰化立法の過程と、その特徴を明らかにする。

　公務員に関する研究では、**渡辺恵子**「ノンキャリア国家公務員の昇進競争の実態——法人化前の国立大学採用職員を事例として」（『日本労働研究雑誌』No. 759）が1960年代後半から1970年代前半にかけての大規模総合国立大学におけるノンキャリア国家公務員の昇進競争の特徴を、キャリアツ

リーに基づいて示している。**箕輪允智**「都市公務員の仕事観——Q方法論による主観性の探索的分析」(『自治総研』通巻537号)は、Q方法論を用いた因子分析から都市公務員を4つのタイプに分類する。**Masatoshi Minowa**, "Job Perspectives of University Students Aspiring to Become Civil servants using Q sort: Based on the 2020 Toyo University Student Survey." (*Japanese Society and Culture*, (5)) は、Q分類のデータを使って現職の公務員と公務員志望の学生、公務員志望の学生と民間企業志望の学生との間にある仕事観の認識の相違を分析している。**Eloy Oliveira, Gordon Abner, Shinwoo Lee, Kohei Suzuki, Hyunkang Hur, and James L. Perry**, "What Does the Evidence Tell Us about Merit Principles and Government Performance?" (*Public Administratio*n, vol. 102 (2)) は、システマティックレビューを通して、能力主義的な公務員の任用や採用といった複数の要素が政府のパフォーマンスを向上させ、汚職の減少にも強く貢献していることを指摘する。**Kohei Suzuki and Hyunkang Hur**, "Politicization, Bureaucratic Closedness in Personnel Policy, and Turnover Intention." (*Governance*, vol. 37 (3)) は、36カ国のデータを活用して、政治化や官僚的(公務員制度の)閉鎖性の度合いと公務員の離職意向との関連性を検証している。

規制を取り上げた研究として、**村上裕一**「信頼に値する規制の独立性と透明性」(『北大法学論集』第73巻第6号)は、規制機関の諸特性(独立性や透明性など)や各国(日韓中台仏)の原子力規制機関の現況に着目しつつ、規制行政を捉えていくために必要な視点や課題、そしてより広い視野から規制体制の考察が求められていることを論じる。**早川有紀**「アメリカにおける食品安全政策とリスク管理——危機時と平時の観点から」(『日本比較政治学会年報』第25号)は、米国の規制機関が平時に専門機関による勧告を活用して規制改革を進めており、危機時においては危機発生前から認識してきたリスク管理の課題や対応策を改革に活用している点を明示する。

組織をめぐっては、**森本哲郎**「行政組織としての独立行政委員会 その動態——1970年代後半〜2000年代初めの公正取引委員会を事例として」(『関西大学法学論集』第73巻第4号)が約30年のタイムスパンで公正取引委員会の組織(合議制、組織の規模、政策形成部門と執行部門)とスタッフ(職員の採用、人事配置)の特徴を浮き彫りにしている。**田中雅子**「税制専門家会議の比較政治——日本とニュージーランドを中心に」(『日本ニュ

ージーランド学会誌』第30巻）は、日本とニュージーランド両国の税制専門家会議の組織形態が内外の経済情勢や政権党の政策志向によって変化していったことを指摘する。

　地方自治をめぐる研究は、国内外のそれの実態を量的もしくは質的に分析したものが多く見受けられる。**井田正道**「「平成の大合併」後の市議会議員定数」（『政経論叢』第91巻第5・6号）は、データ分析により平成の大合併の完了および地方自治法改正による法定議員定数上限制の廃止が行われた後も市議会議員定数と人口や人口密度、第一次産業比率との関係に顕著な変化が生じていないことを示している。**柳至**「公共施設統廃合への賛否——住民調査の分析」（『立命館法学』第409号）は、日本全国の18歳以上の住民を対象とした調査（2022年2月実施）から、居住する市区町村の財政状況の良さや少子・高齢化の進行を認識している人、役所を信頼する人が公共施設の統廃合を進めるのに肯定的であることを指摘する。**寺迫剛**「コンパクトシティとしての秋田市の岐路——市郊外新規開発への政策転換のプロセス」（『自治総研』通巻539号）は、秋田市で2020年代にコンパクトシティから市郊外の新規開発に政策転換がなされていった経緯を示す。**山田健**「農工調和への道——東三河地域の戦後行政史」（『愛知県公文書館研究紀要』創刊号）は、高度経済成長期の愛知県の東三河地域（豊橋市）において、工業地帯開発と花卉を中心とする農業発展が高度に両立し得た過程を描き出している。**中田晋自**「市町村合併後のフランス都市自治体における都市内分権組織の制度改革——新コミューン・アヌシーにおける住区評議会改革の事例（2020–2022年）」（『愛知県立大学外国語学部紀要』第55号（地域研究・国際学編））は、フランスのアヌシー市での住区評議会に関する改革の議論と制度の見直し（住区評議会憲章の制定）の詳細を明らかにする。**中川豪**「地域イベント開催の意義について——消費行動と自治体の役割」（『都市とガバナンス』Vol. 39）は、なぜ地方自治体が地域イベントを開催（コロナ禍後に再開）するのか、その効果や意義、参加者の役割を具体的事例も踏まえながら分析している。

　地方自治の現状や、その活性化のあり方を論じた研究も存在する。**小西敦**「法定外税の活用の方向性」（『税』2023年7月号）は、都道府県や市区町村における法定外税の実施状況、法定外税について定めた各地方自治体の税条例の条文を確認し、その活用の方向性も提言している。**吉川貴代**

「議会答弁力を高める秘訣——チーム力と基礎体力向上」（『ガバナンス』2023年7月号）は、地方議会の答弁力の向上のために必要な条件等を、**西脇邦雄**「自治体法務の自主研究会レポート——第48回 自治体政策研究会」（『自治体法務研究』2023年春号）は、大阪経済法科大学21世紀社会総合研究センターの自治体政策研究会（2015年8月設立）の設立経緯や活動内容等を、それぞれ解説したものになる。

公共政策に関連した研究では、**坂井亮太**「公共政策学に接近する政治理論——熟議民主主義とミニ・パブリックスの実践から学ぶ」（『公共政策研究』第23号）が熟議民主主義の政治理論とミニ・パブリックスの実践の展開を紹介した上で、いかにして政治理論と公共政策学の連携を図っていくべきかを、政治理論が公共政策学に接近したパターンも交えながら検討している。**杉谷和哉**「転換期における行政事業レビューの実相と課題——EBPMと「アジャイル型政策形成・評価」」（『日本評価研究』第23巻第2号）は、行政事業レビューでEBPMを進めていくことの意義や限界、アジャイル型政策形成・評価の課題、そして行政事業レビューの展望を講究する。**益田直子**「行政府と立法府における評価の影響メカニズムの比較分析——消費者取引に関する政策評価書を事例に」（『季刊行政管理研究』No. 184）は、同一の評価情報を用いて行政府と立法府におけるその受容経路（影響メカニズム）を比較分析し、多様な主体による多様な受容のあり方を考察・整理している。**小西敦**「リビングラボと政策過程におけるStudy（「学び」）の課題と対応案」（**一般財団法人自治研修協会編『地域社会における連携・協働に関する研究会報告書——新たな共創に向けたリビングラボの可能性（令和4年度)』**（一般財団法人自治研修協会））は、政策過程のPDCA、PDS、PDSAの各サイクルを説明し、政策過程でStudy（「学び」）を実践していくことで生じる諸課題と、それらへの対応案を示す。

さらに教育政策の分野においては、**勝田美穂『教育政策の形成過程——官邸主導体制の帰結2000〜2022年』**（法律文化社）が上梓された。同書は、制度とアイディアを分析枠組みとして、2000年代以降の教育政策の形成過程を関係アクターの相互作用に着目しつつ分析し、独立性を維持してきた文部科学行政が政治、すなわち官邸主導体制の影響力の下に組み入れられていった様相等を描き出している。**渡辺恵子・森川想**「地域と協働した探究学習と高校生の意識・態度の継時的変化」（『国立教育政策研究所紀要』

第152集）は、神奈川県立山北高等学校での地域と協働した探求学習が生徒の意識・態度・能力に及ぼした影響を量的な分析から明らかにし、将来的な可能性にも言及する。

最後に学際的な研究として、**岸見太一**「なぜ収容者の訴えは信用されないのか——感情労働現場としての収容施設における認識的不正義」（**岸見太一・髙谷幸・稲葉奈々子『入管を問う——現代日本における移民の収容と抵抗』**（人文書院））を紹介して本稿を締めくくりたい。同研究は、拘禁施設や感情労働現場としての入管収容施設の特徴、収容者の訴えがなぜ信用されないのかという問題、収容施設内での医療放置問題の責任の所在と何がなされるべきかを論じている。これらは、公務員の倫理や行政責任のあり方を考えていくための手掛かりになり得よう。　　　　（文責　林昌宏）

政治学方法論

2023年は、有権者の政治意識・政治行動や、選挙に関する業績が数多く申告された。近年の政治意識・政治行動研究の特徴として、確率抽出されていない便宜的な標本を用い、オンライン上で実施された世論調査のデータが多く使われることがある。便宜的な標本を用いた場合、調査から得られた回答が、母集団における態度や行動を代表できているとは限らない、という問題がある。この点に関し、**淺野良成・大森翔子・金子智樹**「政治態度研究におけるインターネット調査の可能性」（『選挙研究』第39巻1号）は、無作為抽出を用いた郵送調査と比較し、調査会社に依頼し割り当てを用いたオンライン調査や、クラウドソーシングサイト経由で割り当てを用いず先着順で回答を集めたウェブ調査では、回答者の社会属性や政治態度の回答分布、構造、およびその説明要因がどの程度異なっているかを検討したものである。上述した近年のトレンドに鑑みると、無作為抽出の調査と便宜的な標本を用いた調査における回答の質の比較は、資料的な重要性を持つ。しかし、日本では社会学分野での先行研究はある一方、政治学では関連研究は行われてこなかった。この点で、この論文は高い価値を持つものと評価できる。

最近の政治意識・政治行動研究における他のトレンドとして、実験（ランダム化比較試験）が多く用いられることが挙げられる。これは、実験には、因果効果の厳密な識別を可能にする、仮想的な状況下における人々の

意思決定を捉えることができる、といったメリットがあるからである。こうした事情を反映して、会員からも実験研究の成果に関する申告が多数あった。ここでは、そのうち3つを取り上げる（会員から申告のあった実験研究については、政治社会論（190番台）など、他の分野のレビューも参照されたい）。**Yoichi Hizen, Yoshio Kamijo, and Teruyuki Tamura**, "Votes for Excluded Minorities and the Voting Behavior of the Existing Majority: A Laboratory Experiment" (*Journal of Economic Behavior and Organization*, vol. 209) は、選挙権が多数派に制限されている状況から、少数派に選挙権を与える、もしくは多数派に少数派の代理投票権を与える場合に、多数派が少数派の利益を考慮した投票行動を取るかを、実験室実験を用いて検証した研究である。また、**Kentaro Miyake, Yoichi Hizen, and Tatsuyoshi Saijo**, "Proxy Voting for Future Generations: A Laboratory Experiment Using the General Public" (*Sustainability*, vol. 15 (19)) は、人々が将来世代を考慮した代理投票を行うかを、同じく実験室実験を用いて検討している。一方、**Taka-aki Asano, Atsushi Tago, and Seiki Tanaka**, "The Role of Public Broadcasting in Media Bias: Do People React Differently to Pro-government Bias in Public and Private Media?" (*Political Behavior*, vol. 45 (3)) は、サーベイ実験を用いた研究である。この論文では、人々が首相の靖国神社参拝に関するテレビ報道を信頼する程度が、テレビ局の種類や報道の内容によって異なるかが検証されている。

　このように実験は役に立つ方法ではあるが、常に実行できる訳ではない。**Kentaro Fukumoto**, "What if Neither Randomized Control Trials Nor Public Voting Records Are Available in a Get-out-the-vote Field Experiment?" (*Research & Politics*, vol. 10 (4)) は、投票動員のフィールド実験を例に、実験が不可能なケースにおける対処法を提案している。日本では、投票を働きかけるダイレクトメール（DM）のランダムな送付ができなかったり、投票履歴の記録が手に入らなかったりと、投票動員のフィールド実験を行うことは困難である。そこで本論文では、特定のコホート全員にDMを送付したうえ、誕生週レベルで集計した投票率のデータを入手し、回帰不連続デザインを用いた分析を行っている。

　実験を行うことができないなかで因果関係に関わるリサーチクエスチョンに答えるには、観察データを工夫して利用しなければならない。その1

つの方法が、あたかもランダムに生じた、自然実験的な状況を用いるやり方である。2020年初頭に発生したコロナウイルスによるパンデミックは、そういったものと捉えられるかもしれない。こうした研究の例として、**Plamen Akaliyski, Naoko Taniguchi, Joonha Park, Stefan Gehrig, and Raul Tormos**, "Values in Crisis: Societal Value Change under Existential Insecurity." (*Social Indicators Research*, vol. 171 (1)) が挙げられる。この研究は、パンデミック前後で行われた世論調査のデータを分析することで、日本の人々の間でパンデミック後に世俗的な価値観や解放的な価値観が後退していること、したがって人々が持つ社会的な価値観が、政治的な社会化が起きた後にも自己存在上の危機によって変化することを明らかにしている。

　観察データを用いて因果推論を行う際には、交絡要因の影響を取り除くため、処置変数の値にともなって共変量の値が変化しないよう、回帰分析やマッチング、重みづけといった方法を用いて、共変量の分布を調整することが一般的である。しかし、例えばマッチングだけに焦点を当てたとしても、傾向スコアマッチングや coarsened exact matching（CEM）など様々な種類がある。さらに、パネルデータに適用するためのマッチング手法が**Kosuke Imai, In Song Kim, and Erik H. Wang**, "Matching Methods for Causal Inference with Time-Series Cross-Sectional Data" (*American Journal of Political Science*, vol. 67 (3)) によって提案されるなど、現在に至るまで新しい方法が開発され続けている。では、共変量調整には、どの方法を用いるのが適切なのだろうか。**Hideki Fukui**, "Evaluating Different Covariate Balancing Methods: A Monte Carlo Simulation" (*Statistics, Politics, and Policy*, vol. 14 (2)) は、代表的な5種類の共変量調整のための方法を取り上げ、これらの手法が共変量バランスを改善させる程度を、シミュレーションを使って比較検討している。計量的な手法の利用者としては、こうした研究の知見を参考に、実証分析の質の向上に努めたい。

　話題を選挙に移そう。選挙前には、メディア各社が選挙予測報道を行うが、日本では世論調査の実数値は提供されず、「接戦」「優勢」といったような、質的な形で選挙予測結果が報道される。**Michio Umeda**, "Aggregating Qualitative District-level Campaign Assessments to Forecast Election Results: Evidence from Japan." (*International Journal of Forecasting*, vol. 39) および**梅田道生**「選挙区レベルの質的な選挙情勢報道の統合とこれを用いた2021年衆

院選の選挙結果予測」（『Journal of Global Media Studies』第33巻）は、こうした質的な選挙予測結果を、項目反応理論の段階反応モデルを用いて統合する方法を提唱し、そのパフォーマンスを2017年および2021年の衆議院議員選挙を対象に確かめている。

トピックの異なる研究も紹介しよう。**Tomoko Matsumoto and Tetsuji Okazaki**, "Elite Mobility and Continuity During a Regime Change" (*British Journal of Sociology*, vol. 74 (2)) は、計量分析を用いた政治史の研究である。この論文では、政治体制の変化にともない政治エリートの属性が変化するのか、という問いについて、日本における江戸末期〜明治期にかけての時期を事例とし、『人事興信録』の情報を数量データ化したうえで統計的な分析を行っている。近年、英文で報告される政治学の研究では、歴史的な事象を扱うものでも、計量的な方法が使われることが多くなっている。日本では政治史研究で統計的な手法が用いられることは稀であったが、今後こうしたアプローチを使った研究も増えていくことが期待される。

なお、近年ではコンピューターの計算能力の向上や、生成AIなど機械学習手法の発展にともない、政治学でもテキストや画像など、従来用いられることのなかったデータが研究で使われるようになってきた。本レビューで紹介した研究でも、Asano, Tago, and Tanaka論文は、サーベイ実験の準備として、テレビ報道のテキストデータの分析を行なっている。こうした研究は、今後ますます増えていくことが予想される。

最後に、政治理論に関する研究を取り上げる。**坂井亮太**「政治理論における想像力と実現可能性の両立——モデルの哲学を参照した両立策の提示」（『年報政治学』2023–II号）は、現実世界への一致性（実現可能性）と、現実とは異なる規範的理想（政治的想像力）の両立が困難であるというジレンマを克服するための方法として、「多重モデルによる理想化」およびその実現条件探索のための実験を提唱している。**森本哲郎**「政治システム論再訪」（『関西大学法学論集』第72巻6号）は、社会システム論やその影響を受けて形成された政治システム論が、日本の政治学においてどのように受容されてきたかを概観しながら、システム論の応用可能性について議論した研究である。政治理論研究については、他の分野のレビューでも取り上げられているので、あわせて参照されたい。　（文責　小椋郁馬）

政治制度論

　政治制度に関する議論は、憲法、選挙制度、議会制度、比較政治制度と多岐にわたる。憲法に関する国民投票制度に関するものとして、**武蔵勝宏**「国会の立法過程への直接民主制的制度導入の可否の検討」（『同志社政策科学研究』第25巻第1号）は、日本における諮問型の一般的国民投票制度の導入の可否について検討している。スイス、イタリア、フランスでは、憲法改正に関して国民からの発議を制度化し、立法に対する国民からの提案や事後的統制を可能にしている。他方で、日本においては憲法41条や59条の規定から拘束的な国民投票は不可能であるものの、諮問型の一般的国民投票制度の導入は法改正により可能であると論じられている。国民からの発議による一般的国民投票を導入することや、現行法に対する廃止的国民投票を導入することにより、多数派に対して不満を持つ少数派の意見表明の機会を提供することに繋がり、硬直的な国会に作用することが指摘されている。

　憲法・選挙制度に関するものとして、**岡﨑晴輝**「多数派限定優遇式比例代表制の合憲性」（『政治研究』第70号）は、多数派限定優遇式比例代表制が憲法に違反しないかどうかを論じている。多数派限定優遇式比例代表制は、第1位の政党等に55％の議席を配分し、それ以外の政党等に45％の議席を配分する仕組みである。議席配分を人為的に歪めるため、法の下の平等を定める憲法第14条1項、国会議員が全国民の代表であることを定める憲法43条1項との関係が問題視される。小選挙区制を合憲と判断した最高裁判決に照らして憲法に違反しないことを確認した上で、二段階審査にかけても違憲ではないことを論じている。加えて、小党分立を回避するための2％の阻止条項を導入することについても、首相や内閣法制局長官が合憲性を明言したことについて言及した上で、二段階審査を行い、違憲ではないことを論じている。

　選挙制度に関するものとして、**慶済姫**「대리투표에 관한 소고: 일본 사례를 중심으로（代理投票に関する小考――日本の事例を中心に）」（『議政研究』第29巻第3号）は、不在者投票と代理投票を区分し、投票制度についての検討を行っている。代理投票の利用は一部に限られているものの、在外投票よりも高い利用状況であることが示されており、民主主義の成熟度に貢献していると論じている。しかし、日本において代理投票の広

報が十分でない問題があることを指摘しており、広報の必要性が指摘されている。ただし、代理投票が悪用されることがあれば、民主主義の平等や公平性といった価値が損なわれることに繋がる懸念がある。

選挙制度・政治資金に関するものとして、**出口航**「国会議員の政治資金——2017–18年政治資金収支報告の分析」(『公共政策研究』第23号) は、選挙制度改革が行われた後の2017年・18年の政治資金収入を分析している。参議院議員より衆議院議員の方が収入は多いこと、小選挙区議員の方が比例区議員よりも収入が多いこと、1996年と比較すると3割強の収入が減少しているものの資金調達に対する議員への負担は依然として大きいこと、議員個人・政党間で差が大きいことが指摘されている。小選挙区比例代表並立制が導入されて以降、個人要因と収入の関連は低下しているものの、選挙制度や所属政党との関係が大きいことが論じられている。

選挙制度・議会制度に関するものとして、**Hideo Ishima**, "Talking Like Opposition Parties? Electoral Proximity and Language Styles Employed by Coalition Partners in a Mixed Member Majoritarian System" (*Legislative Studies Quarterly*, vol. 49(3)) は連立パートナーの国会質疑は敵対的な態度を示すことを論じている。教師あり学習を用いて、言語スタイルを政府と野党で区別し、連立パートナー議員が無作法な言葉遣いをするかどうかを検証している。連立パートナー議員や野党議員は、首相の所属政党の議員よりも敵対的な姿勢を示している。ただし、連立パートナー議員の発言は、野党議員よりも敵対的ではなく、選挙の近さは影響していないことが示されている。連立パートナーは、選挙キャンペーンにおいて、首相の所属政党と異なる戦略が求められるものの、差別化するインセンティブを持っていないことが示唆される。その要因として、混合多数代表制という選挙制度に起因している可能性が示唆されている。

議会制度に関するものとして、**五ノ井健**「日本の議会研究の現状と課題」(『LEC会計大学院紀要』第20号) は、日本の議会研究をレビューし、今後の議会研究の方向性を示すものである。1970年代の国会無能論・ラバースタンプ論から1980年代の多元主義論・粘着性論が展開される国会機能論へ移行する。2000年代に討議アリーナ論、多数主義論という国会組織や立法過程を対象とした研究の蓄積が進んだ。そうした研究の動きと並行して、二院制や参議院に関する研究が進められ、強い参議院論が展開

される。加えて、ねじれ国会（分裂議会）における内閣提出法案が差し控えられ、修正や廃案に追い込まれることに着目した研究が紹介される。そして、議会質問、議員提出法案、委員会制度、請願制度、議院運営委員会、内閣不信任案を扱う国会内制度を対象とした研究が整理されている。その後、政党組織や議員行動が整理され、政党規律が強く政党の一体性も極めて高い日本の国会において、議員行動が多様であることが指摘されている。その上で、近年法案に着目した分析が十分に行われていないこと、立法機能以外の国会機能の分析が十分でないこと、請願など見落とされてきた国会活動が存在すること、テキストデータの活用など分析対象を拡張する必要があることが示されている。

議会制度・人事慣行に関するものとして、**松浦淳介**「自民党政権下の閣僚人事と参議院議員——参議院自民党における人事慣行の形成と動揺」（『法学研究』第96巻第2号）は参議院自民党の人事慣行を検討している。自民党政権下における閣僚人事の参議院議員の位置づけが衆議院議員と異なっていることを示した上で、近年それが必ずしも安定的でなくなっていることが示されている。具体的には、参議院議員の入閣者数は固定的であったが、55年体制崩壊後は内閣ごとに増減している。1990年代以降に首相の権力が拡大したことと関連し、首相は必ずしも参議院自民党の人事慣行を重視しなくなったことを裏付けるものである。参議院議員は衆議院議員よりも少ない当選回数で初入閣するものの、再入閣は衆議院議員と比べると圧倒的に少なくなっている。これは参議院自民党の独自の人事慣行が存在することを意味しており、首相が政権運営を安定化させるために、参議院自民党を尊重していることを示すものである。

比較政治制度に関するものとして、**小堀眞裕**『**歴史から学ぶ比較政治制度論**』（晃洋書房）は、日英米仏豪の5ヶ国の政治制度について、憲法や法律、習律を踏まえて論じている。本書は、新制度論では起草者や政府や司法が解釈してきた個々の政治制度自体に対する研究が十分に捉えられないとする。そのため、解釈主義の立場を採り、個別的でその歴史的時期や場面に固有の諸解釈を通して、人々によって作られる政治制度を捉えるアプローチを採用している。議院内閣制のように同じ制度を意味する言葉であったとしても、政治家や官僚、学者等の人々の解釈の違いがあるため、各国の差異があることを論じている。明文化されていないルールである習律

が制度を形成するため、憲法学や歴史学の成果を政治学が取り入れる必要があると論じる。日本においても、例外ではなく、衆議院解散や自衛隊の合憲性に関して、習律といえる事例が存在している。また、英国議会のソールズベリ・アディソン慣行に関して、政府提案に対する貴族院の賛同が確実に約束されるものではなかったことを論じている。ソールズベリ・アディソン慣行は、マニフェスト事項に関わる法案は貴族院において成立を妨げないとする不文の習律であった。しかし、貴族院に多数いる無党派議員や自由民主党など保守党・労働党の二大政党以外の議員にとっては関係がないものと理解されている。加えて、労働党政権下でのIDカード法案は2005年総選挙前の議会に提出され、マニフェストで公約されていたにも関わらず、貴族院で政府提案が12回敗北し、2006年の成立時までかなりの修正を甘受したことが指摘されている。貴族院の保守党議員たちは、法案の内容はマニフェストと異なるので、慣行にとらわれる必要がないとした。このように歴史からその時々の解釈を通じて形成されてきた制度を理解する必要がある。

　比較政治制度・民主主義に関するものとして、**山崎望**「自由民主主義対権威主義？——「政治的なもの」あるいは民主主義の再生に向けて」（『年報政治学』2023–Ⅱ号）は自由民主主義と権威主義に共通する変化を明らかにし、民主主義の再生を模索する論考である。自由民主主義と権威主義という対立構造は、空間的・時間的視座および対立の両義性を失わせるものであるため、自由民主主義の危機論および権威主義の洗練論に着目し、米中の政治体制がどのように変化しているかを論じている。米中ともに政治体制の制度には根源的な変化はないものの、実態としては寡頭制支配への移行という共通性がある。また、アメリカでは行政権力による例外状態における統治が見られ、イリベラルデモクラシーへの移行が見受けられる。イリベラルデモクラシーとは、多数派の民衆から支持を得ているが、政治的自由主義が抑圧されている政治体制を指す。他方、中国では党中央による相対的国家安全観に基づく統治が行われており、民主の噴出に伴う民衆の分断が起こっている。米中両国では、他の政治秩序の在り方を政治によって創出することができる「政治的なもの」が発現する余地が狭まっている。そうした時に生じる一時的で変異的な「束の間の民主主義」は、自由民主主義と権威主義の政治体制に抗う、新たな政治秩序の構想の契機

となることが示されている。 （文責　木下健）

政治社会論

　政治社会論の2023年の動向としては、数多くの世論調査データを活用したスケールの大きな実証研究の業績が見られたことがある。この背景には、関連する多くの研究者の献身により、全国世論調査が長年にわたり継続的に実施され、日本の政治社会に関する中長期的な変化について議論する基盤が整い、また大規模な多国間の国際比較世論調査データの蓄積が進み、日本の政治社会の特質について国際比較を踏まえて検討できるようになったことがある。実験手法の導入やネット調査の活用、因果推論を可能にする計量分析手法などの方法論的な革新を踏まえながら、新しい実証的な知見を提出する業績も多く見られた。海外学術雑誌に掲載された研究業績が多いのも特徴としてあった。

　政治文化論の業績として、**Ken'ichi Ikeda, *Contemporary Japanese Politics and Anxiety Over Governance*** (Routledge) は、日本の有権者の政治参加や投票行動の背景にある政治や社会、文化の中長期的な変動を、国際比較を踏まえながら、さまざまな世論調査データを駆使して実証的に明らかにすることを試みている。そこでは、「統治への不安」をキー概念にしながら、社会関係資本や政党選択の幅、アジア的価値との関係についても検討を加えている。

　Ken'ichi Ikeda, "Japanese Social Capital in Liberal Democracy 2003–2019: Focusing on Tolerance and Asian Style Political Culture" (**Yun-han Chu, Yu-tzung Chang, Min-hua Huang, and Kai-Ping Huang eds., *How Asians View Democratic Legitimacy*** (National Taiwan University Press)) は、日本の政治文化が西洋的な価値観とアジア的な価値観からどう影響を受けているのかを、国際比較世論調査データ（アジアンバロメーター）を用いて検証し、政治的な寛容性はリベラル・デモクラシーの制度的な文脈から影響を受けているのに対して、社会的な寛容性はアジア的な垂直的で調和を重んじる社会関係から育まれていることを明らかにしている。

　Takashi Inoguchi, *Typology of Asian Societies: Bottom-Up Perspective and Evidence-Based Approach* (Springer) は、多様なアジア社会に鍵となる特質を把握するために、アジア29か国の代表性のある国際比較世論調査データ

（アジアバロメーター）を用いて、日常の生活様式や健康状態、社会関係、公共政策、政治制度など16の項目への人々の回答を因子分析し、その結果にもとづいて、アジア社会の6類型を析出している。

政治意識論・投票行動、政治心理学の業績として、**横山智哉『「政治の話」とデモクラシー──規範的効果の実証分析』**（有斐閣）は、日常生活を通して人々の間で行われる政治の話が、政治態度や政治行動にどのような影響を与え、また民主主義を機能させるうえでいかなる効果を持つのかを明らかにするために、自らが関わって実施したネット調査や郵送調査を分析し、親密圏で交わす政治的会話が「政治の話はタブーである」という通説に反し民主政に寄与する可能性を実証的な根拠をもって見出している。また、ミニ・パブリックスでの実験を通して、公共圏での政治的議論の効果についても検討している。

Hirofumi Miwa, Reiko Arami, and Masaki Taniguchi, "Detecting Voter Understanding of Ideological Labels Using a Conjoint Experiment" (*Political Behavior*, vol. 45 (2)) は、日本の有権者が「左」や「右」といったイデオロギーラベルを政策と関連付けてどのように理解しているのかを、ネット調査でコンジョイント実験を行うことにより検証し、安全保障やナショナリズム、社会政策との結びつきは見られるが、経済政策との間には関連が見られず、それらの関係が世代によって異なることを明らかにしている。

Keisuke Kawata, Kenneth Mori McElwain, and Masaki Nakabayashi, "Narrative Premiums in Policy Persuasion" (*Political Psychology*, vol. 45 (2)) は、情報を物語の形で提供することで、統計情報を与えるよりも、論争的な政策（具体的には貧困救済政策）に対する態度に影響を与えるのかどうかを、日本のネット調査でコンジョイント実験を行うことで検証し、「物語プレミアム」の効果を確認している。

Hirofumi Miwa, Yuko Kasuya, and Yoshikuni Ono, "Voters' Perceptions and Evaluations of Dynastic Politics in Japan" (*Asian Journal of Comparative Politics*, vol. 8 (3)) は、日本の有権者が世襲政治家をどのように知覚し評価しているのかを、ネット調査の実施と分析、そこでのコンジョイント実験により検証し、多くの人は世襲政治家それ自体は嫌っているものの、世襲政治家に対する肯定・否定双方のステレオタイプを有していることを明らかにしている。

Gento Kato and Fan Lu, "The Relationship Between University Education and Pro-Immigrant Attitudes Varies by Generation: Insights from Japan" (*International Journal of Public Opinion Research*, vol. 35 (4)) は、大学教育が移民に対する肯定的な態度に影響を与えるのかどうかを、2009年の世論調査と2022年に自ら実施したネット調査を用いて、日本で検証し、その影響が世代によって異なり、具体的には、1990年代より前と2010年代以降に大学教育を受けた世代においてのみ正の効果が得られることを確認している。

Daiki Kishishita, Atsushi Yamagishi, and Tomoko Matsumoto, "Overconfidence, Income-ability Gap, and Preferences for Income Equality" (*European Journal of Political Economy*, vol. 77) は、自らが能力に見合った所得を得られていないと考える人が経済状態を不公正だと認識し所得格差を低減させる政策を支持するのかどうかを、アメリカでのネット調査で実験を行うことで検証し、能力と所得との間の食い違いに気付かせることは経済状態の認識には影響を与えるものの所得格差を是正する政策を支持するところまでには必ずしも至らず、それはイデオロギーや政治信頼によって異なってくることを明らかにしている。

Hirofumi Kawaguchi and Ikuma Ogura, "Geographic Divides in Protectionism: The Social Context Approach with Evidence from Japan" (*Review of International Political Economy*, vol. 31 (2)) は、なぜ貿易自由化に賛成する意見が日本の地方で弱く都市で強いのかを検証するために、複数の全国世論調査を活用して分析し、社会ネットワークと地方新聞の影響が大きいことを示唆する結果を得ている。

Kentaro Fukumoto and Takahiro Tabuchi, "The Rally 'round the Flag Effect in Third Parties: The Case of the Russian Invasion of Ukraine" (*Journal of Elections, Public Opinion and Parties*) は、戦争によって政治リーダーへの支持が高まる旗下結集効果が戦争非当事国にも見られるのかどうかを、ロシアのウクライナ侵攻前後におけるチェコ、日本、ウルグアイでのリーダーが所属する政党の支持率で検証し、日本とウルグアイでその効果を確認している。

メディア研究の業績として、**谷口将紀・大森翔子**「人々の政治コミュニケーション──メディアへの情報接触行動を中心に」(『NIRA研究報告書』2023 no. 3) は、インターネットの発達により情報接触の方法が多様化し

ているなかで、日本の有権者がどのような方法や経路で政治情報に接触しているのかを見るために、ネット調査を実施して分析し、多くの人々が日常生活上のルーティンとしてニュースに接触する傾向は認められたものの、それは定時や余暇にテレビを付けたり、ポータルサイトを見たりといったレベルにとどまっていることなどを明らかにしている。

大森翔子『メディア変革期の政治コミュニケーション──ネット時代は何を変えるのか』（勁草書房）は、ソフトニュース視聴がどのような効果を持つのか、そして、ポータルサイトでのニュース視聴にどのような特徴があるのかなどを、日本でネット調査や実験を実施して検証している。その結果、ソフトニュース視聴がハードニュース視聴を促す効果は限定的で、エピソード的に報じる側面が政治意識に肯定的な影響を、感情的に報じる側面が否定的な影響を与えること、ポータルサイトについては、政治情報を取得するときに人々は情報源（新聞か総合週刊誌や個人であるか）を考慮しておらず、劇的な瞬間のある映像に強い影響を受けることなどが明らかにされている。

Taka-aki Asano, "Media Choice and Response Patterns to Questions About Political Knowledge" (*International Journal of Public Opinion Research*, vol. 35 (2)) は、どのようなメディアに接触している人が政治知識を持っていたり自身の知識に確信を持っているのかを、日本の有権者を対象にネット調査を実施して分析し、新聞やネットニュースをよく読む人は政治システムについて知っており、たとえ正確に知らない問題でも自らの見解に確信を持っているが、テレビを見る人は現下の政治課題は知っているが、政治システムの問題については確信を持っていないことを明らかにしている。

Kentaro Nagai, "The Representation of Public Opinion in Reporting Poll Results on Environment Issues" (*Frontiers in Communication*, vol. 8)は、日本の新聞が環境問題に関する世論調査の結果をどう報道してきたのかを、1988年から2010年までの紙面の見出しを分析することで検証し、そこに見られる調査結果の選択、強調、解釈が特定の方向性を正統化する政治的な役割を果たしている可能性を明らかにしている。

ジェンダー論の業績として、**ティアナ・ノーグレン（岩本美砂子監訳）『新版 中絶と避妊の政治学──戦後日本のリプロダクション政策』**（岩波書店）は、なぜ日本の中絶政策は進歩的で中絶を早くから認めているのに、

避妊政策は保守的で避妊用ピルが普及していないという国際的に見ても異例の状況になっているのかを、さまざまな利益集団と政治家、官僚との間での圧力と牽制によって説明している。なお、この書籍は2008年に翻訳出版されたものの新版で、「新版へのまえがき」「新版への訳者追記」が旧版に加筆されている。

大木直子「地方において女性の政治参画はどのように進んだか——道府県議選の新人候補に着目して」（『椙山女学園大学研究論集社会科学篇』第54号）は、2015年と2019年の統一地方選挙においてどのような経歴の女性が新人候補として道府県議選に立候補し当選したのかを、選挙区の定数や党派とも関連付けながら、分析している。また、大木直子「リクルートメントの観点から見た女性候補者育成講座が果たす役割——女性団体の事例分析から」（『人間関係学研究』第21巻）は、2019年の統一地方選挙において女性団体による女性候補者育成講座が女性の政治参画に役割を果たした可能性を事例分析によって見出している。

Yuya Endo and Yoshikuni Ono, "Opposition to Women Political Leaders: Gender Bias and Stereotypes of Politicians Among Japanese Voters" (*Journal of Women, Politics & Policy*, vol. 44 (3)) は、女性が政治リーダーになることに反対する人が日本でどれくらい見られるのかを、ネット調査でリスト実験を行うことで、社会的望ましさバイアスを低減しながら検証している。また、男性政治家と女性政治家に対するステレオタイプについても、アメリカと比較しながら分析している。

斉藤雄次「女性のケア労働のあり方を問い直す公民科授業の開発——ジェンダー公正な社会の実現に寄与する市民の育成に焦点を当てて」（『社会系教科教育学研究』第35号）は、女性のケア労働にまつわる問題を検討することを通して、男女が包摂される平等で公正な社会の実現に寄与する市民を育成することのできるような公民科授業を提案している。

社会運動論に関連する業績として、石神圭子「リベラル・デモクラシーの隘路とコミュニティ・オーガナイジング——「参加する市民」再考」（室田信一・石神圭子・竹端寛編『コミュニティ・オーガナイジングの理論と実践——領域横断的に読み解く』（有斐閣））は、リベラル・デモクラシーの揺らぎのなかで、コミュニティ・オーガナイジングにどのような課題があるのかを検討し、コミュニティ・オーガナイザーによる動員によって

「参加する市民」が創出される可能性にひとつの方向性を見出している。

　政治過程論の業績として、**中村恵佑**「国立大学による能研テストへの対応に関する一考察——国立大学協会の審議内容に着目して」(『弘前大学教育学部紀要』第129号) は、能研テストが1960年代に実施され短期間のうちに廃止された要因を、国立大学協会により発行されていた『会報』の議事要録をもとに検討している。また、**中村恵佑**「文部大臣・西岡武夫が試みた大学入試改革の実施をめぐる検討過程の分析」(『日本教育政策学会年報』第30号) は、文部大臣・西岡武夫が大学入試改革を試みたものの実施に至らなかった要因を、新聞記事を中心とした資料調査にもとづき検討している。　　　　　　　　　　　　　　　　　　　　　(文責　三村憲弘)

アイデンティティ政治

　まず、社会的マイノリティに注目する研究として、**Naoto Higuchi**, "Logics of Strategic Racism in the Anti-Hate Speech Law Era: Analyzing the Discourse Against Zainichi Koreans in Japanese Right-Wing TV Programs" (*Seoul Journal of Korean Studies*, vol. 36 (2)) は、在日コリアンが経験するヘイトスピーチについて、2016年のヘイトスピーチ解消法施行後の日本における、明示的ではない差別的レトリックを分析する。著者は、「戦略的レイシズム」と呼ばれる巧妙に隠されたヘイトスピーチを考察し、日本はアメリカにおける差別的言説と同様に、露骨ではない差別的コードを分析する時代に入ったと述べる。

　実証実験を用いた研究に目を向けると、**Ryo Nakai**, "Partisan difference in social desirability bias on anti-immigrant sentiments: Covert and overt expression among French voters" (*International Migration*, vol. 61 (5)) は、移民排斥感情の多様性をフランスの事例から考察する。著者は、急進右翼の国民戦線支持者とその他の中道右派政党支持者のいずれも、同程度の移民排斥感情を抱いていること、そして、国民戦線支持者はこうした感情を公然と表現することを厭わないが、中道右派政党支持者は移民排斥感情を公然と表現することにはためらう傾向があることを示す。

　さらに、**大場優志**「性的マイノリティは政治的に代表されうるのか——構築主義的代表の枠組みから」(『政治思想研究』第23号) は、性的マイノリティに焦点を当て、政治的代表の在り方が問い直されている一方で、ど

のような代表が望ましいのか、特に抑圧の是正という観点で何が望ましいのかという問いを規範的な政治理論の観点から考察し、答えようとする。本論文は、構築主義的代表の枠組みの意義と課題を明確化した上で、特定の代表が主張される際に、代表されないものの線引きが行われることを指摘する。そして、代表の困難さと不完全性ゆえに、既存の代表実践を批判的に評価し、その望ましさを常に問いなおす必要があると主張する。

　また、ジェンダーと政治に関しては、**三浦まり『さらば、男性政治』**（岩波新書）が、男性だけで営まれることが当然視される男性政治を変革し、ジェンダー平等で多様性のある政治を実現するための戦略を描く。加えて、避妊よりも中絶が優先された日本の生殖をめぐる制度の設計過程についての研究として知られる**ティアナ・ノーグレン（岩本美砂子監訳）『新版中絶と避妊の政治学——戦後日本のリプロダクション政策』**（岩波書店）が刊行された。他にも、2023年度は英語圏で近年注目が集まる研究の翻訳が出版された。例えば、**アミア・スリニヴァサン（山田文訳）『セックスする権利』**（勁草書房）は、フェミニズムの哲学が「女性の従属」を終わらせるためにこれまで訴えてきた不正義をめぐる議論を踏まえて、セックスの政治と倫理について問う。そして、**ミランダ・フリッカー（佐藤邦政監訳）『認識的不正義』**（勁草書房）は、偏見から生じる「証言的不正義」と「解釈的不正義」という二つの不正義を概念化してみせる。

　次に、宗教と政治に関する政治思想研究として、**千葉眞**「チャールズ・テイラーの複合的近代化論の今日的意味——『世俗の時代』を読解する」（『中部高等学術研究所共同研究「人文学の再構築」第14回研究会報告書』119号）は、チャールズ・テイラー著『世俗の時代』（2007＝2020）で展開された近代化論や世俗化論を「複合的近代化論」と名付けてその基本的特徴を明らかにしながら、テイラーが指摘する16世紀以降、現代に至るまでの近代西欧社会における信仰と非信仰、有神論と啓蒙主義とロマン主義の間の葛藤や重なり合いに焦点を当て、その交差圧力の意味と帰結に関するテイラーの議論とその意義を考察している。

　最後に、歴史観に着目する研究として、2022年からのウクライナ侵攻に至ったプーチン大統領の歴史観を分析するのが**大矢温**「ウクライナ侵攻の思想的背景考——プーチン論文『ロシア人とウクライナ人の歴史的一体性について』から」（『札幌大学研究紀要』第4号）である。本論文は、プ

ーチン大統領による2021年の論文「ロシア人とウクライナ人の歴史的一体性について」を訳出した上で、古代ルーシに遡るロシアとの歴史的一体性、ロシアとの繋がりの中でこそウクライナが繁栄できるという認識、そして西欧勢力による「反ロシア・プロジェクト」という陰謀という三点から、ウクライナ侵攻の思想的背景を特徴づける。

そして、**小山俊樹**「近代日本の『文明史』と中国」（**中西輝政編『外交と歴史から見る中国』**（ウェッジ））は、明治期以降の日本における「文明史」をとりあげ、当時の文明論による東洋文明の代表的な存在であった中国の捉え方、文明史の継承としての東洋史学の創設などの考察を通じて、マルクス主義歴史学に至る潮流として文明史を位置付ける従来の視座を批判的に検証している。 （文責　石川涼子）

2024年文献委員会

本委員会は、以下の文献委員が日本政治学会の「専門別分野一覧」にしたがい各分野を担当し、「学界展望」を執筆した。佐藤一進（政治思想）、板倉孝信（政治史）、小林秀高（比較政治・地域研究）、村上友章（国際政治・国際関係論）、酒井大輔（日本政治）、林昌宏（行政学）、小椋郁馬（政治学方法論）、木下健（政治制度論）、三村憲弘（政治社会論）、石川涼子（アイデンティティ政治）。全体の調整などについては、委員長の飯田健が担った。

会員から自己申告された業績を中心にとりあげているが、自己申告された業績のすべてを紹介できているわけではない。一方、各分野の執筆を担当した文献委員の判断で自己申告が行われていない業績も紹介している。

2023年の研究業績自己申告では、新たな試みとして従来の紙媒体による郵送での申告に加え、PDFファイルによる電子的な申告も受け付けた。その結果、135名の会員から185件（論文161件、書籍24件）の業績の申告があった。この申告人数と申告件数は昨年からそれぞれ1.90倍、2.03倍となっている。申告者のうち80.7％が電子申告を行っており、申告業績全体の82.2％が電子媒体によるものであった。とりわけ論文業績に占める電子媒体の割合は92.5％と非常に高くなっている。

今回、研究業績を申告頂いた会員各位ならびに、本稿を執筆頂いた文献委員各位に感謝申し上げたい。 （文責　飯田　健）

348 　年報政治学 2024–Ⅱ号

2024年度　日本政治学会総会・研究大会記録

日時　2024年10月5日（土）・6日（日）
場所　名古屋大学（愛知県名古屋市）

第1日　10月5日（土）

9:45～11:45　分科会（A1～A8）

A1【企画委員会企画】パンデミック対応の政治、政策、制度
司会：　小松志朗（山梨大学）
報告：
A1–1　パンデミック対応の専門家組織をめぐる制度構想と作動
　　　　　　手塚洋輔（大阪公立大学）
A1–2　重層化する保健ガバナンスとその課題
　　　　　　詫摩佳代（慶應義塾大学）
A1–3　政治体制の差異とCOVID-19──感染状況・対策と市民の意識に与える
　　　　影響
　　　　　　安中進（弘前大学）
討論：　城山英明（東京大学），竹中治堅（政策研究大学院大学）

A2【企画委員会企画】妥協をめぐる政治理論
司会：　松元雅和（日本大学）
報告：
A2–1　必要悪としての妥協／徳としての妥協──多様性を真剣に受けとめる
　　　　　　佐野亘（京都大学大学院）
A2–2　いちゃもんではない「その正義論は理想主義的である」批判は可能か
　　　　──正義論における現実との妥協について
　　　　　　福島弦（東京大学）
A2–3　代議制民主主義と妥協
　　　　　　早川誠（立正大学）
討論：　遠藤知子（大阪大学大学院），山本圭（立命館大学）

A3【研究交流委員会企画】ジェンダーを通じた政治学研究のパラダイム・シフ

トに向けて

司会： 辻由希（東海大学）

報告：

A3-1 家父長制再考──「政治的なるもの」のジェンダー化をめぐって
　　　　岡野八代（同志社大学大学院）

A3-2 公私の再編成へ
　　　　佐藤信（東京都立大学）

A3-3 （ネオ）リベラル資本主義と（国民）国家にどのように取り組むのか？
　　　　武田宏子（名古屋大学大学院）

討論： 谷口尚子（慶應義塾大学大学院），西山真司（関西大学），中田瑞穂（明治学院大学）

A4【研究交流委員会企画】Comparative public opinion in the era of democratic backsliding

司会： 松林哲也（大阪大学大学院）

報告：

A4-1 Understanding national pride in Asia through the lens of citizens' perceptions: Multilevel analyses
　　　　Airo Hino (Waseda University), Willy Jou (Waseda University), Paul Schuler (University of Arizona)

A4-2 The Issue Basis of Social Sorting among the American Electorate
　　　　Ikuma Ogura (Hitotsubashi University)

A4-3 Comparative Analysis of Conspiracy Mentality: Unraveling Beliefs in Canada and Japan
　　　　Mathieu Turgeon (University of Western Ontario)

討論： Hyeok Yong Kwon (Korea University), 加藤言人（明治大学）

A5【公募企画】長期にわたる連続サーベイにおける実験手法の活用

司会： 砂原庸介（神戸大学）

報告：

A5-1 政治的信頼と社会的支配志向性
　　　　多湖淳（早稲田大学）

A5-2 A Natural Experiment on the Effect of Terrorism on Political Attitudes: The Assassination of Abe
　　　　藤村直史（神戸大学大学院）

A5-3 選挙と政治的有効性感覚──統一地方選挙における検証
　　　　砂原庸介（神戸大学）

討論： 大村華子（京都大学），池田峻（関西大学）

A6【公募企画】紛争と人質——政治史、国際法、実験研究による検討
司会： 空井護（北海道大学）
報告：
A6–1　東アジアにおける人質制度の盛衰
　　　　前田亮介（北海道大学）
A6–2　国際法における人質制度の解体
　　　　西平等（関西大学）
A6–3　紛争における人質の機能に関する実験研究
　　　　小浜祥子（北海道大学），三船恒裕（高知工科大学）
討論： 渡辺浩（東京大学名誉教授・法政大学名誉教授），伊藤岳（大阪公立大学）

A7【自由論題企画】地域研究がもたらす含意
司会： 工藤裕子（中央大学）
報告：
A7–1　能力評価をめぐる政党間競争に関する一考察——イギリス二大政党を事
　　　　例に
　　　　伊﨑直志（同志社大学大学院）
A7–2　The Embedded Nature of State-based Violence: South Korea in Comparative
　　　　Perspective
　　　　金善一（慶熙大学校）
A7–3　"The Voice" referendum in Australia and its implication
　　　　杉田弘也（神奈川大学）
討論： 慶済姫（東海大学），池本大輔（明治学院大学）

A8【自由論題企画】民主主義の促進と防衛
司会： 小川裕子（東海大学）
報告：
A8–1　Aftermath of coups: Aid sanctions and incentives for elections
　　　　稲田奏（東京都立大学），前川和歌子（大阪大学）
A8–2　2022年フランス大統領選挙と国民議会選挙におけるマリーヌ・ルペン
　　　　と国民連合の躍進の分析——国民連合は「普通の政党」になったのか？
　　　　福島都茂子（清和大学）
A8–3　「ソ連脅威論」の虚像と実像——冷戦期日本の防衛政策との関係性から
　　　　真田尚剛（立教大学）
討論： 小川裕子（東海大学），吉田徹（同志社大学），川名晋史（東京工業大学）

12:00〜13:45　ポスター発表

F1【政治学のフロンティア（ポスターセッション）】
報告：

F1–1　政治意識の涵養に生徒会活動は影響を与えるのか
　　　　髙塚幸治（筑波大学大学院），中井遼（東京大学）

F1–2　プログラム型現職支持仮説（Programmatic Incumbent Support Hypothesis）
　　　の検証——日本の大学授業料無償化政策案を事例として
　　　　大村華子（京都大学）

F1–3　公営住宅の老朽化に伴う用途廃止に関する決定を規定する要因
　　　　寺田健人（早稲田大学大学院）

F1–4　日本の「産業クラスター計画」早期終了の政治分析
　　　　尹海圓（東京大学大学院総合文化研究科学術研究員）

F1–5　戦後日本における防衛政策の決定と実施——第一次防衛力整備計画を中
　　　心に
　　　　荻健瑠（法政大学大学院）

F1–8　ある植民地知識人における「社会の発見」と「政治の擁護」——張徳秀
　　　の「労働本位の協調主義」の形成と発展を中心に
　　　　金鎮燁（東京大学総合文化研究科地域文化研究専攻）

F1–9　民主的正統性の起源
　　　　水谷仁（名古屋経済大学）

F1–11　地方政府の行政委員会における女性代表
　　　　酒井秀翔（東京大学大学院）

F1–12　地方税の収納・徴収に関する一考察——個人住民税の特別徴収を中心に
　　　　田中雅子（流通経済大学）

F1–13　国会議事堂見学へようこそ
　　　　中村悦大（愛知学院大学）

13:15〜15:15　分科会（B1〜B8）

B1【企画委員会企画】政治学における方法論の発展と実証研究の進展
司会：　伊藤岳（大阪公立大学）
報告：

B1–1　Escalatory Behaviors and Credibility Concerns
　　　　片桐梓（大阪大学）

B1–2　Does Spoiling Work? Examining the Impact of Domestic Backlash against

352　年報政治学 2024–Ⅱ号

Apologies on Recipient Country
　　　　Jaesog Yang（早稲田大学大学院），多湖淳（早稲田大学）
B1–3　ほとんど無害な武力行使——抑止と安心供与のシグナリング
　　　　土井翔平（北海道大学）
討論：　稲田奏（東京都立大学）

B2【研究交流委員会企画】平和と民主主義
司会：　坪内淳（聖心女子大学）
報告：
B2–1　民主主義防衛をめぐる議論の考察
　　　　杉浦功一（文教大学）
B2–2　緊急事態における民主主義——コロナ禍における民主主義の制限問題
　　　　玉井雅隆（秋田大学）
B2–3　シェルターをめぐる民主主義
　　　　宮脇昇（立命館大学）
討論：　山本達也（清泉女子大学），荒井祐介（日本大学）

B3【研究交流委員会企画】選挙権拡大と排除の論理
司会：　宮脇健（日本大学）
報告：
B3–1　戦前期日本における選挙権拡大の論理——「選挙法の神様」坂千秋を手
　　　　掛かりに
　　　　松岡信之（鈴鹿高専）
B3–2　女性参政権成立と戦争——主要先進諸国の比較を通じて
　　　　笹岡伸矢（駿河台大学）
B3–3　子どもの参政権の理論的検討——実現への課題を考える
　　　　山口晃人（日本学術振興会）
討論：　中井遼（北九州市立大学），牧杏奈（明治大学大学院政治経済学研究科）

B4【公募企画】Representation in the electoral process
司会：　飯田健（同志社大学）
報告：
B4–1　Issue Relevance and Income Bias in Voting: Evidence from South Korea
　　　　Hyeok Yong Kwon (Korea University), Jun Hui Eom (Korea University)
B4–2　Automation and Voter Participation in the Philippines
　　　　Georgeline Jaca（大阪大学），松林哲也（大阪大学）
討論：　粕谷祐子（慶應義塾大学），松林哲也（大阪大学）

B5【自由論題企画】ヨーロッパ政治史研究の諸相

司会：　石田憲（千葉大学）

報告：

B5–1　イタリアのユーゴスラヴィア占領
　　　　　　高橋進（龍谷大学）

B5–2　アイルランドの政党政治におけるフィアナ・フォイル党長期政権の背景
　　　　とその限界
　　　　　　浅川聖（東京外国語大学大学院）

B5–3　院内政党における新党ラベル導入とその政治的効果──英保守党の事例
　　　　（1830–1860）
　　　　　　渡辺容一郎（日本大学）

討論：　石田憲（千葉大学），今井貴子（成蹊大学）

B6【自由論題企画】選挙を通じた有権者と政治家の対話と相克

司会：　堤英敬（香川大学）

報告：

B6–1　候補者の顔立ちに騙される？──ジェンダーステレオタイプと支配顔
　　　　　　遠藤勇哉（大阪大学），尾野嘉邦（早稲田大学）

B6–2　The Electoral Competitiveness and Candidates' Preferences on Tax Increase
　　　　　　髙木顕心（同志社大学大学院）

B6–3　日本における野党支持者の「敗者の合意」──サーベイ実験による検証
　　　　　　秦正樹（大阪経済大学情報社会学部）

討論：　三輪洋文（学習院大学）

B7【自由論題企画】正義論とデモクラシー論の現代的課題

司会：　伊藤恭彦（名古屋市立大学）

報告：

B7–1　ノージックの包括的リバタリアニズム──『アナーキー・国家・ユート
　　　　ピア』の目指した先
　　　　　　大工章宏（東京大学大学院総合文化研究科国際社会科学専攻）

B7–2　被選挙権とエピストクラシー
　　　　　　福家佑亮（東京大学）

B7–3　グローバルな正義と認識的不正義
　　　　　　山田祥子（東北大学）

B7–4　先住民遺骨問題をめぐる政治理論的考察──多文化主義の理論構築の一
　　　　環として

354 年報政治学 2024–Ⅱ号

辻康夫（北海道大学）

討論： 飯田文雄（神戸大学），田畑真一（北海道教育大学）

B8【国際交流委員会企画】Legitimacy and Resilience of Political Parties

司会： Ken ENDO (The University of Tokyo)

報告：

B8–1　Old Patterns, but New Practices: Political Polarization and Candidate Selection in Korea

Hyeon Seok Park (Research Associate, National Assembly Futures Institute)

B8–2　The Clash of Political Ideologies and South Korea's Diplomacy toward Japan

Eunmi Choi（Research Fellow, The Asan Institute for Policy Studies）

討論： Kenneth Mori MCELWAIN (The University of Tokyo), Nobuhiko TAMAKI (Chuo University)

15:30〜15:45　若手論文優秀賞　授賞式

16:00〜18:20　共通論題

X1【共通論題】自民党政治を改めて考える

司会： 岩崎正洋（日本大学）

報告：

X1–1　自民党政治の構成要素——個人選挙と行政依存を軸として

飯尾潤（政策研究大学院大学）

X1–2　自民党の政策主張から読み解く日本政治の変化

谷口尚子（慶應義塾大学大学院）

X1–3　自民党政権はなぜ続くのか？——日本国憲法から考える

小宮京（青山学院大学）

討論： 近藤康史（名古屋大学），遠藤晶久（早稲田大学）

第2日　10月6日（日）

9:15〜11:15　分科会（C1〜C8）

C1【企画委員会企画】自治体の危機管理

司会： 野田遊（同志社大学）

報告：

C1–1　災害救助法の適用における現状と問題点
　　　　　川島佑介（茨城大学）

C1–2　危機管理行政における計画と実施
　　　　　太田響子（愛媛大学）

C1–3　危機管理における自治体の情報提供と市民の自発的協力意向
　　　　　菊地端夫（明治大学），砂金祐年（常磐大学）

討論：　宮脇健（日本大学），早川有紀（関西学院大学）

C2【企画委員会企画】つながりをとらえる政治学

司会：　白取耕一郎（大谷大学）

報告：

C2–1　ソーシャル・キャピタルのダークサイドは地域社会運営の停滞を招くのか
　　　　　戸川和成（千葉商科大学）

C2–2　Learning from performance feedback in a purpose-oriented network
　　　　　中嶋学（常葉大学）

C2–3　コミュニティを基盤とした"共助"はどこへいくのか──大阪市の「地域自治組織」の事例研究より
　　　　　栗本裕見（佛教大学）

討論：　中村絢子（国際大学），森川想（東京大学）

C3【研究交流委員会企画】冷戦史再考──冷戦と文化、宗教、科学技術

司会：　羽場久美子（早稲田大学）

報告：

C3–1　冷戦と文化──美術史構築の一断面
　　　　　芝崎祐典（中央大学）

C3–2　冷戦期の宗教における東方外交
　　　　　松本佐保（日本大学）

C3–3　「科学協力に関する日米委員会」と1960年代の日米関係
　　　　　森口由香（京都大学大学院）

討論：　小川浩之（東京大学大学院総合文化研究科），清水聡（開智国際大学）

C4【研究交流委員会企画】岸田政権下の地方政治──地方からの政治変動

司会：　焦従勉（京都産業大学）

報告：

C4–1　首都東京における地方政治──区長選と知事選
　　　　　白鳥浩（法政大学）

C4–2　大阪以外の地域における維新支持──奈良県知事選・県議選を事例として
　　　　　丹羽功（近畿大学）
C4–3　京都の政党システムの変容と京都市長選
　　　　　芦立秀朗（京都産業大学）
討論：　岡本哲和（関西大学），岡田浩（金沢大学）

C5【公募企画】「家族主義／家族主義レジーム」から考える比較福祉国家研究のフロンティア

司会：　堀江孝司（東京都立大学）
報告：
C5–1　イタリアにおける家族給付政策の変容
　　　　　伊藤武（東京大学）
C5–2　フランスの育児休業給付と家族主義──自由選択・ジェンダー・出産奨励
　　　　　千田航（釧路公立大学）
C5–3　「家族主義／家族主義レジーム」概念からみるオーストラリア福祉国家の変容
　　　　　加藤雅俊（立命館大学）
討論：　横田正顕（東北大学大学院），辻由希（東海大学）

C6【公募企画】ガバナンス論とアソシエーション論の交錯と展開可能性

司会：　風間規男（同志社大学）
報告：
C6–1　ガバナンス論を包摂するアソシエーション論──コミューンの可能性
　　　　　堀雅晴（立命館大学）
C6–2　ボランティア（NPO）アソシエーション論とガバナンス論
　　　　　新川達郎（同志社大学）
討論：　井上拓也（茨城大学），山本啓（東北大学），風間規男（同志社大学）

C7【自由論題企画】日本政治史研究の多様性──省庁、政治家、政党の視点から

司会：　前田亮介（北海道大学）
報告：
C7–1　戦後旧地方自治庁・自治庁による地方自治普及活動
　　　　　上田悠久（茨城大学）
C7–2　「大久保政権」と黒田清隆
　　　　　久保田哲（武蔵野学院大学）
C7–3　占領期の日本共産党と武力革命路線の選択──マッカーサーの反共戦略との相互作用の視点から

藤田吾郎（早稲田大学）

討論： 楠綾子（国際日本文化研究センター），前田亮介（北海道大学）

C8【自由論題企画】事例から見る選挙・議員・公共財の分配に関する研究

司会： 濵田江里子（立教大学）

報告：

C8–1 女性議員は男性議員と異なる利益を代表するのか？――日本の国会議員の議会活動の分析

五ノ井健（LEC東京リーガルマインド大学院大学）

C8–2 政党ぎらい――2024年京都市長選挙のおける否定投票の分析

岡田勇（名古屋大学国際開発研究科），飯田健（同志社大学），善教将大（関西学院大学）

C8–3 State Capacity, Social Fragmentation and Local Public Goods Provision: Evidence from Rural Japan

沈家立（神戸大学法学研究科大学院）

討論： 前田幸男（東京大学），芦谷圭祐（山形大学）

11:30〜12:30　総会

12:45〜14:30　ポスター発表

F2【政治学のフロンティア（ポスターセッション）】

報告：

F2–1 新聞における首相報道量の長期的変化――閣僚・党幹部との比較を通じた検討

前田幸男（東京大学）

F2–3 世論調査集積法による日本における世論ムードの測定

三輪洋文（学習院大学）

F2–4 戦前日本における女性参政権要求の対議会運動――政党内閣期を中心に

山中仁吉（北海道大学）

F2–5 分配的正義観と政治（哲学）的志向――人々の「正義の構想」はどのような「政治理論」を要求するか

平野浩（学習院大学）

F2–6 1971年の印ソ平和友好協力条約締結と日印関係

金旻俊（京都大学大学院法学研究科）

F2–7 混沌とする民主主義――中国国営メディアにおける国際ニュースの分析

周源（神戸大学）

F2–8 19世紀イタリアにおける女性選挙権をめぐる考察──地方政治と女性の市民的権利付与
　　　　　生木新菜（早稲田大学大学院）
F2–9 包括的性教育と人権・シティズンシップ／教育
　　　　　北村浩（なし（無所属））
F2–10 「見出される」ものとしてのシティズンシップの探究──シティズンシップ教育／学習における市民像の転換
　　　　　松山聡史（名古屋大学）
F2–11 こども施策をめぐるポリティクスに関する一考察──こども大綱の議論に着目して
　　　　　松村智史（名古屋市立大学）
F2–12 財政支出データに基づく庁・行政委員会の分類
　　　　　早川有紀（関西学院大学），小林悠太（広島大学）

13:30～15:30　分科会（D1～D8）

D1【企画委員会企画】戦後政治の終焉、市民の誕生と政治の変容
司会：　磯崎典世（学習院大学）
報告：
D1–1 「地方の時代」における「都市」論──松下圭一の1970年代
　　　　　趙星銀（明治学院大学）
D1–2 ドイツの政治変容──市民イニシアティブから緑の党へ
　　　　　中田潤（茨城大学）
D1–3 1970年代フランスにおける「個人」の開花──自由・情報・デモクラシー
　　　　　中村督（北海道大学）
討論：　野田昌吾（大阪市立大学），空井護（北海道大学大学院）

D2【企画委員会企画】代議士とカネ　再訪
司会：　山本健太郎（北海学園大学）
報告：
D2–1 「個人レベル」の政党助成──支部政党交付金の配分パターン
　　　　　浅井直哉（日本大学）
D2–3 令和の『代議士とカネ』──国会議員関係政治団体の3年分の分析
　　　　　西田尚史（東京大学大学院）
討論：　上神貴佳（学習院大学），谷口将紀（東京大学）

D3【研究交流委員会企画】制度・組織・非言語情報と政治的選択

司会： 中谷美穂（明治学院大学）
報告：
D3-1 政党システムと政治家の年齢
　　　 慶済姫（東海大学）
D3-2 Clientelism, Local Politicians, and Their Electoral Implications
　　　 築山宏樹（慶應義塾大学）
D3-3 政治ニュースにおけるアナウンサーの発声と印象形成
　　　 岡田陽介（拓殖大学），後藤心平（広島経済大学），遠藤勇哉（大阪大学大学院），河村和徳（東北大学）
D3-4 Captivating Candidates: The Role of Facial Beauty in Voter Perception and Attention
　　　 浅野正彦（拓殖大学），尾野嘉邦（早稲田大学），矢内勇生（高知工科大学）
討論： 堤英敬（香川大学），善教将大（関西学院大学）

D4【公募企画】専制（主義）をめぐる政治思想

司会： 井柳美紀（静岡大学）
報告：
D4-1 アダム・スミスにおける自由な統治と専制的な統治
　　　 佐藤高尚（日本大学）
D4-2 清末中国の「開明専制」論と筧克彦
　　　 李暁東（島根県立大学）
D4-3 メキシコにおける「独裁」をめぐる政治思想
　　　 杉守慶太（成蹊大学）
討論： 杉本竜也（日本大学），大園誠（同志社大学）

D5【公募企画】官僚サーベイ・学生サーベイから見た官僚の選好──官僚はいつ官僚になるのか

司会： 青木栄一（東北大学）
報告：
D5-1 何が官僚の業務負担感を左右するのか──2019・2023年官僚意識調査から見る官僚の認識
　　　 北村亘（大阪大学大学院），角正美（大阪大学大学院）
D5-2 誰が公務員を志望するか──学生サーベイによる属性と意識の検証
　　　 柳至（立命館大学），久保慶明（関西学院大学）
D5-3 官僚リクルートメントをどう変えればよいのか──実験アプローチによる学生の応募意思の検証

河合晃一（筑波大学），秦正樹（大阪経済大学）

討論： 鹿毛利枝子（東京大学大学院），出雲明子（明治大学）

D6【自由論題企画】政治制度と民主主義

司会： 源島穣（東北学院大学）

報告：

D6–2 選挙や組閣による有権者の民主主義への満足度の変化——西欧コンセンサス諸国の場合

渥美芹香（東京大学法学政治学研究科）

D6–3 「財政民主主義」概念の再検討——財政学と政治学の対話を通じて

掛貝祐太（茨城大学人文社会科学部）

討論： 西山隆行（成蹊大学），渡辺博明（龍谷大学）

D7【自由論題企画】国民の態度と政策に対する支持

司会： 京俊介（中京大学）

報告：

D7–1 Public Attitudes Toward Carbon Taxes: The Role of Institutional Rules Governing the Revenue Recycling Scheme

尾上成一（国立環境研究所），横尾英史（一橋大学），三輪洋文（学習院大学），林岳彦（国立環境研究所），辻岳史（国立環境研究所），古川真莉子（国立環境研究所）

D7–2 The China Policy of Radical Right Parties: Arguments and Voting Patterns

譚天（東北大学大学院）

討論： 中村悦大（愛知学院大学），松本俊太（名城大学）

D8【自由論題企画】政治社会論の新展開

司会： 白取耕一郎（大谷大学）

報告：

D8–1 リベラルと保守は互いをどう認識しているのか？——日本政治におけるイデオロギーと政策争点の再検討

大賀哲（九州大学），縄田健悟（福岡大学），藤村まこと（福岡女学院大学）

D8–2 Labour Market Status and Political Preferences in Japan: Approaching through an Online Survey

稗田健志（大阪公立大学大学院），関能徳（名古屋大学大学院），楊建陽（大阪公立大学大学院）

D8–3 The Effects of Democratic Transition on Law Enforcement Agencies in South

Korea

　　　KYONG JUN CHOI (Konkuk University (建國大學校))

討論：　Song Jaehyun（関西大学），竹中佳彦（筑波大学）

15:45〜17:45　分科会（E1〜E8）

E1【企画委員会企画】福祉国家研究の達成と展望

司会：　西岡晋（東北大学）

報告：

E1–1　今なお「政治」が重要なのか？──比較福祉国家研究の30年を振り返る
　　　　田中拓道（一橋大学）

E1–2　東アジア諸国における少子化問題と家族主義レジームの変容
　　　　崔佳榮（駒澤大学）

E1–3　長期の財政支出の変化を説明する難しさについて──1920–2000年の地
　　　方自治体統計による「土建国家」の就業構造の分析
　　　　古市将人（帝京大学）

討論：　前田健太郎（東京大学），宮本太郎（中央大学）

E2【企画委員会企画】「参入」と「退場」における障壁のジェンダー分析──立候補・再選・引退の考察から

司会：　大木直子（椙山女学園大学）

報告：

E2–1　自転車に乗った市民から議会へ──杉並区長選挙と統一地方選挙を事例に
　　　　濱田江里子（立教大学）

E2–2　政治分野におけるハラスメントの実態──男性議員へのヒアリング調査
　　　から見えてきたもの
　　　　濱田真里（Stand by Women 代表）

E2–3　「政界」から「社会」への移行──議員落選・引退後キャリアのジェン
　　　ダー分析
　　　　辻由希（東海大学）

討論：　濱本真輔（大阪大学），馬場香織（北海道大学大学院）

E3【研究交流委員会企画】批判的政治学と社会科学方法論──実証主義的な政治学の何をどう批判するのか

司会：　久保木匡介（長野大学）

報告：

E3–1　批判的政策研究の展開と課題

杉谷和哉（岩手県立大学）

E3–2　私はいるのかいないのか──たゆたう政治学
　　　　小林誠（お茶の水女子大学）
討論：　加藤雅俊（立命館大学），二宮元（琉球大学）

E4【研究交流委員会企画】近代現代日本のエリートネットワーク・政策決定過程の再編
司会：　佐藤健太郎（千葉大学）
報告：
E4–1　近代化とエリートの再編──近代日本のエリート親族ネットワークの計量分析
　　　　松本朋子（東京理科大学），岡崎哲二（明治学院大学）
E4–2　安保改定と自由民主党
　　　　濱砂孝弘（早稲田大学）
E4–3　冷戦構造変容期における自民党とアジア外交──対「二つの中国」チャネルを中心に
　　　　三代川夏子（東京大学）
討論：　村井良太（駒澤大学），松浦淳介（慶應義塾大学）

E5【公募企画】現代政治分析にとってのナラティヴ研究の意義と可能性
司会：　杉田敦（法政大学）
報告：
E5–1　ナラティヴ論史に関する一整理── récit, narrative, short stories, and epistemology
　　　　小堀眞裕（立命館大学）
E5–2　大江健三郎の小説における戦後というナラティヴ
　　　　渡部純（明治学院大学）
討論：　苅部直（東京大学），野村康（名古屋大学）

E6【公募企画】地域統合とウクライナ戦争──EU諸国における国益とデモクラシー
司会：　八十田博人（共立女子大学）
報告：
E6–1　戦争の隣国──PiS政権のウクライナ戦争対応に関する考察
　　　　市川顕（東洋大学）
E6–2　欧州のイリベラルデモクラシーとウクライナ戦争
　　　　羽場久美子（早稲田大学）
E6–3　ドイツとウクライナ戦争──ウクライナ支援の長期化とショルツ政権

清水聡（開智国際大学）

討論： 松本佐保（日本大学）

E7【自由論題企画】国際政治における権力、健康、戦争

司会： 山下光（静岡県立大学）

報告：

E7–1　The miraculous hand addressing the dilemma of two-level resource trade-offs: An empirical study of UNPKOs and health expenditure in African nations
　　　前川和歌子（大阪大学），OnivoguiJean Francois Koly (Georgia State University), TanWayne（国立中興大学）

E7–2　After Cooperation: A Study on the Correlation between Trade and Peace/Conflict
　　　Wayne Tan（国立中興大学国際政治研究所）

E7–3　権力政治とは何だったのか？
　　　宮下豊（新潟大学法学部）

討論： 山下光（静岡県立大学），小松志朗（山梨大学）

E8【自由論題企画】政党、選挙、投票行動

司会： 土井翔平（北海道大学）

報告：

E8–1　大規模フィールド実験による"一票の価値"効果の検証
　　　善教将大（関西学院大学）

E8–2　日本における気候変動と投票行動に関する分析
　　　澁谷壮紀（北九州市立大学），尾上成一（国立環境研究所）

E8–3　The Cognitive Number of Parties
　　　福元健太郎（東京大学），三輪洋文（学習院大学）

討論： 鷲田任邦（東洋大学），小椋郁馬（一橋大学）

（注）本記録は、総会・研究大会終了時に日本政治学会のホームページで公開されていたプログラムに則っています。報告の欠番は辞退・欠席等によるものです。

『年報政治学』論文投稿規程

1. 応募資格
   - 日本政治学会の会員であり、応募の時点で当該年度の会費を納入済みの方とします。
   - 共著論文についても、共著者全員が会員であることを原則としますが、第一著者が会員である場合は、例外として非会員の方を共著者に含めることを認めます。なお、会員の共著者は、全員が当該年度の会費を納入している必要があります。
2. 既発表論文投稿の禁止
   - 応募できる論文は未発表の原稿に限ります。
3. 使用できる言語
   - 日本語または英語とします。
4. 二重投稿の禁止
   - 同一の論文を本『年報政治学』以外に同時に投稿することはできません。
   - また、同一の論文を『年報政治学』の複数の号に同時に投稿することはできません。
5. 論文の分量
   - 日本語論文の場合、原則として20,000字以内（注、参考文献、図表を含む）とします。文字数は、日本政治学会ウェブサイト「投稿論文の分量について」にしたがって計算し、投稿・査読システムの指定された箇所に総字数とその内訳を記入してください。論文の内容から20,000字にどうしても収まらない場合には、超過を認めることもあります。ただし査読委員会が論文の縮減を指示した場合には、その指示に従ってください。
   - 英語論文の場合、9,500語（words）以内（注、参考文献、図表を含む）とします。文字数は、日本政治学会ウェブサイト「投稿論文の分量について」にしたがって計算し、投稿・査読システムの指定された箇所に総字数とその内訳を記入してください。論文の内容から9,500語にどうしても収まらない場合には、超過を認めることもあります。ただし査読委員会が論文の縮減を指示した場合には、その指示に従ってください。
6. 論文の主題
   - 政治学に関わる主題であれば、特に限定しません。年報各号の特集の主題に密接に関連すると年報委員会が判断した場合には、特集の一部として掲載する場合があります。ただし、査読を経たものであることは明記します。
7. 応募の締切
   - 論文の応募は年間を通じて受け付けますので、特に締切はありません。

ただし、6月刊行の号に掲載を希望する場合は刊行前年の9月20日、12月刊行の号に掲載を希望する場合は刊行年の3月20日が応募の期限となります。なお、1人の会員がそれぞれの期限までに（3月21日〜9月20日、あるいは9月21日〜翌年3月20日の間に）応募できる単著論文または第一著者となっている共著論文は、1本までとします。

- 査読者から修正意見があった場合は、指定された期限までに修正論文を提出していただきます。
- 査読委員会が掲載可と決定した場合でも、掲載すべき論文が他に多くある場合には、直近の号に掲載せず、次号以降に回すことがありますので、あらかじめご了承ください。掲載が延期された論文は、次では最優先で掲載されます。

8. 論文の形式

- 図表は本文中に埋め込まず、別の電子ファイルに保存し、本文中には図表が入る位置を示してください。図表の大きさ（1ページを占めるのか半ページを占めるのか等）も明記してください。図表が複数ある場合には、すべての図表を一つの電子ファイルに入れるようにしてください。また、他から図表を転用する際には、必ず出典を各図表の箇所に明記してください。
- 図表はスキャン可能な電子ファイルで作成してください。出版社に作成を依頼する場合には、執筆者に実費を負担していただきます。
- 投稿論文には、審査の公平を期すために執筆者の名前は一切記入せず、「拙著」など著者が識別されうるような表現は控えてください。
- 論文を構成する本文・図表・注・参考文献以外で、論文を理解するためにウェブ上で提供したい付録資料（Online Appendix）がある場合は、PDFファイルにして論文ファイルと一緒に投稿・査読システムにアップロードしてください。ただし、付録資料は査読審査の対象外となります。また、付録資料（Online Appendix）の分量は論文本編の分量を超えてはなりません。投稿論文が『年報政治学』に掲載される際、査読委員会が公開を認めた付録資料のみ学会のHPにアップロードされます。

9. 投稿の方法

- 論文の投稿は、『年報政治学』の投稿・査読システムに必要事項を記入の上、ワード形式の電子ファイルを（図表や付録資料がある場合は、それらの電子ファイルも）アップロードする形式で行ってください。

10. 投稿論文の受理

- 投稿論文としての要件を満たした執筆者に対しては、投稿・査読システムより、投稿論文を受理した旨の連絡を電子メールで行います。メールでの送受信に伴う事故を避けるため、論文送付後10日以内に連絡が来な

い場合には、投稿された方は『年報政治学』査読委員会に問い合わせてください。

11. 査読
- 投稿論文の掲載の可否は、査読委員会が委嘱する査読委員以外の匿名のレフリーによる査読結果を踏まえて、査読委員会が決定し、執筆者に投稿・査読システムを通じて結果を連絡します。
- 「掲載不可」及び「修正・再査読」と査読委員会が判断した場合には、執筆者にその理由を付して連絡します。
- 「修正・再査読」となった投稿論文は、査読委員会が定める期間内に、初稿を提出した時と同一の手続で修正稿を提出してください。なお、その際、査読者の修正意見への対応がわかる別紙もメールの添付ファイルとして送ってください。

12. 英文タイトルと要約、キーワード、引用文献目録
- 『年報政治学』に掲載されることが決まった論文（特集論文を含む）については、著者名の英文表記、英文タイトル、和文及び英文の要約（ただし英語論文の場合は英文要約のみ）、キーワード（5語程度）、引用文献目録を必ず付してください。英文要約は150語程度（150words）になるようにしてください（200語以内厳守）。英文タイトル及び英文要約について、査読委員会は原則として手直しをしないので、執筆者が各自で当該分野に詳しいネイティヴ・スピーカーなどによる校閲を済ませてください。

13. その他の留意点
- 執筆者の校正には初校と再校があります。校正原稿は、遅滞なく返送してください。期限までに返送がない場合には、入稿原稿のままとすることがあります。また、校正段階で大幅な修正・加筆をすることは認められません。査読を経た原稿は、査読委員会の了承がなければ、誤植等を除き、原則として修正・加筆をすることはできません。万一、査読委員会の了承の下に校正段階で大幅な修正・加筆を行う場合、そのことによる製作費用の増加や発行遅延による郵送費の発生は執筆者に負担していただくとともに、査読委員会・年報編集委員会・学会事務局・出版社の指示に従っていただきます。次号以下に掲載を繰り延べることもあります。
- 掲載不可となった論文を修正し、再投稿することは妨げません。ただし、再投稿された論文が再び掲載不可となった場合、その論文をさらに修正した論文が投稿されても、原則として受理しません。

附則1
　この規程は、2016年7月1日より施行します。

附則2
　この規程は、『年報政治学』2019年度第Ⅰ号への投稿論文より適用されます。
附則3
　この規程は、『年報政治学』2022年度第Ⅰ号への投稿論文より適用されます。
附則4
　この規程は、『年報政治学』2025年度第Ⅰ号への投稿論文より適用されます。
附則5
　この規程は、『年報政治学』2025年度第Ⅱ号への投稿論文より適用されます。
ただし、応募の開始に関しては、『年報政治学』2025年度第Ⅱ号に限り、2024年
10月21日とします。

（2018年6月30日改定）
（2020年5月30日改定）
（2021年3月20日改定）
（2024年5月27日改定）
（2024年10月4日改定）

査読委員会規程

1. 日本政治学会は、機関誌『年報政治学』の公募論文を審査するために、理事会の下に査読委員会を置く。査読委員会は、委員長及び副委員長を含む7名の委員によって構成する。

   ② 査読委員会委員の任期は1年間とする。任期の始期及び終期は総会を基準とする。ただし再任を妨げない。

   ③ 委員長及び副委員長は、理事長の推薦に基づき、理事会が理事（次期理事を含む）の中から任命する。その他の委員は、査読委員長が副委員長と協議の上で推薦し、それに基づき、会員の中から理事会が任命する。委員の選任に当たっては、所属機関、出身大学、専攻分野等の適切なバランスを考慮する。

2. 査読委員会は、『年報政治学』に掲載する独立論文および特集論文を公募し、応募論文に関する査読者を決定し、査読結果に基づいて論文掲載の可否と掲載する号、及び配列を決定する。特集の公募論文は、年報委員長と査読委員長の連名で論文を公募し、論文送付先を査読委員長に指定する。

3. 査読者は、原則として日本政治学会会員の中から、専門的判断能力に優れた者を選任する。ただし査読委員会委員が査読者を兼ねることはできない。年報委員会委員が査読者になることは妨げない。査読者の選任に当たっては、論文執筆者との個人的関係が深い者を避けるようにしなければならない。

4. 論文応募者の氏名は査読委員会委員のみが知るものとし、委員任期終了後も含め、委員会の外部に氏名を明かしてはならない。査読者、年報委員会にも論文応募者の氏名は明かさないものとする。

5. 学会事務局は、学会事務委託業者に論文応募者の会員資格と会費納入状況を確認する。常務理事は学会事務委託業者に対して、学会事務局の問い合わせに答えるようにあらかじめ指示する。

6. 学会事務局は応募論文の分量、投稿申込書の記載など、形式が規程に則しているかどうか確認する。

7. 査読委員会は、一編の応募論文につき、2名の査読者を選任する。ただし、応募論文が論文としての体裁を整えていなかったり、政治学と関連のない主題を扱っているなど、『年報政治学』に掲載する論文として適当でない、あるいは、明らかに掲載の水準に達していないと査読委員会が判断した場合は、査読を行わずに掲載不可とすることができるものとする。

   査読者は、A、B、C、Dの4段階で論文を評価し、評価結果を審査概評（コメント）とともに投稿・査読システムを通じて提出する。A〜Dには適宜＋または－の記号を付してもよい。記号の意味は以下の通りとする。

Ａ：修正なしで、掲載水準に達している論文
　　Ｂ：一部修正をすれば、掲載水準に達する論文
　　Ｃ：相当の修正を施せば掲載水準に達する論文
　　Ｄ：相当の修正を施しても、掲載水準に達しない論文。
　査読者は、ＢもしくはＣの場合は、審査概評に修正の概略を記載して査読委員会に報告する。またＤの場合においては、論文応募者の参考のため、論文の問題点に関する建設的批評を審査概評に記載し、査読委員会に報告する。査読委員会は査読者による指示ならびに批評を論文応募者に投稿・査読システムから通知する。ただし査読委員会は、査読者による指示ならびに批評を論文応募者に通知するにあたり、不適切な表現を削除もしくは変更するなど、必要な変更を加えることができる。

8. 査読委員会は、査読者の評価と審査概要を踏まえ、論文の掲載の可否を決定する。ただし、査読者から修正意見があった場合は、投稿者に論文の修正を求め、修正された論文に対する再査読を行った上で掲載の可否を判断することができる。

9. 修正を施した論文が査読委員会に提出されたときは、査読委員会は遅滞なく初稿と同一の査読者に修正論文を送付し、再査読を依頼する。ただし、同一の査読者が再査読を行えない事情がある場合には、査読委員会の議を経て査読者を変更することを妨げない。また、所定の期間内に再査読結果が提出されない場合、査読委員会は別の査読者を依頼するか、もしくは自ら査読することができるものとする。

10. 最初の査読で査読者のうち少なくとも一人がＤ（Ｄ＋およびＤ－を含む。以下、同様）と評価した論文は、他の査読者に査読を依頼することがある。ただし、評価がＤＤの場合は掲載不可とする。修正論文の再査読の結果は、Ｘ（掲載可）、Ｙ（掲載不可）の2段階で評価する。ＸＹの場合は、委員会が査読者の評価を尊重して掲載の可否を決定する。なお、査読委員会が必要と認めるときは、投稿者に再度の修正を求め、査読者に改めて評価を依頼することができる。その際、査読者はＸ（掲載可）、Ｙ（掲載不可）の2段階で評価するものとする。

11. 査読委員会は、年報委員長と協議して各号に掲載する公募論文の数を決定し、その数に応じて各号に掲載する公募論文を決定する。各号の掲載決定は、以下の原則によるものとする。
　　1）　掲載可と判断されながら紙幅の制約によって前号に掲載されなかった論文をまず優先する。
　　2）　残りの論文の中では、初稿の査読評価が高い論文を優先する。この場合、ＢＢの評価はＡＣの評価と同等とする。
　　3）　評価が同等の論文の中では、最終稿が提出された日が早い論文を優

先する。

　上記3つの原則に拘らず、公募論文の内容が特集テーマに密接に関連している場合には、その特集が組まれている号に掲載することを目的として掲載号を変えることは差し支えない。

12. 応募論文が特集のテーマに密接に関連する場合、または応募者が特集の一部とすることを意図して論文を応募している場合には、査読委員長が特集号の年報委員長に対して論文応募の事実を伝え、その後の査読の状況について適宜情報を与えるものとする。査読の結果当該論文が掲載許可となった場合には、その論文を特集の一部とするか独立論文として扱うかにつき、年報委員長の判断を求め、その判断に従うものとする。

13. 学会は査読委員長、査読副委員長の氏名・所属のみを公表する。査読委員の氏名・所属は、担当巻公刊までは公表しないものとする。査読者の氏名・所属は公表しない。

付則1
　1. 本規程は、2005年10月より施行する。
　2. 本規程の変更は、理事会の議を経なければならない。
　3. 本規程に基づく査読委員会は2005年10月の理事会で発足し、2006年度第2号の公募論文から担当する。最初の査読委員会の任期は、2006年10月の理事交代時までとする。
付則2
　1. 本規程は、2007年3月10日より施行する。
付則3
　1. 本規程は、2016年10月2日より施行する。
付則4
　1. 本規程は、『年報政治学2017年-II』の公募論文より施行する。
付則5
　1. 本規程は、『年報政治学2025年-II』の公募論文より施行する。

（2020年5月30日改定）

（2024年10月4日改定）

日本政治学会倫理綱領

　日本政治学会は、政治学の研究・教育および学会運営に際して規範とすべき原則を「日本政治学会倫理綱領」としてここに定める。会員は、政治学研究の発展と社会の信頼に応えるべく、本綱領を尊重し遵守するものとする。

第1条　〔倫理性を逸脱した研究の禁止〕会員は、社会的影響をも考慮して、研究目的と研究手法の倫理性確保に努めなければならない。

第2条　〔プライバシー侵害の禁止〕各種調査の実施等に際し、会員は調査対象者のプライバシーの保護と人権の尊重に留意しなければならない。

第3条　〔差別の禁止〕会員は、思想信条・性別・性自認・性的指向・年齢・出自・宗教・民族・障害の有無・健康状態・家族状況などによって、差別的な扱いをしてはならない。

第4条　〔ハラスメントの禁止〕会員は、セクシャル・ハラスメントやアカデミック・ハラスメント、パワー・ハラスメント、マタニティ・ハラスメントなど、あらゆるハラスメントにあたる行為をしてはならない。

第5条　〔研究資金濫用の禁止〕会員は、研究資金を適正に取り扱わなくてはならない。

第6条　〔著作権侵害の禁止〕会員は、研究のオリジナリティを尊重し、剽窃・盗用や二重投稿等、著作権を侵害する行為をしてはならない。

第7条　日本政治学会は、本規程の目的を実現するため、理事会の下に、倫理委員会を設置する。なお、倫理委員会については、別に定める「倫理委員会規程」によるところとする。

第8条　理事会は、倫理委員会からの提案を受け、該当する会員に対する以下の処分を行うことができる。

　　（1）除名

　　（2）退会勧告

　　（3）会員資格の停止

　　（4）学会の役職就任、研究大会での登壇、年報・英文雑誌への論文投稿の3年間の自粛勧告

＊この綱領は2024年10月6日より施行する。改廃については、総会の議を経ることとする。

（二〇〇九年一〇月一一日制定）

（二〇一七年九月二四日改定）

（二〇二四年一〇月六日改定）

The Annals of
the Japanese Political Science Association 2024–Ⅱ
Summary of Articles

Russia and Its Citizenship:
A Study on Institutions and Operations for People's Mobility

Takeshi Yuasa
Professor, Sophia University

This paper examines the people's mobility and its management policy in post-Soviet Russia, focusing on the policy to grant citizenship or passportization policy and institutional change in labor migration policy in Russia.

The origins of the passportization policy in Russia come from a system for controlling the movement and livelihood of residents in the Soviet Union. Even after the collapse of the socialistic regime, the policy has not been abolished and continues to exist in a modified form, promoting citizenship granted to residents in conflict areas and unrecognized states surrounding Russia. In the current military invasion of Ukraine, passportization has also become a means to justify Russia's effective control over occupied territories.

The Russian government has institutionalized its migration policy to allow laborers from post-Soviet countries to work inside Russia with simpler procedures. Russia's invasion of Ukraine in 2022 has affected people's movement in the post-Soviet region, such as the naturalization and immigration from Tajikistan.

Politics of Travel Control:
A Case of the European Travel Information and Authorisation System

Satoko Horii

Associate Professor, Akita International University

States have increasingly focused on preemptively identifying individuals' movements across borders, categorizing them as "safe travelers" or "concerned travelers", and managing and regulating their travel. The digitalization of borders has become an essential element in politics of travel control. This paper aims to explore the current state of travel control, looking at the European Travel Information and Authorisation System (ETIAS), which is a part of the EU travel control regime. The ETIAS Regulation requires nationals of visa-exempt states to obtain prior travel authorisation when visiting the Schengen Area for short-term stays. This paper reviewed existing literature on the global trend of travel and traced the historical development of the ETIAS Regulations. It analysed who has been problematised in the EU travel control regime, and ETIAS's role in it. This paper also pointed out the multifaceted factors influencing the digitalization of borders beyond mere security concerns. Ultimately, the paper raised questions about the relationship between technology, states and individuals and between state control and personal freedom of movement.

The Role of Sexuality in the Reordering of Nation States and the Emerging Divide in the International Community:
Ukraine in the Throes of Heteronationalism

Kenji Wada
Professor, Musashino Gakuin University

This article examines the relationship between sexuality and security by exploring a case of civil partnership for same-sex couples in Ukraine during the war against Russia. Legalizing same-sex marriage shifts the heteronormative boundaries that define the scope of citizens for each nation-state. However, this increased tolerance for more diverse sexual orientation in each state has created a new divide in the International Community. Homonationalism promoted by the U.S. regards gay rights as the criteria for modernization, and thus views those who are against it as racially inferior "others." Contrarily, heteronationalim backed by

Russia regards heterosexuality as "traditional family values," and thus views those who advocate for gay rights including same-sex marriage as morally inferior "others." The Ukrainian government was required to respond to a national petition that called for marriage equality, while fighting against Russia with whom it shared the "traditional family values." The consequential proposal for civil partnership from the government therefore could be security policy that uses sexuality as a criterion for determining friend/enemy rather than embracing liberal values or fighting against homophobia. It is a task of choosing the option with less risk for the future of Ukraine, that is either its gay people or Russia.

Ubiquitous Radioactivity and the Emergence of a Comprehensive "Nuclear Terrorism" Discourse

Shinsuke Tomotsugu
Associate Professor, Faculty of International Co-Creativitiy and Innovation,
Osaka University of Economics

The process by which all acts of destruction involving radioactive materials or related materials were lumped together as a security issue in the international policy arena under the title "nuclear terrorism" proceeded in parallel with several visible and monumental events in a global society where people and goods flow. The premise was that radioactive materials for civilian use had become widespread globally. The comprehensive concept of "nuclear terrorism" was born after the Three Mile Island nuclear power plant accident, the Chornobyl nuclear power plant accident, the collapse of the Soviet Union, the large-scale radiation accident in Goiânia, Brazil, and the 9/11 terrorist attacks. The initial "nuclear terrorism" implied attacks on nuclear facilities and the theft of nuclear materials during international transport that can be used for nuclear power generation and are the raw material for nuclear weapons, but has since evolved into the comprehensive "nuclear terrorism" discourse, which includes attacks on nuclear facilities by non-state actors, the use of "dirty bombs" using radioactive materials other than uranium and plutonium, and the destruction of nuclear facilities. The meaning of "nuclear terrorism" has not changed due to a fixed, static entity such as "society," but rather, has changed due to the interaction between people and radioactive material.

Cross-border Information Flows and Sovereignty:
The Territorialization of Cyberspace and the Rise of Data Sovereignty

Yuko Suda
Part-time lecturer, Tokyo University of Foreign Studies

This article aims to explore the evolving state of affairs concerning sovereignty and cross-border flows of information through cyberspace. By definition, sovereign states have authority to control events that occur within their territories and, by extension, cross-border flows that might have negative effects on the domestic society. However, cyberspace is virtual and thus is seemingly beyond the territorial jurisdiction of any states. At the onset of the rapid diffusion of the Internet, it was argued that cyberspace was a new frontier and out of the reach of state sovereignty. Nonetheless, the physical components of cyberspace are located in the territory of a state and, as a result, cyberspace is subject to the authority of the state. Indeed, an increasing number of states claim sovereignty over digital data that have been generated in their territories, essentially territorializing cyberspace. While some states promote information flows across borders in the hope of greater benefits (e.g., the US and EU countries), others restrict the flows of information that they think pose risks (e.g., China and Russia). With intensifying competition between states, it is likely that the pursuit of data sovereignty will continue to feature the global infosphere.

Quantum Theory, Buddhism and the Real:
On the concepts of reality in international migration

Kosuke Shimizu
Professor, Ryukoku University

This paper analyzes the concept of "reality" regarding international migration from the perspective of ontology informed by quantum theory and Buddhism. Rather than assuming a solid and established world as posited by Newtonian physics, this analysis is grounded in the ever-changing nature of the world suggested by quantum theory and Buddhism. From this standpoint, actors do not possess an inherent essence but are continuously formed within various relational contexts. This process of construction is not necessarily linear; the identity of actors evolves through sometimes meandering and sometimes cyclical changes. In this framework, reality itself is synonymous with change. When applying this perspective of reality to the context of international migration, the terms "refugee" and "migrant" are revealed as agents that define the individuals involved. In other words, it is not that "refugees" and "migrants" exist prior to the observer; rather, it is the relationship between the observer and these individuals that produces the categories of "refugee" and "migrant." This paper focuses on these concepts, particularly in relation to the securitization of "refugees" and "migrants."

The Foreign Policy Decision-Making Process of the LDP Government, 1983–1986:
Focusing on the Taiwan Channel

Natsuko Miyokawa
Project Lecturer, Tokyo University, Graduate Schools for Law and Politics

This paper examines the foreign policy of the Liberal Democratic Party (LDP) government of Yasuhiro Nakasone, focusing on the "Two Chinas" issue from 1983 to 1986 and the channels of communication with Taiwan following the severance of formal diplomatic relations. It further highlights the role of actors in the decision-making of foreign policy, especially "pro-Taiwan" politicians in key positions within the LDP, alongside the Ministry of Foreign Affairs. Utilizing newly released government documents from Japan and Taiwan, personal records, memoirs, and interviews, the paper explores how specific diplomatic issues with Taiwan were delicately handled in Japan.

Following the signing of the Japan-China Peace and Friendship Treaty in 1978, the Ministry of Foreign Affairs prioritized formal relations with China over Taiwan. However, under Nakasone's administration, "pro-Taiwan" politicians have come to exert greater influence on foreign policy by assuming important positions. Although "semi-official channels" were established to preserve some sort of communication between Japan and Taiwan, other, more informal channels that frequently employed to solve specific disputes. Hence, this period saw the LDP balancing relations between the "Two Chinas", demonstrating the capability of politicians to handle diplomatic issues that were challenging for the Ministry of Foreign Affairs to deal with.

Acceptance of Consolidation of Public Facilities:
A Vignette Experiment on Social Fairness

Itaru Yanagi
Associate Professor, College of Law, Ritsumeikan University

This study examines the acceptance of consolidation by local authorities through a vignette experiment conducted in February 2022. As part of the experiment, participants were asked to read a hypothetical scenario featuring different components, such as planning criteria and procedures in the consolidation process. They were then asked about their perception of fairness of the scenarios and whether they would accept the consolidation. The analysis showed that participants perceived the consolidation process as fairer when workshops and resident surveys were conducted to reflect residents' views, compared to scenarios where only public officials were involved in the process or when a council of experts was involved. In addition, these initiatives increased acceptance of consolidation through the mediation of fairness perceptions. Such initiatives brought about the acceptance of consolidation among residents who were initially skeptical about it.

Power and Legitimacy of Digital Platforms:
In Defense of Digital Constitutional Democracy

Ryusuke Matsuo
Associate Professor, University of Miyazaki

Digital platform providers, such as GAFAM, act as new governors, wielding political influence through their vast financial resources, and power to control everyday life and public discourse via advanced technologies, including artificial intelligence. This article examines the conditions under which corporate power can be legitimized in a liberal democratic society. It first affirms that deliberation with diverse stakeholders is essential for achieving corporate legitimacy. The article then explores the sources of corporate power within contemporary digital feudalism, where the unity of sovereignty is unstable, and outlines the characteristics of algorithmic power in the context of surveillance capitalism. It argues that digital constitutionalism, which aims to impose constitutional constraints typically applied to states on companies like GAFAM, is insufficient to legitimize algorithmic power. I propose the conception of digital constitutional democracy, which incorporates stakeholder participation in corporate governance, citizen oversight of algorithms, and the internal separation of powers within organizations. This model emphasizes the role of civil society in promoting checks and balances among various governing entities and provides mechanisms for citizens to directly hold corporations accountable.

"Don't Laugh at Others' Concepts":
In Defense of Pluralist Conceptual Engineering in Political Philosophy

Gen Fukushima
Postdoctoral (PD) Research Fellow, Japan Society for the Promotion of Science

In political philosophy, critiques of others' understandings of concepts are often rooted in "conceptual monism," which presupposes the existence of a single correct interpretation of concepts in political philosophy, regardless of the purpose behind their usage. This paper challenges conceptual monism and advocates for "pluralist conceptual engineering" in political philosophy, which designs concepts in political philosophy in various ways according to their intended purposes. By defending pluralist conceptual engineering, this paper provides a methodological foundation that helps to avoid fruitless debates over conceptual definitions, clarifies substantive points of contention, and presents ways to obtain appropriate concepts depending on the purpose, thereby making a significant contribution to the methodology of political philosophy.

This paper first outlines the ideas and methods of conceptual engineering, which aims to evaluate and improve existing concepts, and argues that the purpose-dependence and plurality of purposes in conceptual engineering support the appropriateness of pluralist conceptual engineering. Next, it demonstrates the value of introducing pluralist conceptual engineering into political philosophy, using the concepts of "rights," "democracy," and "autonomy" as examples. Finally, it addresses four potential objections to pluralist conceptual engineering in political philosophy: objections from disagreement, abolitionism, side effects, and democratic restraint.

Symbolic Effects and Women's Underrepresentation:
When Do Female Politicians Increase Voters' Political Participation?

Keisuke Ashitani

Lecturer, Faculty of Humanities and Social Sciences, Yamagata University

This paper investigates the symbolic role female politicians play in enhancing women's political participation. It is commonly believed that the presence of female candidates can encourage more women to engage in the political process; however, prior research has faced limitations, both theoretical and empirical. To address these gaps, this study uses voter turnout data from Japan's city council elections to examine whether female candidates directly impact women's voter turnout. The analysis reveals that for every additional female candidate, there is a notable increase in women's turnout — approximately 0.50 percentage points. Interestingly, the effect is stronger when female candidates are viewed as "novel" or rare political figures, indicating that women voters are particularly motivated when they see candidates of their gender in otherwise male-dominated spaces. These findings suggest that diversity in representation plays a crucial role in fostering political engagement. When political bodies lack diversity, political participation, especially among underrepresented groups, may decline. This study provides valuable insights into how gender representation can influence the health of democracy and highlights the importance of inclusive politics for robust voter participation.

Why Does Political Incompetence Matter?:
A Relational Egalitarian Assessment and Solution

Takuto Kobayashi
Assistant Professor (Non-Tenure-Track), Faculty of Political Science and Economics,
Waseda University

Empirical findings indicating citizens' ignorance of political information and irrationality in belief formation give rise to concerns about absolute or relative "political incompetence." But why is political incompetence a problem? And what solution(s) to it would be appropriate? This paper investigates into two views that attempt to provide an assessment and solution in terms of morally important interests of persons. According to the instrumental view, political incompetence is a problem because it can result in thwarting people's *outcome-regarding interests*. According to the non-instrumental view, especially the Relational Equality Account proposed in this paper, political incompetence is problematic because it can thwart people's *interest against inferiority* — that is, an interest in not being placed in a position of social inferiority to other persons. This paper describes cases of political ignorance and irrationality for which the instrumental view fails to provide adequate assessment and solution (e.g., gaps in political knowledge or rationality correlated with race, gender, and income). It then argues that the Relational Equality Account is necessary, at least in part, to work out more adequate assessment and solution.

Does Participation in Junior Chamber Foster Good Citizens?
An Empirical Study Using Mixed Methods in Japan

Haruya Sakamoto
Professor, Kansai University

This paper examines whether participation in civil society organizations, specifically the Junior Chamber (JC) across various regions of Japan, contributes to the cultivation of "good citizens." Existing research has often expressed skepticism regarding the socialization function of civil society. Using a mixed methods research approach, combining both quantitative and qualitative analyses, this study focuses on JC participants. The analysis reveals that JC participation indeed contributes to the development of good citizens. Particularly, factors such as interactions with political and administrative actors within the JC, interpersonal exchanges both within and outside the organization, the experience of managing projects, and the unique personnel system of the JC that maintains a high level of human resource fluidity, have been shown to positively influence participants' political and social consciousness and engagement. These findings make a significant scholarly contribution to understanding the conditions under which civil society organizations function as "schools of democracy."

The Role of System Justification in Voting Behavior:
Focusing on Economic System Justification

Mizuki Nakagoshi
Research fellow, KwanseiGakuin university

Kazunori Inamasu
Associate professor, The University of Tokyo

In spite of the growth of economic inequality and poverty, the Liberal Democratic Party (LDP) has maintained its long-term political dominance, even as the circumstances surrounding voters have significantly changed. This study explores the psychological factors that influence low-income voters to support the LDP by focusing on System Justification Theory. A post-election web survey revealed that a high tendency of Economic System Justification (ESJ) predicts voting for the LDP. Furthermore, an interaction effect between ESJ and income was observed. Among voters with high ESJ levels, those with lower incomes are more likely to vote for the LDP than those with higher incomes. These findings indicate that ESJ may serve as a psychological foundation for LDP support among lower-income voters.

年報政治学 2024−Ⅱ
「移動」という思考

2024 年 12 月 15 日　初版第 1 刷発行

編　者　　日 本 政 治 学 会（年報編集委員長　柄谷利恵子）

発行者　　増 田 健 史

発行所　　株式会社 筑摩書房
　　　　　〒111 - 8755　東京都台東区蔵前 2 - 5 - 3
　　　　　電話　03 - 5687 - 2601（代表）

装　幀　　山田英春

印　刷
製　本　　大日本法令印刷株式会社

©Japanese Political Science Association 2024 Printed in Japan
ISBN978 - 4 - 480 - 86748 - 3　C3331

本書をコピー、スキャニング等の方法により無許諾で複製することは、法令に規
定された場合を除いて禁止されています。請負業者等の第三者によるデジタル化
は一切認められていませんので、ご注意下さい。乱丁・落丁の場合は、送料小社
負担でお取り替えいたします。